南京大学经济学院教授文选

范从来自选集

苏南乡镇经济组织变革的研究

范从来　著

南京大学出版社

前　言

这是我的第一本自选集,内容包含了我三十多年来围绕苏南乡镇经济组织变革问题所撰写的十五篇论文,以及参与研究的八本著作中我承担的相关部分。

虽然 1994 年以来的二十多年我主要研究的是货币金融问题,但回想起来,苏南乡镇经济组织的变革一直是我没有中断的研究课题。

我是在江苏海安农村长大的,有着浓厚的农村情结,对当时农村的落后、农民生活的贫困和艰辛也有切肤之痛。幼年生活的窘迫促使我刻苦学习,1980 年 9 月,我以全县高考总分第三名的成绩考入南京大学经济学系,就读于经济管理专业。本科期间,时任系副主任周海粟老师带领我们赴苏州吴县横塘乡进行实习调研。在这次实习的基础上,我完成了我的本科毕业论文《"三级所有"农村人民公社的体制改革》,对乡镇经济的管理体制进行了懵懵懂懂的经济学分析。

在南京大学 1980 级海安籍同学的毕业纪念册上,老校长匡亚明先生给我们的题词是"洪湖水,浪打浪"(老校长曾经在海安开展社会主义教育工作,老人家在此形容的是海安人生活的贫困,稀饭稀得像水一样,吹一下都能起浪)。1984 年 1 月我本科提前毕业时,对农村贫困生活的"恐惧"仍然存在。当时南京大学经济学系刚刚恢复,师资十分不足,我和其他三位提前毕业的本科生全部留校任教,这给了我一个"跳农门"的机会。开始让我选择课程时我选择了会计学课程,但系里从工作的需要安排我当周海粟老师的助手,开设"农村经济学"这门课,从此开始了我对乡镇经济组织变革的教学和研究工作。

留校后不到半年,周海粟老师因工作关系要停课,让我代课,并把自己多年积累下来的教案全部借给了我。同时,周老师安排我前往南京农业大学经济管理学院旁听我国著名农业经济学家顾焕章教授、张景顺教授、郭宗海教授、袁宝民教授开设的相关课程，坚持了一年。可以说是敬爱的周海粟老师手把手地把我领进了农村经济的教学研究大门。

1986年9月我考取南京大学经济学系数量经济专业的硕士研究生，师从恩师周海粟教授，毕业论文是《农户组织经济行为的研究》。当时，农村改革的重举是家庭承包责任制，我思考的问题是，家庭承包责任制只能解决利益的主体问题，而不能解决经济的组织载体问题，承包以后怎样提高产业化程度、规模经济、竞争能力，怎样解决农业的比较优势等，靠家庭承包责任制并不能解决。经过系统的思考，我完成了对乡镇经济组织变革研究的第一篇论文《乡镇经济组织系统的重新构造》。该文后来作为我的处女作发表在该专业领域很有影响力的期刊《中国农村经济》1988年第6期上，而且是该期的开篇论文，这对我这样一个刚刚进入专业领域进行学术探索的初学者来说是莫大的鼓舞与激励。

1989年3月我被评为讲师，1992年12月被评为副教授，1996年4月被评为教授，从讲师到副教授、副教授到教授均为破格提拔，1996年我晋升为教授时34岁，成为当时南京大学最年轻的教授之一。这期间的学术成果主要就是乡镇经济组织变革方面的，所以从申报教授职称的成果来说，我应该算是农村经济学教授。

1988至1989年，我参加了周海粟教授主持的国家教委"七五"重点课题"苏南乡镇经济研究"的研究工作，该课题同时获得了美国王安汉学奖助基金的资助。这次研究经历使我对乡镇经济系统的复杂运行有了比较深刻的认识，对乡镇经济产业结构、组织系统的研究则使我对乡镇企业发展问题产生了浓厚的兴趣并形成了初步的研究计划。1989至1991年，我有幸参加了周三多教授主持的国家自然科学基金项目"乡镇工业企业技术进步的系统分析与模型"的研究工作，在主持人的直接指导下，我开展了对乡镇企业技术进步模式的系统研究。1990至1993年，我又有机会参加了洪银兴教授主持的国家自然科学基金项目"乡镇工业与农业协调运行的系统分析与模型构造"以及刘志彪教授主持的同类基金项目"乡镇工业企业市场结构和市场行为研究"的研究工作，使我得以从整个国民经济协调发展的高度研究乡镇企业的组织功能问题。1992年我对乡镇企业运行机制进行系统研究的计划得到南京大学育苗基金的资助，虽然经费只有5 000元，但这是我第一次独立获得的资助，它对我学术研究的支持作用毫不亚于后来获得的上百万的科研经费。在感恩南京大学的同时,我也意识到支持年轻学者科研的重要性,在后来的工作以及项目评审中,我一直坚持同等条件下年轻人优先的原则。

1992 年我有机会参加了日本名古屋大学小川英次教授与周三多教授联合主持的日本中部生产性本部资助项目"地域产业活性化研究"的研究工作,并于同年 2 月出席了在日本名古屋召开的日中中小企业国际研讨会。此次研究使我在乡镇企业发展问题的研究中开始导入中小企业概念,并对其进行国际比较研究。1995 年我的研究项目"苏南地区深化乡镇企业产权制度改革的研究"被列为国家社科青年项目(95CL004);1997 年我的研究项目"中国乡镇企业资产重组模式的研究"被列为国家教委青年人文社会科学基金项目。

1999 年 3 月我考取南京大学经济学系政治经济学专业的博士研究生,师从南京大学人文社科资深教授、我国著名经济学家洪银兴教授。这之后我的研究重点虽然转向了货币金融问题,但对乡镇经济组织系统的研究一直还在延续。2005 年 9 月,中共无锡市委委托南京大学进行"创新苏南模式"课题的研究,我的导师洪银兴教授担任课题研究工作的首席专家,我作为课题组成员,承担了第三子课题"新苏南模式的所有制结构"的研究工作。2008 年 3 月,中共苏州市委委托南京大学进行"改革开放三十年:苏州经验"课题的研究,我的导师洪银兴教授以及中国社会科学院工业经济研究所党委书记、副所长金碚研究员共同担任首席专家,我作为课题组成员,承担了第二子课题"苏州改革开放三十年的发展历程"的研究工作。

这本自选集就是我上述研究工作取得成果的汇编。它既是对这方面研究工作的一个总结,更是对我的恩师周海粟教授的一份怀念。恩师是江苏金坛建昌人,1924 年 6 月生,2015 年 6 月 28 日永远离开了我们,享年 91 岁。1949 年从原中央大学农学院毕业后,恩师先后在南京市军事管制委员会、华东人民革命大学南京分校、华东农林干部学校工作。1953 年 10 月至 1977 年 7 月在南京农学院任教,1977 年 7 月起正式到南京大学工作,先后在南京大学马列室、南京大学经济系任教,曾担任经济系专业主任、党支部书记、总支委员、系副主任等职务。他长期从事宏观经济、农林经济管理方向的教学科研工作,1981 年被聘为副教授,1987 年被聘为教授,曾担任中国计划学会理事、江苏农村发展研究中心理事、江苏农经农金学会常务理事等学术兼职。在生活上,恩师给了我父亲般的关爱和激励。我来自农村,刚开始在南京大学工作显得很不自信,恩师对我说,你小范,做学术行,做行政工作也行。在他的鼓励下,我慢慢才适应城市工作的氛围。在科研上,恩师对学术经典的孜孜以求,特别是深入苏州吴江每个乡镇进行乡村调查的研究精神让我铭刻在心,是我学术研究的准绳,更是我教书育人、科学研究向往的丰碑。

　　中国农村经济改革从家庭承包责任制开始,到乡镇企业的崛起、乡村经济组织功能的调整,意味着农村经济改革的实质是乡镇经济组织系统的制度变迁。故而,本自选集的第一篇首先研究了乡镇经济组织系统的变革,从微观入手,逐步论述到宏观方面,力图全面展现我国乡镇经济组织系统变革的深刻内涵。伴随着轰轰烈烈的农村改革,中国的乡镇企业也走上了历史的舞台,成为农村经济体制改革中一股重要的推动力量,有鉴于此,本自选集在第二篇将研究聚焦在我国的乡镇企业发展上。乡镇企业在中国经济体制改革的大潮中异军突起,借助制度性优势迅速发展,成为中国经济极为重要的组成部分。乡镇企业以中小企业为主,资金占用量小,劳动力密集。乡镇企业的迅速发展导致农村经济乃至农村社会发生了一系列的变化:数千万农村劳动力从种植业转移到非农产业,农村劳动力的大量转移,一方面导致农民收入水平的巨幅增长,另一方面乡镇企业通过大量吸纳农业部门的剩余劳动力,促进农业劳动生产率水平大幅度提高,强化农业部门的积累能力,并使农业部门的商品化水平得到提高,为农业现代化创造了良好的基础。农民货币收入的激增、农业部门生产效率的提高,累积起推动农村经济结构以及整个国民经济增长的潜力,农业份额下降,非农产业迅猛发展,农村经济以及国民经济总量迅速扩张。农村经济不再等同于农业经济,农民也不再是传统意义上的农民,他们的就业范围、居住地点和实际社会身份都发生了历史性的变化。广大农民通过乡镇企业这个载体,迅速地接受城市的生活方式。不仅如此,乡镇企业还通过兴办大量基础设施,加快农村城镇的建设,使中国农村的城市化进程有所推进。

　　乡镇企业发展的另一个重要意义在于它有效地加快了中国的工业化进程。中国作为发展中国家,国民经济呈现出明显的二元性,经济发展迫切需要通过工业化促进二元结构的转变,最终实现社会经济的现代化。在经济体制改革前的三十年中,中国选择了一条比较特殊的工业化道路,这就是:一方面利用农产品统购统销制度实行工农业产品价格剪刀差,以此强制性地将绝大部分的农业剩余转化为工业积累;另一方面利用户籍、口粮、住房等制度限制农村劳动力流向城市,并用计划统配制度阻滞农业生产要素流向农村非农产业,以尽量减轻农村劳动力对城市就业以及农村非农产业对城市工业体系可能造成的压力。这条工业化道路虽然使中国在相对短的时期内建立起一套比较完整的工业体系,但是,走这种单纯城市工业化的道路,动力不足,基础薄弱,进程十分缓慢,而且这种工业化的道路让广大农村社区失去了发展的意义。乡镇企业的发展大规模地采取了劳动替代资金的策略,利用劳动力供给所形成的优势,有效地促进了工业积累,从而大大加快了我国工业化的进程。

乡镇企业之所以能迅速发展,其原因是多方面的,但其重要的推动力来自其相对超前的体制结构和宽松的市场空间。乡镇企业从诞生之日起就实行了市场导向,从而较早地应用市场机制的力量解决了企业运行中经济决策与经济利益之间有机结合的矛盾,使乡镇企业在运行过程中逐步形成了自负盈亏的约束机制、自主经营的决策机制、锐意进取的动力机制和灵活应变的调节机制。这种机制赋予了乡镇企业强大的适应市场竞争的活力。正是这种活力使乡镇企业在中国经济体制改革初期消费需求迅速增长、市场空间扩大而国有企业仍受行政机制约束的条件下,迅速地发展起传统的轻工业,进而通过对各行各业的一定参与,实现了高速增长。但是,我们不能不看到,随着社会主义市场经济体制的建立,乡镇企业原来所拥有的体制优势正在逐步消失,国有企业、私营企业、三资企业等经济组织迅速成长为产权关系明晰、经营机制灵活的市场经营主体,乡镇企业的竞争对手日益增多,市场竞争的有序化程度日益提高。在这样的体制背景下,乡镇企业的进一步发展将更多地取决于其自身经济技术实力。而受历史和社区条件的限定,乡镇企业的技术管理水平相对较低、布局分散规模小,竞争实力相对不足。这就使得其进一步发展迫切需要解决一系列问题:乡镇企业的经营机制应怎样进行完善才能进一步提高其市场竞争活力,乡镇企业的技术进步如何实现,市场行为如何优化,组织结构、产业结构如何调整,管理体制如何改革,发展战略如何确定等。对这些问题的认真研究,无疑将有助于我国乡镇企业持续稳定发展的实现。我们对乡镇企业运行机制的系统研究正是围绕这一宗旨而设计和实施的。自选集的第二篇首先从乡镇企业的目标、决策、调节机制切入,然后转向乡镇企业的市场行为以及与之相关的乡镇企业的技术进步,接下来研究了乡镇企业的组织结构、产业结构等问题,在最后讨论了外向型乡镇企业的发展。

在中国农村经济体制改革过程中,"苏南模式"非常具有代表性。自选集的第三篇即从动态的视角讨论了苏南模式是如何随着我国农村经济体制改革而发生改变的。

苏南,一般指江苏的苏州、无锡、常州三市所辖的区域,苏南地区位于太湖之滨、长江三角洲中部,自然条件优越,交通便利,集镇密集,毗邻上海等发达的大中工业城市,有着悠久的开发历史,是中国近代民族工商业的发祥地。中国的改革从农村发端,中国的农村改革以家庭联产承包责任制为起点。承包经营有多种形式,源自小岗村的"大包干"在分配上实行"交够国家的,留足集体的,剩下都是自己的",劳动过程免去外部监督,农民劳动的投入与成果分配高度关联,农民直接享有在必要扣除之后的全部剩余索取权,"大包干,大包干,直来直去不拐弯",大大激发了农民的生产积极性,增产增收,成效显著,"大包干"因此成为家庭承包经营的主要形式。实际上,以"大包干"为主要形式的家庭承包经营绝不单纯是农业生产经营管理方式的变革,而是中国农村基本组织制度和激励机制的根本性变革。此后,我国乡镇企业崛起,农村剩余劳动力转移、工业化和城市化的进程加速。正是在这样的背景下,苏南农村率先通过发展乡镇企业成为国内乡镇经济最为发达的地区。早在1983年,费孝通先生在其《小城镇·再探索》(载于《瞭望周刊》1984年4月30日)中就提出了"苏南模式"这一概念,描述苏南地区通过发展乡镇企业,通过农村工业化实现区域经济迅速增长的发展方式。其主要特征是:农民依靠自己的力量发展乡镇企业;乡镇企业的所有制结构以集体经济为主;乡镇政府主导乡镇企业的发展;市场调节为主要手段。苏南模式成为中国农村经济发展的重要模式。对苏南乡镇经济组织的剖析,对了解我国乡镇经济组织变革的动因、机制、效应及其发展规律无疑有着重要的作用。

当然,乡镇经济不同于传统的农业经济和农村经济,它是乡村、集镇相统一的区域经济。乡镇经济的区域性,决定了不同区域的乡镇经济发展必须与不同区域的生产力水平和特点相适应,还必须考虑不同区域的自然、社会、经济等因素的影响,因而不同区域的乡镇经济有着不同的发展道路。我以苏南乡镇经济为样本来研究乡镇经济组织的变革问题,并非认为其他农村地区都要遵循这一发展模式,这与乡镇经济的区域性要求是相悖的。

　　乡镇企业在改革深化中面临的挑战,就是产权制度改革。随着计划经济体制向市场经济转化,国企改革不断深化,乡镇企业作为资源配置通道的特殊作用正在消失,它的社区性、封闭性以及乡村集体企业的行政依附性和产权不清晰的缺陷日益突出,乡镇企业的产权制度改革就不可避免地提上日程。20 世纪 90 年代后期,乡镇企业搞股份合作制,当时争论很多。股份合作制到底有没有生命力? 在这个背景下,以苏南模式为特征的苏南乡村集体企业开展了一系列实事求是的改制,实现了苏南模式的创新。第三篇正是对这一问题的思考。

作者(左一)与恩师周海粟教授(左二)、蒋冠群教授(右二)、苏州大学石恂如教授(右一)1992 年访问东京农业大学时的合影

目　录

第一篇　乡镇经济组织系统的变革

第二篇　乡镇企业运行机制的变革

第一篇

乡镇经济组织系统的变革

第一章　乡镇经济的微观组织：农户[①]

在乡镇经济组织系统中,微观组织是直接组织生产活动的基本单位。乡镇经济微观组织由怎样的组织体构成,与乡镇商品经济的发展水平联系紧密。在资本主义以前的各个历史时期,起初有以共同劳动、共同消费为特征的氏族公社;其后有大量奴隶集中生产产品,专供奴隶主享用的封建庄园;在我国的封建社会里大量存在着以家庭为基本单位的、主要或完全依靠自身劳动力,以满足自身消费需要为目的的小农经济组织;新中国成立后,伴随着社会主义经济建设的进行,相继产生了互助组、初级社、高级社以及人民公社等组织体。这些组织体在特定历史时期程度不同地充当了乡镇经济的微观组织。但是,这些组织并不能适应乡镇商品经济发展的需要。因为,从发展商品经济的角度来看,微观组织应具有明确的财产界限、财产形成规则、财务分配制度,具有独立的组织利益和追求的目标,具有法律规定的法人地位和权益,以及在社会组织制度的保障和制约下,独立经营、自负盈亏、自主发展的可能性和外在的压力。在这样的基础上,微观组织的经营者不只是为了满足自身的消费,而是为参与市场交换而自主运行,成为商品经济发展的主动参与者,积极地推进着乡镇商品经济的发展。那些以自给半自给为主要特征的组织体——氏族公社、封建庄园、小农经济,显然都不能适应商品经济发展的要求。至于新中国成立后采取的那些不同的集体经济组织形式,虽然条文上、形式上规定了它们的微观组织性质,但是,这些组织体的产生是对农村按行政区划以及行政性隶属关系的组合,而不是以经济关系为纽带的组合;是采取行政手段建立的组织,又不断进行人为的"过渡",而不是由生产者依据经济发展的内在要求,自愿互利地形成的组织;组织体实行的是政社合一的组织体

---

①　本章原载于:周海粟主编《乡镇经济发展论》,第十一章,南京大学出版社,1990 年版。

制,实行指令性计划加行政管束。因而,这类组织也不能适应乡镇商品经济发展的需要,具有它们各自的历史局限性。发展乡镇商品经济迫切需要重新构造乡镇经济微观组织。本章我们仅对乡镇经济微观组织的重要组成部分——农户组织的重新构造问题进行初步探讨。

第一节　乡镇经济微观组织的主体

以联产承包责任制为主要内容、家庭经营为主要形式的农村经济体制改革,不仅在实现农副产品供求平衡方面取得了明显的成效,而且在一定程度上重新构造了乡镇经济微观组织。在乡镇经济现实运行格局中,农户组织构成微观经济组织的主体。表 1-1-1、表 1-1-2 分别从农户经营收入占农村可分配收入的比重以及农户拥有农村生产性固定资产的比重两个方面揭示农户在微观经济组织中的主体地位。1983 年农户经营收入所占比重提高到 89.27％,比 1980 年提高 60 多个百分点。而 1983 年正好是联产承包责任制全面落实,经济体制改革向纵深发展的一年。到 1985 年又提高了 5.3 个百分点。农户拥有生产性固定资产,也在 1983 年得到实现,到 1985 年其比重已上升到 27.19％,比村一级经济拥有生产性固定资产比重多 5 个百分点,比组一级经济拥有生产性固定资产比重多 18.39 个百分点,充分显示出农户组织作为微观组织主体所释放的经济能量。

表 1-1-1　江苏农户经营收入占农村可分配收入的比重

项目	年份					
	1980 年	1981 年	1982 年	1983 年	1984 年	1985 年
农村可分配总收入(亿元)	135.73	153.10	176.05	205.48	278.98	324.57
农户经营收入所占比重(％)	27.53	27.85	32.19	89.27	95.86	94.57

表 1-1-2　江苏农村生产性固定资产各层次占有的比重(%)

层次	年份					
	1980 年	1981 年	1982 年	1983 年	1984 年	1985 年
乡一级占有的比重	36.84	39.40	41.84	41.35	39.30	41.04
村一级占有的比重	20.16	20.81	21.42	20.53	17.72	22.19
组一级占有的比重	43.00	39.79	36.73	25.54	18.06	8.8
农户占有的比重	—	—	—	12.38	24.21	27.19

资料来源：周海粟主编《乡镇经济发展论》，南京大学出版社，1990 年版第 174 页。

我们知道，一般农户是等同于"小农"这个概念的。我们在本章的开头就已指出小农经济并不能适应发展乡镇商品经济的要求，充当其积极主动的微观组织。而现实又显示出农户组织的主体地位。这说明，现阶段的农户虽然保留了小农这一形式，但其内涵已有所扩张；它虽然仍构成乡镇社会组织的一部分，但更多的是作为经济组织而存在，从而成为乡镇商品经济的微观组织。农户从"小农"演变为这样一种微观经济组织，是随着农村经济体制改革的推进而逐步形成的。具体来说，农村经济体制改革经历了非联产责任制发展到联产责任制，进而由包产到户发展到包干到户这样一个过程。在改革的不同阶段，农户组织的作用不断扩大，从而逐步形成其微观经济组织的主体地位。

在非联产承包责任制的制度下，农户承包一般需连续操作的劳动过程，根据统一制定的劳动定额和工分标准，获取相应的工分。生产队包揽了决策、运筹、控制、调节等从事经济活动所必需的全部经营管理职能，统一核算、统一分配；农户只是拥有一定的作业管理权，其职能仅仅在于把指定给自己的生产要素(包括家庭劳动力)进行操作性的组合，无生产决策权、产品分配权，实质上仍然是生产队经营实体内部的一个作业单位，并不构成微观经济组织的主体。

在包产到户的状况下，农户收入与生产的最终成果紧密地结合在一起，有利于农户释放生产活动的动力机制建立起来，农户对整个生产过程负责，承担了更多的经济职能，农户经济行为有所扩展。但经营费用仍由集体统一支付，再生产的积累机制并没有被农户拥有，集体仍然拥有对生产所耗和所得的核算职能。因而，在包产到户的情况下,农户虽然已经构成集体经济内部相对独立的生产单位,但仍然没有形成完整的经济组织。

农户作为一个微观经济组织的最终形成,是在大包干实行之后。这是因为,首先,大包干从一开始就以分户承包集体财产为前提,在改革过程中重建了农户所有的财产权利。财产权利的重建,激发出农户强烈的致富冲动,从而促使农户以前所未有的速度转化为积极的商品生产经营主体。其次,大包干采取了耕地按人承包到户、生产工具作价按人或承包地归户、分户经营、自负盈亏的管理方式,从而赋予农户作为一个经营主体所必需的生产要素优化组合权以及经营项目的重新选择权。再次,大包干之后,集体不再负担生产费用的支出,这实际上就是把积累职能交给了农户,从而打破了所谓承包经济与自留经济的界限,提高了农户自积累的能力和自积累的积极性,使农户家庭作为一个独立完整且具有长期发展能力的经济实体而存在,从而最终成为乡镇经济微观组织。

第二节　农户组织的行为目标

农户成为独立的微观经济组织以后,具有其独特的运行方式,把握农户运行方式的规律性及其主要特征,是乡镇经济组织研究的重要内容。而要分析这一内容离不开对农户行为目标的考察,因为任何一种特定的农户运行方式,都是由农户行为目标所驱动的。下面,我们通过农户行为与企业行为的比较研究,来考察农户行为的目标机制。

农户行为不同于一般的企业行为,企业行为的存在以市场为基础,即使企业发生倒闭等情况,企业家仍然通过市场组合新的生产要素,构成新的企业形式,从事生产经营活动。企业行为目标直接表现为企业经营的经济目标,在不同的体制下,利润最大化、总产值最大化、人均收入最大化等经济目标分别或以不同的组合,构成企业行为的目标函数。而农户行为是建立在以姻缘关系为纽带的核心家庭或复式家庭的基础上,行为的持久性以家庭组织的稳定为基础,农户经济行为与其说是经营主体的经济活动,不如说是维持家庭生存的手段,因为农户行为的目标首先表现为家庭生活的最大满足(目标Ⅰ)。这一目标在不同的生产力水平以及不同的社会经济环境下,分解为最大限度地满足家庭生活所需产品(目标Ⅰ-1),以及最大限度地满足家庭生活所需要的货币收入并使这部分收入具有一定的稳定性,以保证农户行为基础的存在免受市场风险的破坏(目标Ⅰ-2)。

随着农村承包责任制的推行,农户已由原来单纯的社会组织转变为相对独立的经济组织,受独立财产权的驱动,具有强烈的致富冲动;加上农村产业结构的调整、城乡经济壁垒的部分拆除以及农产品流通与分配中市场机制的引入,农户经营主体拥有了一定的生产经营自主决策权,为农户致富冲动的满足提供了条件。因而,财富的不断累积、收入的不断增长成为农户行为的又一目标(目标Ⅱ)。农户行为明显受目标Ⅰ、目标Ⅱ的双重驱动。两种目标之间虽然有趋同的机会,比如目标Ⅰ-2转化为目标Ⅱ,但总体而论,不同目标具有不同的动力机制,目标Ⅰ以社会伦理道德规范作为动力源,而目标Ⅱ则以家庭财富的累积、经济利益的获取为动力源,两种目标通过不同的方式,刺激农户主体做出相应的反应,表现出不同的行为特征,目标Ⅰ和目标Ⅱ共同构成农户组织行为的目标函数。在这样一个追求农户主体均衡,而非一般地追求企业均衡的目标函数中,两类变量之间的不同组合、各自参数的确定(α,β)主要取决于农户主体的内外部状况。当农户主体的经济实力较强、一般的农副产品生产经营风险不足以危及家庭生活的稳定时,目标Ⅱ成为农户行为的动力源;反之,农户行为受目标Ⅰ驱动。从农户主体的外部经营条件来看,当农户主体的社会保障性功能主要或大部分由政府部门承担,家庭组织的稳定能低费用实现,而且农户主体又处于一个公平竞争、基础设施健全的经济环境中,此时目标Ⅱ的权重大于目标Ⅰ,反之,则相反。参数 α、β 以其不同的数值组合,反映出农户行为不同的动力结构,从而为我们认清不同阶段农户行为的主要特征及其规律提供了基本思路。

就我国目前的情况来看,农户行为的目标明显侧重于目标Ⅱ,但受到目标Ⅰ的干扰。原因有以下几个方面。(1) 农户财产权利的重建和决策自主权的获得,促使农户以独立的商品生产经营主体的身份登上了农村商品经济的历史舞台,在极短的时间内释放出巨大的生产能量。农户收入水平迅速提高,大部分农户的收入水平超出最低生存消费水平,小康户现金剩余达 2 279 元(表 1-2-1),从而具有了追求更高消费水平的动力、承担经济风险的能力以及增加投资的实力。表 1-2-1 是根据江苏省3 400 户定点调查资料整理而成。从表中可见,人均纯收入在 500 元以上的农户占60.8%,人均纯收入在贫困线以下的农户仅占 1.9%,充分显示出农户经济的总体水平。由于农户收入水平的提高,边际消费倾向由 0.65 下降到 0.47,农户行为受目标Ⅱ的驱动,生产经营性支出不断上升。(2) 现阶段农户行为的目标受农村社会商品化、货币化程度的影响,目标Ⅰ-2 向目标Ⅱ转化,进而演变为目标Ⅱ占主要地位。这是因为随着农户收入的迅速提高,农户支出结构也发生了急剧的变化,商品性支出的比重迅速增大,农户对货币收入的需求也随之增大,这必然导致农户行为偏向于目标Ⅱ,以收入的不断增长作为动力源。1978 年农民全部支出中,商品支出所占比重为39.7%,1985 年上升到 60.2%,生产经营支出中自给性实物支出的比重也从 1978 年的 54%下降到 1985 年的 27%。支出结构的商品化要求农户行为的收入货币化,目标Ⅱ成为农户行为目标函数的主要变量。(3) 目标Ⅰ对农户行为的干扰来自农村经营的风险性。这种风险性除了来自一般的市场竞争以外,更主要的是由于我国农村市场发育不充分,通讯、交通、仓储、交易场所、生活服务设施、金融机构以及其他种种市场服务系统都很不健全,相应的市场制度、组织还不能配套,大量本应以社会化方式分担的经济风险大部分转嫁给农户,因此农户经营的外部环境具有极强的风险性。目标Ⅰ自然而然地干扰着农户的经济行为。(4) 农户在不同的生产经营领域有着不同的行为目标,从事某一特定经营项目的农户,其行为目标与总体行为目标相比,具有一定的偏差。以农产品经营为例,由于农产品是满足人们基本生活需要的初级产品,社会需求弹性小,市场容量有限,而农产品的供给受自然因素的影响,极不稳定,农产品市场既容易出现供过于求的局面,又容易产生供给不足的现象。农产品供求关系极不稳定,农户经营产品面临着市场风险;加之农产品市场上,交易主体行政性与经济性混合,交换价格计划性和市场性混合,增加了农户经营的风险性,因而农户在从事农业经营时,其主体行为侧重于目标Ⅰ而不是目标Ⅱ。这就是说,现阶段农户经营的内部实力和外部状况,决定了农户行为以收入的不断增长为目标,但这一目标的实现受家庭生活稳定这一目标的干扰,农户经济行为必须在保障家庭生活稳定的前提下,才能按市场导向配置生产要素,追求收入的最大化,同时,这一目标函数的理论模型,在不同的经营领域具有一定的偏差,从而使得农户主体在经营不同项目时具有不同的动力源,表现出不同的行为特征。

表 1-2-1　江苏(1989 年)农户收入结构

人均纯收入	0～200 元	200～500 元	500～1 000 元	1 000 元以上
户数	65	1 267	1615	453
比重(%)	1.9	37.3	47.5	13.3
现金收入(元/户)	1 216	2 097	3 572	7 157
现金剩余(元/户)	201	519	911	2 279
边际消费倾向	——	0.65	0.57	0.47

第三节　农户组织的行为方式

在双重目标的驱动下,农户行为方式具有如下特征。

一、经营方针的稳活共存

经营方针是经营目标的具体化,它直接受制于农户的行为目标。目标 I 要求农户经营的方针以家庭生活的稳定为基准,经营方针的确定首先必须保证家庭生活最基本的实物需要得到满足,然后才能根据农户所拥有生产要素的数量和质量,组织商品性生产和经营,而且,这种商品性生产和经营的导向具有稳定机制,比如,以传统经验或别人的经营行为为导向,使得农户经营的市场风险极小化,以免危及家庭组织存在的基础。而目标 II 则要求经营的方针以货币收入的增长为基准,经营方针的确定必须保证农户主体对市场信号能够做出灵敏的反应,以市场行情为导向,不断优化组合家庭生产要素,在土地、劳力、资金、技术、信息的约束下,通过不同要素组合的边际收益之间以及边际收益与边际成本之间的比较,通过市场竞争,实现货币收入的最大化。两种目标同时制约着农户经营方针。

现阶段,以下两方面原因使得农户经济行为无法在一个经营项目(或一种职业)

上,同时满足目标Ⅰ和目标Ⅱ对经营方针的要求。一方面,我国农村正处于新旧体制转换的时期,农村经济中并存着计划机制和市场机制;受旧体制的影响以及建立新体制的需要,大宗农产品以及传统经营项目的生产经营中,国家计划管理的稳定机制仍占有一定的比重;而市场需求弹性比较大以及非传统经营项目的生产经营中,市场机制发挥着主导作用,生产经营活动受市场竞争的影响具有极强的风险性。另一方面,受传统利益分配结构的影响,工农产品之间的差价仍然存在,不同行业之间存在着不同的资金利润率、产值利润率,各种农产品之间的比价也不尽合理,不同经营项目之间存在着不同的收益率。总的趋向表现为,与既得利益获得者的利益密切相关的大宗农产品以及传统经营项目的生产经营具有较低的收益率;而不直接与城乡人民生活相关的弹性农产品生产以及直接反映城市利益的农村非传统产业,则具有相对于农村其他经营项目比较高的收益率。两方面同时作用的结果,往往是符合家庭生活稳定的经营项目难以符合货币收入不断增长的目标,而符合收入不断增长目标的经营项目往往又极不稳定,甚至危及温饱,农户经营主体在一个经营项目上,难以同时满足目标Ⅰ和目标Ⅱ的要求。面对这种两难局面,农户行为的方式必然是选择稳活共存的经营方针,即将预期收入上限较低、下限较高,虽然难以致富,但可以实现目标Ⅰ的稳定经营项目,与预期收入的上限较高、下限较低,既有货币收入最大的诱惑力,又有危及温饱的风险,市场需求变化比较灵活的经营项目结合起来,通过稳活共存,在农户行为的目标Ⅰ不受干扰的前提条件下,实现农户收入的最大化。

二、经营形态的兼业性

在目前条件下,受双重目标的驱动,农户在整个农村经营领域里采取了兼业这样一种经营形态。兼业农户形成的原因可从以下两方面得到说明。

一方面,在现行价格体系下,非农产业的收益率远远高于农业(尤其是种植业)(见表 1-3-1)。

表 1-3-1　　江苏省农村专业户收入结构分析表(1986 年)

	专业户数 （户）	劳动力数 （人）	纯收入 （万元）	劳均纯收入 （元/人）	定基指数 （以粮食为 100）
粮食	8 559	24 310	3 382.30	1 391.32	100
林业	1 376	3 250	706.93	2 175.17	156
畜牧业	11 395	28 833	4 698.18	1 629.45	117
渔业	16 607	42 039	9 642.49	2 293.70	165
工业	36 010	95 043	22 385.54	2 355.30	169
运输业	62 209	146 525	31 549.62	2 153.19	155
建筑业	13 078	32 613	6 357.12	1 949.14	140
商、饮、服	31 233	77 968	14 946.73	1 917.03	138
其他	10 931	27 404	5 376.67	1 962.00	141

　　粮食生产的劳均纯收入为 1 391.32 元；而从事工业生产的专业农户劳均纯收入达 2 355.30 元，比粮食生产的劳均纯收入高了 963.98 元，以粮食生产为基准的定基指数为 169，比粮食生产高 69 个百分点。运输业、建筑业等非农产业的定基指数也分别比粮食生产高出 55 和 40 个百分点，非农产业的收益率明显高于种植业。农户主体为追求收入的不断增长，往往把素质较好的劳动者、质量较高的生产资源优先投放到非农产业，以保证在现有的价格、税收、信贷等因素所形成的经济环境中，通过对非农产业的高层次参与甚至直接组织，获取比较高的经济效益，实现目标 II。

　　另一方面，受下列原因的影响，农户在主要从事非农产业时，仍兼营传统大宗农产品的生产。

　　(1) 在目前的土地所有制度和使用制度下，农户放弃土地后，其在土地上追加投资所形成的土地价值得不到合理的补偿；相反，由于目前完善的口粮供给机制尚未形成，放弃土地后，难以保证得到稳定的、低廉的和多样化的农产品供应。而且，经营土地只需上交款额不大的税金和集体提留，不必支付土地占用费，若只经营口粮田，土地则纯属无偿使用，因而，大多数农户采用兼业的形态，通过生活消费品的低成本自给抵御货币化所带来的风险。

（2）我国农村非农产业目前还处于技术粗放和组织程度很低的初级发展阶段，受原材料和能源供给、产品市场需求以及自身技术、经营和管理素质等多方面的限制，同时又面临着农村和城市同类企业的竞争。复杂艰难的外部生存环境与低下的自身素质的双重制约使得农村企业有着较高的风险，难免存在着破产、失业或严重就业不足的危险。而目前农村尚未建立非农就业的社会保障制度，已经得到非农就业机会的农户也只能把继续兼营农业作为"就业保险"的一种手段。

（3）家庭劳动力对农户经营而言，具有固定费用的性质，充分利用家庭主要劳动力和辅助劳动力，将有助于降低农户经营费用，寻求农户经营纯收入的最大化。在目前经济运行中，农业劳动力转移的形式以"离土不离乡"为主，农业劳动力转移的空间半径小，已转移劳力可以利用自己从事非农产业的闲暇时间来经营农业，提高家庭主要劳动力的利用率，更为重要的是，农村非农产业的发展还远未达到使农户内部所有劳动力都充分就业的程度。在这些农户内部，客观上存在着一部分难以转移的劳动力，可以由他们来继续经营农业。

（4）许多经济发达地区大都实行按土地面积进行等额补贴的"以工补农"制度，继续兼营农业已成为分享非农业利润的一种手段。因而，随着农村经济的深入发展，农户兼业已成为农村经济发展中一种具有普遍性的经济行为。

三、经营组织的自我完结性

在农户经营的双重目标和农户经营的内外部性状的双重制约下，农户经营活动的组织有一个很明显的特征——自我完结性。其表现是农户经营的劳动者以家庭（或家族）劳动力为主，雇工经营发展不快，比重不大。

导致农户经营组织具有自我完结性的动因在于以下几个方面。

（1）对于企业经营者而言，活劳动的消耗可作为可变费用加以处理，在组织经营时具有很大的弹性。而对农户主体而言，家庭劳动力具有固定费用的性质，家庭劳动若不被利用，仍必须消耗一定的生活资料，其费用是固定存在的，因而，农户主体在经营决策时，首先考虑充分利用家庭主要劳动力和辅助劳动力，以降低家庭经营费用，寻求农户经营纯收入的最大化。从现实经济运行来看，人多地少的基本国情、产业结构的低层次均衡反映到家庭内部，就是家庭劳动力存在着隐蔽性的失业现象，这也增加了农户组织经营决策时选择家庭劳动力为主的权重。（2）农户家庭劳动的优越性是农户经营组织自我完结性的又一诱因，家庭劳动受经济利益、血缘纽带、人际感情的约束，具有多重稳定机制，在市场风险面前具有较强的坚性。家庭劳动者之间存在着利他主义，劳动者之间较易实现分工协作，并在高度责任感的驱使下努力工作，便于农户的经营管理。家庭劳动的上述优越性导致农户经营者组织经营活动时，优先考虑充分利用户主以及其他整半劳力，以家庭劳动力的利用作为主要组织手段。据农村经济社会典型调查资料，1984 年雇请长工（6 个月以上）的农户仅占调查户的0.55％；1986 年雇工经营的比重也有所提高，但变动幅度不大，比 1984 年上升了0.19 个百分点。而且，根据对温州 30 户雇工经营大户的调查，有 80％的雇工与雇主之间存在着兄弟、亲友、师徒的关系，这实际上是社会劳动组织家庭化的表现。当然，政策因素、市场机制的不健全、服务组织的不配套以及农户组织的小规模经营也加剧了农户组织的内在化倾向。

综上所述，现阶段农户经济组织已具有比较完善的运行机制，收入的不断增长成为农户行为的主要目标，受家庭生活稳定这一社会目标的干扰，农户经营主体采取兼业化的经营形态以实现"稳活共存"的经营方针，农户经营组织具有极强的自我完结性，从而形成一个不同于一般企业经营的农户组织运行格局。

第四节　农户组织的功能评价

随着农户经济组织的形成，农户组织以其特有的行为方式运行着，通过自身功能的发挥，表现出一定的微观经营活力。同时我们也应承认，农户组织在现实经济运行中也显示出不利于乡镇商品经济稳步发展的局限性。比如说：（1）农户经营收入有所提高，但作为一个经济组织所应具有的积累投资机制却明显薄弱，生产性投资不足，存在着消费投资替代生产投资的倾向，产业间、产品间的投资替代明显偏离国家宏观目标且具有短期化的倾向；（2）农户生产行为具有超稳定性，"家家农林牧，户户小而全"，一方面造成农户组织占有耕地少，有限的面积又被分割为若干小块，狭小零散的土地经营规模使得现代工业部门提供的现代化装备难以发挥应有的技术效应，制约着农业现代化的进程,进而危及乡镇经济的总体稳定发展;另一方面,农户组织的超稳定性也制约着乡镇经济通过专业化分工,进而产生放大的协作功能的进程,制约着乡镇区域生产要素合理流动、重新组合的速度以及乡镇市场体系的发育与成长。

对上述种种农户组织经营的局限性,有人认为是改革后乡镇经济发展的基础结构停滞,组织制度和市场体系不健全,农户经营风险大,导致农户经营行为不得不短期化;也有人认为这是地方政府行为短期化在微观经营层产生的必然效应;还有人认为这是乡镇经济发展周期性的产物。这些分析从不同角度揭示了农户组织经营局限性产生的原因,有一定的合理性。但我们认为农户组织经营局限性的产生有其内在的组织基础,只有从组织机理的深层剖析其产生的原因,才能把握乡镇经济微观组织完善的方向。

首先,从农户组织结构来看,其决策权明显集聚在家长一方。家长作为农户内部利他主义的产生源,往往通过感情伦理道德规范使自己拥有不容争辩的决策权,因而农户经营行为在很大程度上依附于家长式农户经营行为。从决策原理来看,这种高度集中、缺乏内部制约功能的决策机制,本身就孕育了农户组织决策上的非科学性。从经营行为的合理性来看,农户组织的经营行为体现为农民(家长)个人的经营行为。农民经营的行为是否合理呢? 发展经济学家西奥多·舒尔茨认为在传统农业范畴内和相应的技术状态下,农民中有进取精神并已最大限度地利用了有利可图的各种机会和资源的人,对要素配置中的边际成本和边际报酬的反应很敏感,对利润的追求毫不逊色于资本主义企业家,其行为是符合理性的。但是,从组织行为学以及决策学的原理来看,个人对环境的认识、分析、综合和行动的能力是有限的。就我国的具体情况来看,乡镇区域的社会性产供销信息网络不健全,国家发布的信息不能直接为农民所掌握,因而农民在商品生产中难以对信息做出正确的评价和决策,其行为必然具有有限的合理性。

其次,从农户组织功能来看,农户组织建立在家庭这一形式的基础上,家庭是集社会保障功能和生产组织功能于一身的混合性组织。从社会保障性功能出发,家庭经营行为以家庭生活的稳定为目标;从生产经营功能出发,家庭经营行为以货币收入最大为目标。功能的混合性引起经营目标的二重性,而不同的目标又必然使相应的经营行为具有不同的特征,从而制约着家庭经营在乡镇商品经济发展过程中的地位和作用。目前我国乡镇家庭经营规模小,人均拥有生产性固定资产仅 155 元,脆弱的经济基础使得任何风险的发生都可能影响到家庭的基本生活。而农产品需求弹性小,供给弹性大,供求关系极不稳定,市场风险大;加之我国乡镇市场发育不充分,相应的组织、制度不健全,又使得大量本应由社会组织承担的经济风险转移给家庭,加大了家庭经营的风险性。在这种情况下,组织的混合性必然要求家庭经营争取货币收入最大的努力只能在与家庭生活稳定相协调的范围内进行。这就导致了家庭组织积累机制的不健全,带来投资行为短期化、兼业化日趋普遍,土地集中机制难以形成等妨碍乡镇商品经济长期稳定发展的局限条件。

针对农户组织经营的局限性及其组织机理,有一种观点认为,农户组织的功能在于启动乡镇商品经济以及整个国民经济增长和发展的进程,具有极强的过渡性。乡镇商品经济的进一步发展应以构造超越农户组织的微观经济组织为前提。我们认为农户组织较之我国现阶段其他经济组织具有明显的优越性,完全能够成为促进乡镇商品经济进一步发展的微观经济组织。对这一基本判断我们可以从下述三方面加以论证。

一、激励功能

农户作为经济组织能最大限度地激励家庭成员尽责工作,具有极强的激励功能。这一功能来自农户组织明确的财产界限。因为农户财产形式在一切私有制社会以及相当长的社会主义初级阶段,总是受到社会习俗、法律规范的承认,具有明确的财产界限;农户财产的使用及其世袭继承制度,又使得农户成员对财产的占有具有明晰的互助性,形成极强的财产累积机制。而在社会主义初级阶段,农村商品经济处于成长阶段,农民的素质及其生活水准决定了农民极易受独立的财产权利驱动,产生极强的致富冲动。明晰的财产权利界限使得农户作为一个经济组织,能最大限度地激励家庭成员为家庭财产的累积这一整体目标而尽责工作,具有极强的激励功能。

关于农户组织的激励功能,我们可以通过对人民公社财产制度的反思加以进一步的论证。人民公社财产制度的一大特征就是对农户财产权利的剥夺。初级社时,个体农民对他们的财产的所有权还是明确的。到了高级社时,由宪法规定的农民财产私人所有权,未经任何法律程序就被划归"集体所有",这显然是对农民财产权的剥夺,其结果是农民失去了对财产权利的直接追求,农民的生产经营功能长期受到阻滞。实行联产承包责任制后,农民以几倍于人民公社时的生产率推动了中国农村经济的彻底改观。人民公社财产制度的另一特征是财产界限模糊。由于人民公社组织是"三级所有,队为基础",生产大队是生产队的集合,人民公社是生产大队的集合,这种大圈套小圈的组织结构,形成对同一财产在同一时间内不同层次占有的局面,各层次之间权利界限十分模糊,财产的形成、支配以及收益的分配普遍没有形成稳定的、有法律保障的规范,"平调"之风不绝,财产流失严重,最终导致人民公社组织走向崩溃。从这里我们可以看到,在社会主义初级阶段,对任何经济组织来说,建立在财产利益关系上的财产权利界限都具有十分重要的意义,它直接关系到组织的生存和发展。农户组织正是由于在财产的形成、占有、使用、分配上具有符合法律规范的界限,组织的自治性和独立性受组织系统行为规范的保障,组织的财产权利界限明确,组织内部充满了激励机制,适应了乡镇经济的不确定性和分散性所提出的组织体应作为积极的经营主体而存在的组织机理。

二、团聚功能

这种功能来自农户组织在利益分配上的多重性。一般说来,团聚力是指组织体内部的吸引力,是组织体保持其成员亲近、协调、凝聚的结合力,而团聚力的获得取决于组织提供的各种利益(物质的和精神的)是否大于组织成员为实现组织目标而付出的牺牲(主要指劳动时间);团聚力的大小则取决于组织运行所产生的利益与付出相比所产生的净效果。换言之,团聚力的获得与按照某一公平标准分配利益的实现程度之间存在着较高的相关系数。马克思主义经典作家一再提出按劳分配是实现社会公平与效率相结合的基本准则,但是,农业这一乡镇经济的主体基础产业具有较强的时间性,从初期投入到最终产出要经过相当长的时间,在这一段时间内,既无中间产品以资衡量付出劳动的数量和质量,又受变幻莫测的自然因素的影响,在投入与产出之间具有极强的不稳定性,因此经济组织成员获取的利益与实际付出之间常态不均衡,按劳分配难以高水准实现,组织的团聚力难以获得,导致了组织体的不稳定。农户组织的多重分配模式使这一矛盾得到解决。它一方面依据按劳分配的机理实施利益的分配,另一方面组织成员之间特殊的社会关系,又使家庭全劳动力和半劳动力、生产性劳动和家务劳动、生产者和消费者在按劳分配上所形成的常态不均衡,可以通过两性、血缘、感情、伦理关系的调节得到解决,使得家庭组织具有极强的团聚力,维持了组织体的平衡与发展。

三、自组织功能

这是农户组织的另一种组织功能。这一功能的获得是由于家庭成员之间存在多种关系的存在,成为利他主义者。家庭成员的诸种行为,一般来说不是根据家庭以外的其他人的指令,而是由内部某种约定俗成的自然分工规则、感情交融与精神互补、人性本能以及法律所规定的责任、义务、权利规则而自然地发生。家庭成员在生产劳动和家务劳动方面积极主动且有极强的责任感,而不需要外部的指令和监督来完成,具有极强的自组织功能。这种自组织功能对农业经济分散经营的特点及其带来的管理上的困难是一个极好的解决方法。因为,从总体上来看,农业生产受自然因素影响大,具有不确定性,农业生产不可能像工业生产那样,按标准化、规范化、专业化准则而运行,产品的质量检验、劳动考核、经济报酬等生产管理工作难以进行,这就要求农业生产组织必须在不存在外部指令的情况下,组织成员仍能按照心照不宣的某种规则各尽其责地工作,以减少农业生产不确定性所带来的组织不平衡。另外,农业生产受土地不可移动性的影响具有分散性,加深了农业生产组织管理、劳动监督和考核的复杂性,这也要求组织形式必须具备特殊的信息沟通方式和强烈的协作意愿,从而保证组织的内部平衡。农业生产的分散性和不确定性的同时存在,又使得分散的经营者必须在不确定的外部环境下实现生产经营的连续性和稳定性,反映在组织形式上就必然要求有一个权力高度集中的垂直管理系统,将随机性和长期性相结合,以应付生产不确定给分散经营所带来的困难。而农户组织的自组织功能满足了农业生产稳步发展所提出的上述组织要求,这是促使农户组织存在于乡镇经济组织系统的一个很重要的组织机理。

总之,农户组织以其独特的激励机制、团聚功能和自组织功能作为其存在的组织机理,在乡镇商品经济发展的过程中发挥着极强的生产经营功能,具有历史的稳定性。当然,乡镇经济系统是一个多产业、多部门的综合系统,各产业的组织要求不同,专业化分工也具有层次性,农户组织不可能适应各种产业的组织要求。因而,乡镇经济组织的微观构造也应该是多样化的,社会劳动组织的初级形态和高级形态同时并存。但是,尽管如此,农户组织仍是基本的、最活跃的组织细胞,各种初、高级组织形式将在农户组织内部和外部孕育、成长,农户组织专业化分工协作功能的加强将促使多种组织形式的产生。因此,我们必须坚信这样一个基本点:农户组织具有其存在于乡镇区域的组织机理,农户组织作为独立的微观经济组织将长期存在于乡镇经济组织系统之中。坚持农户经营既是政策的选择,也是乡镇经济发展的内在要求。

第五节　农户组织的合理化改造

在承认农户组织将长期存在于乡镇经济组织系统的同时,针对农户组织经营的局限性,有必要根据乡镇商品经济发展的要求对农户组织进行改造。那么,改造的方向是什么呢?

乡镇商品经济和其他形态的商品经济一样,都要求有真正的商品交换主体——企业,来充当其发展的微观经济组织。因为,企业是稳定的分工协作关系的产物,它所追求的是通过高度有效的管理以降低企业的交易成本。企业的内部具有自动而有序地推动组织生产经营功能发挥的动力机制和调控机制。动力机制是由企业组织形式以及企业存在的社会环境所决定的各种经济目标。调控机制则包括企业组织的自我调节机制和自我控制机制,前者指企业根据以前的输入输出情况、经营环境的变动情况不断优化自身结构的性能,增加内部系统的组织程度和适应能力;后者则指企业在各种约束条件(预算的、法律的、供求的)之下实行自我控制。这些机制共同作用,使企业真正成为独立的或相对独立的自主经营、自负盈亏、自我约束、自主发展的经济实体,发挥着组织社会化大生产的功能,从而顺应了商品经济发展的要求。随着联产承包责任制的实行及以统派购制度的取消,农户组织由集体经济体制下单纯的社会组织,演变为相对独立的经营主体,承担着乡镇经济活动的基本经营职能,构成我国乡镇经济的基本生产经营单元,但是这些基本单元还缺乏企业的经营机制。从农户行为目标来看,农户经济行为必须在保障家庭生活稳定的前提条件下,才能按市场导向配置生产要素，获取不断增长的收入，缺乏扩大商品生产、追求最大利润的强烈动机；从农户行为方式来看，农户行为采取稳活共存的经营方针，宁愿收入稳定，而不愿承担市场风险，农户难以成为市场经营的主体；从内部管理看，农户内部大都没有建立成本核算制度，对物质消耗和活劳动消耗没有准确计算，无法掌握每一种经营项目的会计成本和机会成本，难以正确调整生产经营结构，家长式的管理方式则加剧了农户行为的多种偏差。农户组织企业经营机制的缺乏使得农户组织还不能完全满足乡镇商品经济发展的需求。因此，我们认为农户组织合理化改造的基本方向在于，以农户组织经营机制的完善为导向，实行农户组织企业化。

农户组织企业化主要是指培育农户组织的企业经营机制，把农户经营改造成以收入最大化为目标，以资本、技术、市场为导向，经营活动大致依据企业原理，遵循严格的经济核算制度，一切物质费用和劳动费用（包括自给性生产资料费用和家庭内部的劳动费用）都计入生产成本，在此基础上独立经营、自负盈亏、自主发展，并具有法人资格和权益的企业化组织。通过企业经营机制的发育和成长，把农户组织改造成符合乡镇商品经济运行要求的企业化组织，稳固农户组织在乡镇经济组织系统中的基本地位。

至于怎样才能引入企业经营机制，我们认为主要是按照企业运行的要求和规定，改造现有农户组织的内外部性状，理顺其内外部的各种经济与非经济关系，完善各种规章制度和行为规范，诱导农户组织按企业经营机制运行。在这里，一个很重要的措施就是要改造农户组织的功能。这是因为，现阶段农户组织功能的一个很重要的特征是家计与经营的胶着。我们知道，家计以家庭生活的满足为目标，以自给原理作为运行机理，而经营则以经济利益的获取为目标，以企业原理作为运行机理。家计与经营的胶着必然导致农户组织行为的目标一方面表现为家庭生活的美满，另一方面表现为追求货币收入的最大化。商品生产经营的动力受到家计目标的过度牵制，表现出微弱的生产经营刺激功能；在农业经营领域，经营成为家计的附属，支配农户经营的只能是自给性原理，而不是企业经营原理。就综合经营而论，从农业生产的季节性、土地利用与地力保护的特殊性以及家庭劳动力具有固定费用的性质等方面来看，除了有特殊条件的情况以外，单一经营是不能成立的，而多样化则有利于均匀分配劳动力,有利于实行轮作以维持地力与饲料的均衡,有利于活跃资金的循环,分散生产经营的风险。但是,在经营对家计依附的情况下,普遍存在的多样化经营现象是以充分利用内在劳动力与加强自给生产为主要目标的,因而它所追求的并不是上述整个经营多样化的有利性。换句话说,它不是从经营原理出发的多样性,而是从家计原理出发的多样性。其结果是各个部门的规模反而缩小,技术的进步更加受到阻碍,而且也分散了经营者的能力。这样的多样化与其说具有兼业化的性质,倒不如说是具有小而全的封闭性质。其结果必然是农业投入停滞甚至下降,土地生产率难以提高,农业生产呈现萎缩状态;同时,家计对经营的支配状态又使得乡镇商品生产要素的多主体均分占有的格局难以打破,分工分业的局面难以形成,乡镇市场的建立难以实现,从而危及整个乡镇区域组织化的进程。因此,实现农户组织企业化,引入企业经营机制,就必须从功能上分离家计与经营,使农户组织的要素投入与配置以收入最大为目标,而不是以满足家庭生活为目标,强化农户组织的生产经营功能,诱导农户组织按企业经营机制运行。但是,我们也要注意到,农户经营的就业者既是劳动者,又是消费者,而且,在农业方面大多数产品直接构成农民消费的对象,因而家计与经营的完全分离是很困难的;相反,家计与经营的胶着,使得当经营不景气时,可依靠降低生活费来填补赤字,依靠加强家庭劳动来谋求增加收入,维持组织的稳定性。因而,在农户组织企业化的过程中,我们并不奢求家计与经营的完全分离,而是要采取多种措施,促使农户组织功能的倾斜,弱化家计在整个农户经营中的比重,强化农户经营目标Ⅱ对经营活动的刺激作用,使得农户经营的组织者在确定经营方针、经营结构、经营组织时,主要根据企业经营原理,而不是一切从自给出发,这才是农户经营企业化对农户组织功能改造的本质要求。而农户组织功能倾斜的实现,主要应借助一系列制度、规范和组织,平抑农户经营的经济风险,保障家庭生活的稳定,把原来由农户组织承担的部分社会保障性功能转移给地方政府或其他社会性的中间组织,通过农户行为目标Ⅰ的低费用实现,达到家计与经营的部分分离,改造农户行为的目标结构,为农户经营企业化建立强有力的内在驱动机制。

促使农户组织企业化的另一措施是创造一个农户组织企业化经营所需要的外部环境。这包括以下两点。(1)通过政府行为的优化,改变惯有的集中管理方式,在保护公平竞争、促进效益提高的基础上，通过注入市场机制，引导乡镇经济有序运行；并通过采取系统的政策措施，包括价格政策、财政金融政策、物质投入、基础设施建设、科技推广、智力投资等，促使农户组织的企业化经营。在这里价格政策的运用尤为重要。长期以来，受我国国民经济发展大环境的限定，工农产品"剪刀差"日渐加大，农产品价格普遍偏低，农户经营粮食、棉花的收益低于其他农作物的收益，更低于工副业收益。在社会主义初级阶段，商品经济处于成长状态，农户组织运行首要的和主要的是靠经济利益来驱动和制动的。扭曲的利益分配格局必然导致已经具有一定经营自主权的农户减少农业经营支出，把农户经营的规模限定在满足自身需要的基础上，尽可能减少农户经营的机会损失，从而使得农户经营主要以自给自足为原理，而不是以企业均衡为原理。因此，要实现农户组织企业化，就必须打破倾斜于城市经济、以农户经营自行萎缩作为负效应的分配格局，建立一个能促进农户经营主体自我积累、自我发展的，具有极强动力机制的利益结构。改革的主要途径在于尽快提高农产品价格水平，保证农户适度规模经营者能获得略高于非农产业同等经营组织的收益，防止价格太低，"谷贱伤农"，影响农户组织合理经营的积极性。但也不能定价太高，形成新的偏差和阻滞农户经营企业化的外部竞争压力。（2）建立一个能包容农户组织、实行公平竞争的乡镇市场。这方面一个很突出的问题就是现有的政府经济技术部门与农户组织之间名义上平等交往，实质上不平等经营，不利于形成农户企业化经营所必需的宽松环境。为此，一方面应促使政府的经济技术部门独立化，这样既能弱化政府的企业职能，加强政府的调节功能和社会保障功能，又能使政府的技术经济部门独立化、企业化，与现有各种组织公开竞争、共同发展，促进企业化农户组织的建立。另一方面，应开放乡镇生产要素市场，建立土地相对集中的经济机制，促使农户组织由分散的、小规模的经营结构过渡到相对集中、适度规模的农场经营，或者在专业化分工协作的基础上组织中介组织，提高农户组织的市场竞争力，使农户组织具有企业化经营的实力。

第二章　乡镇经济的微观组织：乡镇企业①

乡镇企业是中国农民的伟大创举。它萌芽于农业合作化时期,并随着农村经济的改革和发展迅速崛起,从原附属于农业的副业,发展成目前占农村社会总产值三分之二强的非农经济组织。

第一节　乡镇企业的发展过程

20 世纪 50 年代初期,乡镇企业在农村副业和手工业生产的基础上开始萌芽。当时新中国刚刚成立,经过土地改革,饱经战乱和遭受严重创伤的农村经济得到迅速恢复,农村办起了一些集体副业,党和政府采取了多种措施扶持处于失业和半失业状态的个体手工业,农村副业和手工业迅速发展。据统计,到 1957 年底农村副业与手工业产值由 1949 年的 77.3 亿元增加到 145.8 亿元,年平均递增 8.3%;从业人员一千多万人,占当年农村社会总劳动力的 5% 强。这期间进行了农村社会主义改造,散居在农村集镇的大批小手工业相继组织起来,成立了手工业生产合作社和手工业联社。这些农村手工业合作组织在不同程度上被纳入了国家指令性计划,上升为集体企业,不再受农村的管理,因而它们不是后来乡镇企业发展的直接基础,但对乡镇企业的萌芽有重要的推动作用。经过社会主义改造,农业本身留下的手工业只有农户的家庭手工副业和农业合作社的工业性副业,它们的比重虽然很小,但构成乡镇企业产生的直接基础,使乡镇企业得以萌芽。

1958 年起,农村经济组织的变动作为一场政治运动全面展开,人民公社化席卷

---

① 本章原载于:范从来著《乡镇企业发展论》,第一、二章,南京大学出版社,1994 年版。

全国大地,农村掀起了群众性的大办工业运动,农村副业和手工业发展为社队企业。据 1958 年底 17 个省、市、自治区的不完全统计,共建炼铁、炼钢炉 60 余万个,煤窑 5.9 万个,水泥厂 9 千多个,小型发电站 4 千多个,农机制造和修理厂 8 万多个。此外,还建立了大量为农业生产和社员生活服务的土化肥、粮食加工厂和制糖厂、缝纫厂等,产值达 84.5 亿元。但是,由于众多的小工厂并非顺应农民真正的发展需要产生,而只是国家错误地把经济活动当作政治活动自上而下地硬性贯彻执行,靠平调农业社及社员的人力、物力和财力办起来的,并没有按客观经济规律办事,所以它们不但缺资金、缺技术、少设备,而且管理不善,原材料不足,产品又无销路,因此,时间不长,相当一部分企业便纷纷夭折了。从 1959 年到 1965 年,我国进入三年困难时期和国民经济调整时期,党中央提出了"调整、巩固、充实、提高"的八字方针,对农民提倡"公社和生产大队一般不要办企业",要"破产还债",取信于民。经过退赔,通过"平""调"手段办起来的社队企业基本下马,城镇吸收的农民新工人也都清理返还农村。这样使社队企业由 1959 年的 70 万个减少为 1965 年的 1.2 万个,产值由 100 亿元减少为 5.3 亿元。经过整顿,剩下的主要是农机修造及粮油初加工等直接为农业生产及农民生活服务的少数企业。20 世纪 50 年代末社队企业的这次兴起是一次硬性灌输的结果,必然导致这种工业化缺乏生命力,使农业生产遭到极大破坏,白白浪费了大量农村资源,但多数为以后乡镇企业的发展留下了基础。

渡过三年困难时期后,农村经济得到恢复和发展。城镇工厂下放的一批老工人不擅长搞农业,为了维持生活,他们在农村干部的默许下,就地帮助生产大队和公社恢复和创办了一些社队企业。从 1964 年开始,有些社队为解决农业生产的资金和生产资料,自筹资金、自造设备,建立起一些社队企业,恢复了一部分下马的社办企业。1965 年,国务院颁发了《关于大力发展农村副业生产的指示》,为社队企业的恢复创造了良好的条件。广大农民特别是大中城市郊区的社队企业依据当时市场的需求状况,发挥地方优势,兴办起以加工为主体的农村工副业以及采矿业、建筑业、商业服务等。这时的社队企业已经不是一哄而起的产物,而是以市场需求为向导,按经济规律的要求兴办的,因此,从经济意义上来讲,这一时期的社队企业才是乡镇企业的真正萌芽形式。在随后开始的"文化大革命"中,社队企业被戴上了"以副伤农""金钱挂帅""资本主义自发倾向"的帽子，发展社队企业被说成"方向路线有问题"，刚刚萌芽的社队企业遭到了严重的摧残。然而，就在社队企业面临绝境，国营企业和城市集体企业"停产闹革命"的时候，在一些农村地区，社队企业仍然顽强地生存着。

1970 年召开的全国北方农业会议是社队企业发展史上的一个新起点。1970 年国务院召开了北方地区农业会议，会议决定，争取 1980 年实现毛泽东同志提出的全国基本实现农业机械化的号召。各地方为贯彻这次会议精神，大力发展了小钢铁、小煤矿、小农机、小水泥、小化肥等"五小工业"，这对乡镇企业的成长起了很大的推动作用。这一时期乡镇企业的发展有了较为宽松的环境，比如，1976 年农业部建立了人民公社企业管理局，统一领导全国社队企业，随后各省、市、自治区、地、县也都相继成立了社队企业管理局，社队企业的工作纳入了各级党委和政府的议事日程，得到了从中央到地方各级领导部门的重视。但是，由于"左"倾思想没有根除，发展社队企业的作用仍未得到充足认识，社队企业的发展受到了较大的约束，然而社队企业拥有的生命力使其冲破了重重障碍，克服了各种干扰，不断成长。1974 年全国社队企业总产值为180.9 亿元，1975 年为 215 亿元，1976 年为 272 亿元，1977 年则上升到 391 亿元。

这一时期乡镇企业之所以能顽强生存并得以成长壮大，其动因如下。

第一，庞大的农业剩余劳动力是乡镇企业迅速成长的原动力。新中国成立 30 年来，我国人口迅速增长，而可以用于农业生产的自然资源开发总量极为有限，因此我国的农业资源尤其是耕地的人均占有量锐减。以苏州地区为例，1949 年农村人均占有耕地 2.1 亩，到 1970 年下降到 1.4 亩，农村劳动占有耕地由 4.8 亩下降到 2.4 亩。并且，当时片面强调"以粮为纲"，抑制了经济作物和林、牧、副、渔业的发展，一方面使得农业部门的劳动力吸纳功能弱化，另一方面使得农业剩余劳动（公开的或隐蔽的）唯一地取决于耕地这一农业生产要素的供给量。如果按一个劳力承担 5 亩耕地计算，苏州地区农业剩余劳动力达农业劳动力的 50% 强，人地矛盾十分突出。庞大的农业剩余劳动力迫切要求冲破单一经营农业的格局，大力发展社队企业。

第二，累积农业发展资金是地方政府推动乡镇企业迅速成长的重要动机。在我国，占全国工农业总产值 30% 的农业不得不容纳占全国人口 80% 的农村人口，早已造成农业经济的超负荷运行，而大量活劳动力的强制性追加投入，又必然导致种植业边际效益递减，出现了"高产穷队""高产穷县"的不正常现象，农业部门的资金积累能力极为有限。苏州地区是我国农业的高产地区，但农业费用也相当高。1970 年农业总费用占总收入的 35.9%，每亩纯收入扣去农业税和社员分配，可提取的公积金和公益金只占税后收入的 1% 到 2%，合起来每亩只有 8.39 元。而现实中实现农业机械化的资金，低标准每亩需 300～500 元，高标准每亩需 800～1 000 元。这样的巨额资金需求，靠国家不行，靠纯农业生产也不行，各级政府都认识到，发展社队企业是积累农业发展资金的一条重要途径。

第三，农民迫切要求改善生活是乡镇企业迅速成长的直接推动力。有关资料表明，我国农民集体分配收入从 20 世纪 50 年代后期到 20 世纪 70 年代中期，每人每年只增加二、三元，其中 20 世纪 60 年代后期到 20 世纪 70 年代中期，每人每年增加不到一元。多年来我国农村人均收入水平一直没有能超过 80 元。即使是长江三角洲上的无锡，1970 年农村人均分配收入也只有 75.82 元。这样的低收入，不仅要用于吃、穿、住、用、行，还要用于婚、丧、嫁、娶。广大农民的生活长期处于饱而不温的低水平上。事实表明，种田只能解决温饱，要想达到"小康"，必须另辟途径，尤其是兴办农村社队企业。广大农民的这一致富欲望使得社队企业具有了强大的群众基础，得以在这个时期顽强生存并迅速成长。

党的十一届三中全会以后，社队企业的发展进入了大推进时期，持续高速增长。1978 年 12 月，党的十一届三中全会召开，会上通过了《中共中央关于加快农业发展若干问题的决定(草案)》，其中明确指出，"社队企业要有一个大发展，逐步提高社队企业收入占公社三级经济收入的比重""国家对社队企业，分不同情况，实行低税或免税政策"。1979 年，国务院制定了《关于发展社队企业若干问题的决定(草案)》，对社队企业的发展方向、经营范围、资金来源、所有制结构、经营管理制度等做出了明确的规定。1981 年 5 月，国务院发出了《关于社队企业贯彻国民经济调整方针的若干规定》，1982 年中共中央批转《全国农村工作会议纪要》，1983 年中共中央印发《当前农村经济政策的若干问题》，都对社队企业的进一步发展做出了明确的指示。1984 年中共中央发布《关于 1984 年农村工作的通知》，更明确指示："随着农村分工分业的发展，将有越来越多的人脱离耕地经营，从事林、牧、渔等生产，并有较大部分转入小工业和集镇服务业。这是一个必然的历史性进步。"同年,中共中央、国务院在转发农牧渔业部《关于开创社队企业新局面的报告》中指出:"发展多种经营,是我国实现农业现代化必须始终坚持的战略方针。乡镇企业是多种经营的组成部分,是农业生产的重要组成部分,是农业生产的重要支柱,是广大农民群众走向共同富裕的重要途径,是国营企业的重要补充,是国家财政收入的重要来源。"《关于开创社队企业新局面的报告》决定将原来的社队企业改称为乡镇企业,由原来的社、队两个层次扩大到乡办、村办、联办、个体办和其他合作形式企业五个层次。1985 年,中共中央、国务院又制定了《关于进一步活跃农村经济的十项政策》,为乡镇企业的发展进一步指明了方向。

这期间人们对乡镇企业的认识也出现过几次转折。1980 年底,出现了乡镇企业"以小挤大""以土挤洋""以落后挤先进"的提法,有人指责乡镇企业"办多了,挤了大工业""搞乱了物价、搞乱了市场,影响了国家对农副产品的收购",在一片"砍杀"声中,一些限制甚至取缔乡镇企业的措施相继出台,诸如农副产品不能就地加工、农村建筑队不准进城、限制乡镇企业的经营范围、不给乡镇企业发营业执照、砍掉财政扶持资金、大幅度削减按计划分配给乡镇企业的原材料等。多数地方兴办乡镇企业的积极性严重受挫,不少乡镇企业被迫下马。但很快,党中央于 1984 年 1 月和 4 月分别下达了 1 号文件和 4 号文件,充分肯定了乡镇企业的地位和作用,澄清了各种认识,纠正了限制乡镇企业发展的错误做法。总之,这一时期的乡镇企业有了一个良好的政策环境。

在这样的政策背景下,乡镇企业迅速发展。1980 年全国有社队企业 143 万家,从业人员 3 050 万人,总产值达 614 亿元,比 1979 年增长 22%;1981 年,全国共有社队企业 134 万家,从业人员 3 000 万人,总产值为 670 亿元,其中工业产值达 562 亿元,占当年全国工业总产值的 11%;1983 年,社队企业总产值增加到 1 016.7 亿元;1984 年,乡镇企业总数达到了 606 万家,从业人员 5 206 万人,占全国农村劳动力总数的 14%,产值达 1 708 亿元,比前一年又增长了 12.5%;1985 年,全国乡镇企业总产值超过 1968 年全国社会总产值,达到 2 728 亿元,一年为国家创汇近 40 亿美元,这一年,全国农村出售的工业品总额为 1 751.8 亿元,农副产品总额为 1 680 亿元,农村出售的工业品总额超过出售的农副产品总额,这在我国经济发展史上是空前的;到

1988年,全国乡镇企业的工业产值约占全国工业总产值的1/4,乡镇企业职工已达9000万人,占农村总劳动力的22.6%。乡镇企业高速增长的具体情况见表2-1-1。

表 2-1-1　乡镇企业增长情况　　　　　　　　　（单位:%）

年份	项目		
	企业数	企业职工人数	企业总产值
1978	—	—	
1979	−2.9	2.9	11.2
1980	−3.7	3.1	19.8
1981	−6.1	−1.0	13.5
1982	1.8	4.8	14.5
1983	−1.2	3.9	19.1
1984	350.6	61.0	68.5
1985	101.5	34.0	62.3
1986	24.0	13.7	30.1
1987	15.5	10.9	38.0
1988	7.9	9.4	45.5

资料来源:① 中华人民共和国农业部计划司编《中国农村经济统计大全(1948—1986)》,农业出版社,1989年版;

② 农业部乡镇企业司编《中国乡镇企业统计摘要1991》,改革出版社,1991年版。

从统计分析中可以发现,1984至1988年是我国乡镇企业发展最快的时期。这一时期乡镇企业的高速增长,主要是由以下几个因素促成的。

首先,农村改革的顺利推进和乡镇企业发展效用的显示推动了人们对乡镇企业认识的深化,也推动了中央发展乡镇企业政策的进一步放开。随着农村分工分业的发展,越来越多的人脱离耕地经营,从事林、牧、渔等生产,并有较大部分转入小工业和集镇服务业。中央把这看成"一个必然的历史性进步"①。中央还从乡镇企业发展所带来的农村现代化和农民收入提高的效应中发现了发展乡镇企业的国民经济意义,明确承认:"乡镇企业是多种经营的组成部分,是农业生产的重要组成部分,是农

① 《中共中央关于1984年农村工作的通知》,载《人民日报》1984年6月12日。

业生产的重要支柱，是广大农民群众走向共同致富的重要途径，是国营企业的重要补充，是国家财政收入的重要来源。"①基于这样的认识，中共中央、国务院制定了一系列明确支持乡镇企业发展的政策，为乡镇企业的迅速发展提供了良好的政策环境。

　　其次，农村经过几年的改革，提高了农业劳动生产率，农业生产年年丰收，剩余农产品大幅度增加，进入市场的农产品随之大幅度增长，这为乡镇企业的高速增长提供了物质条件。这表现在以下几个方面。第一，农产品供求状态的根本性转变，直接推动着以农副产品为原料的乡镇企业迅速发展。1985 年占总产值 50.1％的乡村轻工业中有 58.5％是以农产品为原料的，这部分乡镇企业的高速增长显然来自初级产品增长的直接推动。第二，初级产品的大幅度增长给原来农村绷得很紧的生产结构提供了一个调整和变革的机会。1984 年，我国粮食总产量比 1978 年增加了 2 051 亿斤，而粮食的播种面积却减少了 1.16 亿亩，经济作物的种植面积因此而扩大。经济作物的大幅度增长，使乡镇轻工业企业获得了大发展的机会。第三，初级农产品大幅度增产促使农民的货币收入激增，这一方面使长期困扰农民的向非农产业转移的资金问题得以缓解，另一方面则使得农民购买力激增，而农民购买力的主要指向是中低档工业品，这既为乡镇企业的高速增长创造了市场条件，也为城市企业原已形成的、数量相当大的部分技术水平和产品档次都比较低的工业生产能力，带来了逐步实现技术更新和产品升级换代的机会。这种更新和升级换代的机会在一定意义上促使了原有资产存量向乡镇企业的扩散、转移，这对乡镇企业的高速增长也有着不可低估的意义。

　　最后，改革从农村推向城市，城市经济体制的改革进一步扩大了乡镇企业的活动领域。一是城市改革扩大了企业的自主权，允许一部分人先富起来的政策得到了确认，扩大了城市企业与乡镇企业之间的经济流量，乡镇企业高速增长所必需的人、财、物、信息、技术等，通过各种规范或不规范的交易行为得以解决。二是城市改革形成了价格双轨制，市场调节的范围大幅扩大，使乡镇企业的活动领域得以扩大到整个国民经济体系之中，在城市国营企业开放范围较小的条件下，乡镇企业有了更大的发展机会。

---

　　① 　农牧渔业部乡镇企业局选编，《乡镇企业政策法规选编（1979—1985）》，新华出版社，1987 年版，第 120－121 页。

到 1988 年底，乡镇企业单位数达 1 888.2 万个，就业人数达 54 334 万人，总产值达 7 017.76 亿元，占社会总产值的比重达 23.54%，占农村社会总产值的比重达 58.10%，乡镇企业经过 20 多年的发展，已经成为我国社会经济系统的重要组成部分。

针对 1988 年出现的经济过热、通货膨胀严重的情况，国家从 1988 年第四季度起实行以宏观紧缩为主要内容的治理整顿。宏观紧缩即紧缩投资需要和消费需求，由于需求紧缩过猛，经济增速迅速回落，到 1989 年 9 月开始出现零增长乃至负增长。这一过程同样波及了乡镇企业。

与其他经济组织相比，乡镇企业的紧缩压力更大。原因首先是宏观紧缩环境造成的压力。紧缩政策实施后，在经济过热时流入城市的农民大批回流农村，农村购买力锐减，从而使乡镇企业面临的市场疲软压力更为沉重。不仅如此，与宏观紧缩相适应，国家还关闭了一部分已经开放的农产品市场，"统派购"农产品比重增大，造成了以农产品为原料的乡镇企业原材料供给的困难。

其次是对乡镇企业的不正确认识，致使乡镇企业成为治理整顿的一项内容。治理整顿之初，很多人把经济过热、市场混乱等消极现象在相当大程度上归咎于乡镇企业，认为是乡镇企业起了"加速器"的作用，其增长速度越来越快、所占比重越来越大，乡镇企业要对产业结构过度轻型化、加工能力的盲目扩张承担大部分责任，据此，他们提出：过去对乡镇企业的地位和作用强调过头了，以致其发展过快、增长过猛，超过了国力所能承受的界限，加剧了能源、原材料和交通运输的紧张局面；乡镇企业浪费耕地，使农业生产的机会成本上升，导致农业生产徘徊甚至萎缩；乡镇企业与大工业争能源、争原料、争资金、争市场，削弱了国营经济的主导功能；乡镇企业税赋过轻，对国家财政的贡献不大，并造成不平等竞争；乡镇企业在经营活动中存在的请客送礼、伪劣产品现象，败坏了社会风气；乡镇企业污染环境，以点到面，难以防治；乡镇企业的发展难以培育工业文明和商业文明，不利于真正解决二元结构的矛盾等。基于这样的不正确认识，很多人认为治理整顿乡镇企业是重点，应当有一个大压缩，才能调整所有制结构和产品、产品结构，建立有计划的商品经济新秩序。于是自 1988 年 10 月开始治理整顿以后，乡镇企业首当其冲，受到来自各方面的压力。有些地方以治理整顿为名，对乡镇企业实行"卡""压"，一些部门则对乡镇企业加以排斥和限制。

在宏观紧缩政策体系中，乡镇企业面临的最大困难是资金困难：一是国家紧缩对乡镇企业的贷款；二是城市企业拖欠乡镇企业资金，使乡镇企业成为三角债的直接受害者。1988年下半年农业银行连续三次压缩乡镇企业贷款，1989年又只收不贷，仅1989年下半年乡镇企业的贷款就比1988年减少500亿元，这使乡镇企业普遍面临资金短缺的困境。更为严重的是，乡镇企业与城市企业之间存在着一定的从属关系，城市企业往往采取拖欠乡镇企业资金的办法，转嫁国家宏观紧缩政策对其自身的压力。这使得乡镇企业承受着来自银行和城市企业的"双紧"压力。大批微利企业亏损停产；亏损企业得不到扭亏或转产的机会，被迫倒闭，占用的银行贷款无法归还；效益好的企业也被沉重的多角债拖垮，乡镇企业增长出现了较大的波动。

紧缩政策下，乡镇企业的增长速度明显回落。据1989年1月统计，乡村工业产值比1988年同期增长24％。1989年乡镇企业总产值比1988年增长14.4％，其中乡镇工业产值比1988年增长15.8％，与前几年的高速增长相比，落差是相当大的。到了1990年1月，乡镇企业增长速度进一步回落，增长率仅为2％，在一些乡镇企业较为发达的省、县，甚至出现了负增长。全国将近25％的乡镇企业关闭，开开停停的比例则更高。治理整顿中乡镇企业波动情况见表2-1-2。

表 2-1-2　乡镇企业治理整顿中增长情况

项目	1989 年		1990 年		1991 年	
	绝对数	年增长（％）	绝对数	年增长（％）	绝对数	年增长（％）
企业单位数（万个）	1 868.6	—	1 850.4	−0.97	1 907.9	3.107
企业职工人数（万人）	9 366.8	−1.87	9 264.8	−1.09	9 609.1	3.716
企业总产值（亿元，当年价格）	8 402.8	19.74	9 581.1	14.02	11 611.8	21.195
企业利税总额（亿元）①	967.9	—	1 012.1	4.57	1 188.4	17.419
企业固定资产原值（亿元）	2 499.6	—	2 857.1	14.30	3 385.2	18.484
出口产品总额（亿元）	371.4	—	485.6	30.75	669.9	37.953

注：① 乡镇企业利税总额包括税前列支用于农村各项事业的开支。

资料来源：① 农业部乡镇企业司编《中国乡镇企业统计摘要1991》，改革出版社，1991年版；

② 农业部乡镇企业司《1991年全国乡镇企业发展综述》，载《中国乡镇企业》1992年第6期，第5页。

从表 2-1-2 可以看出,尽管在治理整顿期间乡镇企业就业人数、企业个数都呈现出负增长,但乡镇企业的总产值仍保持了一定的增长势头。乡镇企业之所以能在外部环境不太有利的紧缩政策下继续保持增长态势,有如下原因。

第一个原因在于,乡镇企业依靠其自身灵活的运行机制,通过结构调整、规模经营和要素的调节实现了紧缩环境下的稳步增长。许多乡镇企业把市场疲软中的困难转化为产品结构调整的机遇,通过开发新产品,以新取胜,实现产品结构的开发性调整,有的乡镇企业则以市场现实需求为向导,对平销产品主动限产,对适销产品则上规模、上批量,实现产品结构的适应性调整。在产品结构优化的基础上,乡镇企业通过"关停并转",逐步向劳动技术密集型行业转化,实现了产业结构的有效转变。在"关停并转"的过程中,乡镇企业积极推行联合化、集团化,通过原有生产要素的重新组合,实现了乡镇企业的规模经营,大大提高了乡镇企业在治理整顿中对外部环境的适应能力。

第二个原因是,乡镇企业在第二阶段的高速增长中存在着一些问题和偏差,过去这些问题和偏差被经济过热所掩盖,而宏观一紧缩,就暴露无遗了。可以说,治理整顿为乡镇企业提供了纠偏的机会,经过调整,乡镇企业得到了应有的发展。

乡镇企业高速增长中有两大主要偏差。一是增长模式上的偏差。1978 至 1988 年间,我国乡村企业的增长中有 64.16％是由投入增加带来的,投入的年增长率达到 16.38％,在总投入中,资金投入占相当大的比重,由于资金投入带来的增长占总增长的 51.94％,资金投入的年增长速度达 23.72％。[①] 在很大程度上可以说,这期间乡镇企业的迅速增长是由高投入,尤其是高资金投入带来的,乡镇企业的增长选择了资金投入型的增长模式。我国农村劳动力富裕、资金稀缺,乡镇企业在要素投入上理应节省稀缺要素,或以劳动代替资金,以降低成本、提高企业经济效益,然而我国乡镇企业的实际增长却选择了这种资金投入型增长模式,其结果必然是企业经济效益十分低下。1978 年乡镇企业百元固定资产原值实现利税 48 元,1988 年乡镇企业同样指

---

① 吴建光,《实证分析:我国乡镇企业增长的因素特点与选择》,载《学习与探索》1991 年第 2 期,第 90 页。

标的数值则为 42.5 元。在这种情况下，乡镇企业的低效益必须用较高的增长加以弥补，而乡镇企业的高速增长又只有靠高投入尤其是资金投入来维持。乡镇企业的资金投入受自身效益低下、自有资金极为有限的约束，大量依靠银行信贷资金的支持。1988 年乡村工业固定资产投资中银行贷款占总投资的比重达 44.6％，流动资金中有近 80％依靠银行贷款。在宏观信贷政策较松的 20 世纪 80 年代，乡镇企业的高投入增长得以借助银行信贷资金加以维持。也正因为如此，乡镇企业经济效益低下的状况长期被掩盖，得不到有效的解决。治理整顿中，国家对乡镇企业的贷款政策进行了以紧缩为主要内容的调整。在这种情况下，乡镇企业的经济效益问题充分表现出来。在严峻的资金短缺面前，乡镇企业纷纷调整要素投入结构和资金使用结构，提高技术进步的速度和企业自有资金的比重，一定程度上使其增长模式由资金投入型转向经济效益型，正是这种调整使我国乡镇企业在治理整顿中步入良性增长轨道，乡镇企业产值、销售收入、税金、利润同比增长，经济效益明显提高。1991 年乡镇企业实现工业产品销售收入和各项劳务收入 10 654.5 亿元，比上年增长 23.6％；上缴国家税金454.6 亿元，年增长 16.1％；实现利润 687.6 亿元，年增长 16.9％；百元固定资产原值实现产值、利税分别提高 3.7％和 5.3％；百元资金实现产值、利税分别提高 3.4％和 4.8％。[1]

二是乡镇企业与国民经济结构之间存在着高度的同构性。早期的一份研究报告显示，1984 年农村工业、交通运输、建筑和第三产业的产值结构，与国营和城镇四大部分产值结构（不包括乡村企业在内）的相似系数高达 0.998；农村工业内部 14 个行业的产值结构，与全国工业 14 个行业产值结构的相似系数也达到 0.721，其中重工业 8 个行业为 0.793，轻工业 6 个行业为 0.929。[2] 乡镇企业与国民经济结构之间的同构性极为明显。同构性的实质是乡镇企业与城镇国营集体企业之间缺乏明确的分工，同一产业的发展缺乏应有的协调。这种低水平的同构使得乡镇企业与城市企业在投入品与产出品上过度竞争，乡镇企业与城镇企业之间的摩擦和冲突不断加剧。

---

① 农业部乡镇企业司，《1991 年全国乡镇企业发展综述》，载《中国乡镇企业》1992 年第 6 期，第5 页。

② 中国农村发展问题研究组著，《国民经济新成长阶段与农村发展》，浙江人民出版社，1987 年。

但是这种矛盾在经济过热的状态下，被增长速度和膨胀的市场需求所掩盖。治理整顿中宏观一紧缩，乡镇企业与城市企业之间同构所导致的要素投入和产品市场上的各种矛盾也就暴露无遗了。在这种情况下，乡镇企业充分认识到城乡企业之间分工协作的必要性和迫切性，主动自觉地调整产业结构。1991年乡村集体工业企业中，轻工业与重工业的比重分别为54.2％和45.8％，轻工业的比重比上年增加了0.6％。轻工业中，以非农产品为原料的工业比上年有所提高；重工业中，采掘工业下降0.57％，加工工业下降了0.47％。① 这种结构上的调整使得乡镇企业在城乡企业之间合理分工、优势互补、协调发展的新型关系下获得健康、持续的增长。

乡镇企业波动中增长的第三个原因是，这次紧缩不仅锻炼了乡镇企业，更为重要的是人们从乡镇企业波动所造成的负效应中进一步深化了对乡镇企业的认识，乡镇企业不只是重受肯定，而且是在新的高度上得到了肯定。治理整顿初期的过度紧缩政策经过不长时间的运行，很快使人们发现，这是以乡镇企业萎缩乃至倒闭为实际效应的政策。乡镇企业的萎缩产生了一系列负效应。

其一，千百万乡镇企业职工"回流"导致农业剩余劳动力急剧增加。中国是人口大国，总人口中农村人口占大多数，而可供用于农业生产的自然资源极为有限，农业资源尤其是耕地资源的人均占有量很低，且呈现出下降趋势，人地矛盾极为尖锐。其结果必然是大量农业劳动力以公开的或隐蔽的剩余形式而存在，庞大的农业剩余劳动力迫切需要寻找新的就业机会。乡镇企业以中小企业为主，具有灵活的劳动力吸纳机制，它的发展对农业剩余劳动力的安置具有极其明显的配置效应。1988年全国乡镇企业就业人员达9545万人，约占农村劳动力的23％，若乡镇企业萎缩导致三分之一的企业倒闭，全国将会有2900多万企业职工面临失业危险。这部分失业人员虽然受普遍存在的兼业机制的缓冲作用，不至于直接危及社会的安定，但是这部分庞大的失业人员回归到一块小土地上，一方面会加剧人地矛盾，阻滞农业劳动生产率提高，延缓农业现代化的进程，最终必将危及整个国民经济发展的基础；另一方面，千百

---

　　① 农业部乡镇企业司，《1991年中国乡镇企业发展综述》，载《中国乡镇企业》1992年第6期，第5页。

万乡镇企业职工回归农业,农业剩余劳动力总量迅速增加,二元结构转换的外部条件恶化,乡镇企业发展已经聚集起来的经济结构变革推动力趋于减弱,其结果则是农村经济发展以及国民经济发展水平的下降。

其二,乡镇企业萎缩导致农业投入急剧减少,国民经济结构变动的基本条件难以实现。我国是一个农业大国,社会经济的协调发展离不开农业的现代化,而农业现代化是一项耗资十分巨大的事业。在价格体系一时难以理顺的情况下,农业发展所需的巨额投入无法通过农业自身的积累能力加以解决,依靠国家的财政投入也解决不了问题,农民的农业投入机制又一时难以建立起来。乡镇企业的发展通过资金反哺和吸纳其剩余劳动力,在增加农业自身积累能力的同时,加大农业的投入量,大大改善了农业生产条件,促进农业生产专业化、商品化和规模经营,提高了农业劳动生产率,加速了农业现代化的实际进程。仅 1984 年、1985 年、1986 年,乡村企业利润中用于以工补农、以工建农的资金就达 22.3 亿元,到 1989 年乡镇企业各项支农资金更是达到 70.6 亿元。因此,从这一点看,牺牲乡镇企业发展的代价将是农业投入的减少、农业发展的停滞,以及由此导致的国民经济结构变动的延迟。

其三,乡镇企业的萎缩导致我国工业化进度的减缓。经济发展的起飞阶段,工业化发挥着极其关键的推动作用。我国长期以来一直都在寻找一条适合我国国情的工业化道路。乡镇企业迅猛发展的事实表明,仅靠城市的力量来实现工业化,对于地域广阔、人口众多、生产力水平低下的农村区域来说,显得势单力薄,且缺乏内在的动因,其结果将使我国工业化进程大大延缓。同时,在缺乏国外资金大量输入的情况下,发展城市工业只能采取从农业部门抽取并积累大量工业化资金的做法,这又阻碍农业自身的现代化,甚至造成农业的萎缩。此外,大量农村人口向城市聚集,会引发许多严重的社会问题。而乡镇企业的发展焕发出八亿农民的潜在能量,使其投身到工业化的历史进程中,从而给工业化注入新的内容、增加新的功能,通过城乡并举的"双轨制",大大缩短了工业化的进程。1978 至 1989 年间,乡村企业固定资产原产值年均增长率为 21.31%,比国营工业企业高出 11.6 个百分点,由此在整个工业固定资产总量中的比重从 6.58%上升为 12.51%,在中国实际上形成了城市工业和农村工业两大体系,从而大大加快了我国工业化的实际进程,为实现有中国特色的工业化开辟了一个崭新的模式。不仅如此，乡镇企业立足农村，服务农业，充分利用农村资源，以国家宏观规划、产业政策和市场需求为导向，积极发展与城市工业、科技力量的联合和协作，与城市工业互为依据，互为市场，相互促进，形成了城乡一体化的工业化体系。在这样的背景下，乡镇企业的萎缩实质上是我国工业化水平的倒退，是我国经济结构高度化的进程的倒退，这对我们这样一个发展中国家而言是绝对不应该发生的。

其四，乡镇企业萎缩导致农民收入水平急剧下降。国民收入水平的提高是经济发展的重要目标，农民收入水平的提高则是其重要组成部分。提高农民收入水平，仅仅依靠农业、农产品的生产是无法实现的。因为农产品大都属于初级产品，初级产品的相对价格趋于下降是当代世界性的发展趋势，靠农产品的生产、销售难以提高农民的收入水平，中国几十年的实践已充分证明了这一点。而且，农业生产受土地生产力特性的制约，其边际劳动生产率呈现下降趋势，要提高农民的收入水平，必须通过乡镇企业的发展，吸纳农业中过多的劳动力，增加农产品的附加价值并使农民留在农村。可以说，没有乡镇企业的发展，农民收入水平的提高就根本无法实现。从现实来看，1978 至 1988 年，农村从乡镇企业得到的收入仅工资部分就有 3 740 亿元，占这期间农民收入净增部分的 25％以上。因此，乡镇企业的萎缩必将导致农民收入水平的普遍下降，这将影响到农村的经济稳定和社会稳定，并危及国民经济结构变动得以带来的对农村市场的推动力。

有鉴于此，各级领导和经济理论工作者先后对乡镇企业的地位、作用进行了再认识，很快形成了这样一个共识：时至今日，乡镇企业已成为中国农村经济乃至整个国民经济的重要支柱，塑造了一个全新的国民经济的增长格局，它的存在不仅促进和支持了农村经济的振兴和繁荣，而且推动了整个国民经济结构的演变和优化，促进了城乡经济一体化体系的初步形成。因此，对乡镇企业应当正确地加以评价，保持政策的稳定性和连续性，保护在改革开放中已经形成的生产力。在这样的认识基础上，国务院于 1990 年 6 月颁布了《中华人民共和国乡村集体所有制企业条例》，使乡镇企业获得了具有法律意义的肯定和保护。

第二节　乡镇企业的社区背景

乡镇企业地处农村社区。就社区的一般概念而言,它是指一定地域范围内相互联系的人们所组成的社会,它既可以是一个国家,也可以是城市中的一个街区或农村中的一个乡(镇)、一个村。乡镇企业所处的农村社区则是指县以下的乡(镇)、村社区。这里的乡(镇)、村是由乡村与集镇相互联系、相互依存共同组成的一个统一体。

乡村是社会分工和商品经济发展到一定阶段的历史产物。在原始社会,人类靠采集和渔猎为生。后来,人类逐步学会了饲养动物、栽培植物,提高了生存能力,为从经常迁徙过渡到定居创造了条件,进而导致原始村落的出现。随着社会生产力的进一步提高,手工业逐步从农业中分离出来,推动了商品生产和商品交换的发展。起初,商品交换的场所不固定,伴随着交换范围的扩大和次数的增加,交易的时间和场所逐步趋于固定化,城市就在这个基础上逐步形成。从此,从事农牧业生产的乡村与从事手工业和商业的城市相对应而存在,并随着社会生产力的巨大发展,在城乡交融中进一步发展自身。

集镇则是一定的乡村地域内政治、经济、文化和人口的相对集中点。该集中点的产生直接取决于区域内商品经济的发展是否已推动乡村生产诸要素在整个区域的大跨度、大流量运动。较早的乡村经济受社会生产力发展水平的制约,基本上处于农业社会,农业在乡村经济结构中占有绝对垄断地位,此时中心点无法形成。只有当农业生产趋于商品化,乡村手工业、副业得到一定程度的发展后,乡村集市才得以产生。随着乡村集市的发展,客观上要求修道路、盖仓库,修建固定的供商品交易使用的基础设施,在人口集聚、经济活动多样化的基础上,乡村集市就逐渐发展成为以商品生产为主或以商品交换为主的乡村集镇。当然,乡村集镇的形成除以集市为基础外,还有其他的一些原因。比如江苏吴江就存在着五种类型的集镇:一是商业型的震泽,二是工业型的盛泽,三是政治型的松陵,四是消费型的同里,五是军事型的平望。

多样化乡村集镇的形成是乡村商品经济发展的重要突破。但集镇的形成并不一定意味着乡村集镇区域经济的形成。当集镇这个中心点与区域其他组织之间的经济流量很小且又是单向流动时,组织之间联系方式脆弱,中心点无集聚与扩散功能,乡村集镇的各种组织只有单个功效而无合力产生,这时的中心点就只能是有其名而无其实。20世纪70年代以前,我国乡村集镇的衰落和萧条就说明了这一点。

新中国成立初期,我国仿效苏联的发展模式,以国家的工业化为一切工作的核心,与此相适应,建立起服从于国家工业化进程的乡村组织体系。这是因为工业化需要巨额的资金积累,在我国这样一个落后的农业国,积累的主要来源当然只能是农民的"贡赋"。这种贡赋在我国表现为:采用农产品国家定价的形式,从农民手中低价统购,再对城市居民和工业企业低价统销,用以维持大工业的低工资和低原料成本,提供不断产生超额工业利润的条件,最后再通过大工业的利税上缴,集中起国家工业化的建设资金。但是低价统购总要引起农民的不满,为此就必然要建立起高度集中的乡村社区调控体系。1958年我国以空前的规模把乡村行政管理区域变成经济与行政合一的共同体——人民公社,在政社合一的大框架下,实行三级所有、队为基础。这样,通过公社化运动建立起政社合一的人民公社以及相应的公社、大队、生产队的行政调控体制,归并农民的财产权利、限制乡村生产要素的合理流动、关闭农产品市场以及建立以严格的户籍制度为主体的城乡壁垒,以抑制农民的致富冲动以及偏离服务国家工业化这一目标的各种经济行为产生的可能性。在这样的等级框架内,乡村商品经济无法发育,以其为基础的乡村集镇自然也就处于萎缩状态。

自20世纪70年代末以来,城乡经济体制改革的全面推进、农民财产权利的重建和身份自由的获得,赋予了乡村生产要素的大跨度、大规模流动的经济体制,原来隐蔽和束缚在旧模式中的大量剩余劳动力被暴露出来,乡村生产要素的流动以劳动力为先导全面展开。随之而来的就是乡村产业结构的转换。这种转换受现实城乡界限的制约以及倾斜式产业利益结构的牵引,表现为第三产业和第二产业异乎寻常的跃迁。第三产业的大量兴起率先为从集市基础上形成的集镇扩大其组织和扩散功能注入了推进剂。而乡村第二产业的迅速发展则以更强的力量通过两个层次驱动着乡镇村区域经济的最终形成。

第一层次为乡镇企业——乡村第二次产业的具体组织细胞——通过大量吸收长期滞留于土地的乡村剩余劳动力,强化乡村经济组织体的人口聚居效应。过去严格的户籍制度的限制和因乡村集镇功能过于单一而造成的就业机会的有限性,致使乡村经济空间组织体(如小城镇)一直未能成为乡村剩余劳动力可以选择的集聚领域。乡镇企业的兴起创造了大量非农就业机会,乡镇企业成为乡村剩余劳动力的主要载体,发挥着极强的人口聚居效应。这种人口聚居效应的发挥又必然引起对乡村经济组织第二层次的冲击。因为,作为人口聚集点的乡镇企业主要从事第二产业,该产业具有严格按照社会化分工协作原则加以组织的内在要求,故乡镇企业发展到一定规模时,为了加强其外部联系,必然要求产生水陆交通、能源供应、邮电通讯、金融信贷、修理服务等基础设施企业。发展这些企业对生产要素的强大需求,则会迫使处于分散状态的相关企业缩短空间距离,发挥集聚效益,其结果则是大量乡镇企业向集镇集中,通过工业生产力的孕育和成长,促使乡村集镇挣脱了孤立地作为乡村商业服务中心的禁锢,成为兼备生产、服务功能的经济组织体,这样的组织体一方面具备了直接吸收和消化城市经济扩散的能力,另一方面与腹地乡村的经济联系也大大增强了,发挥着极强的经济传递功能。并且,相对集中的乡镇企业以及生产性的基础设施,其周围必然集聚大量为之配套服务的企业群落,以及相应的上层建筑、文化教育事业,从而进一步强化了集镇在乡村区域的组织功能。

　　在这样的背景下,集镇具有了集聚乡村生产要素、组织系统内部社会经济生活的功能,组织体之间的经济流量增大了,联系程序增强了。乡村和集镇之间形成了一个犹如细胞核和细胞质的关系,两者相辅相成,集合成一个共同的细胞体。在这样的经济组织结构下,只有把乡村和集镇视为一个有机整体——乡镇区域经济,才能促进城、镇、村的共同发展。也正是在这样的背景下,不少地区实行了乡镇合一、镇管村的新体制。

　　新体制中乡镇企业所处的乡村社区包括三个层次。(1)乡(以前的人民公社),一般人口在15 000～30 000人,设有乡镇政府机构,这是中国现行政府系统中最低一级的政府。(2)村(以前的大队),一般人口在1 000～2 000人,它设有村民居委会,这不是一级独立的政府,但有政府的部分功能和社区结构。(3)队(有的地方叫组),平均规模在30户150人左右,它设有村民小组。由于实行了家庭联产承包责任制,它已基本丧失了绝大多数行政管理职能。社区政府在一般意义上是指乡村两级管理机构,集镇则区分为建制镇和非建制镇两种。建制镇指非农业人口达到一定规模,经政府批准建立的集镇。国家规定:总人口在 20 000 以下的乡,乡政府驻地非农人口超过 2 000 的,可以建镇;总人口在 20 000 以上的乡,乡政府驻地非农业人口占全乡人口 10% 以上的,也可以建镇;特殊地区,非农业人口虽然不足 2 000 人,但确有必要,也可以建镇。当然,不同时期有不同的建镇标准。按集镇隶属关系,可分为县属镇、乡镇、村镇三个层次。有些地区又在层次中分出若干级别。比如,江苏吴江把集镇分为三个层次、五个级别,即县属镇、乡属镇、村属镇三个层次,县属镇和乡属镇按地位和规模的不同分别分为二个级别,加村属计五个级别。

这就是乡镇企业所处乡村社区的组织结构及制度框架。

第三节　乡镇企业的内涵属性

乡镇企业作为企业的一种类型,当然具有企业的一般特征,即它是从事生产、流通或服务性活动的独立核算、自主经营、自负盈亏的经济组织。但这仅仅是企业的一般特征,并不能揭示乡镇企业概念的特有属性。要准确地表达乡镇企业的具体内涵,必须从以下几个方面去认识乡镇企业这一基本概念。

一、乡镇企业概念的历史性

乡镇企业过去习惯上称为社队企业,即农村人民公社和生产大队所举办的各种企业。随着农村经济体制改革的深入进行,人民公社管理体制得到了根本性的改革,政社分设,公社、大队相应地转化为乡和村,"三级所有,队为基础"的管理体制不再存在,不少商品经济发达的地区实行了乡镇合一、镇管村的新体制,社队企业这个概念本身已被新的农村经济体制所抛弃。另外,农村家庭联产承包责任制的推行极大地调动了农民的生产经营积极性,农业劳动生产率迅速提高,以土地经营为对象的农业经济组织不断孕育和分离出非农经济组织;此外,农民财产权利和身份自由的部分获得,推动了劳动力、资金、技术等生产要素多层次、跨区域的流动和组合,使规模不等、形式多样的各种非农经济组织迅速兴起,其经济内容已为社队企业这个概念所不能容纳。农村经济运行的现实迫切要求把大量的经济现象科学地抽象为理论,使理论概念不断深化，以便成为再实践的指南。在这样的历史背景下，乡镇企业概念应运而生。

从发展趋势来看，乡镇企业以中小企业为主体，与城市企业相互联系、相互补充，构成一个较为完善、协调运行的工业化体系。在这样一个工业化体系中，乡镇企业的概念只是相对于城乡分割经济体制而存在的。随着城乡打通，国民经济社会化、专业化程度提高，乡镇企业的发展一方面会加快欠发达的农村地区的城市化、工业化、现代化进程，另一方面会吸引城市中小企业向农村扩散，形成一个更为合理的社会化城乡分工体系。在这样的体系中也就无所谓城市企业和乡镇企业，乡镇企业将被中小企业所取代，大中小企业相互依存、互为补充，共同推进现代化的进程。可见，乡镇企业是一个历史性很强的范畴。

二、乡镇企业概念的地域性

乡镇企业是与城市企业相对应的地域概念，它是全部或部分地归农民所有、由农民自主经营的一种企业。乡镇企业的这种地域性不能仅仅从地理范畴来理解，因为，位于相对于城市而言的乡镇地域内的企业，不仅有乡、村集体举办的企业和农民个人或联户兴办的企业，也包括一些国有企业，而国有企业显然是不能包括在乡镇企业这个概念之内的。那种认为只要是农村区域存在的企业，不论其所有制形式如何、产业结构怎样，均为乡镇企业的观点，虽然有助于区域经济发展的研究，但在经济性、规范性方面却容易引起混乱。据此，有人提出乡镇企业实质上是一个社会成分概念，即只要是农民办的企业，就是乡镇企业。比如，农民在城市内兴办的一些工商企业，虽然从地域上看离开了乡镇，但从农村剩余劳动力转移的性质来看，它们仍应包括在乡镇企业范围之内。这种观点也有一定的道理，但基于农村区域国有企业不能归入乡镇企业的同样理由，城镇农民所有的企业也不能简单地归入乡镇企业。至此，我们可以得出结论，对乡镇企业的地域性可从不同的角度加以研究，不同的研究对乡镇企业的地域性有着不同的界定。我们的研究是把乡镇企业作为一个有机整体，研究其在整个国民经济系统中的运动发展规律。从这一研究目的出发，我们认为乡镇企业的地域性应从两方面来理解。

一方面，乡镇企业与城市企业相对应而存在。城市企业以大中型企业为主，乡镇企业以中小型为主。中小企业与大企业相比,管理机构简单、经营灵活,但规模小、财力有限、技术人员缺乏,易受市场波动的冲击。乡镇企业的这种特殊性使其在企业体系中占有重要的地位,并可以使我们将国有大型企业和国外市场经济条件下的中小型企业作为参照系,对其进行比较研究。据此,农村区域的国有企业虽然构成农村区域经济贸易的重要组成部分,但它们在企业属性上属国有大中型企业,为便于比较研究,我们将其排除在乡镇企业之外。

另一方面,乡镇企业的地域性还应从农村经济存在有机联系的角度来理解。乡镇企业脱胎于农村,是农业生产力提高和农村商品经济发展的产物。乡镇企业产生、发展的特点,决定了它与农村经济有着内在的天然联系,也正是因为存在着这种联系,才使我们有必要从农村经济以及整个国民经济协调运行的角度,研究乡镇企业的运动发展规律。

乡镇企业与农村经济之间的内在联系主要表现在如下三方面。第一,血缘关系。乡镇企业职工的前身大部分是农民,有的乡镇企业职工家庭仍未脱离农业,有时做工,有时务农,家族、血缘观念深重。第二,地缘关系。乡镇企业地处农村地域,其技术、产品、生产活动与所在地域的经济资源格局之间存在着较为紧密的技术经济联系,乡镇企业职工普遍采取的兼业式土地经营方式则进一步加剧了乡镇企业的地缘性。第三,经济关系。乡镇企业归农民所有,由农民自主经营,它的生产、收入和分配,在很大程度上与农村经济结合为一个整体。正是这种与农村、农民的血缘关系、地缘关系、经济关系,构成了乡镇企业区别于其他企业的重要属性,农民在城市兴办的一些工商企业显然不同时具备这些属性。

乡镇企业概念的地域性可以表述为:脱胎于农村,和农村保持着密切的血缘关系、地缘关系和经济关系并据以构成农村经济有机组成部分的农民所有、自主经济的经济组织。

三、乡镇企业概念的产业性

产业性是乡镇企业概念的一个重要属性。乡镇企业的产业性有一个发展变化的过程,最初的产业性是指乡镇工业。从"五小工业"发展到社队企业,农村商品经济很不发达,商业、交通运输业、建筑业等产业所占比重很小,几乎等于零,因而当时的乡镇企业实际上是指乡镇工业企业。在此基础上，乡镇企业反哺农业的作用过程被描述成"以工补农""以工建农"，这在当时的实际背景下是不会发生歧义的。随着农村商品经济的迅猛推进，其产业部门越来越多，不仅有乡镇工业企业，还有乡镇商业、交通运输业、建筑业、饮食服务业，乡镇企业演变为泛指农村中的非农产业。

在乡镇企业产业性这一问题上，有人认为企业是一个外延很广的概念，它既可以指工农业企业，也可以包括商业和交通运输业等企业，乡镇企业应该是农村的综合经济部门，其产业性应包括农业和非农产业两大部分。也就是说农业中的企业也应包括在乡镇企业的范围之中。

我们承认，从企业的一般属性来说，农业中的企业确实应该归入乡镇企业，但从研究的需要以及习惯上的用法来讲，乡镇企业不应包括农业企业。原因有以下两点。

第一，农业企业和非农企业有着根本性的区别，把它们作为一个整体就无法研究乡镇企业的运行过程和发展规律。农业生产过程既是劳动产品、劳动力、生产关系等经济现象的再生产过程，又是生物繁衍及其与自然界进行物质和能量相互转化等自然现象的再生产过程。经济再生产与自然再生产的相互交织，构成农业生产的根本特点。农业生产的这一根本特点使得农业企业和非农企业之间存在着很大的差别。非农企业的生产过程中，土地只起着劳动场所的作用，而在农业生产中，土地不但是人们劳动的场所，而且是农作物生长发育的基地。农作物的生长发育需要从土壤中吸取养分和水分，农作物生长、发育的优劣直接依赖土壤肥力的高低，土地是农业生产中不可替代的最基本的生产资料，这也使得农业企业分布在广大的自然空间，受自然因素影响大，不可能像非农企业那样，实行工厂式经营管理，也不可能按标准化、规范化、专业化的流水线准则运行；加之农业生产具有很强的周期性和季节性，农业企业产品的质量检验、劳动考核、报酬分配都具有不确定性，农业企业的运行过程明显不同于非农企业，如果把它们作为一个企业类来进行研究，将无法研究乡镇企业运动发展的规律。因此，我们认为，不应将乡镇企业的产业性扩展到农业。

第二，从国民经济整体协调运行的角度来研究乡镇企业，农业和非农产业之间的关系是所要研究的一个重大课题。因此，为了讨论的方便和不至于发生混乱，乡镇企业也应不包括农业企业，而仅指非农业企业。当然，随着农村分工分业的进一步推进以及农业部门微观组织的企业化构造，乡镇企业这一比较笼统的概念可进一步分解为乡镇工业企业、乡镇商业企业、乡镇交通运输业、乡镇农业企业等。但在目前的情况下，我们认为应以农村非农产业作为乡镇企业的产业内涵，在有些章节则特指乡镇工业，这是乡镇企业概念历史性的要求。

至此，我们可以把乡镇企业的概念表述为：和农村保持着密切的地缘关系、血缘关系和经济关系并据以构成农村经济有机组成部分的农民所有、自主经营的从事非农产业活动的独立核算的经济组织。

乡镇企业这一概念的本质属性一经确定，其外延即其所包括的范围也就随之确定。在理论上，凡是具备上述本质属性的企业，都应称之为乡镇企业。但应注意，这种理论界限的划分，和实际工作中乡镇企业的统计口径是不完全相同的。

按统计部门和乡镇企业主管部门的规定，从行业角度看，乡镇企业的具体范围如下。

（1）农业企业。指乡、村集体举办的农、林、牧、渔等种、养殖业企业。但农区种植粮食和其他经济作物或蔬菜的专业队（户）、牧区的畜牧专业队（户）、渔区的渔业专业队（户），均不列入"农业企业"范围。

（2）工业企业。指乡镇企业中从事工业生产活动的企业。其中包括对自然资源进行开采、对农副产品进行加工、对工业产品进行进一步加工以及对工业品进行修理等方面的企业。

（3）交通运输企业。指利用运输工具专门从事运输生产（包括客、货运输）或直接为运输生产服务（如装卸、搬运）的企业。

（4）建筑业企业。指有组织的并有固定专门人员从事房屋、建筑物、构筑物修建及机器设备安装的企业。

（5）商业企业。指在社会再生产过程中，专门从事商业交换活动的企业，包括批发、零售、代购代销、综合贸易、物资供销和仓储等部门。

（6）饮食业企业。指专门从事饭馆、菜馆、酒馆、茶馆等行业的企业。

（7）服务业企业。指经营旅行社、宾馆、洗染店、照相馆、理发店、浴池、日用修理、刻字、物品出租、停车场、包裹存放处等行业的企业。

（8）其他企业。指上述行业以外的企业，包括咨询、信息服务业、文化、体育和社会福利等企业。

上述行业范围内的"农业企业"，即乡、村集体举办的农、林、牧、渔等种、养殖业企业，按乡镇企业概念的产业性，不应包括在乡镇企业范围内，但在进行统计资料分析时，由于资料来源的唯一性，我们仍采用统计部门规定范围的乡镇企业资料。而在一般论及乡镇企业时，则不包括"农业企业"。这一点是需要预先说明的。

按统计部门和乡镇企业主管部门的规定，从所有制角度看，乡镇企业的具体范围如下。

（1）乡办企业。指乡（包括区）一级举办的集体企业。包括乡与乡联营，乡与村联营，乡与国营、城镇集体联营，以及乡与外商、侨胞、港澳同胞联营的企业。

（2）村办企业。指村一级举办的集体企业。包括村与村联营，村与组联营，村与国营、城镇集体联营，以及村与外商、侨胞、港澳同胞联营的企业。

（3）组办企业。指原生产队举办的企业。包括原生产队与生产队、生产队与农民、生产队与城镇人员以及生产队与外商、侨胞、港澳同胞等联营的企业。

（4）户办企业，又称个体企业。即由个人（户）投资举办，生产资料归个人所有，并完全由投资经营户家庭成员参与生产经营活动的企业。其收入除按国家规定交纳税金外，由个人支配使用。

（5）联户办企业。指农民与农民、农民与城镇人员以及农民与外商、侨胞、港澳同胞等联营的企业。

（6）私营企业，即由个人（户）投资举办，生产资料归个人所有，并在国家政策许可范围内进行雇工经营的企业。

另外，乡镇企业主管部门规定的统计范围还包括城镇街道办的企业，所谓"城镇街道办企业"，指在历史上已经形成、建立的各类镇及街道所办的、由乡镇企业主管部门管理的企业，其中包括全民所有制下放和"二轻"系统划归乡镇企业主管部门管理的企业。很明显，这类企业并不具备乡镇企业的本质属性，在理论上不应属于乡镇企业的范围。

第三章　工业化与农业资金的积累[①]

我国作为一个发展中的农业大国,国民经济呈现明显的二元性,经济发展面临着如何通过工业化促进二元经济转变,最终实现国民经济现代化这一重要课题。工业化战略推进的一大难题就是如何筹集巨额的工业化资金,这种资金的筹集往往与农业发展的资金需求之间有着十分尖锐的矛盾,正确解决这一矛盾有利于加快工业化的实际进程,也有利于工业化促进总体经济发展目标的实现。本章从工农协调发展的角度对这一经济发展中的重大课题进行研究。

第一节　工业化与农业资金积累的模式

工业化和农业资金积累有多种模式可供选择。在刘易斯模式中,工业化被解释为现代工业部门积累资金和吸收农业剩余劳动力的过程;在传统的社会主义工业化模式中,主张农业向工业化"贡赋",即国家通过工农业产品价格"剪刀差"或高额税赋,从农业部门抽调资金、劳力和物资,以牺牲农业发展为代价来积累工业化资金。这种传统的工业化资金积累模式在我国则表现为,对农产品,国家从农民手中低价统购,再向城市居民和工业企业低价统销,用以维持大工业的低工资和低原材料成本,增大工业部门利润,最后再通过工业部门的利税上缴集中起国家工业化的建设资金。

这种传统的社会主义工业化资金积累模式不仅促使资金从农业部门迅速流向非农部门,而且从总体上保证了国民收入分配比例的确定,有利于积累。改革之初,国家多次提高农产品收购价格,使工农业产品价格"剪刀差"一度趋于缩小。但自 1984

---

　　①　本章原载于:《南京大学学报(哲学·人文·社会科学版)》1994 年第 2 期。

年推进城市经济体制改革以来，工农业产品价格"剪刀差"重新扩大。近年来，国家对农产品价格虽有所提高，但"剪刀差"并未消除。这说明我国国民经济运行中实际上仍然采取着农业向工业化"贡赋"这一传统的资金积累模式。

现在的问题是，采用这一模式能否有效地积累工业化资金，并推进二元经济向一元经济的转化。回答显然是不能的。其理由在于以下三方面。

首先，从产业结构有序变动的客观规律来看，随着人均国民收入的逐步提高，资金积累的主源从农业部门向工业部门逐步转移是一种趋势，也是工业化达到一定水平后，国民经济各部门之间持续稳定协调发展的内在要求。我国经济运行的实绩表明，农业在国民经济中的相对地位已经下降，可能提供的资金积累量相对减少，农业已不再是国民经济资金的主源。工业化的资金积累应顺应这一转变，逐步减少农业为工业化提供的资金积累贡献，扩大留在农业内部用于自身发展的资金份额，非农产业则主要依靠自身积累发展、完善，从而建立起工业化和农业资金积累的新模式。

其次，传统模式的积累效应是以牺牲农业的发展为代价的，而农业发展的停滞或波动又制约着国民经济的发展，因此传统模式虽然积累了一定的工业化资金，却没有能实现工业化推进整个国民经济发展的目标，在发展方面积累也就失去了其意义。传统的积累模式曾经在公社化时期得到充分运用，也正是在这时，我国非但没有能解决国民经济发展问题，甚至连吃饭问题都没有能解决好。经济体制改革之初，工农业产品"剪刀差"一度趋于减小，也正是在这一时期，我国农业取得了长足的发展，并促使整个国民经济进入新成长阶段。而 1984 年以后，随着农产品和工业品比价的"复归"，工农业产品价格"剪刀差"重新扩大，农业生产在较长时期处于停滞、徘徊状态，国民经济发展的进程受阻。由此可见，在工业化资金积累的过程中，必须充分重视农业的发展。农业的发展一方面可以为国民经济发展提供稳固的物质基础，另一方面可以使占人口绝大多数的农民直接从农业内部的发展中受益，而不是等待工业发展的扩散效应，并且农民收入的普遍提高可以带来更多的自愿储蓄，为工业化积累资金。因此，应该摒弃那种以牺牲农业发展为代价的传统积累模式，把工业化资金的积累建立在农业部门长足发展的基础上。

最后，即使我们假设传统的工业化和农业资金积累模式有其存在的合理性，但随着经济体制改革的深化,国民经济中的所有制结构和利益主体结构趋于多元化,国家集中分配资源从而实行强制性积累的体制基础也已经丧失,农业部门通过"剪刀差"形式提供的资金积累,一部分被国营企业通过提高工业品的出厂价格、增加自销产品的比重而占有,一部分被农民通过兼业经营、通过乡镇企业收入的"以工补农"和"以工建农"而占有,还有一部分被实行地方财政包干体制的地方政府占有了。农业部门通过"剪刀差"形式提供的资金积累,相当大的一部分流向国营企业、乡镇企业、地方政府和农民,国家财政集中的程度逐年下降。在这样的财政集中背景下,继续采用传统的工业化和农业资金积累模式,显然难以实现预期的资金积累效应。另外,传统的工业和农业资金积累模式的资金积累效应,是以国家高度集中社会资源并通过严格的指令性计划机制分配资源为条件的。现在,随着经济体制改革的深化,市场机制配置资源的作用已经大为增强,比较利益原则成为支配资源流向的基本依据。如果继续人为压低农产品价格,容忍工农业产品价格"剪刀差"趋于扩大,只能激化资源不合理配置与经济发展之间的矛盾,导致结构严重失衡。

因此,在新的资源分配体制下,继续采用传统的工业化和农业资金积累模式已难以推进工业化、现代化的实际进程,必须选择符合经济发展流程的工业化和农业资金积累新模式。

新模式必须以工业农业协调发展作为基本准则,以市场机制为导向,以多元化积累主体的自愿积累为特征,在保证农业部门长足发展的基础上,推进工业化战略的实施,最终实现整个国民经济的现代化。新模式的运行以农业稳定发展为出发点,而农业部门的发展和其他部门的发展一样需要大量资金,因此新模式的运行就面临如何在工业化需要巨额资金的背景下,积累农业发展资金的难题。这一难题可从两方面来解决:一是通过劳动积累对资金积累一定程度的替代,减轻农业发展对资金的需求,缓和农业发展资金与工业化资金之间的矛盾;二是培育具有积累和发展机制的组织,有效地积累和使用资金,增加农业收入,提高农业的动态积累能力。前者表现为农业积累的形式,后者则表现为农业积累的主体。两方面的正确选择,构成新的工业化和农业资金积累模式的具体内容。

第二节　农业发展资金的积累形式:资金积累＋劳动积累

农业发展需要大量的资金。据中国农业科学院农业经济与科技发展中心的研究,2000 年我国农业产值要达到 5 467 亿元,累计资金投入量应为 7 493 亿元,每亩耕地需累计投入近 500 元。农业发展的资金需求量十分巨大,这一巨额资金需求在理论上可通过两条途径加以解决:一是通过工业对农业的资金反哺,促进农业这一基础部门的发展,进而推进工业化、现代化的进一步发展;二是通过农业部门的内部积累,满足农业发展的资金需求,实现农业部门的发展,并可通过减少工业化资金需求的压力,为工业化的实际进程做出贡献。

第一条途径在许多经济发达的国家得到广泛的应用。但是进一步的研究表明,发达国家工业大量支持农业都是在工业已奠定了基本的物质技术基础后实行的。而目前,我国人均国民生产总值只有几百美元,虽然已建立起独立的、比较完备的工业体系,但工业化的历史任务还没有完成,仅处于中期推进阶段。在这种情况下,若将工业内部的资金用于农业发展,农业发展可能会得益于一时,但从发展的角度来看,将造成工业的萎缩,从而使农业失去长期稳定发展的物质保障。近几年,苏南地区的乡镇企业普遍感到"以工补农""以工建农"的负担过重,有限的资金无暇顾及企业素质的提高,其发展的空间日趋缩小。这种状况表明,在我国农业发展的资金需求不能采取第一条途径加以解决,只能选择第二条途径,即主要通过农业内部的积累资金加以解决。不仅如此,我们还必须承认,面对国家工业化建设需要大量积累资金这一现实,农业部门还应通过一定的形式向工业化提供一定的积累资金,当然这要以不损伤农业的发展为前提。

进一步的问题是,农业内部的积累资金能力能否满足农业的资金积累要求。农业部门的资金积累能力与农产品的价格水平有着密切的关系,当前我国农产品价格水平偏低严重制约着农业部门的积累能力,为此,应按照商品经济规律的要求,尽快提高农产品的价格水平,提高农民的积累投资能力,激励农民增加农业投入的积极性,建立起能促使农业部门自我积累、自我发展,具有极强竞争性的利益激励机制。

同时,我们必须看到,即使有可能把我国的农产品价格提高到反映农产品社会价值的水平,农业部门的积累能力偏低仍是一个客观事实。究其原因,主要是农业生产的特点导致农业部门收益率偏低。从流动资金方面来看,由于农业生产周期长,而且同一产品各个生产周期之间往往具有相当长的间隔期,因而储备资金、生产资金的占用量大、周转缓慢;加之农业生产是在露天的广大土地上进行的,肥料、农药等生产要素的损耗大,有效利用率低,这些因素导致农业流动资金的利用效果较差,进而影响着农业的收益率。从固定资金方面来看,农作物品种多、作业项目多,因而农业作业工具的专业性强、通用性差,决定了农业机械设备的配备量大、利用率低、投资回收期长,农机与农艺相适应问题不易解决。农机的更新、改型往往比较频繁,因而无形损耗较大;农机具一般都在野外进行运动式作业,磨损大,空行时间多,能源消耗量大,这也影响着农业的收益率。从农产品的再生产过程来看,农业的再生产过程是经济再生产和自然再生产相互交织在一起的,农产品的生产时间不仅包括劳动持续的时间,而且包括劳动时间以外的自然力独立发生作用的时间,即劳动时间只是生产时间的一部分。农产品价值的生产并非取决于生产过程持续的时间,而是取决于生产过程所耗费的劳动时间。农产品生产时间与劳动时间的不一致,使得农产品的价值生产率要比非农产品的价值生产率低得多,这也影响着农业部门的收益率。从农产品成本的特性来看,在农业科技没有重大突破的条件下,受土地报酬递减规律的影响,农产品成本呈现出不断提高的趋势,这也影响着农业部门的盈利率。这些因素综合作用的结果必然是农业部门积累率偏低。在农业发展资金主要依靠农业内部积累的新模式中,农业部门积累能力的有限性将导致农业发展资金的严重短缺,工业化和农业资金积累的新模式将无法运行。但如果我们把劳动资源富足这一因素考虑进来,就不难发现资金积累与劳动积累的合理组合将有可能缓和上述矛盾,实现工业化进程中的农业发展。

所谓农业劳动积累,是指相对于农业资金积累而言的直接劳动形态的积累。它的基本规定是在不增加劳动资料或少增加劳动资料的情况下,增加活劳动的投入,把未充分利用的农业劳动直接凝固在劳动对象上,以形成新的价值并转化为农业生产基金,最终为改善农业生产条件和扩大再生产服务。农业劳动积累以活劳动的投入作为积累形式，它的产品并不是农产品本身，而是农业生产的固定资产、基础设施以及公共工程等，它的作用体现在下一轮生产周期以及以后若干周期农产品的增加之上。之所以把这种活劳动的投入称为积累，正是从农业扩大再生产的过程来看的。

现在我国国民经济正处于新成长阶段，劳动积累将是推进农业部门稳步发展的重要措施。原因有以下几点。

第一，从总体上来说，我国农业有两个最基本的特征：稀缺的资金资源和富足的农业劳动资源。在某种意义上，我国的农业经济是劳动剩余经济。全国至少有 1.3 亿个农业劳动力以各种形式闲置而未充分利用。而劳动资源作为一种再生性资源本身不具有储备性，如不及时利用，它的生产能力会自行消失，不可能贮藏起来供另一时期使用，具有流失性。劳动力的浪费是最大的浪费。同时，我国农村中农业劳动力大量过剩，劳动力市场价格显著低于均衡价格。在这种情况下，用低廉的处于"失业"状态的劳动力资源来替代相对稀缺的资金资源，合理组合配置，对增加农业产出、实现农业的扩大再生产将具有十分积极的意义。

第二，劳动积累与资金积累相互联系，在一定的条件下，劳动积累可实现农业积累能力的扩张。在农业生产过程中劳动投入的边际产业率接近零时，投入活劳动改善土地等农业资源的质量，将具有极高的效益。如通过劳动积累增进土壤丰度、提高土壤肥力所形成的物质因素，有一部分作为产品的形成要素加入产品，另一部分则会在较长时期内发挥作用。前一部分物质是直接成为当年植物产品的形成要素，并把它的价值转移到当年的植物产品中，这部分植物产品价值的实现与分配就有可能形成货币形式的积累，从而直接实现农业积累能力的扩张；而另一部分物质要素取得了固定资产的形式，物化在这部分物质中的活劳动可以在今后若干年内增收的农产品中体现出效益，从而在相应时期内实现农业积累能力的扩张。

根据上述研究，劳动积累对农业部门的稳步发展有着重要意义。但近几年来，我国农业劳动积累却呈现出下降的趋势，有的地方甚至取消了农业劳动积累制度。一方面，大量的农田水利设施严重失修，乡村建设速度迟缓，农业发展徘徊不前；另一方面，大量农业劳动力处于剩余、闲暇状态，资源配置极不合理，劳动积累的替代效用得不到发挥，农业发展的资金短缺现象日趋严重，工业化和农业发展的实际进程都受阻滞。

产生上述现象的原因是多方面的,根本性的原因在于"利益"。

一是绝对利益。农民之所以对承包土地具有明显的短期化经营行为,不愿以劳动积累的方式进行开发性、长期性建设,而是采取掠夺方式剥削地力,固然是由于短期利益比长期投入的预期利益要显而易见,但更重要的则是由于土地产权关系的不明晰和不稳定,农民不愿冒在得到投资预期收入之前就失去土地的风险。因为农民知道,目前经营的小块土地既不是买来的,也不是租来的,他们只是在一定年限内拥有经营这块土地的权利,任何在土地上的长远性投入都随时有丧失的可能性。

二是比较利益。在现行价格体系下,非农产业的收益率远远高于农业(尤其是种植业)。农民为追求收入的最大化,往往把活劳动优先投放到非农产业,比较利益的倾斜导致农业劳动积累的机会成本不断上升,非农产业的过度扩张则进一步加剧了这一现象,许多地方连维持简单再生产所必需的劳动积累都无法保证,甚至在农业生产过程中大量出现稀缺资金替代富足劳动这一反常现象。因此,继续沿袭过去那种无利益激励机制的劳动积累,在现阶段是无法达成劳动积累对资金积累的合理替代的。

现在的问题是,农业劳动积累的利益激励机制通过什么形式获得,是从农业系统外部注入,还是在农业系统内部培育。不可否认,劳动积累利益激励机制的建立离不开国家对土地产权关系的调整以及农产品价格水平的提高,但如果这种利益激励机制的建立完全依赖外部的注入,在社会生产力水平较低、工业化还处于推进阶段、国家财力明显不足的现阶段,显然是难以为继的。农业劳动积累的实现除借助外力推动外,更重要的是通过积累主体的重新选择,建立农业劳动资源的自积累机制和资本的自滚动机制,实现劳动积累和资金积累的合理组合。

第三节　农业发展资金的积累主体:农户＋股份合作企业

工业化与农业资金积累的新模式要求明确多元化的农业积累中谁应占主导地位,即积累的主体问题。这一问题的解决关系到新模式所要求的农业发展资金自积累、自滚动、自增值的机制能否实现,也关系到农业积累资金使用效率的高低。选择农业的积累主体,除了要使积累主体与其所承担的投资职责相适应外,更重要的是要使积累主体能长期有效地促进农业的发展。

从这点出发,我们认为,农业发展资金的积累主体应该是:农户＋股份合作企业。其理由如下。

其一,农户组织的财产激励机制和团聚功能性充分满足农业积累的自愿性和稳定性要求。

农户组织的自愿性积累来自其明确的财产界限。农户财产在目前还受到社会习俗、法律规范的承认,具有明确的财产界限。确立农户组织的积累主体地位,一方面能最大限度地激励农户的生产经营积极性,克服农户经营中的短期化倾向;另一方面,明确的财产界限及其财产累积机制使得农户组织成为积累主体与受益主体的统一体,为了求得家庭财产的不断累积,农户组织将不断地优化组合农业生产要素,调整农业生产的经营结构和规模,并自觉地将一部分收入用于扩大再生产,增加农业积累。农户组织因而具有了农业长期稳定发展所必需的自我积累、自我发展的内在动力。农户组织将作为农业自愿性积累的主体而存在于工业化和农业发展资金积累的新模式中。

稳定性是农业发展对农业积累的要求。农业积累是农业发展的内在要求,并非政策性的选择,应具有一定的稳定性。改革进程中我们曾试图建立起新的农业积累主体,像新经济联合体、农工商联合企业等,这些积累主体大都由于其组织体本身缺少团聚力而使积累极不稳定。农户组织作为经济组织具有极强的团聚力,把它作为积累主体能实现农业积累的稳定性要求。这里的团聚力指组织体内部的吸引力,是组织维持其成员亲近、协调、凝聚的结合力。组织体是否具有团聚力,取决于组织所提供的各种利益是否大于组织成员为实现组织目标所付出的劳动。在一定的利益水平上,组织体团聚力的大小则取决于利益分配的公平程度,即按劳分配实现的程度。农业生产具有较强的季节性,从初期投入到最终产出要经过相当长的时间,在这段时间内,既无中间产品以资衡量付出劳动的数量和质量,又受变幻莫测的自然因素的影响,在投入与产出之间具有极强的不稳定性,这使得组织成员获取的利益与实际付出之间常态不均衡,组织难以形成团聚力,具有不稳定性,人民公社的逐步解体、大量新经济联合体的不断消亡和更替就说明了这一问题。组织体不稳定,农业积累也就不可能具有符合农业长期发展要求的稳定性。而农户组织作为农业经营主体采取多重分配模式,使上述矛盾得到解决。它一方面依据按劳分配的机理实施利益的分配,另一方面组织成员之间特殊的社会关系又使家庭整劳动力和半劳动力、生产性劳动和家务劳动、生产者和消费者在按劳分配上所形成的常态不均衡,可以通过两性、血缘、感情、伦理关系的调节得到解决,从而使得农户组织具有极强的团聚力,维持了组织体的平衡与发展,也满足了农业积累的稳定性要求。

农户组织的自积累、自发展机制以及农户组织对农业积累稳定性要求的满足,使其在农业积累体系中占据了主体地位,充当着农业积累的主体。这将有利于我国农业在工业化推进过程中的长期稳定发展。

但是,农户组织作为积累主体有其一定的局限性。比如说,农户作为一个经营主体所应具有的投资机制明显薄弱,在经营收入有所提高时,生产性投资减少,消费性投资明显增加。农户组织投资机制薄弱的一个主要原因在于其组织功能上的混合性。从农户组织的功能来看,农户组织建立在家庭这一传统形式之上,而家庭是集社会保障功能和生产组织功能于一身的混合性组织。从社会保障功能出发,家庭经营行为以家庭生活的稳定为目标,从生产组织功能出发,追求货币收入最大化,功能的混合性使得农户组织成为消费和投资的统一体。这使农户投资行为游离于社会性标准的约束之外,消费和投资之间具有较大的替代弹性,它可以最大限度地压缩消费、扩张投资,也可以用消费行为替代投资行为而不受任何约束。目前,我国农户经营规模小,人均拥有生产性固定资产仅 155 元,脆弱的经济基础使得任何风险的发生都有可能影响到家庭的基本生活。而农产品需求弹性小,供给弹性大,供求关系极不稳定,市场风险大;加之我国农村市场发育不充分,相应的组织、制度不健全,又使得大量本应由社会组织承担的经济风险转嫁给家庭,加大了家庭经营的风险。在这种情况下,必然导致家庭消费对投资的替代,农户组织的积累机制不健全。因此,在明确农户组织积累主体地位的同时,可以采用多种措施健全农户组织的积累机制。例如,明确政府对农业发展的责任,改善农户积累和投资的外部环境,为农户积累和投资机制的实现创造条件;培育土地流转和集中机制,通过农户经营规模的合理扩大,实现对农户组织的企业化改造。

但是，无论怎样实施对农户组织的企业化改造，农户组织的积累能力都不可能完全解决工业化过程中农业发展的资金问题，其积累能力上具有局限性。农业经济的长期稳定发展，既需要一系列超越农户组织的中间组织，以聚集分散化农户的积累能力，也需要创造出一系列不同于农户组织的组织充当农业积累主体，以适应区域发展性农业投资的需求。至于选择怎样的组织体与农户组织相辅相成，共同构成农业积累主体，这就需要根据农业积累的需要做出选择。

其二，股份合作企业既具有资金的积聚功能又具有资金的集中功能，它与农户组织相辅相成共同构成农业的积累主体。

股份合作企业是把股份制引入合作制，实行劳资两合的一种经济组织形式。它和泛指的股份制不同，和一般的合作制也不相同。在联合上，股份制是资金的联合，合作制是劳动的联合，股份合作制既有资金的联合又有劳动的联合；在分配上，股份制是按资分配，合作制是按劳分配，股份合作制既实行按劳分配，又实行有限的按资分红；在股权上，合作制实行一人一票制，股份制实行一股一票制，股份合作制则实行劳股结合，但主要采取一人一票制。股份合作企业实质上是一种股份所有、共同经营的合作经济形式。

股份合作企业之所以能与农户组织共同构成农业积累主体，首先是因为它通过入股的形式打破农户组织的封闭性，使分散的、属于不同农户所有的积累资金集中起来形成较大的积累实力，承担起区域开发性农业投资，这既可以满足农业长期发展的需要，又可以为农户更好地进行生产经营性投资创造条件。股份合作企业的资金集中功能除了表现在对农户分散积累资金的集中上，还表现在打破所有制界限、行政区划界限以及行业界限，实行更大范围的资金集中上。在我国现阶段，农业发展资金除了主要来自农户组织外，受农业利益结构以及我国农业与农村非农产业之间特殊关系的影响，农村各非农产业部门都在一定程度上承担了农业发展资金的积累责任。如何把这些分散的积累资金集中起来使之发挥出应有的作用，是一个很重要的问题。目前，地区性合作经济组织在农村双层经营体制中充当着统一经营的角色，把它作为资金集中的组织体，有利于发挥集体组织雄厚的经济实力，克服分散投资的局限性，并可借助集体组织的行政管理和财产所有的职能,强化农业资金的积累功能,开辟更多的农业积累源泉。但是这种集中以行政强制为特征,与国家资金集中、市场机制逐步引入这一趋向相悖,不利于农业积累资金集中效益的提高,也不利于农村非农产业的正常发展和提高,这将延缓整个工业化的进程。同时,地区性合作经济组织作为农村区域的基层组织,必然负有统筹管理、开发利用以及保护的职责,这将使得它集中起来的农业积累资金投放有可能倾向于社会目标的实现,导致农业积累资金的流失。另外,受人民公社组织制度的影响,地区性合作经济组织与农户组织之间的关系仍是一种系统内部大系统与小系统、整体与局部、指挥与服从的关系,它的集中机制在相当程度上仍受制于纵向行政隶属关系,这将束缚农户积累主体的正常积累,并有可能导致新的"平调"之风。可见,地区性合作经济组织不适宜充当农业积累主体,而股份合作企业通过入股的形式,采取入股自愿、退股自由的方法,较好地克服了上述矛盾,并在对内服务、对外经营的方针指导下,实现了与农户组织的相辅相成。

股份合作企业之所以能与农户组织共同构成农业积累主体,其次是因为它在集中农业积累资金的同时又具有资金积聚功能。股份合作企业是一种股份所有、共同经营的组织形式,能够确认合作成员对共有财产占有的股份所有权,组织体的财产归属明确,并有限制地实行按股分红,使组织成员的个人利益与企业利益、当前利益与长远利益紧密结合起来,使股份合作企业产生不断积累资金的内在动力,实现其资金积聚的功能,满足了农业长期稳定发展的要求。股份合作企业与农户组织一起共同构成农业的积累主体。

第四章 乡镇经济的中间组织[①]

中间组织是乡镇生产要素在微观经济组织的基础上的重新组合。它们可能是为乡镇经济微观组织的生产经营活动提供产前、产后服务的组织,也可能是以更大的技术经济实力直接从事乡镇生产经营活动的大规模组织,还可能是乡镇经济区域不同产业的微观组织为追求综合效益而建立的联合组织。多样化的中间组织一方面为众多微观经济组织的顺利运行提供服务,另一方面则通过生产要素在更高层的聚集,为放大乡镇经济系统的物质、能量和信息的输入、输出功能提供组织保证,从而在宏观和微观两方面推动乡镇经济的顺利发展。中间组织在乡镇经济组织系统中占有特别重要的地位。

第一节 重构中间组织的动因和规则

在乡镇商品经济的发展进程中,重新构造完备的、满足商品经济要求的中间组织系统具有现实的紧迫性。

其一,乡镇经济系统的地域性、分散性和多样性以及乡镇经济组织程度的低层次性,使得我们一方面必须坚持农户组织的主体基础地位,另一方面又必须承认农户组织解决不了乡镇经济的全部经济问题,其组织功能具有局限性。乡镇经济的进一步发展既需要一系列超越农户组织的中间组织,以聚集分散化农户组织的市场竞争力,也需要创造出一系列不同于农户组织的组织体,以适应乡镇经济多产业发展对组织形式的不同需求。

---

① 本章原载于:周海粟主编《乡镇经济发展论》,第十二章,南京大学出版社,1990年版。

其二,农户作为微观经济组织必须向企业化方向改造。企业化经营的农户在物质和信息两方面增加了对外部系统的依赖性。在开始生产之前,它要求能得到准确的信息、适用的技术、技能以及各种生产资料的供给;在生产过程中,它要求能保持与外部系统的沟通,以便及时得到各种生产要素的补充;在产品生产出来之后,它需要一支强大的收购、外运和外销队伍,以便迅速完成产品价值的实现,加速再生产的进行。只有当与农户组织进行经济交流的中间组织能充分地吸收农户经营产品,同时又能及时地、充足地为农户组织补充生产要素和生活消费品时,农户组织才能平稳而迅速地由自给半自给性组织向企业化组织转化。而现实中间组织的各个部门是按工业社会的专业分工原则设置的,满足不了农户组织企业化的需求;而且现有组织的行政职能使供需组织之间不平等,加深了供需之间的矛盾;乡镇经济资源在"双层经营"模式下,又形成了多主体占有、使用的复杂局面。乡镇经济的进一步发展,日益要求重新构造新的组织形式,既能凝聚各部门的单一供给以满足农户组织企业化的多样化需求,又能协同乡镇经营主体,在促使农户组织企业化实现的同时,促使乡镇生产要素的合理流动和重新组合,推动乡镇经济的整体有效发展。

其三,新组织的萌芽在改革的初期就已产生。从农户耕地连片、换工协作、合购耕牛和机械,到形形色色的新经济联合体,重构组织的过程一直在进行着;一系列经济组织都进行了适应性改组,同时又重建了一大批形式各异的公司、协会和中心。但是,已有的组织局限在非正式的领域内,大部分没有明确的行为规范,这种组织的存在很大程度上取决于当事人的"交情"和个人道德,因而极不稳定。大量新经济联合体的不断产生、消亡,显示出乡镇商品经济的发展迫切要求创建既符合经营主体利益选择原则,又能摆脱行政隶属关系的规范化组织,强化经营主体的生产经营功能,平抑经营者所承担的部分市场竞争风险,为大规模运用市场机制创造条件。

乡镇经济中间组织的重新构造,是一项复杂而艰巨的系统工程,需要我们遵循社会劳动组织的一般原则,同时又要考虑到乡镇区域经济的特点、乡镇产业经济的特点以及乡镇所属的农村社区的特点,多形式、多方案进行比较分析。在进行选择时,以下几条规则是不容忽视的。

一、聚集与扩散

乡镇经济是一个区域经济概念，是包括乡村和集镇在内的乡镇统一体的经济关系和经济活动的总和。乡村和集镇在商品化、专业化和社会化的基础上相互渗透、相互胶着，结合成农工商综合发展的生产经营整体，是中国农村工业化、城市化的基本要求，也是乡镇经济总体有机发展的内在要求。乡镇经济中间组织必须具有聚集和扩散的功能，才能保证乡村与集镇之间的一体化。

乡镇经济中间组织的聚集作用，首先表现为超越农户组织，按照专业化分工的原则，聚集分散在各个家庭的生产要素，以克服家庭经营的局限性；乡镇经济组织的聚集功能其次表现为，突破乡镇各个经济组织之间的行政隶属关系，借助经济参数的调节，弱化行政部的经济职能，按照经济合理的原则和乡镇经济发展的要求，聚集各行政系统的生产要素，以提高生产要素的利用效率，放大组织的生产经营功能；乡镇经济组织的聚集功能还表现为打破行政区域的界限，实现跨乡、跨县、跨省的要素组合，按照社会劳动分工的原则，聚集经济区内的生产要素，真正体现区域经济共同发展的原则。乡镇经济组织的扩散原则表现在两方面：一方面各种乡镇组织相互依存、相互制约，构成一个统一的有机体，使组织所聚集的经济合力向外扩散，提高乡镇成员的市场竞争地位，追求最大化的货币收入；另一方面，这种组织又能真正体现组织成员的经济利益，使聚集所形成的信息、良种、饲料、技术服务和农产品加工、运销等基地，成为某种"媒介"和"节点"，促进外部环境系统向乡镇经济系统扩散物质、能量和信息，提高乡镇经济系统的输出效率。

二、适应与引导

经济组织是劳动者从事具体劳动的分工协作形式，根据一般的经济组织理论，应严格依据专业化分工协作原则而建立。这一理论原则在工业生产由作坊、工场、工厂到现代化企业的迭代过程中得到验证；国外企业化家庭、农工商一体化企业的大量兴起说明了这一理论原则在农业生产领域也具有一定的适应性。乡镇经济组织系统的重新建立应以此为导向，引导各种乡镇经济组织在专业化分工协作的基础上，合理组合乡镇生产要素，促进乡镇经济的现代化进程；另外，我们必须承认乡镇经济组织重新构造的现实起点受农村社区和乡镇产业的制约，不可能完全按照专业化分工协作的原则来确立组织的形式和结构,而是必须遵循适应性原则,根据农村社区和乡镇产业的特点,建立相应的组织。

适应性原则首先表现为乡镇经济组织对农村社区的适应。农村社区一直处于自给半自给的自然经济环境下,封建宗法的习惯势力有着深厚的基础,人口流动性小,信息封闭,其封闭性、惰性均大于城市社会,人与人之间注重血缘关系、情感交融,习惯用社会伦理规范调节各种行为。农村社区的这些特点是自然社会的遗留,不经过农村工业化和城市化的高度发展,是会长期存在的。因此农村社区的任何一个较大规模的组织都必然兼有经济组织和社会保障两种职能,带有一定的混合性,这种混合性与现代企业的组织准则是不相适应的,也确实妨碍了组织效率和区域发展的实现。但我们不能超脱农村社区的现实,建立理想化的组织,我们所能做的只是逐步弱化政府的经营职能,强化政府的社会保障功能,为乡镇经济组织的专业化、企业化创造必要的外部条件。适应性原则其次表现为乡镇经济组织对乡镇产业的适应。乡镇产业以农业为基础产业,以综合为其特征,各产业具有不同的产业特点和技术结构层次,这一方面要求乡镇经济组织要据根据不同产业的生产力特点、水平和技术结构层次,选择相应的组织形式,从而表现为多样性;另一方面要求乡镇经济组织的重新构造必须适应农业基础产业对组织的特殊要求。

三、组织界限

按照系统论的观点,组织是一个开放性的系统,在与环境系统的输入、输出过程中,实现组织的生存目标;同时,组织又存在独特的活动领域、具有明确的组织界限。所以,在构造乡镇经济中间组织时,既要从整个国民经济不断发展的角度研究组织的动态适应性,又要遵循组织界限原则。在社会主义初级阶段,乡镇商品经济处于成长阶段,建立在财产利益关系上的财产权利界限具有很重要的意义。乡镇经济的不确定性和分散性,要求中间组织应作为积极的经营主体而存在,对财产权利的追求是中间组织最直接的追求,离开了对财产权利的求取动机,中间组织的生产经营积极性就难以发挥。乡镇经济中间组织系统应该由多样化的组织共同组成,组织间的开放性应体现在能量、信息、材料遵循市场交换规则实行的双向对流,而组织体本身在财产的形成、占有、使用、分配上应具有符合法律规范的界限,以保证中间组织的生存和发展。

上述规则的确定，从理论上说明了乡镇经济中间组织选择的标准以及重构组织的指导思想，而问题的最终解决还有待于我们从现实出发，比较分析现有的组织资源，选择符合规则的组织载体，构造新的乡镇经济中间组织系统。

第二节　组织载体的选择

组织载体的选择，即对目前可供选择的中间组织体的选择。这种选择关系到中间组织系统的实现可能性，也关系到中间组织体运行的有效性。因此，我们应从生产力发展的规律出发，依据上述组织规则，评介各种可供选择的载体，为重构完备的中间组织系统创造条件。

一、地方政府的经济技术部门

就现实组织空间来看，地方政府的经济技术部门是中间组织系统中最主要的组织。它的存在对乡镇经济的运行起着不可磨灭的作用，但就其功能而言，受人民公社组织制度的影响，这类组织将政府保障性功能和生产组织功能集于一体，类似于传统的大家庭组织形式。该组织功能上的双重性使得其在运行时更多的是追求社会目标，如筹集计划生育、新兵征集、社会治安、文化教育、民政救济等所需的巨额费用，支出社区范围内集镇建设、道路桥梁基础设施建设和电影院、幼儿园、养老院等文化福利事业所需费用，还有就业目标以及"以工补农""以工建农"等农业发展目标等。对这些目标的追求虽然对乡镇区域的总体发展而言是必需的，却不利于微观组织的理性发展。近几年，苏南地区的乡镇企业普遍感到社会负担过重，有限的资金无暇顾及企业素质的提高，乡镇企业总是在低层次领域生存，其发展的空间日趋缩小，此种状况就说明了这一问题。

地方政府的经济技术部门作为国家行政系统的组成部分，必然肩负有行政职能。市县政府普遍以产值指标作为考核基层政绩的主要指标，并以此作为基层干部升迁和获得重奖的主要依据，在此背景下，受利益动机的驱使，地方政府的经济技术部门必然积极地追求总量指标（尤其是产值指标），盲目投入搞基建、上项目、办新厂、上规模,导致投资规模超负荷膨胀,经济总量超常规增长,经济效益每况愈下,从而在一定程度上阻滞了乡镇经济的长期稳定发展。而且,这类组织借助行政隶属关系,在组织生产经营时,往往不需尊重成员的财产权利,以总体需要为准则,因而难以使成员在组织激励和个人牺牲的对比分析中产生较强的团聚力,组织的存在以行政权限的扩张和收缩为依据,组织体本身在改革中具有很大的不稳定性。同时组织的官办色彩也使得组织体难以独立核算、自主发展、实现企业化经营,从而导致组织效率低微。

另外,这类组织的组织特性突出表现为高度附属于纵向行政隶属系统,形成经济系统与行政系统的渗透胶着。这类组织具有上级行政组织的派出功能,缺少开放性组织间应有的联系,难以形成统一的组织系统,也难以满足区域内微观经营主体多样化的需要。这类组织往往借助行政权力,在市场竞争中采用超经济的强制手段,强迫经济环境对其有利,使得微观经营主体的交易风险加大,也阻碍了农村区域新组织的发育和成长。这实际上是人民公社组织制度财产权利界限模糊的后续效应。这类组织的存在,一方面不利于政府职能的实现,另一方面也不利于形成农户组织企业化所必需的宽松经济环境;在组织功能上,难以满足农户等微观组织企业化的多种要求,因而面临着改进和发展的问题。

二、地区性合作经济组织

地区性合作经济组织是现实中间组织空间的又一个重要组成部分。这类组织的范围在不同的发展地区有着不同的界限。一种是以原来人民公社的生产大队为基础建立的,另一种是以自然村为基础建立的,还有一种是以原来的生产队为基础建立的。这种适应商品经济发展的新的地域性组织,与自给、半自给条件下的生产大队或生产队组织相比,具有明显的差别。这种差别首先表现为地区性合作经济组织是一个相对独立的经济单位,而不是和原来的生产大队或生产队那样是人民公社的一个组成部分。它作为一个经营主体统一发包,通过联产承包制将土地等其他生产资料比较合理地发包给组织成员使用;统一经营,在直接生产领域中统一安排计划,统一组织机耕、农田基本建设和必要的集中劳动,开展各种技术指导和技术服务。从这里我们可以看出,这种新的地区性组织具有一定的选择权和决策权,充当着所谓"双层经营"的主角,具有了一定的经济组织职能。但与此同时,乡镇社区的封闭性、落后性又使得地区性组织一方面作为乡镇地域的基层组织，必须负有本区域的各项公用、公益事业的职责，另一方面作为本地区的一切土地及各种公有资源的所有者，必须负有统筹管理、开发利用以及保护的职责，这些并不是经济组织的职能，而是社会组织职能。可见，地区性合作经济组织仍然是一种经济职能和社会职能合二为一的混合型组织。

这种混合型的组织保留着自然经济的痕迹，有碍于生产要素的流动和不断的重新组合。生产要素的合理流动是商品生产的必然要求，也是社会劳动组织形式的基本属性。随着农村经济体制改革的进行，乡镇生产要素的所有权和经营权适当分开，使得要素的流动成为可能。但是，要素流动本身并不是目的，它对于乡镇商品生产力跃迁的意义，在于要素的不断重新组合。由于乡镇经济系统的功能低、弹性大、模糊性强，乡镇生产要素的重新组合具有不确定性：组合的比例、组合的规模、组合的形式、组合的分工分业的项目都充满了传统经验对付不了的偶然因素和随机因素，存在着多种组合的可能性。这种不确定性的重新组合，必然引起生产要素组合的一连串变动，表现为动态的组合。任何地区、任何企业只凭一次成功的组合都不足以实现自然资源的充分合理利用以及活动层次的拓广。这就是说，乡镇生产要素的最优组合需要进行不断的尝试，表现为不断的持续变动。而地区性组织为了有效地完成周期长、涉及面广、工程量大的社会组织职能，往往要求组织形式一经形成就相对稳定。这说明混合型的组织形式把经济组织职能和社会组织职能合二为一，妨碍了乡镇生产要素不断的组合运行，限制着乡镇商品经济发展的规模和速度。另外，要素组合规模、比例的不确定性，也往往使混合型的地区组织无所适从，可能是按经济发展要求组合的规模小，使地区性组织失去存在的经济基础，没有经济凝聚力，成为纯粹的社会组织形式；也可能是要素组合的规模过大，突破了地区性组织的范围，组织本身难以满足这种要求，从而影响乡镇生产专业化、社会化的进程；即使允许生产资料所有权和经营权的更高层次的分离，新的要素组合可能形成的不同主体之间错综复杂的关系，也使混合型的组织形式无法适应。而且，这种组织与微观组织的关系仍是一个系统内部大系统与小系统的关系、整体与部分的关系、指挥与服从的关系，它的组织行为在相当大的程度上仍受制于纵向的行政隶属关系，组织的运行是在地区合作组织内部的封闭环境中实现的,具有强烈的排他性,难以符合微观组织企业化提出的既能保障组织主体的经营自由、又能提供多样化服务的要求,因而也需要加以改造。

三、乡镇企业

苏南的乡镇企业是"政社合一"的旧体制下社队企业的延伸。这种垄断性的集体所有形式,依靠了乡、村两级的行政权力得以萌生、发展,不可避免地成为行政力矩的附属物。在乡镇企业初创阶段,企业数量少、规模小,行政力矩的控制所造成的危害并不明显,反而在劳力组合、资金筹集、土地占用、市场开拓、规模扩大、经营管理等方面发挥了动员和组织的作用,各种生产要素的边际产值不断递增。但是,当企业数量不断增多、规模不断扩大,机械化水平不断提高,市场竞争加剧时,行政力矩的干扰日益严重,妨碍着乡镇企业作为一个独立的经济组织的生存和发展。这主要表现为乡镇企业与所在乡村有着千丝万缕的联系并在一定程度上附属于行政力矩,具有社区组织的性质。许多现象说明,乡镇企业并非没有独立的组织目标,但由于社区意志的强有力约束以及客观经营环境的约束,乡镇企业要在相当程度上服从社区意志。由于乡村财政不能满足社区发展的冲动,政府职能呈弱化趋势,要想加强其职能的力量,乡村政府必须依靠乡镇企业的经济力量,令其作为政府力量的经济支柱。而且乡村府通过上缴利润或银行贷款,甚至以挪用企业的折旧费和流动资金等形式控制着乡镇企业的投资资金,又通过对乡镇企业经营管理人员的遴选和任命,控制其人事权,使得乡镇企业不得不接受行政力矩的控制。在这种情况下,社区目标自然成为乡镇企业的运行目标。这些目标在一般意义上可概括为以下内容。(1)就业目标。在土地资源有限的条件下,为近几年由"大包干"释放出来的农业剩余劳动力提供就业机会。(2)收入目标。期望提高本社区范围内的人均收入水平。(3)地方建设和福利目标。在收入水平提高的基础上,乡村政府迫切希望改善生存环境,进行地方建设,发展当地的文化、教育、公共福利事业。(4)平等目标。在发展过程中人们期望适当调节社区内的贫富差距,消灭贫困,建立和谐稳定的社会关系。为实现上述目标,乡村政府自然把从企业利润中取得的收入大量用于社区建设,这对于改善乡镇生活环境和生产条件无疑起了十分重要的作用。但是,我国乡镇企业基本上还处于资金积累的早期,企业资金的分散会妨碍企业的进一步发展和技术进步,也会影响企业经营的积极性。这就是说，乡镇企业受行政力矩的干扰，难以成为自主经营、自我积累、自我发展的经济组织实体。而且这类组织与乡村行政权力融合，经常采取超经济的强制手段，压制和排斥其他组织形式的发展，具有一定的垄断性，这也不符合中间组织构造的规则。

现在有一种观点认为，乡镇企业将通过农工商联合组织的形式，构成乡镇经济重要的中间组织体。确实，随着科学技术的发展，企业的专业化协作要求日益迫切。开始，企业间只是通过商品交换、经济合同来维护和加强这种联系，但实践证明，这种联系是脆弱的，效果不那么显著。促进这种协作联系的理想模式，就是按专业化协作原则组织的农工商联合组织。在联合组织内，过去那种企业间的商品交换关系转化为组织内部生产劳动的分工协作关系，为专业化基础上的协作提供了稳固的组织保证，使生产组织形式更加适应生产的社会化。因而，近几十年来，农工商一体化、产供销一条龙的农工商联合组织在世界范围内得到了迅速发展。但是，它们与目前苏南地区不断发展的所谓"农工商联合组织"（乡镇企业设农业车间、厂办副食品基地等）有着本质的区到。苏南地区所谓的"农工商联合组织"，是在农业生产机会成本不断上升、农民务农积极性不断下降的特定条件下，为了维持农业生产，在社区政府的行政干预下形成的一种组织。这种组织并非建立在企业间高度社会化协作的内在要求的基础上，组织内部农业与工业毫无必然的内在联系，农业不为工业提供原料，工业也不给农业提供生产资料。最大限度地分享乡镇企业的盈利是这类组织产生和发展的根本原因。它们有"农工商联合组织"之名，无农工商联合组织生存和发展的内在组织机理，其实质则是"以工补农"的一种组织保障。这种组织的存在一方面不利于乡镇企业的经营管理活动以及乡镇企业的自主经营和自主发展，另一方面也使得农业组织难以成为企业化的微观经济组织，而只能寄生于工业企业。因此，这类组织的存在一定程度上不利于乡镇经济系统的有效运行，乡镇企业也就不可能借助该组织存在于乡镇经济中间组织系统。在组织建设的过程中，乡镇企业同样面临着改造。

至于其他几种可供选择的载体，如家庭农场、新经济联合体等，我们认为都有其适应性和局限性。

家庭农场是顺应乡镇经济发展的客观规律和商品经济发展的要求而产生的。它对于消除小生产的影响、推动乡镇经济社会的全面进步,发挥着很大的作用。但是,我们不能就此把家庭农场这一组织形式作为乡镇经济中间的唯一载体。因为,一方面,假如是这样,要么把所有家庭都变成具有一定经营规模的家庭农场组织,要么让多数家庭依附于少数农户,这对综合性、分散性很强的乡镇经济来说显然过于理想化了。而就现阶段乡镇生产要素的数量和质量而言,大量的且能有效运行的家庭农场则是难以兴起的。另一方面,家庭农场的存在和发展是以发达的社会化服务为前提的。离开了生产资料和生活资料方面的社会化服务,离开了农畜产品加工、销售、信贷、保险、医疗卫生等方面的社会化服务,家庭农场的威力就消失殆尽,乡镇经济中间组织的载体不可能以家庭农场为唯一选择。而新经济联合体虽然对农户的小生产局限性起了很大的完善作用,且以它广泛的适应性、灵活性体现了商品经济的要求,具有很强的生命力,但是,受经营环境、经营者的素质以及经营项目多样性、多变性的影响,并受乡镇社区的封闭性、血缘性所制约,联合体难以覆盖我国整个乡镇社区。因此,我们的结论是,乡镇经济中间组织不可能由单一组织形式组成,不同的乡镇经济区域、不同的乡镇经济产业将孕育不同的中间组织形式。各种中间组织之间通过物质、能量和信息的双向流动形成一个有机的乡镇经济中间组织系统。

第三节　中间组织系统的构造

构造中间组织系统的基本思路如下。(1)中间组织不能是行政机构的附属物,而应是经营权、收益权相统一的经济实体。(2)中间组织系统不能被国家和集体所垄断,而应是多种所有制形式、多种服务渠道和多种服务方式同时并存,形成多元化的中间组织载体。这样既有利于创造使中间组织行为合理化的市场竞争环境,又能适应乡镇经济产业和组织分散化的要求。(3)中间组织的设置应摒弃工业社会的专业化分工原则,按微观经济组织企业化的要求,形成一种既能保障微观组织自由经营,又能满足微观组织多样化服务需求的综合营运机制。这一基本思路是组织规则的具体化。问题是,究竟采取何种组织形式才能在满足基本原则的基础上,融合上述组织体的功能。

通过前面的分析我们看出，政府经济技术部门、地区性合作经济组织、乡镇企业等可供选择的组织载体都面临着改革和发展的问题，中间组织系统的建立必须考虑这些组织的重新构造；同时，这些组织的改革也有利于乡镇经济新的中间组织在一定的环境下自发兴起，而新的中间组织的构造又会推进现有组织体的改造，两者互为条件、相互推进，构成乡镇经济中间组织系统重新构造的两大主要内容。

重构乡镇经济中间组织系统，首要的是对现有中间组织体的改造。就政府经济技术组织而言，这类组织改革的目标在于弱化政府组织的生产经营职能，优化政府行为。乡镇经济具有地域分散性和功能综合性，专业化、社会化程度低，各种市场服务体系不健全，因此乡镇经济既具有不稳定性，又具有脆弱性。乡镇经营主体即使排除了决策上的主观随意性，也难以获得准确而充分的经济信息，做出准确无误的判断，乡镇经济的运行依赖经营主体的经营灵活性。政府对乡镇经济的管理，应该在保护公平竞争、促进效率提高的基础上，通过注入市场机制，引导乡镇经济的有序运行，并采取系统的政策措施，包括价格政策、财政金融政策、物质投入、基础设施建设、科技推广、智力投资等，促进乡镇经济的发展。因而政府行为的优化在于改变过去只靠行政命令的直接管理方法，学会运用经济参数和市场机制引导和保障乡镇经济的发展。改革亦应促使政府的经济技术部门独立化，向企业化方向发展。这样既能弱化政府的企业化职能，加强政府的调节功能和社会保障功能，形成有利于乡镇经济发展的社会经济环境，又能使政府的技术经济部门独立化、企业化，与现有各种组织公平竞争、共同发展，丰富乡镇经济中间组织资源，促进乡镇经济中间组织系统的建立。

改造地区性合作经济组织的基本思路是，通过社会职能与企业职能的分离或社会职能的弱化来建立一个符合中间组织要求的经济实体。这条思路能否实现呢？要回答这一问题，需要考虑我国乡镇经济社会的现状以及地区性组织现有职能的实现情况。由于乡镇社区的血缘关系密切，封建宗法的习惯势力有着深厚的基础，维持原状、排除外界干扰的惰性远较欧美诸国更大，人口流动性小，加上生产的自给性和信息的闭塞性均大于城市，故具有较大的封闭性。乡镇社区的这些特点是自然经济的遗留，没有农村工业化和城市化的高层次推进，这些特点是会长期存在的，这就使得乡镇区域中任何一个较大的地区性组织都会带有社会组织的职能。因此，弱化地区性合作经济组织的社会组织职能是不行的。而且,乡镇社区的生产组织分散。生产过程外生变量大、可控性差的特点也决定了仅仅依靠乡政府来行使国家的宏观管理职能显然是不够的,地区性组织应成为一个纯粹的社会组织机构,作为乡政府管理经济的必要补充。这既有利于国家间接控制体系结构的完善,也有利于乡村文明的发展。

另外,乡镇经济分工分业的扩大也使得地区性组织不足以成为有效的组织形式。这一结论可从现阶段该组织统一经营职能的完成情况得到论证。承包责任制实行之初,乡镇经济分工分业的局面仍未形成,种植业是乡镇经济的主体产业。那时,地区性组织还可凭借集权型管理体制下创造的生产条件和历史上延续的部分行政权力,统一制种、配种、统一机耕、统一管理水利,发挥着促进生产的作用。但是,随着农村经济体制改革的深入进行,乡镇商品经济迅速发展,各种类型的专业户、重点户、新经济联合体大量涌现,乡镇经济专业化、社会化的过程迅速推进,乡镇工业、商业、建筑业、服务业蓬勃发展。面对错综复杂的分工分业局面以及各经营单位多种多样的社会服务需求,依靠行政手段建立起来的地区性组织在统一经营方面所发挥的作用微乎其微,在全国大多数不发达地区更是名存实亡。乡镇经济组织需要的是一系列综合性的社会化服务,而不是经营上的统一。因此,地区性组织不可能改造为纯粹的经济单位。这类组织的改革应类似政府机构的改革,组织的经济职能应被弱化,向"准政府"方向迈进。这既有利于乡镇经济管理体制的完善,也有利于乡镇区域多种组织形式的兴起,形成多元化的组织系统。

至于乡镇企业的改造问题,我们认为关键在于通过对旧体制的改革,克服单一集体所有制的行政干扰,从弱化乡村政府的职能入手,继而割断乡村政府与企业的脐带,使政企真正分开,所有权与经营权真正分离,使乡镇企业的产权明晰化,投资主体多元化,企业的决策和管理规范化,实现生产要素的优化组合,形成企业的自我激励和自我约束机制,增强企业活力,使乡镇企业在组织系统中发挥出积极主动的作用。这样,通过对现有组织空间的改造和完善,形成多样化组织产生、共存和发展的外部环境和一定的组织基础。多样化组织形式在相互竞争、相互渗透、相互替代、相互联合中,分别发挥各自的组织功能,共同促进乡镇经济的繁荣,构成一个有机的乡镇经济组织系统。

在多样化的组织形式中，股份合作企业对于乡镇经济的发展具有十分重要的意义，构成乡镇经济中间组织系统的主体形式。

股份合作企业是指以合作制为基础，由企业员工共同出资入股，吸收一定比例的社会资金投资组建，实行自主经营，自负盈亏，共同劳动，民主管理，按劳分配与按股分工相结合的一种集体经济组织。股份合作企业与股份公司不同，股份合作企业的参股者同时是劳动者和管理者；在管理上，实行民主管理，无论参股多少一律实行一人一票制，建立社员代表大会，民主选举企业的管理委员会和监察委员会，负责对企业的重大经营战略进行决策和监督，并选举委派企业的执行负责人；在组织上，实行入社自愿，退社自由；在分配上实行按劳分配为主，按股分红为辅。股份合作企业实质上是一种股份所有、共同经营的合作经济形式。

股份合作企业通过社员入股的形式，使分散的、属于不同所有者的劳动力、资金、技术、生产资料等生产要素凝聚为股份所有、共同经营的组织形式，能够确认合作成员对共有财产占有的股份所有权，企业财产归属明确，并有限制地实行按股分红，使企业成员的个人利益与企业利益、当前利益与长远利益紧密地结合起来，使企业能够产生发展商品生产、追求经营效益的内在动力。在长期收入预期与企业发展的刺激下，企业本身具有独立的积累、投资功能，表现为企业的直接积累、投资和社员之间的积累、投资，从而保证企业作为独立的经济主体，长期生存和发展。

股份合作企业通过发行股票的方法实现乡镇经济要素的组合，具有很强的渗透力，是融合所有制关系和融通生产要素的有效手段。股份合作企业是由多种经济成分组成的混合型经济实体，企业的参与者可以是家庭组织、乡村企业、政府经济技术部门，也可以是个体经济、国营企业，因而这种组织能充分利用现有组织资源，促进旧组织的改革、完善，避免重新组织引起大的社会震荡。股份合作企业的入股形式多种多样，有的以技术入股，有的以固定资产入股，有的以资金入股，可以使分散的、潜在的经济资源积累起来发展商品生产。同时，由于允许社员自由退股，可以使乡镇经济资源根据市场需求和各产业部门经济效益的高低而进行合理流动，有利于乡镇市场的发育、成长，也有利于充分利用资源。

　　股份合作企业是群众为满足自己的生产和生活需要而自愿组织的企业,因而能真正体现并捍卫组织成员的经济利益。股份合作企业在组织机理上以农工商一体化为框架,通过专业化分工协作放大组织成员的经济实力;在组织功能上坚持对内服务、对外经营,既保证组织体具有长期发展的内在动力,又能为分散的、自主经营的家庭组织提供价格合理的技术、劳务、物资供应、交通运输、产品销售等多样化服务,使家庭组织的商品生产得到顺利的发展。因而,股份合作企业顺应商品经济的要求,符合乡镇经济中间组织系统的规则,在与多样化组织形式同时并存的基础上,将普遍适应乡镇经济的各个领域,构成乡镇经济中间组织系统的主体形式。

第五章　乡镇经济的组织结构[①]

微观组织和中间组织是乡镇经济组织系统的构成要素。构成要素是否具有符合经济发展要求的组织功能,直接关系到乡镇经济组织系统能否顺利运行,因此,前面我们从现实和需要出发,对乡镇经济微观组织和中间组织进行了重新构造。然而,乡镇经济组织系统的运行效率及其功能的大小还受构成要素之间的组合状态的影响。在某种程度上,系统构成要素的空间配置、聚集状态、联系方式等直接制约着乡镇经济组织系统功能的大小。因此,我们在本章探讨乡镇经济组织系统的另一问题,即系统构成要素之间的组合状态,或称组织结构。探讨的目的在于通过重新构造乡镇经济组织的规模和布局,放大乡镇经济组织系统的资源配置功能,推进乡镇经济的发展。

第一节　组织结构的状态

乡镇经济是区域经济,是以中心点为依托,以中心点至辐射点为半径所构成的网络面。该网络的组织结构取决于乡镇经济的发展水平。就现有的组织结构而言,则是在现阶段乡镇经济发展水平的条件下,在现实城乡关系的制约下,乡镇商品经济迅速发展的产物。其实质是乡镇生产要素运动的结晶。

乡镇经济组织结构的形成以中心点的产生为初始阶段。乡镇经济中心点的产生直接取决于区域内商品经济的发展是否已推动乡镇生产诸要素在整个区域的大跨度、大流量的运动。较早的乡镇经济受社会生产力发展水平的制约,基本上处于农业

---

① 本章原载于:周海粟主编《乡镇经济发展论》,第十三章,南京大学出版社,1990 年版。

社会,农业在乡镇经济结构中占有绝对垄断地位,农业劳动生产率提高到使农业生产具有商品性,就成为中心点成长的先决条件。只有当农业生产趋于商品化,并在客观上要求乡镇经济与之相适应的历史条件下,多样化的中心点才会产生。苏南吴江就是在这种条件下形成了五种类型的中心点:一是商业型的震泽,二是工业型的盛泽,三是政治型的松陵,四是消费型的同里,五是军事型的平望。中心点的成长是乡镇商品经济发展的重要突破。但是,中心点的形成并不一定意味着乡镇经济组织结构的形成。当中心点与区域其他组织之间的流量很小且又是单向流动时,组织之间联系方式脆弱,中心点无聚集与扩散功能可言,乡镇经济组织只有单个功效而无合力产生,组织的系统性很差,这时的中心点是有其名而无其实。20 世纪 70 年代以前,我国乡镇经济的衰落和萧条就说明了这一点。

农村经济体制改革以后,农民财产权利的重建和身份自由的获得,赋予了乡镇生产要素大跨度、大规模流动的经济机制,原来隐蔽和束缚在旧模式中的大量剩余劳动力被暴露出来,乡镇生产要素的流动以劳动力为先导全面展开。随之而来的就是乡镇产业结构的转换。这种转换受现实城乡界限的制约以及倾斜式产业利益结构的牵引,表现为第二产业和第三产业异乎寻常的跃迁。第二产业和第三产业的迅速发展又在相当大的程度上推进了乡镇经济组织结构的形成,这是因为乡镇经济区域原有的大量中心点都是由集市演化而成,集市是乡镇经济组织赖以生存与发展的基础,第三产业的大量兴起导致中心点组织功能的扩大,也为乡镇经济组织结构的合理化进程注入了推进剂。

而乡镇第二产业的迅速发展则以更强的力量通过三个层次驱动着乡镇经济组织结构的合理化。第一层次,乡镇第二产业的具体组织细胞——乡镇企业,通过大量吸收长期滞留于土地的乡镇剩余劳动力,强化乡镇经济组织体的人口聚居效应。过去严格的户籍制度的限制和因功能过于单一形成的就业机会的有限性,致使乡镇经济空间组织体(如小城镇)一直未能成为乡镇剩余劳动力可以选择的集聚领域。乡镇企业的兴起创造了大量非农就业机会,乡镇企业成为乡镇剩余劳动力的主要载体,发挥着极强的人口聚居效应。1988 年,我国乡镇企业职工人数为 8 800 万人,占乡镇劳动力总数的 23％。乡镇企业人口聚居效应的发挥又必然引起对乡镇经济空间组织第二层次的冲击。因为，作为人口聚集点的乡镇企业主要从事第二产业，该产业具有严格按照社会化分工协作原则加以组织的内在要求，所以乡镇企业发展到一定规模时，为了加强其外部联系，必然要求产生水陆交通、能源供应、邮电通讯、金融信贷、修理服务等基础设施企业。发展这些企业对生产要素的巨额需求，则会迫使处于分散状态的相关企业缩短空间距离，发挥集聚效应，其结果则是大量乡镇企业集中于同一空间，通过工业生产力的孕育和成长，促使乡镇经济空间组织体挣脱了孤立地作为乡镇商业服务中心的禁锢，成为兼备生产、服务功能的经济组织体。这样的组织体一方面具备了直接吸收和消化城市经济扩散的能力，另一方面与腹地乡村的经济联系也大大增强了，发挥着极强的经济传递功能。而这些正是合理的乡镇经济空间组织体所必须具备的基本功能。乡镇企业发展对乡镇经济组织第三层次的驱动表现为，围绕相对集中的乡镇企业及其生产性的基础设施，必然集聚大量为之配套服务的生产性企业群落，以及相应的上层建筑、文化教育事业，从而进一步强化组织体在乡镇经济区域的社会经济组织功能。

由此可见，乡镇生产要素的初步流动及其在新的产业空间和新的地域空间的组合、集聚，已经使得乡镇经济区域的空间组织体具有了聚集城乡生产要素、组织系统内部社会经济生活的功能，组织体之间的经济流量增大、联系程度增强，乡镇经济组织结构得到很大程度的改善，在乡镇商品经济的发展进程中发挥了很大的作用。

第二节　组织结构的偏差

前面我们已经指出，乡镇经济组织结构的形成受制于区域商品经济的发展水平。但在一定的生产力水平下，乡镇生产要素的空间组织政策及其组织运行机制也对组织结构产生着正的或负的效应。就目前来看，乡镇生产要素的空间组合状态与乡镇商品经济发展的要求有一定的偏差，其表现如下。

第一，乡镇经济组织规模小。组织规模的大小是生产力发展水平的产物，而组织规模是否合理则与组织体从事的生产活动的性质有着密切的关系。生产不同产品的企业、从事不同行业的企业以及位于不同地域的企业有着不同的规模需求。乡镇经济是一个多产品、多部门、多行业的总体系统,其组织规模也就不能一概而论。我们以乡镇经济的基础产业——农业及乡镇经济的主体产业——工业的组织规模为例,分析乡镇经济组织规模的偏差。

一般而言,评判组织的规模有两条思路:一是组织规模对内是否经济,二是组织规模对外是否经济。对内经济是指某个组织在规模扩大时自身内部所引起的收益增加;对外经济可定义为组织规模扩大,通过经济和技术力量的辐射,使得组织体本身及其他组织体的收益增加。组织规模对外经济与否主要是从组织体之间的组合效益出发进行评判的,它直接关系到乡镇经济组织结构合理与否,因而是我们分析乡镇农业经济组织和乡镇工业经济组织规模的主要思路。

就农业经济组织而言,改革后的农户成为事实上的主要组织体。农户组织的规模无论以所利用的资源量加以衡量,还是以产出量加以衡量,规模偏小都是非常明显的。从劳动力和土地的使用量来看,全国平均每个农户 4.4 人,承包耕地 7.8 亩;苏州市每个农户承包土地仅 4 亩左右,苏南有些乡镇则更少。虽然农户组织从事的农业经济活动具有受自然因素影响大、对土地资源依赖强的特点,使得农业经济活动比较适宜小规模的组织形式,但是,农业经济活动的小规模经营并非越小越好,目前的农户经营规模显然是太小了。原因如下。(1) 现有的过小经营规模使得农户经营主体投入农具、机械等生产资料的效益显然是不高的,且极易出现土地投资报酬递减现象,产生投资的负效应。相应地,农户经营的劳动者也以家庭劳动力为主。这样,农户组织之间的要素流动规模极小,农业生产资源难以得到充分利用,农户组织的空间组织功能极低。(2) 过小的经营规模不仅导致农户组织的输入功能低下,也造成输出功能疲软。因为投入机制的不健全必然引起输出功能的弱小,而且在这等规模上从事农业经营难以满足经营主体致富的强烈要求,在现有的产业利益分配结构下,农民必然把主要资金、劳力、技术等生产要素投放到非土地经营上,土地经营只是发挥着平抑非土地经营风险、满足组织成员最基本生活需求的功能。生产结构上求全、生产目标上求自给,其结果必然是组织体输出功能的疲软。在这样的输入、输出状态下,农户组织难以发挥出对乡镇农业经济资源的优化配置功能,进而也会影响到整个乡镇商品经济的长期稳定发展。

这种小规模经营局面之所以形成,在初始阶段,各地土地承包普遍采取的按家庭人口或劳动力平均承包的方法是主要的驱动因素。但是,我们也应承认,在随后的巩固和发展阶段,农户组织经营决策上的"不可多种地,也不可不种地"则强化了这种小规模的经营格局。农户组织采取这一经营决策的原因,我们在农户经济行为研究中已进行了分析,该决策在现实中则表现为土地集中速度相当缓慢。以苏州市为例,1987年全市农村通过土地转包形成的农业规模经营单位(劳均承包15亩以上)630个,集中耕地面积2.89万亩,只占农村耕地面积的0.53%。

就乡镇企业组织而言,由于我国乡镇企业的投资主体分散为乡(镇)、村、组、户四个层次,各投资主体经济实力有限,加之区域内生产要素市场尚未发育,联合办厂困难重重,因此主要依靠社区政府和农民的经济力量兴办起来的乡镇企业不论在产值、人员还是固定资产拥有量上均有小型化、微型化的趋向。并且,长期以来我们在经营决策上普遍认为"小而灵"是乡镇企业的一大特点,也是它的优点,过于强调"船小好调头",这也加剧了乡镇企业小型化的趋向。据统计,江苏省乡镇企业的职工数量和产值只为城市工业的10%左右,而平均每个企业的固定资产拥有量仅为后者的1%。在这样的经营规模基础上,组织体缺乏打"阵地战"的内在压力,经营项目主要依靠外部机遇加以确定,难以形成相对稳定的发展方向。

这种经营行为必然产生两种倾向。(1)组织体的运行主要依赖手工操作和简单的、必不可少的生产设备,以尽可能减少企业转产经营时会发生的资产损失,其结果是保证组织长期生存和发展所必需的自我积累、自我投资机制几乎不存在。(2)企业在经营过程中信奉"拿来主义",借别人的脑袋发自己的财。其实质是不愿花大本钱培养自己的技术队伍去研制和开发新产品,而是一味地进行技术复制、产品仿制,以求尽快获益取利,其结果是企业的职工素质低、技术装备差,且缺乏提高和更新的内在要求。这两种倾向共同作用,一方面使得企业要求接受城市经济技术辐射的内在冲动缺乏恰当的组织保证,已经建立起来的城乡联系有时难以巩固发展,小规模、低层次发展的乡镇企业缺乏相应的吸收和消化机制,难以成为城市经济技术辐射的传递组织;另一方面,乡镇企业的小规模经营在过度竞争的背景下极易走向自成体系、自我循环,企业间纵向、横向经济联系甚少,难以取得乡镇整体经济效益。

乡镇经济组织结构偏差的第二个表现是,乡镇经济组织布局不合理。从农业经济组织布局来看,由于各地在重建农户组织之初普遍采取了远田与近田、好田与差田按户进行搭配的方法,因此农户组织所拥有的土地资源无合理布局可言,呈散沙状。江苏农户户均耕地 5.84 亩,分成 5.5 块,平均每块只有 1.06 亩,同样土质、同样地理位置的一块土地往往被许多农户分割使用。机械设备等现代化生产手段难以发挥应有的技术效应,农业经济活动固有的相互联系、相互影响所形成的整体经济效益也难以实现,增加了农户组织在灌溉、排水、植保等方面的成本开支,且潜伏了农户组织之间在经营上相互妨碍的不良因素。针对这些矛盾,早在 1984 年,苏南部分乡镇就开始试图通过土地转包推行土地的相对集中使用,但受种种因素的制约,这一政策性措施没有能取得预期的效果。土地利用的分散化、小型化仍是农业经济组织的基本特征。

乡镇企业的布局更是缺少规划。受投资主体自身利益的束缚,乡镇企业大体上是乡(镇)办企业办在乡(镇),村办、户办企业办在村,几乎是遍地开花、村村办厂。复杂艰难的外部生存环境与低下的自身素质更是使得乡镇企业存在着较高的市场风险,从事乡镇企业的乡镇劳动力普遍采取了"亦工亦农"的兼业化形式,通过兼营的土地提供稳定的、多样化的自给农产品,平抑乡镇企业的市场风险。这就要求转移到乡镇企业的劳动力能便利地同土地保持较密切的联系,只有分散化的乡镇企业才能满足这一要求。而且,乡镇企业组成人员受居住环境——家庭这一传统因素的制约,在现实的户籍制度及居住政策下,人们难以随乡镇企业的集聚而相应地迁居集中,只能维持原有的分散居住的状况。所有这些都导致了乡镇企业的布局具有浓厚的乡土色彩,缺乏整体规划,空间配置过于分散。

乡镇企业布局分散的直接结果,一是投资规模超负荷膨胀。乡镇企业主要从事工业生产活动,工业生产的顺利进行离不开某些基础设施,如公路、铁路、码头、仓库、给排水与供电设施、邮电通讯设施等。乡镇企业大部分分散在基础设施十分奇缺的乡村,任何一个企业为了维持正常生产都不得不在基础设施的建设上投入大量资金。加上其他种种因素,致使乡镇企业的投资规模与企业自有发展资金的可供能力不相适应,负债经营日趋严重。乡镇企业布局分散的第二个结果是土地资源浪费。近年来乡镇耕地面积锐减，与乡镇企业分散布点有直接关系。因为，受经济利益的驱动，乡镇企业在乡镇经济系统中居特殊地位，往往是需要什么就能得到什么，大量优质耕地被乡镇企业占用就是事实。分散布局的乡镇企业在土地的使用上无法形成规模效益和集聚效益，这也使得乡镇企业占地偏多，造成土地资源的浪费。据统计，乡镇企业人均占地一般高出大中城市十几倍甚至几十倍。这在土地资源严重不足的我国，是一个必须高度重视的大问题。乡镇企业布局分散的第三个结果是难以参与整个国民经济的高水平竞争。一方面布点分散的乡镇企业用于生产、生活的各种费用畸高，导致产品成本过大、利润率低下，在商品经济条件下不利于市场竞争；另一方面，在乡镇生产要素还未具有充分流动机制的背景下，分散布点的乡镇企业之间难以在专业化分工协作的基础上有效地集中人力、物力和财力，提高企业素质，组成企业集团。这样，乡镇企业众多组织化程度很低下的"小船"就难以凝聚成具有一定技术经济实力的组织体，参与整个国民经济的高水平竞争。最后，乡镇企业的分散布点还加剧了环境污染程度。近年来，有些乡镇为了当前的经济效益，兴办了一些"污染企业"；有些大中城市在同乡镇企业进行技术经济联系时，把有毒有害的车间或工艺过程"扩散"给了乡镇企业。我们承认，乡镇区域的自然净化能力强，污染企业的扩散从整个国家来看可缓解我国环境污染的速度，但这非治本之道。污染总是要治理的，扩散到乡镇的污染若不根治，将影响更大空间，影响全人类赖以生存的农副产品的生产。因此，治理"三废"、保护环境已成为乡镇企业发展刻不容缓的重要问题。分散布点的乡镇企业无法共同治理"三废"，无法综合根治，治理工作中单个企业所要承担的费用将远远高于相对集中的企业，这一费用预算无疑将延缓资金能力还很有限的乡镇企业治理"三废"的进程。

　　最后，乡镇经济组织结构的偏差还表现为组织之间缺少符合长期发展要求的技术经济联系。我们以乡镇企业为中心来分析这一偏差。乡镇企业在乡镇经济组织系统中是一个最为活跃的因子，理应对内、对外发挥出较强的聚集和扩散功能。当初乡镇企业冲破政策禁区的理论依据之一便是通过发展乡镇企业促使城市工业合理布局，进而启动所在区域的城市化、工业化进程。可事实上，乡镇企业并没有能发挥预期的作用。其一，乡镇企业的生存和发展过分依赖城市经济，产供销、人财物几乎全部由城市联营企业控制,企业的技术、产品随城乡联营关系的变动而变动,与所在乡镇经济区域的经济资源格局缺乏紧密的联系,表现为一定程度的"嵌入—外控型"。有些乡镇企业存在于一个以粮食种植业为主的传统农业经济区域,但其从事的却是典型的机械、电子行业;有些乡镇企业存在于一个从管理者到职工的素质都比较差的区域,但其产品却具有高、精、尖性质。这些类型的乡镇企业虽然能为区域成员提供就业机会和货币收入,但其技术、产品、生产活动难以向周围地区辐射和扩散,所谓的农副产品多层次加工增值、农工商一体化发展等乡镇经济整体发展效益只能是纸上谈兵。苏南地区乡镇企业相当发达,行业也十分齐全,但食品工业只占几个百分点。乡镇企业与所在乡镇经济区域的技术经济联系十分脆弱。其二,乡镇办企业与村办企业以及其他乡镇区域的企业之间的技术经济联系也十分脆弱。在行政区划的壁垒中,乡镇企业具有封闭性,难以成为邻近地区具有吸引力和辐射力的经济中心和市场枢纽。据江苏省统计局调查,乡镇企业 1984 年与城市(包括县城镇)履行的产供销合同金额为 90 482.6 万元,占全部供销合同金额的 82.94%;同期与其他建制镇、乡镇履行的合同金额只有 7 434.56 万元,占全部供销合同金额的 6.81%;与村办企业履行合同的金额为 11 186.42 万元,也只占全部供销合同金额的 10.25%。上述数据表明,乡镇企业过于依赖城市企业,而在组织系统内部缺乏稳固的技术经济联系,其结果是乡镇经济系统的组织化程度无法提高,整个区域的总体发展得不到实现,最终又将导致组织结构的进一步倾斜。

第三节　组织结构的合理化

上述乡镇经济组织结构的偏差,表明现有乡镇经济系统的组织化程度较低,或者说乡镇经济系统的组织化进程才刚刚起步。乡镇经济的进一步发展迫切需要一个合理化的组织结构与之相适应。那么,从发展的观念来看,什么样的组织结构才是合理的呢?

我们认为,根据乡镇经济系统的技术经济特征,合理的组织结构必须满足如下两个基本要求。

其一,结构的构成要素要具有开放性。这里的开放性是相对于现有的自我循环、自我封闭的状况而言的。只有当组成整体的单个要素在产前、产中、产后各个环节与所在区域以及区域内的其他组织之间彼此相互联系、相互制约地结合在一起，存在着多种多样的协作关系时，乡镇经济区域的众多组织才有结构可言。这种联系的建立是行政命令、主观意志所不能左右的。只有当单个的组织在组织形成、组织运行以及组织发展方面具有较强的开放性时，这种联系才能建立。在技术经济方面与乡镇经济区域无稳固联系的"嵌入型"乡镇企业不具有开放性。它虽具有对城市经济的开放，但对所在区域无较强的技术、经济辐射。建立在简单劳动、粗放经营基础上的小规模组织与建立在专业化分工协作基础上的小规模组织不可相提并论，后者是开放性的直接产物，而前者以"小而全"为经营特色。当经济组织具有开放性后，一方面，组织之间将建立起稳固的技术经济联系，为总体生产力的提高提供保证；另一方面，开放性的经济组织不仅能聚集城市经济的技术经济辐射，而且能通过物质、能量、信息的多种协作，聚集经济区内的生产要素，为区域经济共同发展提供组织保证。因此，合理的组织结构首先必须使构成要素具有开放性。

其二，组织结构要具有效益性。组织结构的效益主要表现为集聚经济效益。集聚，是指有关的经济客体或经济客体与社会基础设施在一定空间范围内的结合。经济组织的集聚可以共同利用某些基础设施与辅助企业；可以节约运费，降低产品的生产成本；可以通过多种协作关系，提高组织体的市场竞争力；也可以在治理"三废"、获取信息方面带来节约。总之，经济组织在空间配置上的集聚所带来的经济效益是十分显著的。长期以来，我们对经济组织的集聚问题有一种片面的认识，总认为生产力在区域内均衡分布，有利于充分合理地利用有限的空间和资源，能较合理地解决环境污染问题，从而可以实现社会经济的更大发展。在这样的认识基础上，区域的平衡发展成为组织结构的重要目标，而对社会经济组织的空间集聚效益往往比较忽视。事实上，在经济开发的初期，由于受地方政府和私人投资能力以及相应的人力、物力的限制，区域经济客体集中在少数的点或地带，区际差别由小变大，但相较于分散投资而形不成集聚效果的情况，整体经济可以获得较高的增长速度；相反，如果以经济平衡发展为目标，就会影响整体的经济增长速度。我国乡镇经济长期受传统农业社区的支配，刚开始由原有的自然经济格局向商品经济格局转变，经济基础十分落后，经济发展显然处于开发阶段,充分发挥集聚经济效益对乡镇经济的发展具有十分重要的作用。因此,合理的乡镇经济组织结构必须具有集聚经济效益,才能满足乡镇商品经济进一步发展的需要。

上述基本要求的确定,简要地勾画出乡镇经济组织结构的理论框架。问题的最终解决还有待于我们从现实组织结构出发,采取种种切实可行的措施,校正现有的偏差,建立起符合要求的乡镇经济组织结构。

第一,规模经营。现阶段的小规模经营基本上是与开放性的要求相悖的。通过扩大规模经营,可以迫使组织体自动地纳入社会化分工协作体系,打破原有的自我封闭;还可以通过较强的固定资产约束迫使组织体相对稳定自己的经营方向,使组织体在组织结构中充当一个必不可少的角色。扩大规模经营是赋予乡镇经济组织开放性的重要措施。

但是,扩大规模经营不应是纯粹的政策性要求,更不能是人的主观意志的产物。任何一个产业的组织体,其存在和发展必须以能够获取社会平均利润为前提,通过利益的诱导,促使组织主体组织生产要素,从事生产经营,并通过自身的积累和投资过程,推动组织体规模经营的进程。这就是说,经济利益的获取是组织体扩大规模经营的主要动力。但是,要使组织体实现规模经营,还必须有相应的市场竞争压力。也就是说,组织体获取经济利益必须以其合理组合生产要素、努力从事生产经营为前提,这样才能使组织体本身具有扩大经营规模的内在动力和外在压力。因此,为了使乡镇经济组织具有扩大经营规模的机制,对农业经济组织而言,应按照发展商品经济的原则,遵循价值规律,尽快提高农产品价格,保证农业经营组织适度规模经营能获得略高于非农产业同等经营组织的收益水平。在此基础上,通过专业化分工,逐步引导兼业农户向专业农户过渡,使得农户组织的致富欲望不至于在小规模自给经营的基础上就在非农产业得到满足,从而赋予农业经济组织扩大规模经营的外在压力。就乡镇企业而言,它已具有扩大规模经营的外在压力和内在动力,但它的组织形式制约着规模经营的实现。现阶段的乡镇企业过多地带有"官办"性质,受社区政府地方利益的制约,行政区划壁垒森严,产权关系模糊。对此,可通过推行股份制引导和强化企业追求规模效益的机制。因为股份制能广泛地聚集资金,实现生产要素的合理流动和重新组合，促使各项生产要素自由地选择经济效益最高的企业和空间就位，能促使乡镇企业间的联合和兼并，从而重新构造企业规模，获取规模效益。

第二，横向联合。横向经济联合是组织开放性的直接要求。乡镇经济组织的横向经济联合有对内和对外两种。近年来，乡镇经济组织的对外横向经济联合发展迅速，取得了极好的经济效益，进一步发展的问题主要是巩固和提高，通过适当的组织形式使短期的、偶然的、简单的经济联合向长期化方向发展。在促使乡镇经济组织结构合理化的过程中，我们尤其要重视乡镇经济内部的横向联系。这种横向联系一方面是指区域内的乡镇企业之间的紧密联系。这种联系可以把各单位名义上已经投入运用、实际上处于闲置状态的生产要素充分挖掘出来并真正投入使用，从而增加人力、物力的实际投入量，实现资源的合理配置；还可以通过专业化分工协作关系的发展，实行标准化、专业化和简单化的大量生产方式，促使众多的微型企业由"小而全""小而散"向"小而专""小而精"的企业组织结构发展，从而放大众多企业的开放性，并且可以形成凝聚个体实力的企业集团，为乡镇企业在更大空间内参与市场创造出较强的竞争实力。乡镇经济区域内部的横向联系的另一方面还包括以农业组织和非农组织为主体的联合。这种联合以农副产品的生产为中心，把与此有联系的经济组织联合在一起，组成地域生产综合体。这种联合有利于充分、合理地利用乡镇经济资源，对乡镇经济的长期稳定发展具有十分重要的意义，因而应成为组织结构合理化的重要措施。为此，一方面我们应从宏观上调整乡镇企业的行业布局，把与农副产品等乡镇经济的重要资源有较高关联系数的行业作为战略行业，通过各种手段扶持它们的成长和发展，使之成为乡镇区域生产综合体核心；另一方面应提高农业组织的盈利水平，使它的盈利能力基本接近甚至超过非农组织，从而为农业组织独立自主地参与联合创造条件。

第三，连片布局。农业经济是乡镇经济的重要组成部分。农业的规模经营是推进乡镇经济组织结构合理化的重要措施。但是，发展农业规模经营，一般需要土地的流动，进而相对地集中土地。在现有的乡镇经济发展水平下，土地集中受下列原因的影响难以实现：(1) 在目前的土地使用制度和所有制度下，农户放弃土地后，其在土地上追加投资所形成的土地价值得不到合理补偿；(2) 完善的口粮供给机制尚未形成，放弃土地后，难以保证得到稳定的、低廉的和多样化的农副产品供应；(3) 乡镇非农产业目前还处于技术粗放和组织程度很低的初级发展阶段,受复杂艰难的外部生存环境与低下的自身素质的双重约束,难免存在着破产的风险,目前的乡镇又尚未建立非农就业的社会保障制度,因而已经得到非农就业机会的农户只能把继续经营小块土地作为"就业保险"的一种手段。此外,乡镇劳动者的传统观念以及社会福利等因素也使得土地集中相当困难。发展农业的规模经营是一个漫长而复杂的渐进过程,尤其是土地的相对集中,在短期内很难有较大幅度的发展。在这种背景下,通过农业经济活动在空间配置上的连片布局,将能更为有效地推进乡镇经济组织结构的合理化。

连片布局既不触及承包权,也不转移使用权,仍以原有的分散农业经济组织为基础。在一个乡的范围内,根据区划研究成果将该地分成若干经济片,确定各经济片的主要经营方向。在此基础上,统一规划,分户开发,连片种植,推广应用科学技术,并使社会化服务设施与之配套。连片布局可以在小规模经营的基础上产生组织结构合理的效果。因为农业生产的若干技术措施,如化肥、农药等的施用,一般不受土地经营规模大小的制约,而是与一定时间、空间条件的关系甚为密切,如植保治虫,土地连片加上同一时间施药,往往可以取得歼灭性的效果。连片种植还可以充分利用农业生产各部门、各品种之间相互制约、相互依赖的关系,减少费用支出,增加产出效益。连片种植还有利于集中开展农田基本建设,降低单位土地的基建投资,从而提高农业经济效益。因此,在分散经营的基础上,空间连片种植是推进乡镇经济组织结构合理化的一条比较切实可行的措施。

第四,相对集中。相对集中是实现集聚效益的主要措施。这种集中就目前的乡镇城市化水平而言主要包括三方面:一是把乡镇工业、运输业、商业、服务业相对集中到已有的集镇,使之逐步形成乡镇经济空间布局的中心极;二是把乡镇工业中从事业务与乡镇区域的经济资源有较高关联系数且布局分散的企业,在中心极之外,选择合适的地点布局,建立工业小区,使之成为乡镇中心极向广大腹地扩散物质、能量和信息的"节点";三是在集镇或工业小区内,将生产过程中在原料、燃料、辅助材料及半成品方面有供应关系的企业或生产工艺技术上有密切联系的企业尽可能集中配置,消除"一厂一点""一厂一线"的现象,实行成组布局。

在中心极布局的主要是乡镇非农产业的组织,这种集中有利于充分利用基础设施,集中治理环境,也有利于节约土地,提高土地使用率,有利于企业间的以及同中心城市的横向联系以提高经济效益。这里的关键问题是小城镇的建设问题。

小城镇是乡镇经济组织相对集中的主要载体。为了加快小城镇的建设,首先必须从乡镇经济组织结构合理化的高度,把小城镇作为区域组织布局的中心极加以配置,并依据区位因素作用力的大小确定其发展的方向,真正实现乡村、集镇统一规划、协调发展。其次,要强化地方政府的小城镇建设职能。现有的小城镇建设基本上是一种企业负担型。一方面,许多乡镇企业为了解决本企业职工的食宿、交通、入托、上学、就医等问题,普遍办起了食堂、宿舍、厂车、学校、门诊室等;另一方面,地方政府采取行政性的资金聚集手段,把小城镇建设的重荷大部分压在乡镇企业身上,而政府部门在目前实施的比例分税制的牵引下,不得不把主要精力用于抓工业建设,以使自己能够分到一块财政资金,从而形成了"政府抓经济、企业办社会"这样一种职能错位的现象。这种小城镇建设格局不利于企业的理性发展,也不利于小城镇发展的总体效益,更不利于在资金短缺的宏观背景下,加快乡镇组织城镇化的进程。所以应尽快纠正这种职能错位的现象,强化政府的小城镇建设职能。为此,除了要在行政管理规则上予以明确外,更主要的是通过财税体制改革来强化政府的小城镇建设职能。可以使政府的税源主要是房地产税、工商行政税、资源税等,而与营业税、增值税、所得税无关,这将使得政府不再有兴趣去办企业或干预企业的经营活动,而是搞好地方上的基础设施,因为只有这样才有可能吸引更多的工商业投资,从而增加地产税和工商行政税。最后,小城镇的建设资金筹集和使用,应尽可能遵循谁投资、谁收益的原则,打破城乡封锁和行政壁垒,加快多形式集资建设小城镇的步伐,为乡镇经济组织结构合理化提供更多的中心极。

工业小区的开发主要是在现有的城乡界限尚未完全拆除、乡镇经济主体大量采取兼业行为的现实背景下,把孤立分散于自然村落的企业组织相对集中于一小块地段,使众多小型企业置身于开发区的环境中,企业之间自然会形成相互影响、相互参照、相互促进的关系,通过交往、竞争和激励,对扩大科技成果应用、提高人的素质和企业素质发挥刺激作用;更为重要的是,工业小区的开发可强化乡镇经济组织之间的联系以及提高乡镇经济的组织程度,为地域生产联合体的形成创造外部环境。

第六章　城乡经济的可持续发展①

可持续发展是生态、环境、资源、经济、社会在代内和代际的可持续,这种可持续不仅仅表现为人类经济社会各个要素系统之间的可持续,还表现为各个空间区域系统之间的可持续。区域经济从功能上来看,是由城市和乡村两大系统组成的,城乡经济布局的安排关系到经济增长的公平和效率,也关系到可持续发展的实现。我国过去所采取的不同的城市化道路,形成了妨碍可持续发展的"城市病""农村病",在大力推进城市化的今天,我们应该从可持续发展的角度,通过实施新的城乡产业分工和城市增长极布局,实现城乡经济的可持续发展。

第一节　城乡分工和增长极理论

对区域这个概念做出明确的界定,是研究城乡可持续发展问题的基础之一。区域是一个多侧面、多层次而且相对性极强的概念,人们可以从多个角度来观察和分析各种不同的区域。可持续发展研究对区域的认识,是从区域的基本属性出发的。区域的基本属性,正如美国著名区域经济学家埃德加·M. 胡佛所说的:"所有的定义都把区域概括为一个整体的地理范畴,因而可以从整体上对其进行分析。"②可持续发展把区域作为一个整体的地理范畴,它所追求的是区域的整体利益,这种整体利益表现为全人类的共同发展,表现为地球经济系统、社会系统和生态系统的总体协调,表现为人类生产方式、生活方式与地球承载力之间的平衡。发展的全球观,是区域整体

---

①　本章原载于:《南京社会科学》2000 年第 5 期。

②　[美]艾德加·M. 胡佛、弗兰克·杰莱塔尼著,《区域经济学导论》,郭万清等译,上海远东出版社,1992 年版,第 220 页。

性的基本要求，也是可持续发展的基本要求。

区域的整体性是多层次的。这种多层次是可行性的一种要求，比如，为了实现全球的整体发展，我们除了希望加强全球经济协调外，各个国家整体利益的实现更具现实意义，区域的多层次表现为全球和国家。多层次也是具体认识区域整体性的一种要求，一个整体的区域内必有某组事物具有同类性或联系性，而在区域间则表现为差异性，这种关系在地区内部结构中必然表现出来，因此，我们可以把区域进一步划分为不同功能区域。功能区域则是指所属范畴被某种形式的流动联系在一起，从而形成一个有内聚力的空间组织的区域。城市和乡村就是一种重要的功能区域划分。

一个整体性的区域，一般在功能上分为城市和乡村两大空间组织系统，城市和乡村各具特性，乡村主要依赖自然过程进行生产，城市则是区域社会经济、交通和信息的中心，城乡关系的安排是区域可持续发展必须研究的一个十分重要的问题。

增长极理论是城乡分工一个重要的理论，这一理论能否使城乡关系实现可持续发展，需要我们从理论和实践两方面进行分析。

增长极理论产生于 20 世纪 50 年代，是由法国经济学家弗朗索瓦·佩鲁（Francois Perroux）首先提出的，随后在世界各地广泛流传和发展。增长极理论认为，增长极是具有空间集聚特点的增长中的推动性工业的集合体，经济的增长首先出现在增长极上，然后通过不同的渠道向外扩散，并对整个经济产生不同的影响。其实质是强调区域经济发展的不平衡性，尽可能把有限的稀缺资源集中投入到发展潜力大、规模经济和投资效益明显的少数地区，使增长极的经济实力强化，同周围地区形成一个势差，通过市场机制的传导引导整个区域经济的发展。

城市之所以成为区域发展的增长极，基于三个方面的原因。从历史条件看，城市发展的结果，使城市成为经济、人口呈聚集状态的空间景观。在城市中，基础设施、劳动力素质、社会文化环境大多数具有相当的优势条件，有利于增长极的形成。从技术经济条件看，城市大多是经济发展水平较高、在技术和制度上具有较强创新和发展能力的区域，更适合于增长极的产生和发展。从资源条件看，城市在具有水源、能源原料等资源优势的区位，相对更有利于形成增长极。

那么，在增长极理论指导下的城乡分工是否能真正促进整个区域经济的发展呢？

我们来看一下增长极的作用机理和条件。增长极理论认为,增长极具有三种效应。第一是支配效应,佩鲁把它定义为"一个单位对另一单位施加的不可逆转或部分不可逆转的影响"。城市系统作为增长极中的推动性单位,正是通过与农村系统间的商品供求以及生产要素的相互流动而对农村系统产生支配影响。第二是乘数效应,它主要是指增长极中的推动性产业与其他产业间的垂直的、水平的联系,这种联系又可以分前向联系、后向联系和旁侧联系等。由于这种联系的存在,推动性产业的发展能够通过列昂惕夫投入产出关联而对其他经济部门产生波及乘数效应。这一效应主要是从产业角度来谈的,对于城乡系统而言,城市工业化的发展往往能促进农业技术进步和要素的合理配置。第三是极化与扩散效应(或称溢出效应)。极化效应是指迅速增长的推动性产业吸引和拉动其他经济活动不断趋向增长极的过程。经济活动和经济要素的极化又导致了地理上的极化,从而获得各种聚集经济(内部和外部规模经济),而聚集经济反过来又进一步增强了增长极的极化效应,从而加速其增长和扩大其吸引范围。扩散效应是指增长极的推动力通过一系列联动机制不断向周围发散的过程,扩散效应的结果将以收入增加的形式对周围地区产生较大的地区乘数效应。极化效应和扩散效应的综合影响就是溢出效应。如果极化效应强于扩散效应,净溢出效应为负值,这对整个区域不利;反之则为正值,对整个区域有利。

正是由于增长极这些极具吸引力的假设效应,许多国家把增长极理论用于城乡分工规划和政策。

第二节　不同城市化道路下的城乡关系

出于国际竞争的考虑和国际政治环境的需要,新中国成立初期选择了优先发展重工业的战略。重工业的建设周期长、资金占用多,初始投资规模也很大。而新中国成立初期我国的经济发展水平非常低下,为解决重工业发展资金短缺的问题,在增长极理论的指导下理所当然地选择了利用工农产品价格"剪刀差",全面压低农产品和原材料的价格,为重工业提供不断产生超额利润的需要,把重工业集中于城市,以重工业的发展为动机启动中国的城市化进程,形成了"政府发动、重工业导向型"的城市化道路。

"政府发动、重工业导向型"的城市化道路之形成和发展，不仅有其内在逻辑性和合理性，也对当时中国的经济建设，尤其是在经济发展水平较低的条件下实现国家工业化起到了重要的积极作用。但这种城市化道路存在着一些难以克服的问题，它反过来也对经济社会的发展造成了一定的负面影响。

"政府发动、重工业导向型"城市化道路的主要问题在于形成了相互封闭的城乡关系，并由此导致了二元化的经济社会结构和城市偏向封闭的城乡关系。这种关系由十四种城乡隔离制度构成，即：户籍制度、粮食供给制度、副食品及燃料供给制度、住宅制度、生产资料供给制度、教育制度、就业制度、医疗制度、养老保险制度、劳动保护制度、人才制度、兵役制度、婚姻制度、生育制度。这些制度使城乡间形成了一个牢不可破的壁垒，产生了一系列消极后果。

（1）农业生产停滞。由于人为压低农产品价格和实行农产品统购统销制度，扭曲了等价交换的经济机制，严重挫伤了农民的生产积极性，农业生产停滞甚至倒退。农业总要素生产率直到1978年都没有能恢复到1952年的水平。[①] 由此引起乡村的贫困，并制约着城市的发展。

（2）城市的极化效应无法发挥。以重工业发展为导向的城市化道路，使得城市产业结构重型化。产业结构的重型化抑制了轻工业和第三产业的发展，造成了要素禀赋中短缺的资金对过剩劳动力的替代和排斥，使城市产业对劳动力的吸纳能力减弱。另外，为了保证有限的资金用于工业建设，"先生产、后生活"，想方设法绕过"非生产性投资"的做法，导致城市基础设施严重滞后和超负荷运转，造成城市的人口承载能力严重不足，控制人口流动成为城市化道路的一个主要内容。刘易斯所设想的通过剩余劳动力从农业部门流向工业部门、实现城乡之间共同发展的模式无法实现。

（3）城市的扩散效应转变为"城市偏向"。"政府发动、重工业导向型"城市化道路使城市在一种自我封闭、自我循环的条件下发展，缺少与广大乡村的直接联系，主要是靠政府投资和资源计划配置来推动，缺乏必要的市场调节。产业和企业布局往

---

① 　林毅夫著，《制度、技术与中国农业发展》，上海人民出版社，2005年版，第16页。

往是只进(城)不(迁)出,妨碍了城市扩散功能的发挥,也使城市化进程步履维艰。城市发展有限,又使得国家不得不对农村劳动力的转移和流动采取比较严格的限制政策,抑制城市人口的增长,维护城市居民生活的稳定,形成"城市偏向"。城乡之间缺乏正常的经济技术联系,更谈不上城乡之间的可持续发展。

20 世纪 70 年代末期进行的农村经济体制改革,使我国的城市化道路发生了重大的转型。家庭联产承包责任制的实行、农业生产的迅速发展、农业生产率的大幅提高、农民收入水平的迅速提高,一方面为城市工业的发展创造了广阔的市场,另一方面使得乡镇企业迅速发展。小城镇作为城乡经济联系的纽带和乡镇企业组织载体,得以迅速发展。我国的城市化道路从原来的"政府发动、重工业导向型"转变为"农村推动型"。

"农村推动型"的城市化道路适应发展战略与经济体制改革,是对原有城市化道路的替代,主要表现为以市场化的经济动力取代非市场的行政动力,在一定程度上缓解了原有的城市化道路中存在的某些问题,尤其是使封闭型的城乡关系逐渐走向开放。首先,城乡流通体制改革,特别是农产品统购统销制度的取消和农产品价格的放开,使城乡经济联系由过去强制性的产品调拨逐步转变为主要由市场决定的价格调节,促进了城乡之间的商品交换和要素流动,从根本上动摇了城乡隔离的经济基础。其次,城乡壁垒中最难于突破的户籍制度也开始松动。1984 年国务院正式通告允许农民进入县级以下的集镇从事工商业活动,以自理口粮的方式落户。城乡之间的商品交换、要素流动以及人口的迁徙,极大地推动了中国城市化的进程。

然而,"农村推动型"城市化道路也引发出一些其他问题。最主要的就是"农村病"。"农村病"的主要表现如下。(1) 耕地减少。国外的大量实例证明,城市化的推进对于缓和人地矛盾具有十分重要的作用。以日本为例,随着农业人口比重从 1946 年的 47％下降到 1980 年的 18％,耕地增加了 3％。而中国近年来的情况刚正好相反,城镇人口的增长反而更加剧了人地矛盾,其中乡镇企业和小城镇的发展是造成耕地减少的主要原因。(2) 环境污染严重。有些大中城市在同乡镇企业进行横向经济联系时,把有毒有害的车间或工艺过程"扩散"给乡镇企业,乡镇企业的分散布局使得污染的空间扩大,而且难以共同整治。(3) 城市规模过小,难以形成城市聚集经济和规模经济。小城镇的发展成本高、效益低。30万人口以下的小城镇其各项经济效益指标均低于全国城市的平均水平。[1]

总之，"农村推动型"城市化道路虽然在许多方面解决了原有城市化道路的问题，但是它导致农村耕地减少、环境恶化和城市扩散效应的弱化，加剧了环境和资源的危机，这与可持续发展的要求是不相符合的。

第三节　城乡之间的可持续发展

城乡关系是国民经济的重要组成部分，同时又是人口、资源、环境等问题的焦点，处理城乡关系必须坚持可持续发展的原则，实现城乡之间的可持续发展。

一、实行新的城乡产业分工[2]

新中国成立初期的工业化是在城市进行的，其结果是第二产业主要集聚于城市，形成了城市—工业、农村—农业的城乡分工格局；在后来的"农村推动型"城市化建设中，农村工业化水平迅速推进，农村产业结构与大中城市的产业结构高度趋同，城乡之间出现了一体化的趋势。这种一体化的趋势对农村工业化的启动是非常有意义的，但在工业化达到一定水平后，必须考虑城乡之间的社会分工问题，以及工业化和城市化的匹配问题。而从这两方面来看，把工业集中在大城市并且分散布局于广大农村，是"城市病""农村病"产生的一个重要根源，而且这种分工格局无法实现城乡之间的可持续发展。首先，由于城市空间容量的限制，工业在城市的发展受到很多制约。其次，工业在城市的集聚导致人口稠密、交通拥挤、环境污染等"城市病"。最后，工业在城市集中，同时又分散布局于农村，城乡之间形成的是一种竞争关系，而不是互补关系，城乡之间可持续发展所需要的极化和扩散效应无法实现。因此，为实现城乡之间的可持续发展，应从城乡经济可持续发展的角度，进行新的城乡产业分工，其趋势应是：工业逐步从中心城市扩散给卫星城镇，同时使分散的农村工业向中小城市

---

①　蔡孝箴主编，《城市经济学》，南开大学出版社，1998年版，第103页。
②　高德正、洪银兴主编，《苏南乡镇企业》，南京大学出版社，1996年版，第422页。

集聚,中心城市重点发展金融贸易、信息服务、文化教育等第三产业。这样,第二产业从中心城市和广大农村转移到卫星城镇,一方面可以解决"城市病""农村病",另一方面可以解决城乡之间产业同构和过度竞争的问题,使城乡之间形成一种相互支撑的经济技术联系,实现城乡之间的可持续发展。中心城市不再以生产性功能为主,而是以贸易中心、金融中心、信息中心、服务中心的功能作为周围区域的发展极,充分发挥城市增长极的支配效应、乘数效应和扩散效应;中小城镇以生产性功能为主,充当中心城市向农村扩散经济技术能量的中介和农村向城市集聚各种要素的节点;农村以规模化、联片种植的农业生产,支撑着大中小城市对资源和要素的需求,获取农业经营的规模效益和城市化发展的整体效益。

二、培育城市增长极的扩散能力

能不能有效地发挥城市增长极的扩散效应,是城乡之间可持续发展的关键。为了增强城镇的扩散效应,对不同的城镇应该采取不同的对策。对于中心城市,要在实现产业结构高级化和城市现代化的基础上强化分散机制,实行有序扩散,既保障中心城市在区域经济和国民经济发展过程中的中心地位和带动作用,又避免人口规模和用地规模的过度扩张造成对有限资源的过度竞争和浪费。中小城市作为大城市产业扩散的主要接收地,要大力改善基础设施条件,强化和健全各项综合功能,带动小城镇的发展。小城镇是农村剩余劳动力的主要吸纳地,加快城市化进程必然要求小城镇有较大的发展,但是发展方式必须要从现存的"数量型"向"质量型"转变,必须优化小城镇的产业结构,大力发展立足于农村的资源条件、以农副产品加工为主的产业,从而形成自己独特的产品结构和行业结构。另外,对小城镇的建设要坚持适度规模的原则,科学规划、合理布局,使一批小城镇合并重组成中心城市,既节约土地、保护资源,又形成规模效益和聚集效益,便于完善城镇的公用设施,使区内的设施水准和生活质量向城市靠拢,促进农村人口城市化,促进小城镇升级,提升农村对城市系统社会经济能量的吸收能力,从而形成"中心城市—中小城镇—乡"的可持续发展的链条。

第七章　乡镇经济的宏观调节[①]

苏南乡镇经济的迅速发展在很大程度上得益于市场机制在微观经营层的导入。每个农户家庭经营者、合作经济组织以及各种类型的乡镇企业都可以充分地发挥自己的主动性和创造性,在市场机制的作用下,灵活地从事各项经济活动,从而推动了苏南乡镇经济的迅速发展。但是,由于各个经营主体的经营决策总是同自身的经济利益相联系的,各个经营组织的经济行为又是相互影响的,因此在微观搞活的情况下,乡镇经济的各个环节、各个方面、各个地区、各个部门乃至各个企业之间势必会产生一系列矛盾,这就要求从乡镇经济系统发展的全局出发,从整个国民经济改革与发展的需要出发,建立起与搞活微观经济相适应的宏观调节系统,把微观经济活动纳入乡镇经济宏观发展的轨道。

另外,苏南乡镇经济已开始由自给、半自给的自然经济转向商品经济的轨道。刚刚发展起来的乡镇商品经济需要不断完善市场机制,使商品生产有一个好的外部环境,如完善的市场体系、价格机制、税收制度、信贷政策、信息服务等。这样的任务单靠分散的微观经济组织是无法完成的,必须建立起健全的宏观调节系统,为各经营主体创造一个公平竞争的市场环境,在此基础上,把农民引向市场,能动地接受市场价格信号并做出合理的反映,帮助农民在商品经济的实践中提高自身的市场竞争能力。

再者,乡镇经济是建立在社会化分工协作基础上的多因素、多层次、多目标、多功能的整体,在乡镇区域内各个生产和经营部门、再生产的各个环节以及各个企业和农户之间存在着相互依赖、相互制约、相互促进的密切关系。

为了使乡镇经济在不断变动的状态中,能自觉地、经常地消除不稳定因素,保持

---

① 本章原载于:周海粟主编《乡镇经济发展论》,第十四章,南京大学出版社,1990 年版。

相对平衡状态,能对复杂多变的环境具有适应性、改造性,实现长期稳定发展,能使各个组织层次、目标和功能总体协调,实现整体最优化,也必须对乡镇经济活动进行全面而有效的宏观调节。总之,健全的宏观调节是苏南乡镇经济步入新的发展阶段的重要保证。本章在剖析现有的苏南乡镇经济宏观调节系统的基础上,从发展商品经济的需要出发,对苏南乡镇经济宏观调节的体制、手段和政策性措施进行初步的探讨。

第一节　行政型宏观调节系统的演变

一、宏观调节系统的理论分析

从理论上来说,宏观调节系统是人们从乡镇经济发展的全局出发自觉建立起来的、对乡镇经济系统的生产经营活动实施宏观管理功能的体制、原则、手段和措施的有机体系。这个系统可以选择的调节手段主要有经济手段、法律手段和行政手段。三种手段在具体调节过程中的不同组合构成相应的调节方式。从总体上来看,调节方式主要可分为直接调节和间接调节。

直接调节是指调节主体主要运用行政手段,通过计划机制这一中间环节,把微观经济活动纳入宏观经济发展目标,使乡镇经济运行进入预期状态。这一调节方式主要运用行政手段来实施宏观调控,因而又称为行政型调节。间接调节则不同于直接(行政型)调节,它所运用的调控手段是以经济手段和法律手段为主,通过市场向微观经营层输入价格、利率、税率三大信息,影响微观经营主体的经济行为,使微观经济活动大体符合宏观目标的要求。

两种调节方式各有其特点和存在的基础,乡镇经济宏观调节系统究竟采取何种调节方式,从调节系统内部来看,取决于调节原则的确定以及相应的调节体制的形成;而从乡镇经济发展的需要来看,则取决于一定的社会经济形态及其运行规律。在不同的社会经济形态中,乡镇经济的宏观调节系统具有不同的性质和特征。在生产力十分低下、乡镇经济具有明显的自给性的条件下,宏观目标和微观利益处于对立状态,宏观调节只能以行政手段为主。只有当生产力发展到微观组织不只是为了自身的需要而生产,而主要是为了满足市场需求而生产时,宏观调节主体才可能通过市场机制这一中间环节,把微观经济活动和宏观发展目标统一起来。但是,即使在这种条件下,乡镇经济宏观调节系统也不一定就能建立起间接调节机制。因为,任何一种社会经济形态都有一个发生、发展的过程,在同一个经济形态的不同时期或不同阶段,受国民经济体制的制约以及乡镇经济发展的历史过程的影响,乡镇经济宏观调节系统的调节方式并不是简单地表现为直接调节或间接调节,而是呈现出两种调节手段多种多样的复杂组合。在公社化时期,苏南乡镇经济和全国农村一样,建立起高度集中的宏观调节体系。但先决的历史条件以及其他种种主客观因素的影响,使得苏南乡镇经济逐步抛弃了这种高度集中的调节系统,而代之以引入市场机制但仍以行政手段为主的调节系统。这一系统虽然有别于原有的调节系统,但又不足以称为间接调节系统。为了便于分析,我们姑且分别称之为行政型调节系统Ⅰ和行政型调节系统Ⅱ。

二、行政型调节系统Ⅰ的主要特征

在行政型调节系统Ⅰ中,国家与乡镇经济微观组织之间是指挥和被指挥的关系,乡镇经济微观组织在国家面前无任何谈判地位和讨价还价的余地。乡镇经济发展的宏观目标直接构成国家的指令性计划,国家作为调节主体依靠纵向性的行政性机构直接下达指令给乡镇经济微观组织;调节者所关心的是成果值与计划值的最大趋同,而对于调节对象的经济行为和经济利益则几乎不予关心。

建立这样一个调节体系的目的在于使乡镇经济服务于国家工业化的进程。因为工业化需要巨额资金积累,在落后的农业国,积累的主要来源当然只能是农民的"贡赋"。这种"贡赋"在我国表现为:采用农产品国家定价的形式,从农民手中低价统购,再对城市居民和工业企业低价统销,用以维持大工业的低工资和低原材料成本,提供不断产生超额工业利润的条件,最后再通过大工业的利税上缴,集中起国家工业化的建设资金。但是,低价统购总要引起农民的不满,为此就必然要建立起高度集中的宏观调节体系,通过公社化运动建立起政社合一的人民公社以及相应的公社、大队、生产队的行政调控体制,归并农民的财产权利、限制乡镇生产要素的合理流动、关闭农产品市场以及设立以严格的户籍制度为主体的城乡壁垒,以抑制农民的致富冲动以及偏离为工业化服务这一目标的各种经济行为产生的可能性。

这种高度集中的调节系统有两大特征：一是以行政手段作为调节的基本手段；二是地方政府虽然在名义上构成乡镇经济宏观调节的主体，但是实质上的调节主体由中央政府及其管理部门充当，中央政府通过各种各样的指令性计划全面调节乡镇经济活动，地方政府只是作为中央政府的附属机构，依靠政社合一的人民公社组织体系保证中央政府指令性计划的实现。在这里，地方政府作为国家行政体系的组成部分，执行着上级政府机关的调节指令，形成一种较为典型的程序调节系统。但是，地方政府作为基层政权组织具有一定的独立性，且在一定程度上充当所在社区的共同意志的集中代表，因而对社区公共目标的实现有着不可推卸的责任。于是，地方政府在行政型调节系统 I 中具有双重性：既是中央政府调节乡镇经济服务于国家工业化目标的执行机构，又是乡镇社会公共目标的调节主体，从而在组织体本身孕育了乡镇经济调节系统演变的内在机制。

三、行政型调节系统 II 向行政型调节系统 II 的演变

调节系统演变的初始动力来自地方政府对社区目标的组织和引导作用。具体来说，在公社化时期，苏南地区的乡镇经济普遍面临两大问题。

一是工农业产品的价格"剪刀差"和农业生产成本的不断上升，使得苏南乡镇经济按照政府调节指令建立起来的以粮食种植业为主的单一结构出现产量不断增长，而农民所得却总是原地徘徊，增产不增收、"高产穷乡"的怪现象；二是农业生产力不断提高、城乡之间不存在生产要素自由流动机制的情况，带来了提高了的劳动生产率与不断增长着的人口和农业劳动力之间更为尖锐的人地矛盾。矛盾要解决，农民的生活水平要提高，人们致富欲望的满足自然就成为社区范围的公共目标。可是怎样才能实现这一目标呢？人们在宏观产业利益分配结构的牵引下选择了兴办乡镇工业这条道路，兴办乡镇工业成为人们致富欲望这一社区目标的具体化。但在公社化年代，不允许发展个体经济。因而在当时特定的历史条件下，乡镇工业只能由集体来兴办，没有其他道路选择，地方政府在这一社区目标实现的进程中自然有着不可替代的组织功能。它在广大农民发展乡镇工业的内在冲动的基础上，通过行政力量实现了各类要素的初始动员和组织。一方面，以地方政府集体经济的形式兴办乡镇工业，不

仅避免了极有可能出现的上级政府的各种干预，而且反过来借助政府的权威和影响力，为乡镇工业与周围大中城市企业之间的横向经济联合以及乡镇企业的市场竞争提供了行政性支持。另一方面，也只有地方政府才能为乡镇工业的创办提供最低限度的原始积累。因为，乡镇工业初创阶段，公社和大队办的集体工业企业主要是依靠原有的农业经济积累，也有的是靠向生产队筹借资金来购买设备和原材料，还有的是靠移用农业上的机械设备为企业所用，所有这些都只有借助地方政府对资源的动员、组织能力才能成为现实。地方政府在这方面的组织与引导作用为集体经济的形成创造了条件，也为新的调节系统的建立创造了所有制基础。

如果说在公社化过程中地方政府对社区目标的实现所发挥的组织和引导作用为乡镇经济调节系统突破集中型体系创造了条件，那么，国家宏观管理体制的改革则最终促使新的调节体系建立。20 世纪 70 年代末，苏南农村普遍开展了以包产到户为主要内容的管理体制改革。包产到户的实行从两方面推动了乡镇经济宏观调节体系的演变。一方面，包产到户重建了农户所有的财产权利，使乡镇经济的基本单元有了独立的经济利益；相应地，国家逐步解除了原有体制对农民经营自由的重重禁锢，允许农民从事非农产业活动，并允许农民进城经营，扩大了乡镇劳动力生产选择的权力，在流通领域则宣布全面改革农产品统派购制度，赋予乡镇经济系统重要输出物以商品的基本特征。这些改革措施共同作用的结果，是国家对乡镇经济系统的直接调节有所松动，乡镇经济的微观组织迅速向独立的商品生产经营者转化，国家开始运用市场机制来调节社会经济活动。另一方面，在乡镇经济系统内部，原来在人民公社大旗下就已起步的三级经济依靠放开、搞活的政策，不断得到发展，成为占有主体地位的经济形式。到 1987 年，苏州、无锡两市(9 个县)农村的工农业总产值为 298.2 亿元，其中，个体和联合体经济为 16.96 亿元，仅占 5.7％，集体经济为 281.24 亿元，占 94.3％。强大的经济实力使得苏南地区在体制改革中撤销原来的在公社、大队、生产队三级框架下转过来的地区性合作经济组织，改以乡有、村有、组有的形式保留下来，而没有像其他地区那样，分户承包集体经济财产。这就使得系统内部仍然存在着行政手段调节经济活动的组织体系。在这种组织体系的基础上，尽管国家已开始运用市场机制来调节乡镇经济活动，乡镇经济的基本单元也已开始按照商品经济的运行规律来从事乡镇经济活动,但是,在集体经济为主的所有制基础上,不易摆脱旧体制的束缚,行政手段仍然发挥着重要的调节作用。这样,从总体上来看行政型调节系统有所松动,但行政手段的调节效能仍然存在。这就是我们对行政型调节系统 II 的初步概括。

第二节 行政型宏观调节系统 II 的功能分析

一、行政型调节系统 II 的调节过程

改革的最初设计目标可简单地表述为国家试图通过经济杠杆来调控市场,再由市场调节乡镇经济活动。为此所进行的重大改革就是取消农产品统购统销制,建立合同定购制予以替代。但是,在改革的实践中,受原有体制和国家财力的双重束缚,合同价格与市场价格日益背离,改革中已建立起独立经济利益机制的农户组织面对大大低于市价的合同价格,为了保护自身利益自然不愿签订合同或尽量少订合同,在经营决策上则表现为自发地减少投入、缩减种植面积,而把主要生产要素投放到非农产业,农产品供给大幅度下降,但销售方面却毫无相应减少的弹性,农产品资源再度成为国民经济发展的重要制约因素。

在这样的背景下,国家无论从政治上还是从经济上考虑,都必须采取有效的调节手段来稳定农产品的基本供给。国家可以选择的调节手段,一是按照改革的初始设计,继续动用国家财力支持农产品价格水平;二是动用工业物资挂钩换购;三是采取强制的行政办法,迫使农民与之签订合同。在国家财力并不宽裕的情况下,第一种方法显然难以为继。第二种调节方法也会受到生产企业的抵制而无法实现。因为随着城市经济体制的全面展开,微观搞活已使生产企业具有了相对独立的商品生产者地位,企业为了维护自身的经济利益必然会抵制超越正常市场需求的国家指令。于是,国家只好宣布合同定购属指令性计划,依靠行政管理体系逐级分解,按承包田亩或人口平均摊派到承包户,使其哪怕不自愿也必须交售。在国家对乡镇经济系统的宏观调节层,强制的行政手段又不得不重新发挥出重要的调节作用。但是,这时的行政调节具有局部性,即主要调控乡镇经济的基础产业,而对大量的非农产业则主要处于间

接调节状态。因为乡镇经济非农产业的产品属性与城市经济的各种产品完全同一，国家不可能对同一市场属性的产品采取不同的调节方式，非农产品初步市场的建立，必然使国家对乡镇经济系统中的非农产业有可能实施市场调节。

在这样的宏观调节背景下，地方政府面临三大问题。第一个问题是作为国家行政体系的基层机构，必须保证上级政府下达的名为合同购实为指令性计划的行政性指令得到实现。第二个问题是承包后的农户分散、量大，且具有了一定的自主经营权，地方政府再过多地行政干预农民的独立利益，既难以奏效也不适宜，只能通过经济手段来进行调节，比如，农民出售 100 斤商品粮补贴 3～5 元，耕种一亩土地补贴30～100 元等。这些措施在现阶段苏南乡镇经济系统中发挥着极其有效的调节作用。问题是，这部分庞大的"补农""建农"资金来自何处？地方政府面临的第三个问题是，地方政府对所在社区的公共目标的实现有着不可推卸的责任。苏南乡镇区域在乡镇经济迅速发展的同时，受城市生活较强的信息刺激，人们对社区城镇基础设施、教育卫生系统、道路交通等公共设施的需求急剧膨胀。地方政府虽然在主观上也希望能尽快实现这些社区发展目标，但问题是，所需的巨额资金从哪里来？在以上三个问题的基础上，稳定农业这一基础产业的需求以及社区发展的重荷对地方政府形成了较强的财政压力。要解决这三个问题，依赖上级政府的财政拨款显然是无法奏效的。唯一可行的就是借助集体所有，对乡镇企业实施资金的行政聚集。因为乡村政府在苏南乡镇经济中是集行政权和财产所有权于一身的特殊组织，可以不受任何约束地全面调节乡镇企业的经济活动。反过来说，地方政府为了完成上级政府的行政指令、履行社区发展的重任，必须保持其对乡镇企业的全面调节。

现阶段，苏南乡村政府对乡镇企业的全面调节主要通过下列手段得以实施。

（1）控制投资决策权。乡村政府借助行政权力控制着投资资金，因而成为绝大多数乡镇企业的投资主体。在这里，投资资金是以上缴利润的形式由乡村政府掌握的。在资金不足时，可以挪用企业的折旧费或流动资金，可以由乡村政府出面向银行贷款或拆借资金。投资决策权的拥有实际上使地方政府成为本地区范围内所有企业的"董事"。

（2）控制人事权。乡村政府作为发包者，曾采用厂长聘任制和任期目标责任制，对乡镇企业的经营管理人员加以选择，但基本上沿用了过去的老办法，厂级干部由乡村政府遴选和任命。厂长肩负双重职责，既对企业负责，又对政府负责，当两者发生摩擦时自然只对政府负责。这样，乡村政府追求的社区目标和行政目标就能顺利地通过他们之手得以实现。

（3）控制分配权。乡镇企业分配包含两个部分，一是企业纯收入分配，二是企业内部分配。乡村政府对前者的控制较严，他们用指令或半指令方式把纯收入的分配比例下达给企业，并通过承包合同固定下来。乡村政府对企业职工收入分配的参与程度比对利润分配的参与程度要低一些，但是为了稳定职工队伍，提高社区发展的收入水平，他们往往参与职工年收入水平的确定。这种行政型的企业分配机制，使得地方政府可以超越企业发展的需要而筹集到所需的资金，从而构成一个较为完备的行政调节系统。

二、行政型调节系统 II 的负效应

行政型宏观调节系统 II 的主要特征是行政调节与经济调节的胶着。在国家与乡镇经济系统之间表现为对主要农产品的行政调节和对非农产业的经济调节，而在乡镇经济系统内部则表现为地方政府对乡镇企业的全面行政干预和对农户生产经营活动的适当经济调节。这种调节方式在当前新旧体制的转换阶段有其产生的历史必然性，也发挥出一定的调节作用。从国民经济整体来看，这种调节方式稳定了农产品供给，为城市经济体制的深化改革创造了条件，并通过乡镇非农产业的高层次发展，为建立国家宏观间接调节系统所需的城乡统一市场创造了条件。从乡镇经济系统的总体运行来看，这一调节系统有利于地方政府从总揽社区发展的全局出发，从社会劳动分工的实际出发，调节系统内部各经济组织之间的经济利益，以利于在大力发展乡镇企业、提高社区经济实力的同时，一方面稳定农业这一基础产业，另一方面保障各项社会事业有所发展。

但是，苏南乡镇经济宏观调节的现实形态并不完善，在某些方面对乡镇商品经济的有效运行发挥着极强的负效应，具体如下。

首先，国家代替市场直接调节农产品供求，与已经获得独立生产经营权益的苏南农户的经济行为的冲突日益严重。一方面，苏南农户在农村第一步改革中确立了经

营主体地位后,生产经营活动已主要依赖市场价格信号;另一方面,在乡镇经济宏观调节系统Ⅱ中,国家又不得不借助行政手段来代替市场调节。合同定购的价格不是在市场上自发形成,而是由国家规定统一价格或由国家规定其涨跌幅度的浮动价格。这种价格信号一方面难以对市场供求状况做出灵敏的反应,另一方面往往会给农户发出滞后的甚至是错误的信息,损害农民的利益,并造成农产品供给更大的波动。而且,行政调节的背后是利益分配关系,地方政府为了保护自身的利益以及所在区域的利益,不是设置关卡、画地为牢,实行地区封锁,就是由行政性部门和公司实行垄断经营。在这一宏观背景下,苏南农产品市场长期处于半开半闭、似开似闭的不正常状态,苏南农户从事商品生产所必需的市场舞台难以建立,这不仅制约着苏南农户的企业化进程,也阻滞着整个乡镇经济分工分业的形成。在具体的调节过程中,国家行政调节的职能总是由政府的经济技术部门去执行的。这些部门高度附属于纵向的行政权力,完全实行行政命令的调节方式。它们既有行政性垄断的权力,又有追求各自独立利益的动机,往往是哪头有利靠哪头,一旦环境发生对其不利的动向,它们就可以采取封锁市场、垄断性涨价、任意处罚甚至无理勒索等超经济手段。这种状况的结果是提高了农产品流通的社会成本,"生产者涨一分,中间环节涨三分",国家花了大量的补贴,市场涨落却平抑不了。不只是农户难以从市场价格、市场需求中获取正确信号,消费者和国家财政也难以承受。

其次,在乡镇经济宏观调节系统Ⅱ中,地方政府为了行使行政职能和社区发展职能,借助行政权、财产所有权以及经营权,对乡镇企业的经济活动实施全面的行政调节,乡镇企业不可避免地成为行政系统的附属物。在乡镇企业初创阶段,特定的历史条件使得地方政府在劳力组合、资金筹集、土地占用、市场开拓、规模扩大、经营管理等方面发挥了组织和引导作用。但是,当乡镇企业的数量和规模超过一定限度以后,地方政府的行政干预势必有损于乡镇企业在商品经济轨道上顺利运行,其表现主要有以下几个方面。

(1)企业经营目标弱化。苏南乡镇企业是在剧烈的市场竞争中萌生、成长起来的,它的存在不仅启动了乡镇商品经济的进程,也为乡镇经济系统塑造了一个相对独立的商品生产经营主体。商品经济主体的内在运行规则使得乡镇企业以利润最大化作为自身的经营目标。追求经济目标有利于企业对市场价格信号做出合乎理性的抉择，也有利于乡镇企业在剧烈市场竞争中长期生存、自主发展。但是，在行政型调节系统Ⅱ中，乡镇企业的投资决策权、收入分配权以及人事权均由地方政府控制，乡镇企业成为地方政府的财政口袋，地方政府必然把自身的职能目标渗透到企业的目标结构中，并通过行政权力使其目标不断得到强化。地方政府的双重身份使得政府的职能目标主要表现为行政目标和社区发展目标。这些非经济目标在企业目标结构中的强化必然导致企业经营目标的弱化，其结果则使企业的社区负荷过重，缺乏自我发展的能力，企业经济效益每况愈下。苏州市乡镇工业 1987 年净利润为 20 661 万元，销售利润率为 3.2%，比 1980 年下降了 15.1 个百分点。

（2）企业经营行为短期化。这首先表现为企业经营主体只求外延扩张，忽视内涵发展。苏南地区市县政府对乡镇经济的宏观调节一直以产值指标的考核为核心，并以此作为考核基层政绩的主要指标以及基层干部升迁和奖罚的重要依据。在这样的行政利益驱动下，地方政府必然在宏观调节指标的基础上层层加码，并把这种放大了的指标通过行政力矩压向企业。乡镇企业的经营主体受地方政府极强的行政压力，不得不把地方政府下达的高速增长的产值指标作为企业的首要任务。反映在经营行为上，就是热衷于搞基建、上项目、办新厂、上规模，很少愿意投资企业的技术改造，决定企业生存和发展的企业素质难以提高。企业经营行为短期化的第二个表现是企业长期发展所必需的积累机制疲软。地方政府对乡镇企业纯收入的分配和企业内部分配的行政干预，势必形成"三硬一软"的状况，即硬的国家税金、硬的地方财政收入、硬的职工收入增长刚性，而其余可供用于企业积累的部分则相当疲软。

最后，我们还会发现调节系统Ⅱ中较强的行政扰动使得调节系统对乡镇经济活动的调节部分失灵。

就农业经济活动而言，国家把带有指令性质的合同指标下达到农户。表面上看，这一调节过程具有严肃性，且有高度权威的行政体系作为组织保证。但事实上，农户获得经营主体地位后，经济的运行规则不会因为行政力矩的拉力而改变其轨道，其结果只能是政府行为与农民行为不合拍，利益冲突和摩擦使二者处于高度紧张的对立状态。苏南地区的地方政府在极强的行政压力下采取了"以工补农""以工建农"等经济调节的方法，虽然在一定程度上缓和了干群关系，也稳定了农业生产，但是我们应看到，这种行政性调节措施没有能建立起农业经济长期稳定发展所必需的动力机制和约束机制。这是因为，任何一个产业的存在和发展必须以能够获取社会平均利润为前提，通过利益的诱导，促使该产业组织体组织生产要素，从事生产经营，并通过自身的积累和投资过程，推动产业组织的不断发展。在这里，经济利益的获取是动力源，但伴随利益的获取过程，必须有相应的压力和约束。也就是说，产业组织获取经济利益，必须以其合理组合生产要素、努力从事生产经营为前提，这样才能使产业的发展既有动力又有压力。现阶段的稳农措施，使得农户经营的致富欲望在劳动力、土地以及已有的固定资产要素还没有得到充分利用的状态下就得到了满足。其结果是两面的，一方面是农业经济活动以获取福利性利益为导向，农业经营主体根据区域内其他产业组织的经济状况，确定自身的收入目标函数，以此为出发点核算各种途径的补农资金，对自己是否继续进行农业经营做出决策，从而对地方政府施加压力，造成补贴农业或福利农业等无益于整个乡镇经济发展的局面；另一方面，经济利益的行政性聚集造成了乡镇企业低层次发展与农业生产低效益发展并存的经济格局。苏南乡镇企业已进入一个艰难的竞争中求生存的发展阶段，对人力、物力、财力的需求不断提高，资金的行政性筹集无疑加重了乡镇企业的负担，阻滞了乡镇企业在竞争中高层次推进的进程。

再看看国家对乡镇企业的调节失灵问题。行政型调节系统 Ⅱ 中，国家对乡镇企业的调节主要是通过经济参数进行的，但地方政府与乡镇企业在利益上的互相渗透使得经济参数对企业行为的调节失灵。信贷杠杆是国家调节的重要手段，然而，苏南乡镇企业在紧缩的货币政策中所遇到的资金不足矛盾，却可以通过乡镇政府的行政担保及其干预而得到解决。据调查，"领导指令贷款"和"人情贷款"约占前几年农业银行乡镇企业贷款的 40％～50％。信贷杠杆部分失灵的结果是相当多的企业资产负债率不断上升，1987 年苏州市乡村企业总负债率比上年上升了 43.9％，超过全部固定资产净值的 3.74％。许多企业的负债率高出破产临界点却能生存如故，其实质是企业有序运行应有的资金约束机制在行政权力的干预下软化了。税收杠杆的软化则是由于地方政府受利益的驱动，往往对税务部门施加压力，使得税务部门尽可能多地运用减免税手段,并在一定程度上站在乡镇企业一边与税务部门讨价还价。价格杠杆的积极作用也往往被地方政府的财政输血或平调抵消。总之,地方政府行政力矩的介入,使得行政型调节系统Ⅱ中经济参数的调节部分失灵,放大了经济波动,降低了资源配置的总体效率,从而影响着整个乡镇经济发展的稳定性。

第三节　间接调节系统的建立

一、目标模式的选择

调节系统是影响乡镇经济稳步发展的重要因素。实践已经证明,行政型调节系统不利于国家对乡镇经济总体的有效控制,也不利于苏南乡镇商品经济的发展。苏南乡镇经济宏观调节的目标模式应该是国家参与调节农产品市场、农业生产资料市场以及乡镇经济的其他市场,再把经过国家调节机关干预而形成的市场参数输入乡镇经济的经营组织系统,通过市场参数直接引导乡镇经济主体的经济行为。我们之所以选择这样一个以市场为中介的间接调节模式,原因有以下几点。

(1)乡镇经济系统具有不稳定性。一方面,乡镇经济系统的边界受城市经济的辐射以及乡镇经济城市化冲动的影响具有不稳定性,系统的外延规定无时无刻都处在运动变化之中,系统边界的不稳定性客观上造成乡镇经济活动的直接调节难以实现。因为,要对一个经济系统进行直接调节,调节的主体就必须对该系统有一个较为准确的把握。而要做到这一点,准确地知道调节系统的外延边界是必要的。否则,调节主体为实施某种政策目标而采取的调节措施就难以做到准确、科学。而且,直接调节具有一定的稳定性,调节措施一经确立,在一定时间内总是固定不变的,这就决定了直接调节无论如何难以适应具有不稳定性的乡镇经济系统。另一方面,乡镇经济的基础产业是自然再生产和经济再生产相互交织的过程,它的生产成果不仅受社会经济因素的制约,还要受到诸如地形、气候等自然因素的影响。农产品的增长不仅取决于农业技术的推广、劳动力以及资金等生产要素的投入和使用是否科学,也取决于农业生产过程中自然因素的优劣,因此农业生产过程不可避免地具有不稳定性。这一不稳定性使人们对乡镇经济基础产业的生产能力和发展前景难以做出精确的判断。在此基础上，也就不可能对它进行准确的直接调节。

（2）乡镇经济系统具有多元性。乡镇经济是一个多系统、多层次的复杂整体。从空间构成来看，乡镇经济由乡村经济和集镇经济两大元素构成。乡村经济是以农业为主体的区域经济，它在很大程度上受制于传统的农业社区的运行规则；而集镇经济是以工业、商业和服务业为主体的经济，它在很大程度上受制于工业化社区的运行规则。两大运行系统之间受历史传统以及经济上依赖关系的制约，又总是相互耦合在一起，从而显示出乡镇经济系统构成的多元复杂性。再从产业构成上来看，乡镇经济包容着第一产业、第二产业以及第三产业。具体到农业经济系统，经营主体是难以计数的农户，经营的客体是农林牧副渔各业，而在各业中又可划分出若干层次的项目、种类，不同地区的经营主体在生产水平、生产方式、生产的规模以及生产能力上也是千差万别的。对如此复杂的多元构成系统，直接的宏观调节显然是十分困难的。

（3）乡镇经济系统的主体具有合作性。乡镇经济的主体比较复杂，有镇办大集体企业，也有国营企业，但其主体形式是组织规模大小不等、经营方式千差万别的合作企业。乡镇经济系统主体的合作性，决定了国家对乡镇经济的宏观调节必须以间接调节为主。因为，在乡镇商品经济中，合作企业是作为相对独立的商品生产者而存在的，它们必须对自己的生产经营成果承担经济责任，自负盈亏。为了维护和尊重他们的权益，必须实行权、责、利相结合的原则。任何行政机关都不应强迫他们生产什么、生产多少以及如何生产，否则，就会损害合作企业所应有的经济利益，就会侵犯他们的所有权和自主权，这不利于把微观经济搞活。

总之，要促使乡镇经济从自然经济向商品经济转化，商品经济思想就应成为主导思想，等价交换观念就应成为主导观念。加之乡镇经济系统具有不稳定性、多元性和合作性，国家作为宏观调节的主体，要实现其目标，就不能以损害乡镇经济主体的经济利益为前提，实行强制性的直接调节，而只能采取经济手段作用于市场，使国家宏观调节的目标体现在市场参数上，利用市场参数来规范乡镇经济主体的行为，从而把乡镇经济系统的运行纳入国家宏观总体发展的轨道。

二、目标模式的建立

以市场调节为主要中介的乡镇经济宏观调节模式的建立正如其他事物的产生一

样,客观上要求具有一定的条件。这些条件可归结为两点。

（1）农户和企业要真正成为独立的商品生产者和经营者。农户和企业是乡镇经济宏观调节的承受主体,市场调节的过程也就是承受主体不断接受市场信号、不断调整自身生产和消费的过程。如果农户只是单纯的消费组织,或者是小规模经营而具有半自给性质的组织,就不可能对市场信号做出灵敏的反应。当农户组织成为真正独立的商品经营主体后,货币收入的最大化成为农户经营的主要目标,受自身利益的驱动,农户组织对市场信号必然做出迅速、灵敏的反应,具有了良好的信号感受能力。这时,我们才有可能借助市场信号的变动来调节农户的经济活动。同样道理,如果现有的乡镇企业主要受制于行政系统,企业的财产关系不明确,企业的经济利益经常受到行政利益和社区利益的侵蚀,企业经营决策经常受到行政力矩的扰动,那么,乡镇企业一方面不可能面对市场信号的变化做出积极的反应,另一方面也不可能独立自主地做出决策。因此,要建立起乡镇经济间接调节系统,就必须使农户和企业成为真正的商品生产者和经营者。

（2）要有一个比较完善的市场机制。完善的市场机制是微观经济主体有效运行的制度保障和规则约束。如果没有完善的市场机制,农户和企业就很难成为真正独立的商品生产者和经营者,国家和经济主体以及经济主体之间的供需关系就不能得到正常的体现,间接调节赖以存在的经济主体与调节主体之间的市场联系将发生断裂。而且,不完备的市场机制常常会发出虚假的市场信号,不仅影响企业目标的实现,还会引起较大的市场波动,削弱国家宏观调节的效果。即使经营主体能够获得真实的市场信号,不完备的市场机制也会使得经营主体由于不能获得生产要素而不能正常地进行要素配置以满足需求。因此,建立乡镇经济间接调节体系的根本前提条件,就是要孕育一个城乡通开的商品市场和生产要素市场,并使之真正具有国家调节乡镇经济的中介功能。

苏南乡镇经济的发展虽然在某些方面对传统的调节系统已做出了较大的冲击,农户的经营主体地位得到确认,市场机制已开始引入,但是,目前的苏南乡镇经济还不具备乡镇经济间接调节系统建立的两大条件。因此,目标模式的建立过程实际上是建模条件的创立过程。为加速这一过程,我们提出以下对策。

（1）农户经营企业化。近几年的改革使得农户组织已具有了一定的生产经营自主权，但是，农户组织还缺乏企业的经营机制。这在第一章我们已进行了分析。在这样的情况下，农户组织难以在市场竞争的压力下，对市场信号做出灵敏的、合理的反应，因而还没有成为真正的商品生产者和经营者。为促使间接调节系统的建立，我们一方面要确立农户的法人地位，建立和完善商业法规制度以及各种市场设施规则，使农户的商品生产者地位得到法律的保护；另一方面，我们应按照组织企业的要求和规定，改造现阶段苏南农户的内外部性状，理顺其内外部的各种经济与非经济关系，在农户组织内部孕育和培养企业经营机制，使农户组织在自主积累的基础上扩大经营规模，并在专业化分工协作的基础上合理组合生产要素，提高对市场信号的接受能力和灵敏地做出反应的实力，从而为间接调节系统的建立培育真正独立的商品生产者。

（2）乡镇企业产权明晰化。苏南乡镇企业是在市场竞争中发育和成长起来的，基本上是按照商品生产经营规则而运行的。但是，苏南乡镇企业发展的历史成因和人民公社旧体制的惯性，使得乡镇企业的投资决策权、收入分配权以及人事权统统被乡村政府所拥有，乡镇企业的生产经营活动受制于行政力矩，因而还不是真正独立的商品生产者。造成苏南乡镇企业这种政企不分局面的主要原因是财产关系不清，因此在进行宏观调节系统再造时，首先必须弄清乡镇企业的产权归属问题，通过产权明晰化，使乡镇企业成为真正独立的商品生产者。

苏南乡镇企业最初是依靠农业的原始积累创办起来的，是一个乡、一个村农民共同积累的结晶，即使后来有所壮大，也属于全乡（镇）或全村农民原始积累的增值，是他们的共同财富，乡、村全体成员是乡镇企业的真正所有者。然而，现阶段的乡村成员并没有很好地体现出他们应当拥有的所有权。除了在分配上与乡镇企业还保持一些联系外，他们并不具备任何实际意义上的权力。他们对乡镇企业的发展，既无发言权，也无监督权，成了"名义上的所有者"。相反，乡村政府集行政权和经营权于一身，几乎行使着所有者的全部职能，成为乡镇企业的"实际所有者"。这种行政权和财产所有权主体合一的现实格局，在法律上是公法权力对民法权力的侵犯，造成两种职能相互干扰，乡村政府势必以企业"实际所有者"的身份全面介入企业的生产经营活动，企业也就不可能对企业内资产享有充分的支配权，缺乏独立的商品生产者所应有的权、责、利。为此,我们必须进行产权制度的改革,从弱化地方政府经营职能入手,继而割断地方政府与乡镇企业之间的脐带关系,使政企真正分开,所有权与经营权真正分离。乡镇企业产权明晰化可供选择的思路是实行股份制,通过适当的组织和制度的设计,使众多分散的股东对企业财产拥有实际所有权,同时也使任何单一股东都不能独立操纵、控制和主宰企业,使乡镇企业成为相对独立的商品生产经营者。

(3)培育较为完善的市场机制。加速乡镇经济间接调节系统的建立,完善市场机制是关键的环节。当前的苏南乡镇市场与过去相比,无疑处于最活跃的时期,但仍然很不适应乡镇经济间接调节机制运行的要求。苏南乡镇经济中种种不协调的现象常常表现在市场环节的阻塞上,现阶段经济参数调节乡镇企业的失灵也往往是由于行政权力过多干预市场机制。所以,深化市场改革,健全和完善市场体系,是建立乡镇经济间接调节系统的关键。

适应乡镇经济间接调节要求的,应是一个结构合理、行为优化的乡镇市场体系。合理的结构是充分发挥市场功能的保证,苏南乡镇市场在结构上应该是多元的、多层次的。所谓多元是指苏南乡镇市场应当包括乡镇生产要素市场、消费品市场、资金市场、信息市场、技术市场、劳动力市场以及各种内容的服务市场等。所谓多层次是指苏南地区应根据城乡一体化的要求,打破封建割据式的地区封锁、部门所有,以中心城市的高级市场为枢纽,在大中城市、中小集镇以及乡镇区域的传统集散地和集中产区广泛设立初级市场,从而形成一个多层次的、城乡通开的统一市场。这既有利于苏南乡镇经济在高层次的城乡经济联合中得到进一步发展,也有利于借助中心城市已有的市场经济实力加速乡镇市场体系的发育和成长,并在此基础上逐步形成以中心城市为主体的城乡宏观调节体系。

孕育和完善市场机制,还要优化市场行为。市场行为的优化主要指力求价格和利率能正确地反映市场供求状况。这里,竞争是一个很重要的因素,为此应创造条件保护公平竞争、促进市场行为优化。优化市场行为的主要措施如下。(1)弱化政府的企业职能,促使政府的经济技术部门独立化,避免行政权力对市场竞争的扰动,为各类市场经济主体自由竞争创造条件;(2)在政府和农户之间构造中间组织,提高分散的农户市场竞争的实力;(3)政府在弱化企业职能的同时,加强乡镇区域市场服务基础设施的投入,为各经济主体公平竞争创造物质条件;(4)利用行政、经济、法律手段,对市场进行有效的组织、协调、监督和管理,协调各种经济矛盾,制止欺行霸市行为,打击破坏市场的不法活动,从而保证市场机制正常而有效地运行。

第二篇

乡镇企业运行机制的变革

第八章　乡镇企业的目标机制[①]

从企业运行的角度看,企业的目标机制决定着企业在其生产经营活动中的努力方向,制约着企业在可支配收入的分配、生产规模、生产要素结构等方面的选择。所谓的企业行为实质上就是企业为实现特定目标进行决策和调节的过程。乡镇企业迅速增长的实绩以及近年来乡镇企业行为的偏差,使得我们有必要从目标机制这一行为的重要发动源角度,研究乡镇企业的发展机制。

第一节　目标的形成结构

企业作为一种组织总是由多种不同的参与者构成,他们为了实现各自不同的目标而参与这一组织的活动,各参与者的目标可能是矛盾的。在这种情况下,企业权力结构中占主体地位的参与者决定着企业的总体目标,或者说,这一部分参与者个人目标的集合形成企业组织的目标。在传统的计划经济体制下,我国国有企业的目标形成结构中,占主体地位的目标是行政指令性的。之所以如此,是因为国有企业直属行政机关管理,企业接受详尽的、内容广泛的指令性计划,很少有自主决策的余地,企业所能得到的奖励取决于企业完成计划情况的好坏,企业领导人的任免、提拔由行政主管部门决定。这就造成企业在其活动中以执行上级指示、完成上级下达的任务、追求领导者个人的职务升迁为第一目标。这种行政指令性目标结构使得企业自身的存续与发展缺乏基础,企业领导者和劳动者的积极性得不到发挥,企业的效率和活力也自然处于低水平。可以说,我国国有企业行政指令型目标结构的存在是其发展无动力、

---

① 　本章原载于:范从来著《乡镇企业发展论》,第四章,南京大学出版社,1994 年版。

经济效益低下的一大诱致因素。也正是在这样的背景下，自 1978 年改革开放以来，国有企业普遍进行了放权让利、利益调整、产权关系等方面的改革。

　　我国乡镇企业作为外在于我国传统的高度集中的管理体系之外的经济组织，不受国家指令性计划的控制，独立的经营意识较强，自主决策权比较充分。相应地，其目标的形成主要由企业自身的组织成员所决定，具有很强的自主性。但是，这种自主性只是相对于国有企业的行政指令型目标结构而言的，并非完全意义上的自主性。这是因为乡镇企业目标的形成受历史成因和传统体制的束缚，虽然不受国家指令性计划的干预，但同所在乡、村等社区性政府组织之间有着千丝万缕的联系，因此乡镇企业目标形成结构表现出社区性，即乡镇企业目标的形成并非完全由乡镇企业自身独立决定，而是在相当程度上服从社区政府的意志。

　　企业的创办动机是企业目标形成结构的重要标度。乡镇企业的创办动机显示出乡镇企业目标形成结构的社区性。据国家统计局等单位对全国 10 个省 200 个乡镇企业的调查，乡镇企业的创办动机直接受到农村社区范围内利益的支配，仅在间接的意义上接受国民经济全局目标的作用和影响，具有极为明显的社区性。当给出下列几种选择时，不同的选择形成不同的得分分布(见表 8-1-1)①。

表 8-1-1　乡镇企业的创办动机

	累计得分频率(%)	综合评分	位次
提高本地农民收入	93	2.55	1
增加就业	88	1.67	2
有了企业才有收入，才好办事	47	0.72	3
本地有资源，不办企业可惜了	40	0.58	4
本地需求旺盛，因此办企业	16	0.20	5
上级规定了指标，不得不办	7	0.09	6
其他原因	2	0.06	7
看外乡(镇)村办了，我们也办	1	0.01	8

　　注：1. 本表的问题由样本企业所在乡、镇、村的乡长、镇长、村长回答。

　　2. 累计得分为所有在不同位次上选择本答案的得分和。

　　3. 综合评分以第一位选择权数为 3，第二位选择权数为 2，第三位选择权数为 1。

---

　　①　资料来源：《中国社会科学》1987 年第 6 期，第 42 页。

从表 8-1-1 中可以看到,累计得分频率最高的是由提高生活水平的压力激起的创办动机。这表明在乡镇企业的行为动机中,既有很强的趋利行为,又有很强的福利性质。累计得分频率占第二位的是由剩余农业劳动力的就业压力引起的创办动机。这涉及家庭联产承包制大幅度提高农业劳动生产率、束缚在土地经营上的农业生产要素被赋予在更大平面和空间进行重新优化组合的机制后,广大农业劳动力的出路问题。这反映出在我国农村经济体制改革取得了举世瞩目的成就后,农业剩余劳动力不仅有强烈的致富愿望,而且更期望跳出世代引以为生的狭小农业圈子,使自己的才能在更广阔的天地中得到施展,由此产生的创办动机使乡镇企业的行为有可能在一定程度上把增加就业的目标置于追求利润之上,特别是在乡村政府把转移剩余劳动力当作本社区目标,采取行政调节手段保证这一目标实现时,这种倾向更为明显。得分占第三位的是社区开支,即"有了企业才有收入,才好办事"。乡镇企业的大部分税后利润构成了社区,特别是乡政府的基本财政来源。据中国社会科学院经济研究所和世界银行对山西省原平县的调查,乡办企业税后利润上交比重 1980 年、1984 年、1985 年分别为 69.5%、97.3%、91.3%。社区从企业获得的利润主要用于:(1) 再投资于乡镇企业,或扩建和更新、改造原有社区企业,或建设新的乡镇企业;(2) 本乡文化教育事业和道路桥梁、城镇建设,以及服务和公共福利事业;(3) 乡政府的事业费;(4)"以工建农""以工补农";(5) 农村贫困户的社会救济及军烈属补助等。乡村政府为了改善农村生活环境和生产条件,支出上述开支无疑是必要的,但在乡村政府自身财力有限的情况下,就只能通过分割乡镇企业利润使上述开支得以实现,由此产生的"有了企业才有收入,才好办事"的创办动机必然成为乡镇企业的重要行为目标。总之,在乡镇企业创办动机的形成结构中,包含着极为复杂的因素,其中占有重要地位的是社区目标,乡镇企业目标的形成结构的社区性极为明显。

乡镇企业目标形成结构的社区性是多种因素综合作用的结果。其主要根源如下。

(1) 宏观经济环境的高风险性迫使乡镇企业转向对社区性目标的追求,以建立起社区性保护机制。

我国乡镇企业是在传统经济体制运行的夹缝中生存和发展的,这种特殊地位使它们所面临的宏观经济环境具有较高的风险性。在理论上，乡镇企业的宏观经济效益和经济合理性，一直是学术界和实际工作部门争论的问题。有的同志认为，乡镇企业通过廉价劳动力对资金的替代，使一部分原先隐蔽在农业部门的劳动力要素向高生产率部门转移，能够促进农村经济的繁荣，推动我国二元经济结构现代化和经济体制的全面改革，因而具有十分深远的战略意义。也有的同志认为，乡镇企业技术层次低、布局分散、资源破坏和浪费严重，乡镇企业的发展不符合分工和效益原则，降低了整个国民经济的技术层次和可控性能；它们与城市企业争原料、争能源、争市场，存在着以小挤大、以落后挤先进的弊病；它们与农业争夺劳动力、资金、能源和耕地，干扰和破坏农业的正常发展，因而不赞成乡镇企业的发展。这种理论上的不确定性往往导致政策的反复和调整，使乡镇企业的政策环境波动性很大，具有较高的风险性。在体制上，我国传统的经济体制维持着城乡之间某些不平等的经济关系，国家经济管理部门对不同类型的企业待遇不同。乡镇企业虽然在原则上被看作集体所有制经济，但其供产销各环节事实上得不到国家计划的照顾，生产经营活动的市场化程度较高。这一特征虽然在体制上为乡镇企业市场运行机制的形成创造了条件，但由于我国仍处于新旧体制交替阶段，统一的、公平合理的市场机制尚未形成，因此乡镇企业面临的市场风险极大。在这种情况下，为了生存，乡镇企业不得不寻求地方政府的保护，以开辟自己的生存空间，减少市场风险。而要做到这一点，就必须在目标上与地方政府认同，建立起社区性的目标体系。另外，由于思想认识的模糊和体制约束的不对称，在国家政策的制定和实施过程中，乡镇企业往往处于边缘地位。当经济情况好转时政策放宽，乡镇企业得到鼓励和扶持；而当经济形势紧张时政策收缩，乡镇企业首当其冲，受到限制和压缩。总之，乡镇企业面临的宏观经济环境具有较高的风险性。为了适应宏观经济的属性，乡镇企业在目标体系中增加社区目标，以寻求社区政府的保护和支持，建立来自基层政府的社区性保护机制。

（2）乡村政府借助行政权和财产所有权迫使乡镇企业转向对社区性目标的追求，以建立起社区发展的支持性力量。

社区目标在一般意义上可概括为以下几点。第一，就业目标。在土地资源有限的条件下，为近几年由"大包干"释放出来的农业剩余劳动力提供就业机会。第二，收入目标。期望提高本社区范围内的人均收入水平。第三,地方建设和福利目标。在收入水平提高的基础上,改善生存环境,进行地方建设,发展当地的文化、教育、公共福利事业。第四,平等目标。即适当调节社区内的贫富差距,消灭贫困,建立和谐稳定的社会关系。上述社区目标是农村经济社会系统中政府、企业、家庭等组织的共同利益,但单个的组织难以实现上述目标,而乡村政府作为社区共同意志的集中代表,虽然执行着上级政府机关的指令,联产承包责任制实行之后其经济职能减弱了,但他们对社区目标的实现程度担负着不可推卸的责任。在传统上,我国农村社区的城镇基础设施、教育卫生系统、道路交通等公共设施基本上都是由政府出面筹置,这必然加重了乡村政府社区发展的责任。改革开放之后,农民对社区发展认识的参照系起了很大变化,这个参照系可以是某个大城市,甚至可能是某个发达地区的模式。改革开放引起人们发展农村社区的冲动,俨然对乡村政府形成一种挑战,乡村政府普遍因财政支出能力不强而无法迎接这场挑战。另外,家庭联产承包责任制的推行,极大地调动了农民的积极性,劳动效率大大提高,使原本存在于农业内部的隐性和显性剩余劳动力日趋增加,农业剩余劳动力迫切需要向非农产业转移。但现有城市经济对农业剩余劳动力的吸纳能力有限,农业剩余劳动力转移又长期受制度性因素约束,在素质方面也不适应城市经济的要求,因而,为农业剩余劳动力寻找就业出路,自然也成为乡村政府的一大责任。这些社区发展的重任仅仅依靠乡村政府自身的力量是无法实现的,唯一可行的途径就是通过乡镇企业的发展实现社区发展的目标。乡村政府集行政权和财产所有权于一身,可以在不受任何约束的情况下,通过控制投资决策权、人事权和分配权,全面介入乡镇企业的经济活动,参与乡镇企业的利益分割,维持地方政府的社区性开支。其具体的实现机制表现为:①利用企业财产的所有权,参与和影响企业领导成员的任命和职务升降,使其直接受制于乡村政府的领导;②利用农村非农就业机会的稀缺性,参与和影响企业职工的招聘、录用和解雇,形成职工对社区目标的认同;③通过行政手段或政府机关的信誉为企业筹集资金、组织紧缺生产要素,软化税收和债务约束、弥补经营亏损、提供市场担保、开拓产品销路,形成企业对政府的高度依赖。这样,企业及其领导人和职工的命运便与乡村政府紧密联系在一起,社区性目标成为乡镇企业运行的重要目标。

总之,面对宏观经济环境的高风险性,乡镇企业迫切需要乡村政府的保护和支持;而乡村政府出于对社区共同利益的关心,也希望其利益得到乡镇企业的认同。两种意向在实际运行中相互渗透,造就了乡镇企业目标形成结构的社区性。

第二节　企业的利益主体结构

企业的目标从构成上来看是企业内部主要参与者利益的组合。在一个企业中,具有不同利益目标的参与者对企业目标的构成均有着一定影响。而一般来说,对企业来说指向性大、流动性小的成员,常会使企业的目标结构向他们的利益方向偏移。因此,只有对企业的利益主体结构有了较为深入的把握,才能对企业的目标构成有比较正确的认识。据此,我们在分析乡镇企业目标的具体构成之前,先通过剖析乡镇企业的分配过程了解乡镇企业的利益主体结构。

乡镇企业的收入在理论上可以表述为:一定时期内企业在生产、经营过程中新创造的价值量,即企业总销售收入中扣除物质消耗之后的净收入(以下简称企业收入)。乡镇企业收入分配的利益主体可以概括为国家、企业和职工个人。

国家收入的具体形式是税收。1970 年前,国家对社队工业只征工商税,不征所得税。1972 年开始征收所得税。1983 年,国家对社队企业部分产品实行八级累进税。关于乡镇企业收入中国家所得的比例,我们先以江苏省张家港市塘桥镇的数据来说明其历史状况(见表 8-2-1)。1985 年以后全国乡镇企业收入中的国家所得部分见表 8-2-2。塘桥镇乡镇工业企业 7 个调查年度平均上缴国家税金占净收入的比重为 25.42%,全国乡镇企业 4 个调查年度该比重的平均值为 15.778%。据此可得出这样一个结论:乡镇企业净收入中国家以税金形式所获得的比重大约在 15%～30%之间。而国有企业 1978 至 1989 年之间净收入中国家税金所得的比重为 33.47%(具体比重见表 8-2-3),可见乡镇企业净收入分配中国家财政收入所占比重远小于国有企业。这里的理论基础在于,乡镇企业主要是依靠自有资金、债务资金形成的,国家对乡镇企业的直接投资十分有限。税收作为实现国家职能的一种手段,它的份额应该与其职能相对应,即国家事权和财权应该具有统一性。对乡镇企业来说国家只发挥了宏观经济调控、国家事务管理两大职能;而对国有企业而言,国家除了承担上述两大职能外,还具有国有企业产权代表这一职能,因此国企税赋份额较大有一定的合理性。同时,我们也必须承认,乡镇企业资产形成中的自有资金比重很小,资本的信用化程度很高,使得低比重的上缴税金对乡镇企业净收入分配中的其他利益主体有着相当大的激励机制,并使得其他利益主体在乡镇企业目标函数中的权重有所放大。

表 8-2-1 塘桥镇乡镇工业企业上缴税金变化表

年份	1970	1975	1980	1981	1982	1983	1984
净收入①(万元)	14.97	202.12	1 088.7	1 324.86	1 391.32	1 549.35	2 475.48
税金额(万元)	3.00	55.36	158.56	128.46	301.88	670.39	1 022.7
比重(%)	20	27.4	14.56	9.7	21.7	43.26	41.33

注:① 包括利润、税金和工资。

资料来源:徐元明、叶鼎著《塘桥工业化之路》,上海社会科学出版社,1987 年版,第 49 页。

表 8-2-2 全国乡镇企业上缴税金变化表

年份	1978	1985	1991	1992
净收入(万元)	196.8	896.9	2 493.5	3 482.0
税金额(万元)	22.0	137.4	454.6	636.9
比重(%)	11.18	15.32	18.32	18.29

资料来源:农业部《中国乡镇企业》1993 年第 8 期,第 40 页。

表 8-2-3 国有工业企业上缴税金变化表

年份	1978	1984	1985	1986	1987	1988	1989
净收入(亿元)	906.4	1 354.2	1 614.8	1 720.8	1 938.6	2 345.2	2 594.6
税金额(亿元)	265.8	410.9	561.1	617.3	674.6	814.7	970.5
比重(%)	29.32	30.34	34.74	35.87	34.8	34.74	34.45

资料来源:何平、聂明隽《国营企业收入分配状况及对策研究》,载《经济研究》1992 年第 3 期。

　　乡镇企业职工在 1976 年前同从事农副业生产的农民一起参加生产队的评工记分,收入分配办法为统一分配,即所谓的"劳动在厂、分配在队、厂队结算、适当补贴"。厂按日出勤计算工资,扣除伙食补贴,全部转入生产队参加统一分配。生产队根据当年分配水平以及在队同等劳动力的收入提留公共积累,然后按值折算工分,参加生产队直接分配。20 世纪 80 年代初,乡镇企业职工收入的分配形式发生了很大的变化,基本上实行厂定工资,务工社员只向生产队交少量积累,工分制演变为工资制。经过几年的逐步发展,乡镇企业职工工资在结构上由基本工资、加班工资、津贴和其他四个部分组成,基本工资占 50％左右。职工工资收入在企业净收入中的份额见表 8-2-4。由表可知,乡镇企业职工工资收入在净收入中的份额为 50％左右。1985—1989 年国有企业工资收入(含保险福利)在净收入中的份额为 31.82％,远低于乡镇企业职工工资收入的份额。

表 8-2-4　乡镇企业职工工资收入变动表　　　　　　（单位：亿元）

年份	1978	1985	1991	1992
净收入(亿元)	196.8	896.9	2 493.5	3 482.0
职工工资(亿元)	86.7	472.1	1 305.1	1 738.4
比重(%)	43.83	52.64	52.34	49.93

资料来源:《中国乡镇企业》1993 年第 8 期,第 40 页。

　　从表面上来看,乡镇企业净收入扣除国家税金和职工工资即为乡镇企业所得。其份额变动情况见表 8-2-5。乡村企业所得在净收入中的份额大约为 25％,而国有企业的相同比例在 1989 年为 14％[①],远小于乡镇企业所得。据此我们可得出乡镇企业利益得到了较为充分的实现这一结论。但从乡镇企业所得的具体流向来看,这一结论有着很大的偏差。我们就乡镇企业利润分配的程序进一步分析乡镇企业所得的实际流向。

---

　①　何平、聂明隽,《国营企业收入分配状况及对策研究》,载《经济研究》1992 年第 3 期,第 34 页。

表 8-2-5　乡村企业所得份额变动表

年份	1978①	1985	1991	1992
净收入(亿元)	196.8	581.3	1 371.2	1 967.4
国家税金(亿元)	22.0	108.6	333.8	470.2
职工工资(亿元)	86.7	301.4	706.5	957.1
企业所得(亿元)	88.1	171.3	330.9	540.1
比重(%)	44.77	29.47	24.13	27.45

注:① 1978 年为乡镇企业数据。

资料来源:《中国乡镇企业》1993 年第 8 期,第 40 页。

从乡村企业利润分配的程序来看,乡村企业所得进一步分解为乡村政府所得和企业所得两大部分。乡村政府所得部分包括企业税后净利润扣除扶助基金和支付投资分利,以及弥补企业历年亏损后,企业按年初与乡(镇)、村主管部门签订的承包合同足额上缴的一定比例的利润(简称上缴乡村利润);还包括企业按规定在税后利润中提取的 1%,作为企业上缴乡镇企业主管部门扶助乡镇企业发展的资金,即所谓的扶助基金;还包括以工补农、建农基金,"以工补农"是以乡、村企业利润中的一部分补助农业,"以工建农"则是在乡村企业利润中提取支农基金,主要用于农田基本建设、增加农业生产性投资、购买农机具和对开发性生产投资的补贴等方面,以改善农业生产条件、推进农业技术改造。1985 年乡村企业以工补农、建农基金为 30 亿元,1991年为 86.5 亿元,1991 年则达到了 105 亿元,占乡村企业净收入的比重分别为 5.16%、6.3%和 5.34%。此外,乡村企业所得部分还有约 10%用于农村社区的各项社会性支出,这一部分净收入一般也上缴乡村政府统一使用。企业所得部分扣除乡村政府所得之后,才形成真正意义上的企业所得。这样企业的名义利益分解为乡村政府利益和乡村企业利益两部分,相应地,乡镇企业的利益主体表现为国家、职工、乡村政府和企业四部分。

乡镇企业四大利益主体在净收入中的份额在 20 世纪 70 年代主要是通过"五定一奖"的形式确定,即乡村政府对乡村企业定员、定产、定利润、定分配、定资金产值率,超产奖励,把职工利益同企业经济效益挂钩,在一定程度上调动了职工的积极性。

但乡村企业利益与乡村政府利益同一，不存在企业的独立利益，乡村政府处于主体分配地位，这不利于乡镇企业的生存和发展，其效率也十分低下。1983 年以后，乡镇企业普遍采取承包的形式确定各利益主体的利益份额。乡村企业的承包有企业对乡村政府的承包，车间对企业的承包，班组对车间的承包，还有个人对班组的承包。企业对乡村政府的承包有四种形式：第一种为利润包干，超额分成，即企业定人员、定生产任务（包括产量、产值、销售额）、定资金（固定资金和流动资金）、定费用开支、定劳动报酬、定利润指标和上缴比例，超额部分按比例分成；第二种为利润包干，全奖全赔，即乡村根据企业的劳动力、资金、设备和产销等情况，确定利润指标，实行包干上缴，超产不多交，减产不少交，超额利润由企业自行支配；第三种为个人承包、包干上缴，即乡村将企业承包给个人经营，有一人承包，也有几个人合伙承包，承包者向乡村包干上缴利润，超额部分全归承包者所得；第四种为费用包干，自负盈亏，即把企业承包给集体或个人经营，按规定缴纳税收、管理费和提取折旧后，盈亏自负。车间对企业的承包一种是利润包干、超利分成，一种是利润包干、全奖全赔。企业或车间对职工普遍实行浮动工资制，即将现行工资加核定的奖金分成两部分，一部分为基本工资，另一部分为浮动工资，按包干指标完成的好坏进行浮动，浮动的幅度一般占现行工资奖金的 30％到 40％。另外还有实行计件工资和结算工资制的，后者是企业纯收入在缴纳税金、利润，提取折旧后，剩余部分作为工资，按劳结算分配。乡村企业通过多种形式的承包有效地界定了乡村政府和乡村企业的利益，使每个企业成为相对独立、自负盈亏的生产经营单位，并且成为相对独立的利益主体。乡镇企业的承包制后经"一包三改"和"生产要素承包"等形式不断完善，国家、乡村政府、企业、职工之间的利益关系逐步趋于合理。其总体结构表现为乡村政府利益份额和职工的利益份额占有很大的比重，企业自身的利益虽趋于独立化，但份额不大。这就形成了决定乡镇企业目标结构特定的利益主体结构。

第三节　目标的经济结构

企业的目标在经济上可分为以下三种类型：以产值产量最大化为目标、以职工收入最大化为目标和以企业利润最大化为目标。乡镇企业分配过程中形成的利益主体结构使得乡镇企业目标在经济构成上具有两大特征：企业在一定程度上追求产值的最大化，并具有追求职工收入最大化的倾向。

乡村政府作为乡镇企业重要的利益主体，其利益要求对乡镇企业目标的经济结构有着重要的影响。我们先看看乡村政府的运行目标及其利益要求。乡村政府的双重身份决定了其目标的多元性。作为基层政权，它必须服从上级政府指令，追求行政目标、社会目标等非经济目标，如社区内的教育、文化建设，劳动力就业以及宏观调控等。作为社区范围内的经济组织和调节者，乡村政府又必须追求诸如产值、收入、利润等经济目标。两种目标在乡村政府社区领导人和经济领导人双重职能的推动下，交互或同时对乡村政府的运作过程发生导向作用。当然，对乡村政府来讲，两种目标之间经常会出现矛盾，两全其美的最佳选择就是追求产值最大化。这是因为：产值指标能够反映一个行政区的经济实力和经济活动状况，对国家宏观管理经济有重要意义，对反映社区政府的管理水平、制度的先进性等政绩也有重要意义，对社区目标中的劳动力转移、增加也具有重要作用。在这样的行政、社区和经济意义上，市县政府必然以产值作为考核基层政绩的主要指标，并以此作为基层干部升迁和获得奖励的主要依据。乡村政府在这样的利益驱动下，也主要以产值指标的完成情况来考核和检查乡镇企业的生产活动成效、评价乡镇领导人的政绩和企业管理的好坏，并使企业领导人职位的晋升、职工个人利益等也与此密切相关，这就决定了乡镇企业在乡村政府助推力的作用下，倾向于追求产值最大化，努力完成或超额完成产值任务。

我国国有企业30多年的实践证明，以产值最大化为企业的运行目标，是导致企业经济效益低下、技术进步缓慢、应变能力差的重要原因。但是就乡镇企业的实践而言，其对产值最大化的追求并没有完全窒息其活力。这是因为，国有企业对产值最大化的追求来自中央政府和地方政府，而乡镇企业对产值最大化的追求来自乡村社区政府,乡村社区政府通过上缴利润等形式参与乡镇企业的利益分割。乡镇企业创造和实现的利润越多,乡村政府可能得到的上缴利润也就越多,对乡镇企业的利益也就越重视。这样,乡镇企业对自身利益的追求并非完全的自益行为;相反,它直接影响着乡村政府的利益。也就是说,乡村政府对乡镇企业的利益分割有可能推动乡镇企业追求利润的最大化,从而一定程度上抑制了乡镇企业追求产值最大化的消极效应。

但我们不得不承认,乡村政府对乡镇企业利润的积极效应并没有得到充分的实现。乡镇企业利润有"账面利润"与"实际利润"之分,有"认可利润"与"结算利润"之别,乡镇企业利润在乡村政府默允下十分模糊。模糊利润的结果是大量的"认可利润"进入结算利润,参与原定承包合同的利润分配,致使上缴利润、职工分配刚性增长,企业积累"虚提虚留",控积累、挤提留,利润最大化应带来的积极效应荡然无存。这种现象的内在机理表现为,乡镇企业并非通过税后利润的增长来刺激乡村政府提高对自己的关心和保护程度,而是通过尽可能在财政上满足乡村政府的社区开发需要,行使乡村政府社区发展的职能。乡镇企业对社区发展的追求近年来对于改善农村生活环境和生产条件无疑起了十分重要的作用,但这种追求会妨碍乡镇企业的进一步发展和企业的技术进步,也会影响乡镇企业经营的积极性。

同时,乡镇企业的利益在分配过程中还受到社区多方面的侵蚀。这首先表现为乡镇企业大都采用加大成本、减少利润的做法,减轻所得税的负担。乡镇企业不但可以税前列支 10%的利润用作补农、建农基金,而且可以把一些乡村非国家编制的干部、农技人员、农机管理人员等农业服务体系的人员列为企业的职工,把部分机耕、排灌、电费列入企业开支,其结果是"工资侵蚀利润",企业利润转化为补农、支农基金,转嫁给企业负担的各种费用也侵蚀了一部分企业利润。另外,乡镇企业税后利润中又有相当大的部分上交乡村行政组织以及用于社会性开支,从而进一步侵蚀企业利润。在企业利润的再分配中,62.1%的企业留利用于企业扩大再生产的生产发展基金;29.8%的企业留利用于职工集体福利事业的公益金;8.1%的企业留利用于奖励职工的年终分红基金。这说明被侵蚀的企业留利在再分配过程中,进一步被职工的个人收入侵蚀,仅有 60%左右真正具有刺激企业自推力的功能,企业收入难以独立。

另一方面,乡镇企业受多种因素的制约,还有着追求职工收入最大化的倾向。乡镇企业之所以有追求职工收入最大化的倾向,是因为下列因素的作用。

（1）厂长的任职方式。乡镇企业厂长的任职方式之一就是通过职工民主选举产生。这种任职方式把厂长的命运和前途与职工的意愿紧密挂钩,其结果必然导致厂长的决策意向倾斜于职工利益,职工收入的最大化自然也就成为企业运行的重要权重。乡镇企业厂长的任职方式还有一种是乡村政府任命。这种任职方式产生的厂长的决策意向理应倾斜于政府利益,但由于乡村政府并无在供、产、销方面保护乡镇企业的能力,企业厂长的政绩在很大程度上取决于厂长在市场上的经营能力,这自然也就把厂长和职工的利益紧密联系在一起,职工收入最大化仍有可能成为厂长决策的重要考虑因素。

（2）承包责任制。乡镇企业普遍采取承包责任制。在这种制度中,乡镇企业向国家缴纳税金、向发包方上缴利润,这些义务往往通过合同明文规定,使得乡镇企业利益趋于独立化。企业领导人只需完成合同规定的上交任务,缺乏主动增加国家利益、发包方利益的动因,他们更加关心企业利益,以致主要成为企业利益的代表。由于乡镇企业财产归社区共有,企业投资后形成的资产仍归社区所有,领导人和职工都不能分割,因此企业利益实际上主要是企业内部职工个人利益的总和。承包责任制中企业利益主体结构这一变化,必然导致职工收入最大化成为企业利益分配的重要取向。目前,乡镇企业普遍存在的"三硬一软"现象,即硬的国家税收、硬的地方财政收入、硬的职工收入增长刚性和相当疲软的企业积累,就充分说明了这一问题。

（3）乡村政府干预。这是乡镇企业目标结构社区性的必然产物。乡镇企业的职工大部分由社区成员组成,社区成员收入水平的提高是社区目标的主要内容,也是乡村政府的重要责任,乡镇企业职工收入的增加有助于社区目标的实现,也有助于乡村政府自身利益的实现。因而,乡村政府往往通过多种手段参与乡镇企业职工收入的分配,有的在承包合同中确定职工年收入水平,使职工收入年年有所增长;有的在合同中规定承包人与职工之间的收入比例关系,这实际上是通过承包人对个人收入的追求建立起职工收入不断增长的内在机制。可见,乡村政府干预导致职工收入增长刚性。

（4）职工供给和流动机制。虽然我国农村存在着大量剩余劳动力，但改革后的农村劳动力自身温饱已不再是燃眉之急，更不存在就业的饥饿转移机制，只有在乡镇企业就业收入高于农业就业收入的情况下，剩余劳动力才会成为乡镇企业的职工供给，否则，劳动力往往宁愿无所事事，守在自己的家中。这种乡镇企业的职工供给机制使得乡镇企业的职工收入必须以农业收入"封底"，而同劳动力供求关系及企业经营状况相脱钩，形成了乡镇企业职工收入膨胀的基础。另外，乡镇企业职工流动的自由度很大，其他企业的工资增加往往会对乡镇企业职工收入的增长形成相当大的压力，其结果是在劳动力市场存在大量剩余劳动力等待吸收的同时，乡镇企业职工收入却有着较强的增长刚性。

上述因素共同作用的结果是乡镇企业运行有着追求职工收入最大化的倾向。在我国的乡镇企业，职工个人收入的多少直接关系着职工个人的生活状况和发展可能。因而，乡镇企业对职工收入最大化的追求对乡镇企业职工有着很强的激励性。

第四节　目标机制的优化

乡镇企业的目标在形成结构上具有社区性，在经济结构上则表现为对产值最大化和职工收入最大化的追求，企业利益没有得到充分的保障，乡镇企业目标经济结构上的偏差可归源为其形成结构上的社区性。因此，乡镇企业目标机制的优化主要表现为对其社区性的改造。

乡镇企业目标形成结构的社区性具有两方面的利益。一方面乡镇企业对社区目标的追求促进了社区的发展，对改善农村生活环境和生产条件起了十分重要的作用；另一方面，乡镇企业在利益上与乡村政府的认同，使得乡镇企业在高风险性的宏观经济环境中获得了地方政府的保护和支持，其生存能力和发展能力在一定程度上超过了纯经济组织的能力。这种形成结构上的社区性有其形成上的历史性，发挥出一定的积极效应。但是，这种社区性导致乡镇企业目标结构中社区性目标占有过多的权重，限定了乡镇企业的活动空间和发展格局，弱化了乡镇企业的经营目标，有损于乡镇企业的长期生存和稳定发展。乡镇企业作为相对独立的商品经济经营主体，理应以利润最大化等经济目标作为自身的经营目标,对这些经济目标的追求有利于乡镇企业对市场价格信号做出符合理性的决策,也有利于乡镇企业在剧烈的市场竞争中长期生存、自主发展。在实际经济生活中,乡镇企业一旦作为经济实体活动,就有了自己一定的意志、目标和行为方式。据中国社会科学院经济研究所对 11 家乡镇企业厂长的问卷调查,乡镇企业厂长对企业经营目标的主观综合评分排列顺序见表 8-4-1。

表 8-4-1 乡镇企业经营目标排列顺序表

目标种类	综合评分	位次
企业的长期稳定发展	6.5	1
提高企业职工收入水平	5.4	2
追求最大限度的利润	4.9	3
创名牌,提高企业声誉	4.8	4
增加本乡村财政收入	3.7	5
扩大本乡就业规模	3.0	6
促进本乡村的繁荣	2.8	7
为职工提供稳定的就业机会	2.6	8

如表 8-4-1 所示,作为社区主要目标的财政、就业、地方繁荣被排列到第 5～7 位,前 4 位则是企业自身的经营目标。这表明社区目标并不直接就是乡镇企业的目标,只是乡村政府借助了行政权和财产所有权,把自身的职能目标渗透到乡镇企业的目标结构中,并通过行政力量使其目标不断得到强化。这些社区目标在乡镇企业目标结构中的强化必然导致企业经营目标的弱化,其结果则使企业的社区负荷过重,缺乏自我发展的能力。因此,当乡镇企业数量不断增多、规模不断扩大、机械水平不断提高、市场竞争加剧后,应对乡镇企业目标结构的社区性及时地加以改造,使乡镇企业能对目标做出客观的、具有可行性的、能支持企业主体经营活动的选择,形成一个适应自身存在和发展的目标系统。为此,应从以下几方面改造乡镇企业的社区性目标。

(1) 变企业财产的社区所有制为股份所有制,促进产权形式的现代化,保证生产要素的合理流动和有效使用,使乡村企业冲破社区界限的束缚,为消除乡镇企业目标结构的社区性创造产权基础。

(2)变企业利益的社区共享为产权分享,把企业发展的社区性动力转化为企业性动力,强化乡镇企业的积累机制,提高积累效益,提高乡镇企业追求经济目标的兴趣。

(3)变企业经营的社区性目标为企业性目标,把乡镇企业进一步推向市场,促使其自主经营、自主发展。农村社区性发展目标可主要由乡村政府承担,所需费用应通过合理税赋由各类农村经济主体共同承担。

(4)宏观经济环境的高风险性和市场机制的不健全是乡镇企业目标结构社区性的重要根源,为此,应以完善农村生产资料市场和金融市场为重点,逐步取消生产资料价格的双轨制,开辟股票、期货和资产抵押拍卖市场,促进市场发育;并通过制定合理有效的产业政策,改革不合理的经济体制,降低乡镇企业运行环境的风险性。通过环境的优化,促使乡镇企业转向选择经济性目标,摆脱目标选择对社区约束的依赖,最终形成适应乡镇企业生存和发展的目标系统。

另外,在"目标的经济结构"一节中我们曾指出,乡镇企业分配过程中存在着多方面的企业利益侵蚀,造成这种侵蚀的原因是多样的,但主要是因为乡镇企业产权关系不明晰以及职工收入不明确。从目标机制完善的角度来看,要充分保障乡镇企业的利益,除了上述目标形成结构社区性的改造外,还必须在乡镇企业产权明晰化、市场关系规范化的基础上,通过明确国家税收和职工收入数量界限以及建立国家、企业、个人收入直接的制衡机制,促使乡镇企业利益独立化。企业利益的独立化应成为乡镇企业完善目标的一项重要内容。

第九章　乡镇企业的决策机制①

　　企业的决策过程是围绕着企业目标选择行动方案并组织实施的过程。各种各样的决策相互联系、相互交叉形成一个有机的决策体系。乡镇企业的活力在很大程度上来源于其完善有效的决策机制。乡镇企业决策自主权的充分获得、决策链的缩短、决策过程的加快，使其在复杂的市场环境中灵活决策，迅速成长。但其决策机制受社区政府和决策主体素质的制约，具有很大的盲目性，市场经济体制下乡镇企业的进一步发展迫切需要其提高决策的科学性。本章我们在分析乡镇企业决策过程的基础上，探讨乡镇企业决策机制完善的策略。

第一节　决策信息的提取

　　一般而言，企业的决策是一个过程。它大体上可分为三个相互衔接的阶段。第一阶段是信息的搜集、消化、提炼和整理阶段。第二阶段是根据已提取的信息，进行预测性研究、可行性分析和方案的制定等活动，一般称为方案提供阶段。第三阶段根据已提供的方案进行比较和选择，最后拍板定案，即做出决策阶段。毫无疑问，一个科学有效的决策形成，常常需要经过多次的自上而下又自下而上的反复，在不断补充、调整、平衡中趋于完善。

　　乡镇企业的决策过程也包含上述三个相互衔接的阶段。舍去一般性的决策过程，我们主要从信息的搜集、消化、提炼、整理与企业职工决策权的参与两个角度，分析乡镇企业决策过程。

---

　　①　本章原载于：范从来著《乡镇企业发展论》，第五章，南京大学出版社，1994 年版。

决策信息的搜集、整理是整个决策活动的基础和起点。企业要想获得进行决策活动所需的尽可能完备的信息,就必须尽可能广泛地搜集信息、积极地开发新的信息源。乡镇企业是在没有国家计划、不靠国家投资、不受国家直接调控的条件下形成和发展起来的,信息自然就成了它的生存立命之源,但几乎所有正式的信息源又都没有直接传递到乡镇企业,致使乡镇企业在产生之初就具有了相当强的信息搜集能力。他们从未把眼睛盯着国家,期望主管部门给他们提供准确完备的信息资料,而是把主要精力放在自己寻求、自主开发上。其决策信息的提取具有较强的自寻性。

乡镇企业在搜集信息方面采取的主要办法如下。第一,全民开发信息。乡镇企业很少设立专职的信息人员,但在社区内至少有三类人员组成了其有效的信息队伍。一是社区政府。利益上的联动使得社区政府能尽最大努力为社区内的乡镇企业搜寻决策信息,他们利用政府的信息渠道,利用外出开会办事之便,为乡镇企业搜寻有关国家政策、法规、条例方面的相关信息。二是供销人员。一般来说,市场信息如价格状况、需求状况、消费者对产品的意见等均可通过企业的供销人员获得。由于乡镇企业的运行是完全以销定产,供销人员在乡镇企业中居于特别重要的地位,他们往往不是作为企业的职能人员而存在,而是直接充当着乡镇企业管理决策层的重要角色。一个人能否成为决策信息的搜寻者,关键在于有没有搜寻信息的激励机制。在这里,决策权的赋予就必然使得乡镇企业的供销人员成为乡镇企业信息网络中的中坚力量。三是相关人员。这是乡镇企业信息网络中最为出色的一部分。这里的相关人员主要是与本社区有一定地缘关系的人,如插队回城知青和外出工作、参军、求学人员;还包括与本社区人员有一定血缘、朋友关系的人员。正是这样一个庞大的以地缘、血缘关系为纽带的网络,使乡镇企业拥有了较强的信息捕捉能力。乡镇企业在搜集信息方面采取的第二个主要办法是,多渠道搜寻信息。多数乡镇企业除采用常规手段获取决策信息外,还通过派出人员到外地调查、在主要城市设立窗口、参加各种订货会议、同科研人员交朋友等渠道,广泛搜寻信息。

从决策信息搜寻过程来看,乡镇企业具有较为完善的决策信息网络体系,为其决策机制的有效运行创造了条件。但是这种决策信息的搜寻过程仍需进一步完善,原因有以下几点。

第一,在过去的乡镇企业发展过程中,我国经济在总体上处于高度集中的统制管理体制下,经济发展缺少动力,国民收入的增长十分缓慢,使得市场需求在这一时期处于一种相对稳定的状态,乡镇企业尽管没有形成较为完善的信息系统,但仍能适应这一时期企业决策的需要。而现在的情况就不一样了,随着我国经济体制的改革开放,国民经济被注入了强有力的增长和发展机制,步入了一个新成长阶段,国民收入迅速提高,经济运行中市场机制的作用不断扩大,商品经济得到了迅速的发展。与此相适应,市场信息出现了瞬息万变的局面,在这样的环境下,依靠乡镇企业原有的信息搜集、利用系统,显然难以满足企业决策的需要。

第二,虽然乡镇企业在总体上一直十分重视信息在企业运行中的作用,但仍有些乡镇企业的领导对其重要性认识不足,舍不得进行信息投资;或者虽然认识到信息的重要性,但又不知从何做起,不知怎样去搜集和处理信息,以至于情况不明、心中无数。据调查,我国约有 43.89% 的乡镇企业认为没有时间搞信息搜集,有18.1% 的乡镇企业没有专职或兼职的信息人员。因此,进一步认识信息在乡镇企业生存和发展中的重要地位和作用,了解并完善乡镇企业搜集信息的途径和方法,是乡镇企业正确决策的先决条件,它构成乡镇企业决策机制完善的重要组成部分。

第三,在过去的乡镇企业发展过程中,城市企业的供、产、销活动主要受国家计划调节,自主经营的决策权很少,对市场信息的依赖性很差,有时即使了解到某一市场信息,也由于自己无权做出决策而无法利用,因此这一时期的城市企业在市场信息的获取上不仅不构成乡镇企业的竞争对手,相反在一定程度上成为乡镇企业的信息源,乡镇企业通过横向联合等各种形式从城市企业获取了大量的有用信息。但现在,市场经济体制初步建立,城市企业的市场主体地位得到确认,其对市场的依赖性不断增强,这使得乡镇企业与城市企业之间在信息的搜集和利用上形成了一种竞争关系。而一般来说,乡镇企业距离中心城市较远,交通和通信设施条件较差,与城市企业相比,在客观上具有信息来源少、传递慢等不利条件。这一新的市场竞争形势也必然要求乡镇企业完善自身的信息系统。因此,完善乡镇企业决策机制的一个重要方面就是要建立科学而又适宜的乡镇企业信息网络,为乡镇企业决策的顺利进行提供科学的依据。

建立科学而又适宜的乡镇企业信息网络，需要解决的问题很多，主要的有两个：一是要建立信息机构，完善信息队伍；二是要加快农村基础设施的建设。

乡镇企业在过去的决策过程中所依据的信息大多是各类工作人员的口头建议、报告以及闲谈中的各种消息。应当承认，通过工作关系或家庭朋友关系，可以了解到很多有价值的信息。有效地利用这个渠道，可以使乡镇企业免费或用很少的支出就能获得具有很高价值的信息。但是，这些非正规渠道的信息常常有着很大的失真，仅仅依据这种信息做出决策将有可能导致巨大的失败。况且，信息领域中高技术不断渗入，没有一个具有专门知识的队伍、机构对各种纷繁的信息做出处理、分析和判断，企业将难以获得真实的信息。因此，随着市场环境的变化，乡镇企业要将过去那种低层次的信息系统向高级化方向发展。这包括在县、乡两级乡镇企业服务体系中以及规模较大的乡镇企业中设立信息科，专门从事信息的收集、处理、加工、传递、贮存和分析工作；还包括在一些交通方便、信息集中、市场广阔的城镇设立信息点，并连成信息网，及时而准确地为企业传递各种信息，保证乡镇企业决策依据的可靠性。各类信息机构的信息人员可设专职、兼职和外聘三种。一个企业要真正把信息工作搞好，就必须抽调专职人员，设立专门机构。当然，专职信息总是有限的，为了扩大信息人员队伍，弥补专职信息人员的不足，可委托采购员、推销员和驻外工作人员为兼职信息人员，他们的工作流动性大，接触面广，信息灵通，可以直接从用户和市场获取大量有用信息。此外，还可以在外地聘请信息人员，比如选择一些产品主要销售地区的工商企业、外贸机构、贸易中心、科研单位、大专院校和本地驻外办事机构或有业务联系的单位的人员、本乡在外地的职工等，在自愿互利的基础上，聘请他们为本企业的信息员。这样，通过机构和队伍的建设，可建立起一个较为完善的信息网络。

基础设施是信息网络的物质基础。基础设施是否完善直接关系到乡镇企业信息网络的运行效率，进而影响到乡镇企业决策的科学性。目前，我国乡镇企业所处社区的基础设施十分薄弱，基本上处于传统信息技术阶段，即主要通过报纸、杂志、电台、电视、电话等传统手段进行信息的传递，并且传统信息技术手段在农村的拥有量也十分有限，这必然导致乡镇企业信息网络的流量小、效率有限。因此，要建立完善的乡镇企业信息网络,一个重要的任务就是要加快农村基础设施的建设。根据我国农村现有的经济实力,当前主要应把建设的重点放在加强传统信息技术基础上,发挥各方面的积极性,增加农村通车里程、通邮长度,提高农村用电、使用电话的普及率等。在有条件的地区,也可以考虑超前地使用一些现代化的信息技术手段,为乡镇企业进入国内、国际两大市场创造必要的信息条件。

第二节　决策过程的职工参与

乡镇企业职工参与企业决策过程的程度,关系到企业管理层与企业职工之间利益上的协调,也关系到企业决策的民主性和科学性。而从决策过程来讲,则关系到乡镇企业决策链的长短、决策效率的高低。讨论乡镇企业决策的职工参与性,可进一步增进人们对乡镇企业决策过程的认识。

在决策过程的第一阶段,即信息提取阶段,全民开发信息的乡镇企业充分调动其职工的热情,让他们利用各种关系(地缘、血缘、朋友等)、各种方式(外出旅游、购物、探亲访友等)参与企业决策信息的搜集工作。可以说,在决策过程的第一阶段,乡镇企业职工具有很高的参与性。这种高参与性不仅扩展了乡镇企业接收信息的角度,提高了乡镇企业开发信息的能力,有效地增强了乡镇企业提取信息的能力,而且促使乡镇企业职工关心企业命运、了解企业的决策活动,提高了他们对乡镇企业行为的认同感。

在决策过程的第二阶段,即方案的提供阶段,乡镇企业职工也有着一定的参与性。而在决策过程的第三阶段,即做出决策阶段,乡镇企业职工普遍表现出低参与性。

决策是在若干个有价值的方案中进行选择的过程。没有方案也就无从选择、无从优化,方案没有价值也就无决策的科学性可言。方案的提供直接关系到乡镇企业的生存和发展。也正是在这样的意义上,乡镇企业职工在决策的第二阶段具有了较高的参与性。这种参与性也可以从职工自己的利益需要角度加以解释。乡镇企业职工的利益需要可分为三个层次,即生存需要(大体上包括生理需要和安全需要)、相互关系需要(大体上包括友爱和归属的需要)、成长发展的需要(大体包括尊重需要和自我实现的需要)。从生存需要来讲,乡镇企业职工大多采用兼业形式,保留着土地承包经营权,并在家庭继续从事农业经营,因而土地经营收入可保证职工的基本生存需要。但农业和非农产业之间存在着明显的收入差距,农业收入对职工及其家属消费需求的满足程度较小,而乡镇企业收入在职工及其家庭的收入构成中占有较高的权重,这使得职工及其家庭的收入在很大程度上依赖乡镇企业职工的收入,而职工的个人收入取决于他在企业经营活动中所提供的劳动量。这意味着,第一,乡镇企业的存在和发展是职工个人支出劳动、获取收入从而最大限度满足生存需要的基本前提,乡镇企业一旦破产、倒闭,职工就只能返回家庭从事农业生产,生存需要很难被最大限度地满足。第二,我国农村存在着大量剩余劳动力,农业劳动力向非农产业转移又长期受制度性因素的约束,乡镇企业的发展尚不足以吸纳全部农业剩余劳动力,致使乡镇企业就业的机会十分稀缺,乡镇企业职工就业的稳定性受剧烈的就业竞争的影响,职工必须按照企业的要求进行劳动,并努力提高自己的参与意识,否则,在就业竞争中就可能失败或被企业辞退。第三,和城市企业职工不同,乡镇企业职工就业的稳定性受企业发展状况的影响,若企业亏损倒闭,其职工不可能由劳动管理部门重新予以安排,因此,乡镇企业职工要稳定就业、增加收入就必然要关心企业经营状况和企业的发展。从相互关系的需要来讲,乡镇企业是职工个人与集体建立劳动联系和社会交往的基本场所。在劳动过程中,职工之间自然存在一种相互支持的依赖关系,自然要进行思想、感情的交流和社会交际活动,友谊、互爱、归属等关系自然形成。所以,乡镇企业不仅是一个劳动场所,而且为满足生产者的相互关系需要提供了条件。据中国社会科学院的调查,具有高流动自由度的乡镇企业职工其流动愿望极低,不愿流动的原因排列位次为:第一,喜欢现在的工作;第二,收入高;第三,人与人关系好;第四,对领导满意。可见乡镇企业提供的情感支持十分重要。为此,乡镇企业职工必然会关心企业决策的正确与否,并尽可能地参与决策以促使乡镇企业稳定发展。从成长发展的需要来讲,乡镇企业是职工个人施展自己聪明才智的重要场所。在我国现行的户籍制度、就业体系中,农民的活动空间仍受到很大的限制,加之农民保守的传统心理、社区归属感、对土地的依赖以及家庭等因素的影响,乡镇企业成为职工个人成长、实现自己抱负的重要场所。为此,乡镇企业职工必然从关心自己的发展前途出发积极参与企业的决策。总之,为就业竞争所强制,为生存需要、成长需要所推动,为相互关系需要所促进,乡镇企业职工在决策方案提供阶段表现出很高的参与性。

但在决策过程的第三阶段,乡镇企业职工则普遍表现出低参与性。据中国社会科学院经济研究所和世界银行对无锡的调查,只有 2.9％的职工认为自己有权参与企业领导任免;1.6％的职工认为自己在企业招收职工时有一定的发言权;2.1％的职工认为自己对企业辞退职工有一定的影响力;在其他如工资奖金决定、工作任务分配、进行新的投资以及企业留利的使用等决策项目上,认为自己有参与权的职工占样本总数的百分比分别为 4.4％、2.5％、4.4％、6.1％。而在企业新产品开发上,却有11.2％的职工认为自己能够在一定程度上参与决策[①]。这份实证调查材料充分反映了乡镇企业职工在企业做出决策这一阶段的低参与性。

乡镇企业职工之所以在决策的前两阶段有着较高的参与性,而在做出决策这一关键阶段却具有低参与性,其原因很多。首先,乡镇企业职工自身素质和文化水平低,做出决策的能力有限,这在主观上造成了自卑心理,尽管其有着一定的参与决策的意识;此外,传统的家族式等级伦理道德观念形成的听命意识在尚未受到现代文明的全面冲击之前,仍强烈地束缚着乡镇企业职工的行为,这就导致乡镇企业职工参与欲望的弱化。其次,劳动力供求失衡和乡镇企业的不稳定性也是影响职工参与决策程度的一个重要方面。这是因为做出决策在某种程度上是一种权利,乡镇企业职工受劳动力供求失衡和乡镇企业不稳定性的约束,自然降低了对这种权利的追求程度。在中国现实经济格局下,农业经济收益的低下以及社会地位的牵引,使得农村劳动力向乡镇企业转移的欲望十分强烈,但乡镇企业就业机会的有限性致使劳动力供求严重失衡,摆脱农业劳动、进乡镇企业工作,这本身就成了一种福利、一种社会地位的象征。并且,乡镇企业的经营有着很强的风险性,其破产、倒闭并不受任何组织的保护,

---

①　调查结果详见林青松、威廉·伯德主编,《中国农村工业:结构·发展与改革》,经济科学出版社,1989 年版,第 254 页。

职工就业也没有任何制度上的保障，因此乡镇企业职工首先关心的是为促使乡镇企业的生存和发展而尽可能多地提供决策信息、决策方案，其次才敢考虑自己在企业决策过程中的应得权利。

乡镇企业职工在做出决策阶段的低参与性，在一定程度上维护了企业领导者的决策自主权，并形成了乡镇企业决策上的及时性和灵活性。但有两点必须注意。

（1）从造成乡镇企业职工在做出决策阶段低参与性的原因来看，随着农村社区的现代化，企业职工的观念正在不断更新，素质也有所提高，加上农村劳动力转移空间的扩大以及农村非农产业的进一步发展，劳动力供求失衡的矛盾也有所缓和，这些变化最终将导致乡镇企业职工身份上的认同向利益和权利上的认同转变，企业职工参与决策程度的提高将是一个必然的趋势，这将导致原有乡镇企业决策体制上的危机。我们必须超前地意识到这一点。

（2）在决策阶段，责、权、利应相当明确，由企业决策主体承担责任、行使权力并维系企业利益，这是决策机制顺利运行的必要条件，容不得丝毫的模糊和干预。故此，我们不能因乡镇企业职工的低参与性，就怀疑乡镇企业决策过程的有效性。但这种低参与性持续下去，将不利于职工对企业的高层次认同，最终将影响到乡镇企业运行机制的活力。因此，就长远而言，应建立起一整套相互制衡的职工参与决策制度，以最大程度地发挥职工的潜力，提高乡镇企业决策机制的民主性和科学性。

第三节　决策的主体结构

一般认为，乡镇企业决策过程有异于传统体制下国有企业决策时的层层请示、多方审批，其决策大部分由厂长（经理）直接做出，来自各级政府的直接干预较少，拥有比较充分的自主决策权。自主决策构成乡镇企业活力的重要源泉。实际考察所得的资料也基本上证实了这一判断（见表9-3-1）。

表 9-3-1　对企业决策权的测定（占样本的百分比）

决策项目	本厂有权决定		本厂无权决定	
	地方国有企业	乡办企业	地方国有企业	乡办企业
任命厂长	30	13.3	70	83.3
组建领导班子	50	50.0	50	40.00
招收工人指标	30	28.1	70	71.9
职工工资决定	10	18.8	90	62.5
大宗生产性支出	0	87.5	10	12.5
生产计划决定	80	50.0	20	18.8
价格决定	40	——	60	——
企业留利比例	0	19.4	100	71.9

资料来源：林青松、威廉·伯德主编《中国农村工业：结构·发展与改革》，经济科学出版社，1989 年版，第 488 页。

从表 9-3-1 可以看出，地方国有企业除了对生产计划的决定权限较大之外，在其他方面的决策权都较小。地方政府从人事权、财务权等方面严格控制住国有企业。乡办企业在总体的决策权方面远远大于地方国有企业，但在具体的决策项目上仍有一定的差异，这表现在：在职工工资决定、大宗生产性支出、企业留利比例等决策项目上乡办企业有决策权企业的比重大于地方国有企业；而在任命厂长、招收工人指标、生产计划决定等决策项目上有权决策企业的比重却小于国有企业；在组建领导班子上两者比重相当。这说明，乡办企业并非像一般所认为的那样是完全自主决策。当然，我们这里所分析的仅仅是乡办企业，它一定程度上类似于地方国有企业。如果把样本企业扩大到村办、户办及联户办乡镇企业，其决策的自主权比重将会有所提高。但不管怎么说，实证材料表明，不能简单地认为乡镇企业拥有完全充分的自主决策权。这需要结合乡镇企业实际的决策主体结构进行具体的分析。

我们先看看有关乡镇企业决策主体结构的实证材料（表 9-3-2）。表 9-3-2 显示，社区政府（区、乡或村）、企业领导人、工人在一定程度上都充当着乡镇企业的决策主体。但职工的参与性很低，其原因我们已在前面做出了分析，职工基本上不是作为决策主体而存在的。这就是说，乡镇企业的决策主体由社区政府和企业领导人充当，社区政府决策和乡镇企业领导人决策构成乡镇企业决策的主体结构。因此，乡镇企业的决策主体结构是以双层决策的形式存在的，乡镇企业并非像一般认为的那样是完全的企业自主决策。

表 9-3-2　乡镇企业的决策主体结构①　　　　　　（单位：%）

决策项目	决策主体			
	区、乡或村	企业领导人	工人	不知道
企业招收职工	4.8	77.9	0.09	16.4
辞退职工	5.8	76.1	1.0	15.4
工资和奖金发放	7.7	71.2	4.8	16.3
新产品开发	6.7	65.2	3.8	24.0
企业领导人任免	44.2	27.9	4.8	22.1
进行新投资	15.4	58.7	—	25.0
企业留利分配	69.2	46.2	0.9	31.7

　　注：① 此表数据采取问卷调查法，由做出该种选择的人数占被调查人数的百分比表示。
　　资料来源：中国社会科学院经济研究所编《中国乡镇企业的经济发展与经济体制》，中国经济出版社，1987 年版，第 287 页。

　　在乡镇企业的起步阶段，实行的是政社合一的人民公社体制，乡镇企业绝大部分是社区政府直接兴办的，其资产所有者地位十分明确，加之区域内乡镇企业数量少、规模小、管理决策水平低等，因而乡镇企业的所有权和经营权基本上统一于社区政府，其决策主体相应地是一元的，即社区政府唯一地充当乡镇企业的决策主体。

　　20 世纪 80 年代初期，我国农村普遍实行了"政社分设"的新体制，农业联产承包责任制也得到了全方位的推进。乡镇企业在坚持集体所有制的基础上，借鉴农业家庭联产承包责任制的经验，把承包引进乡镇企业，在乡镇企业内部推行各种形式的责任制。这时的责任制基本上属于乡镇企业内部的激励组织形式，没有涉及乡镇企业决策主体权的划分问题，但它初步形成了乡镇企业经营承包责任制的基本格局。1984 年以江苏省无锡堰桥乡的成功经验为契机，"一包三改"式的承包责任制在乡镇企业中迅速推广。所谓"一包"就是所有乡镇企业全面实行以厂长(经理)为主的经济承包责任制,承包内容以利润指标为核心,包括产值、销售收入、费用、成本等主要经济指标。所谓"三改"就是一改干部任免制为选聘制,二改工人录用制为合同制,三改固定工资制为浮动工资制。从决策机制来看,"一包三改"初步实行了社区政府与企业领导人之间决策权的适当分配,并明确了各决策主体,尤其是企业领导人这一决策主体的权责对等制约机制。随着承包责任制的不断推进,乡镇企业的决策权逐步流向如下两个层次:一个层次是社区政府,另一个层次是乡镇企业的领导者,从而形成了所谓的双层决策主体结构。

社区政府作为乡镇企业资产所有者的代表,以发包人和社区政府的双重身份出现,对乡镇企业关系到生存发展的重大问题行使决策权。其决策项目包括承包者的选择、企业资产存量的调整和增量的投入、企业留利比例的确定、折旧基金的使用等。社区政府决策的内容及方式见表 9-3-3。

表 9-3-3　无锡乡村政府对企业的决策参与

决策内容	决策方式	选择企业数占被调查数的百分比
厂长任命方式	乡村政府	91.3
创办时的关键审批机构	乡村政府	14.7
企业留利	乡村政府决定	29.0
	政府与企业协定	61.4
折旧基金使用	乡村政府决定	9.7
	企业定、政府批	3.2
职工进厂工资	乡村政府决定	31.2
	政府与企业协定	43.8

资料来源:林青松、威廉·伯德主编《中国农村工业:结构·发展与改革》,经济科学出版社,1989 年版,第 263 页。

乡镇企业的承包按承包对象划分,有集体承包、合伙承包和个人承包三种。集体承包名义上是把企业的经营权承包给乡镇企业的全体职工,但这种承包缺乏企业运行所需要的集中机制,因而在实际运行中,集体承包往往以厂长(经理)负责为补充。这就赋予了企业领导人决策权。

表 9-3-3 显示,社区政府对乡镇企业决策权的参与主要集中在人事安排和利润分配两方面,而对企业的生产计划、职工工资、奖金以及企业更新改造等经营决策事务的参与则较少。社区政府拥有乡镇企业人事安排决定权的理论基础在于,社区政府是乡镇企业资产的实际代表,乡镇企业领导人地位的合法性当然也必须由乡镇企业资产所有者代表予以确定。而更为现实的基础在于,企业行为在很大程度上受企业领导人行为的制约和左右,而企业领导人的行为同其产生机制有着密切的相关性。社区政府拥有了乡镇企业人事安排上的决策权,也就有了规范乡镇企业行为、保障社区政府利益、实现社区目标的人事保证。加之乡镇企业职工以及由他们组成的集体普遍存在文化水平低下、个人素质不高、受传统的等级伦理观念束缚严重等情况,社区政府对乡镇企业领导人的决策也就拥有了较高的参与性。

社区政府对乡镇企业利润分配的决策,则可归结为以下几个原因。

(1) 社区政府从所有观念出发把乡镇企业视为自己的财产,因而认为自己有权无条件地支配乡镇企业的一切收益。

(2) 社区政府缺乏维持自己的政府行为以实现社区社会发展目标的财力,因而必须拥有乡镇企业利润分配的决策权,通过乡镇企业的税前列支以及上缴利润等形式获取财力上的支持。

(3) 作为社区资产所有者的代表,为保证资产的安全、增值,控制乡镇企业利润分配决定权将是最有效的手段。上述参与决策的欲望借助政府的权威、乡镇企业的人事基础得到了充分的实现。

不仅如此,乡镇企业在某种程度上也乐于分流出一部分利润分配决策权。这是因为社区政府参与企业利润的分配决策,实质上使乡镇企业与社区政府之间建立起利益联动机制,据此,乡镇企业可更多地获得社区政府的保护,包括:获取社区生产要素的廉价投入;企业出现财务危机时,可借助社区政府的资源调配能力加以解决;企业领导人的个人收入可通过社区政府的认可获得合法性,避免差距过大可能引起的职工普遍不满;借助社区政府通过税前列支等减轻所得税赋等。

至于企业的生产计划、职工工资、奖金以及企业更新改造、产品定价等经营性决策事宜，社区政府参与较少。相应地，乡镇企业领导人在经营决策上也就拥有了较为充分的自主权。这说明在乡镇企业决策主体之间存有这样一种分工，即社区政府主要对本社区乡镇企业的经营方向、投资规模、发展战略，以及对影响本社区产业结构调整、宏观布局、长期规划和经济发展后劲的各种较大新增项目、技术改造等战略决策内容实施直接决策，而企业领导人则要在企业内对实行经营承包制、资产增值、技术改造、人员配备、工资奖金等拥有决策自主权，实施经营性决策。

之所以出现这种决策上的分工，首先是因为社区政府既是政治组织又是社区资产所有者的代表，作为政治组织，它不可能对乡镇企业进行严格的内部控制，只能通过所有权与经营权的适当分离，在保证自己利益的基础上，充分调动企业领导人及全体职工的积极性。为此，社区政府必须把有关经营决策权限下放给乡镇企业领导人。其次，乡镇企业领导人作为完成承包指标的责任人，要对企业的收支活动负责。为此，必然要使其在经营上自主决策，否则，权、责、利不对等，乡镇企业作为一个经济实体将无法顺利运行。再次，社区政府在一定程度上没有能力或者说也无须拥有像生产计划制定、产品价格确定等经营性决策的权限。就生产计划而言，它涉及投入品市场和产出品市场两大部分。在投入品市场上，社区政府虽然拥有社区内土地、劳动力、资金的调配权，但这种资源很有限，即使社区政府能够动用社区资源去缓和乡镇企业投入品市场不利变化所产生的影响，也只能是短期性的，不可能长时间地持续下去。在产出品市场上，由于社区政府辖地窄小，所代表的市场量太小，根本不可能为区域内乡镇企业创造适当的购买力，社区政府与乡镇企业一样强烈地受控于外部市场环境，因此社区政府对乡镇企业的供销结构缺乏足够的影响力，当然也就无能力拥有乡镇企业的生产计划决策权。在产品定价方面，社区政府没有物价管理部门管理乡镇企业产品价格的规则，也没有国家物价部门设立的代理机构，更重要的是，社区政府的行为动机没有维持社区价格稳定这一目标，相反，它的财政收入直接取决于乡镇企业的销售收入，从而多少取决于其产品价格，所以社区政府无须拥有乡镇企业产品价格的决策权。乡镇企业的产品几乎完全是受市场供求约束，自主定价。

　　至此，我们可看出，乡镇企业的双层决策主体结构，主要是通过签订承包合同的形式，明确社区政府和企业领导人的决策权限。社区政府主要在人事和利润分配上拥有决策权；企业领导人则在生产计划、产品定价、职工工资奖金以及更新改造等经营性决策上拥有自主权。这种双层决策主体结构既能发挥集体决策的优越性，又能发挥企业领导者个人的积极性，并可借助社区政府的决策能力、行政性组织能力实施决策，两者相互配合，协调运行，使乡镇企业在双层决策主体结构下具有了经营上的灵活性和市场性，保持了乡镇企业旺盛的生命力。

　　但是这种双层决策主体结构存有许多弱点，急需优化。第一，社区政府借助乡镇企业资产所有者地位行使决策权，实质上是对乡镇企业财产所有者权利的一种侵犯。乡镇企业财产所有者是全乡镇的农民，这在第三章我们已进行了分析。产权明晰已成为推进乡镇企业进一步发展的重要策略，而产权明晰并非名义上的财产所有关系的界定，自然包含决策权的界定。决策权回归财产的真正所有者，是产权关系改革的必然要求，这是对双层决策主体结构进行改造的产权基础。第二，有人可能会提出，即使要使决策权回归所有者，也不一定意味着双层决策主体结构的改造，因为社区政府可以充当所有者的代表。其实不然。社区政府作为政府系统的一个组成部分，只能代表国家的宏观利益。在社会主义市场经济体制下，这一点尤为重要。缺乏强有力的宏观调控体制，各市场主体的运行将是无序的。在乡镇企业不断发展的今天，离开乡村政府这一基层组织基础，国家对乡镇企业的宏观调控将无法实现。第三，社区政府充当乡镇企业的决策主体的权利和责任并不对等。虽然社区政府和乡镇企业之间具有利益上的互动性，但企业的决策不可能与社区政府利益达到直接相关的程度。这表现在决策的正确或失误而导致的企业运行活动的成败并不直接关系到乡村政府的存在和发展，甚至对政府领导人的职务升降也没有多少影响。这说明社区政府决策与利益之间并不具有直接的相关性，政府决策过程缺少利益这一关键性的约束，进而会导致盲目决策、长官意志。第四，社区政府决策必然会导致社区范围内乡镇企业统负盈亏，决策的利益约束软化将传递到企业领导者、决策层，决策无人负责的现象将普遍发生。因此，从改革和发展的角度来看，社区政府不宜直接充当乡镇企业的决策主体。

　　这里改革的方向是建立起乡镇企业自主决策机制。为此,可借助股份制的组织结构,成立社区乡镇企业股东大会,选举产生出董事会,由其取代社区政府行使乡镇企业的战略决策权。在此基础上,培育现代乡镇企业家,由其充分行使经营决策权。这样,可在产权明确的基础上,形成决策权利与决策利益完全相对称的自主决策机制,为乡镇企业运行效率的提高创造必要的决策机制。

第十章　乡镇企业的调节机制[①]

　　乡镇企业作为一个运动着的生命体,与任何生物体一样,总是存在于一定的社会经济环境中,时刻与外界交换着物质、能量和信息,受到外界各种因素变化的强烈影响。乡镇企业之所以能在高风险的宏观政策环境和竞争激烈的市场环境中不断成长、迅速壮大,一个很重要的原因就是乡镇企业具有较为完善的调节机制,能根据市场价格的变化、竞争关系的变化、市场需求的变化以及国家各项政策法令的变化,及时准确地调整自己的经营活动,从而有效地维持了企业的生命运动并保证了企业目标的实现。

第一节　调节机制的内涵

　　在具体分析乡镇企业调节机制之前,我们先从理论上阐述企业的调节机制。

　　企业作为一个开放性系统,在运行过程中不断地与外界(主要是市场)进行大量的物质、能量和信息的交换,有呼有吸,有吐有纳,其运行的平衡是相对的,非平衡是绝对的。故此,我们可以把企业称为非平衡结构的开放系统,也可以称之为耗散结构的开放系统。

　　传统理论认为,当系统处于非平衡态时,是不可能产生任何稳定、有序的结构的,其运行只能是杂乱无章的。但比利时学者普里高津的研究证明,一个远离平衡态的开放系统,在外界条件变化达到一定阈值时,通过涨落,系统本身便可能由量变转为质变,在非平衡状系中形成稳定有序的结构。这是因为,在不断与外界交换物质、能

---

　　①　本章原载于:范从来著《乡镇企业发展论》,第六章,南京大学出版社,1994 年版。

量和信息的过程中，系统内部的调节机制逐步发育成熟，使组成系统的各要素及作用相互关联耦合，形成一种既相互依赖又相互制约的系统作用。这种调节的机理有两个。

其一，取长补短。开放系统在与外界的交换中，可以通过从外界获得负熵流(系统有序程度的量度)的办法来抵偿和克服系统内部产生的熵(系统自身无序程度的量度)，使系统总熵的变化随着时间的推移、交换的反复而逐渐减少，以至于达到零及负值。

其二，吸收消化。调节机制的形成使系统具有自反应、抗干扰的能力，一般性的涨落波动将被开放系统所吸入、吞没，系统的稳定有序结构从而得到维系。

由此可见，企业运行系统只要能形成开放系统，即便处于非平衡状态，也可进入在时间、空间和功能上的稳定有序状态，成为一种充满生机的"活"系统。这里的关键是形成了企业系统的调节机制，它能够协调和平衡企业运行中的各种经济关系和经济变量，从而使企业系统按预期目标协调有序地进行。调节机制之所以能使企业系统协调运行，主要是因为它赋予企业系统如下功能。

第一，自反应功能。即企业系统在受到系统内部或外部各种因素的刺激时，采取相应的对策活动的功能。比如，市场价格上涨，企业增加产出量；市场价格下跌，企业减少产出量。自反应功能的存在，使企业系统有可能在复杂多变的影响因素刺激下，采取灵活多样的应变措施，及时地调整自己的行为。

第二，抗干扰功能。即企业系统在受到内外部影响因素的刺激时采取相应的抵御性、对抗性活动的功能。比如，企业对国家管理机构的不合理要求不予理睬或坚决抵制，以维系企业的有序运行。当然，企业系统的抗干扰活动也可能是通过积极地组织和聚合自己的力量，消化、吸收各种不确定性因素的影响；也可能是用一种不利因素抵抗另一种不利因素，从而保证企业的有序运行。

第三，自平衡功能。即企业系统在受到内外部影响因素的刺激时，协调平衡自身的各种要素、关系、机能及活动的功能。企业是由各种要素、关系、机能、活动等复合而成的有机体，各种要素、关系、机能、活动之间存在着相互约束、相互依赖的关系。每一个不利的影响因素对企业运行的刺激都可能通过一个环节而连锁影响其他环节。在这种连锁关系中，企业的各种活动联为一体，共同吸收、消化和抵御各种因素的影响，在旧的平衡关系被打破的同时，逐步形成新的平衡关系，从而维系企业的有序运行。

上述各功能相互联系、融为一体，构成企业的调节机制。

第二节　调节机制的形成

企业调节机制的形成，取决于一系列复杂的条件。其中，宏观调节体系是制约企业调节机制形成的重要因素。在传统宏观调控体系下的国有企业运行过程中，国家给国有企业提供生产设备、技术、原材料、劳力等，国有企业经过生产活动，把产品提供给国家；国家再给国有企业提供生产要素，下达生产计划，企业再组织生产，再把产品提供给国家，如此循环。在这种运行过程中，国有企业只是一个简单的被控体，各方面活动主要由国家控管，企业运行又缺乏反馈机制，难以得到足够的反馈信息的刺激，因此企业的调节机制难以形成，即使形成了也是比较微弱的，表现为对生产活动中的一些小问题进行微调。这说明，要形成企业的调节机制，必须切实承认企业作为商品生产经营者的地位和权力，扩大市场与企业之间在生产要素、技术、产品、信息等物质和能量方面的交换，建立企业的反馈机制，使企业能够根据各方面情况的变化和经营发展的需要，自主地建立和调整自己的调节系统。

乡镇企业迅速发展，在很大程度上得益于在较为宽松的宏观调节环境中形成了较为完善的调节机制。乡镇企业调节机制是我国农村地区先决的历史条件以及其他种种主客观因素的共同产物。

在公社化时期，我国农村围绕国家工业化的需要普遍建立起高度集中的宏观调节系统。中央政府依靠公社化运动建立起政社合一的人民公社以及相应的公社、大队、生产队的行政调节体制，归并农民的财产权利、限制农村生产要素的合理流动，人为地促成"城市—工业，农村—农业"的二元发展格局，对乡镇企业的发展则依靠纵向的行政机构加以压制。

20 世纪 70 年代末开展的农村经济体制改革，导致农村经济宏观调节系统的演变。农村经济体制改革重建了农村经济微观组织的财产权利,逐步解除了原有体制对农民经营自由的重重禁锢,允许农民从事非农产业活动,并允许农民进城经营,扩大了农村生产要素重新组合的空间,乡镇企业得到了迅速发展。与此同时,流通领域则取消了农产品统购统销制,建立合同定购制予以替代。其目的可简单地表述为国家试图通过经济参数调控市场,再由市场调控农村经济活动。但在具体实践中,受原有体制和国家财力的双重束缚,合同价格与市场价格日益背离。改革中已建立起独立经济利益的农民,面对大大低于市价的合同价格,为了保护自身利益自然不愿签订合同或尽量少订合同,在经营决策上则表现为自发地减少投入、缩减种植面积,而把主要生产要素投放到非农产业,致使农产品供给大幅度下降,需求方面却毫无相应减少的弹性,农产品资源再度成为国民经济发展的重要制约因素。在这样的现实背景下,国家无论从政治上考虑还是从经济上考虑,都必须采取有效的调节手段来稳定农产品的基本供给。国家可以选择的调节手段,一是按照改革的初始设计,继续动用国家财力支持农产品价格水平;二是动用工业物资挂钩换购;三是采取强制的行政办法,迫使农民与之签订合同。在国家财力并不宽裕的情况下,第一种方法显然难以为继。第二种调节方法也会受到生产企业的抵制而无法实现。于是,国家只好宣布合同定购属指令性计划,依靠行政管理体系逐级分解,按承包田亩或人口平均摊派到承包户,使其哪怕不自愿也必须交售。在国家对农村经济系统的宏观调节层,强制的行政手段又不得不重新发挥出重要的调节作用。但是,这时的行政调节具有局部性,即主要调控农业,而对乡镇企业则主要处于间接调控状态。这是因为:一方面,国家没有能力在产供销诸方面把乡镇企业的生产经营活动全部纳入国家计划;另一方面,由于乡镇企业的产品属性与城市企业的各种产品基本同一,国家不可能对同一市场属性的各种产品采取不同的调节方式,因而只能建立起间接调控体系,借助市场参数对乡镇企业进行宏观调控。

在这样的宏观调控体系下,乡镇企业逐步具备了形成调节机制的条件。

其一,乡镇企业的经济活动以市场为导向,形成了调节机制赖以存在的非平衡开放系统。乡镇企业处于间接调控的体系之中,游离于国家传统工业体系之外,享受不到国家的计划指标,对市场的依赖程度远远高于国有企业,它们主要靠市场机制和价值规律组织生产和供销活动。即使是规模较大、技术装备水平较高的苏南乡镇企业，其产品生产间接、直接地纳入国家计划的充其量也不及 20％，其余 80％以上都是根据市场需求组织生产；原材料由国家低价优惠供应的更是微乎其微，产品销售也基本上依靠市场自销。乡镇企业的生产经营活动主要以市场为导向。因此乡镇企业系统不是一个简单的被控体，而是一个在很大程度上与市场进行资金、劳力、物资、技术、产品、信息等物质和能量交换的开放性系统，这种开放性系统的形成促使乡镇企业系统具备了足够的信息刺激。这是调节机制形成的必要条件。

其二，乡镇企业的经济利益同其经营成果的市场实现程度联系紧密，形成了调节企业系统有序运行的反馈机制。这种反馈机制的形成与乡镇企业的自负盈亏有关，乡镇企业自负盈亏的程度远比国有企业完全。乡镇企业因经营管理不善引起的亏损只能由企业本身负责，即使工资发不出，国家也不会给予任何补贴，亏损后的债务，乡镇企业可以通过变卖自有资产以抵偿，而国家不会予以资助；企业一旦倒闭，职工只能自谋出路，国家不会出面重新安排就业。因此乡镇企业的经济利益（包括职工的利益）直接取决于经营成果的市场实现程度。乡镇企业在运行过程中自然十分重视企业输出经过与市场相接触、相交换而得到的信息，如产品是否符合市场的需求，用户对产品质量、档次的反应等。乡镇企业必须根据这些信息，调整自己的生产经营活动，否则企业的生产经营成果以及企业的利益就无法通过市场得到实现。这样，乡镇企业的输出经过与市场相接触、相交换而对自身产生反作用，从而使得乡镇企业系统具有反馈机制。乡镇企业运用这种反馈机制，就能自主地接收反馈信号、调整自己各方面的活动，使企业系统在动态发展中达到稳定、有序。

其三，在间接调控体系中，乡镇企业的财产权利关系明晰，自主经营的权利得到充分实现，相应地，乡镇企业拥有了形成调节机制的权利。企业系统的开放性以及反馈机制的具备为乡镇企业调节机制的形成创造了必要的条件，但调节机制能否最终形成则取决于乡镇企业是否在明确财产与权利关系的基础上，拥有一定的支配和调整生产经营要素的权利。只有在乡镇企业的财产权利与企业的功能相适应的条件下，乡镇企业才能充分有效地调节自己的运行，形成调节机制。在间接调控体系中，乡镇企业在照章纳税和守法经营的条件下，享有充分的经营管理权，其中包括人事权、经营决策权和税后利润分配权等,不存在国有企业那样多的"婆婆"和扯皮事,能自主地与市场进行交换,并根据市场信息反馈能动地调节自己的活动,保证企业的生产经营活动不断地适应市场环境的需求。

总之,对乡镇企业创新性的间接调控,促使乡镇企业在创办之初就具有了生产经营活动的开放性,成为一个有利于调节机制形成的开放系统;自负盈亏和自主经营的实行又使得乡镇企业具有了调节生产经营活动的动力和权力,并可借助反馈机制保证自己在变化的条件下正常运行,不断消除输出与预期目标的偏差,从而形成了较为完善的调节机制。

乡镇企业调节机制形成后,调节机制调节的具体过程可以从多个角度加以描述。从调节内容来看,有劳动用工调节、产品销售调节、资金流动调节等,从调节过程来看,有采购中的调节、生产中的调节、销售中的调节等,从调节手段来看,有程序调节、跟踪调节、提前调节、自适应调节等。① 调节的原理基本类似于一般企业的调节机制,但在调节的具体内容上又表现出乡镇企业调节机制的独特性。因此,我们将通过劳动用工调节、资金流动调节、产品调节、社区政府调节的论述,具体分析乡镇企业调节机制的运行过程。

第三节　劳动用工调节

乡镇企业劳动用工调节在乡镇企业形成之初就已形成。当时,受传统的城乡分割管理体制的阻挠,乡镇企业只能在原有的劳动力管理中确定自己的劳动用工方式:劳动组织形式多为公社(大队)内部的"专业队"或从事非农产业的"副业队",其工资采取"公社社员工分制",劳动用工行为与农业劳动组织没有多大差别。然而,正是这种方式,使得乡镇企业在初创伊始就获得了一个灵活的劳动用工调节形式。这种"专业队"或"副业队"的形式,使得乡镇企业在劳动用工活动中仍然保持着与农业生产队的密切联系,赋予乡镇企业在农村人民公社内部调配使用劳动资源的权力,乡镇企业

---

① 王国刚著,《企业经济导论》,南京大学出版社,1989 年版,第 322 页。

随时可以根据企业生产或经营状况的变化，在整个公社范围内增加、调配或缩减劳动力，必要时甚至可将企业职工全部退回到农业生产中去。可见，乡镇企业初创伊始，劳动用工调节就成为调节机制的重要内容。

进入 20 世纪 80 年代，我国传统经济体制发生了重大转变，市场机制在国民经济运行中的作用日益增强，乡镇企业的劳动用工开始由乡镇政府采取行政手段统一招收、统一分配、统一管理的体制转向由乡镇企业自主招收、自行分配、自主管理的体制。由于各地乡镇企业发展不平衡，乡镇政府还对企业的用工权力进行着不同程度的干预，但干预程度要比国有企业轻得多，企业有一定的用工自主权，这主要表现在：(1) 厂长对职工拥有最终的辞退权；(2) 厂长有较大的人才选拔、任用权；(3) 企业在职工用工形式上有一定的调整权；(4) 职工的报酬、待遇的决定方式比较灵活，企业的权力较大。乡镇企业之所以能拥有较大的用工自主权，其根本原因在于：其一，劳动力资源极为丰富，产业收益悬殊；其二，乡镇企业在劳动用工制度方面不受国家统一规定的约束；其三，城乡经济改革的浪潮冲垮了乡镇企业仿效国有企业端"铁饭碗"、吃"大锅饭"的幻想。在这样的用工环境中，乡镇企业的劳动用工活动的市场化因素不断增强。乡镇企业拥有劳动用工自主权后，就从根本上确立了劳动用工调节机制，使之成为乡镇企业调节机制的重要组成部分。

乡镇企业劳动用工调节机制运行的基本特征是：乡镇企业始终把市场需要，把企业能否获得尽可能多的市场利润作为劳动用工调节的根本准则和出发点。在市场需求旺盛、企业产品适销对路期间，企业增加生产的重要办法就是增加劳动投入，其形式有增加工人，增加工时，提高工资、奖金水平等；而企业萧条时，则尽可能地缩减劳动用工，主要办法是裁减临时工、合同工，减少劳动工时，降低工资，甚至停薪、停工，并解雇固定工和技术人员；企业破产时，则可以将所有职工全部返回农村。人们所说的"开关厂"，即有利就开工、无利即关门，职工时进时出，实质上是乡镇企业劳动用工调节的表现形式。

在用工形式上，乡镇企业基本上是多种用工形式并存，一般有固定工、合同工、临时工和聘用工等形式。乡镇企业的固定工大多是企业的骨干，一般来自本乡、本村、本镇有文化有知识的青年和退休老工人、退伍军人。乡镇企业的合同工则是指近年来按照乡政府下达的招工计划公开录用的职工,一般实行合同制,并规定半年左右的试用期或学徒期,期满后再签订正式的劳动合同,规定给劳动者的劳动任务、工资福利待遇、劳动保护待遇及劳动者应遵守的纪律与义务。乡镇企业的临时工,是指乡镇企业为满足短期生产活动的需要而招收的工人,多为季节工。乡镇企业的聘用职工,仅限于有技术及管理特长的劳动力,由乡镇企业根据生产经营的需要,在考核后聘用为具有一定职称的技术和管理人员,以解决技术人才奇缺的困难。

与城市企业的固定工不同,乡镇企业的固定工没有端"铁饭碗",固定工的报酬标准与合同工、临时工大致相同,并同本人的劳动贡献、企业的经营状况挂钩,企业萧条时,照样有可能被停工、停薪乃至解雇。固定工与合同工、临时工的区别在于,当企业减员时,最先被辞退的是后者。这样,乡镇企业就可以通过调整劳动用工量来维持企业的有序运行。即使是在正常的生产经营活动情况下,乡镇企业也可以灵活地运用劳动用工形式调节企业的运行,如将固定工转为合同工,临时工、合同工也可以转成固定工。劳动用工的调节成为使乡镇企业有序运行的重要调节内容。

第四节　资金流动调节

由于产权关系比较明确,利益激励机制比较完善,乡镇企业的资金流动调节远比城市企业灵活、有效。

当乡镇企业需要发展适销对路产品的生产、扩大生产规模,或开发新产品急需资金流入时,其资金流入渠道很多,构成了乡镇企业资金流动调节的重要手段。

第一,企业自有资金。包括企业简单再生产资金(含折旧资金),企业留利中用于生产发展的基金,新产品开发资金,以及由国家减免税形成的资金。这部分资金在初始投资中的比重较小,据江苏省社会科学院对 11 家企业的典型调查,企业自有资金占初始投资的比重为 1.2%。在乡镇企业的运行过程中受承包制等因素的制约,其积累机制还不十分健全,但由于其基数较小,发展速度很快,在地方财政包干的体制下,乡镇企业的税后留利比例仍高于国有企业,表现为企业的追加投资中自有资金的比例普遍提高。同样的资料表明,1984 年、1985 年、1986 年、1987 年乡镇企业追加投资中企业自有资金的比重达 37％，远高于创办初期的1.2％。这部分资金作为企业的稳定性资金具有极为重要的调节功能，它可以提高企业的信用度，调节企业与资金市场、产品市场之间的关系；可以有效地排除宏观经济环境波动对企业有序运行的扰动。1989 年国家实施整顿政策，紧缩信贷，而大部分乡镇企业仍能以较高的速度发展，企业自有资金在其中发挥了很大的调节作用。

第二，乡村政府投资资金。乡村政府大部分掌握有相当数量的投资资金，它们来自农业积累、财政资金以及企业利润上缴等。乡村政府出于对社区利益的追求，总是倾向于把这笔资金用于乡镇企业投资。这样，乡镇企业就可以利用这部分资金发展适销对路产品的生产，开发新产品，或进行出口创汇产品的生产。这部分资金的数量有限，但成本低，稳定性较高，调节作用在一定程度上类似于企业自有资金。

第三，农民集资。过度供应的劳动力与产业利益的较大差异使得乡镇企业可以在资金短缺时，通过"以资带劳"的形式向职工筹措资金，甚至可以向当地农民集资，从而有效地吸收环境波动给企业进行带来的干扰。

第四，联营集资。乡镇企业的相对优势使得横向经济联系成为乡镇企业生存和发展的重要组织战略。随着横向经济联系的进一步发展，松散型经济联系被紧密型的联营所取代，利益上的共享与组织上的一体化使得乡镇企业在资金流动发生波动时，可以通过横向经济联合，借助联营企业的资金调节自己的运行。

第五，银行(信用社)信用资金。在一般情况下，银行(信用社)信用资金的运行主要受制于国家货币政策，在一定程度上是乡镇企业环境波动的源泉。但乡镇企业在向银行申请贷款时，多半需要乡村政府的担保，乡村政府与乡镇企业在目标上的认同，使得乡村政府对信用资金运用的干预总是倾向于乡镇企业的调节需要。这样，银行(信用社)的信用资金在一定程度上成为乡镇企业资金流动调节的手段。

第六，工资调节。工资调节表现为两方面，一是通过发放时间调节资金流动，二是通过工资量的变动调节资金流动。我国乡镇企业往往不像城市企业那样定期发放工资，而是视资金流动状况，可以按月发放，也可以半年发放一次，还可以一年发放一次。以每半年发放一次为例，职工早在企业付款之前就已经提供了劳务，但工资要过半年的时间才能得到，职工的应付工资在这半年的时间中实际上成为企业短期资金的流入。乡镇企业之所以能通过发放工资的时间调节资金流动,一个很重要的原因就是职工的兼业收入和较为稳定的家庭副业收入为其基本生活需要提供了稳定的收入来源,在某一时点上,职工的乡镇企业工资收入可以在无限小与无限大之间波动。

　　乡镇企业工资量的调节来源于乡镇企业工资量的区域值特征[1]。为了吸引农业剩余劳动力进入乡镇企业,乡镇企业必须向他们支付比农业劳动者平均报酬更高的实际工资,因而,农业劳动者的平均报酬实质上构成乡镇企业职工工资水平的最下限。当乡镇企业向转移出来的农业劳动者支付较高的报酬时,即会导致乡镇企业工资水平的"递增效应"。一方面,农业剩余劳动力的转移,会使得农业劳动者的平均报酬上升,从而抬高乡镇企业工资水平的下限,导致乡镇企业工资水平上升;另一方面,乡镇企业工资水平与农业劳动者平均报酬的差异会进一步吸引农业剩余劳动力流向乡镇企业。其结果是农业劳动者平均报酬不断趋向于农业必要劳动者平均报酬,农业必要劳动者的平均报酬则构成乡镇企业工资水平的上限。如此,乡镇企业工资水平的区域值特征,使乡镇企业可以通过工资量的变动调节企业运行的波动:(1) 在产品市场严重萎缩时,乡镇企业工资的"递增效应"会转为"递减效应",即乡镇企业职工工资下降与劳动力向农业回流相互作用,将导致乡镇企业工资水平与农业劳动平均报酬相当,甚至低于后者;(2) 在产品畅销时期,乡镇企业可以迅速提高工资水平,直至与农业必要劳动者平均报酬持平,以便大幅度增加劳动用工量,满足企业利润最大化的需要;(3) 在市场持续扩大、劳动用工量长期迅速增加致使本地劳动工资水平上升过快、本地招工有可能降低企业收益时,乡镇企业便进一步开拓农村劳动力市场,从外县甚至外省聚集企业所需的劳动力,以抑制本区域工资水平上升的趋势。

---

　　① 陶晓勇,《乡镇企业劳动用工模式的经济学考察》,载《农村经济与社会》1988 年第 4 期,第 20 页。

第五节　产品调节

产品调节是乡镇企业对越来越糟的市场状况做出的最为积极也最为有效的反应，其调节内容通常包括改进产品质量，改革特定产品的品种，削减成本或生产一种更便宜的产品，以及重新开发全新的产品等。具体来说包括以下几方面。

第一，产品转向。乡镇企业发挥"船小调头快"的优势，按照市场需求确定自己的经营产品，并随着市场的发展变化不断开发新产品，调整产品结构。市场需要什么，企业就发展什么，从而使企业的产品结构不断地适应市场的需求。

在20世纪60年代中期，乡镇企业依据当时城市企业无暇顾及农村市场的现实，根据当地的社会需要，利用和发挥农村"五匠"、回乡知青、退伍军人的作用，寻找工副业门路，兴办了一批"小""土"型的加工厂（场），如满足群众生活需要的粮油加工厂、为发展养猪业服务的饲料加工厂、适应农民建房需要而办的砖瓦窑等，采取了"就地取材、就地加工、就地销售"的"三就地"市场战略。

"文化大革命"的中后期，城市工厂停工停产，生产秩序受到破坏，国家计划内的工业品生产无法正常进行，社会产品匮乏，不仅工业、农业生产资料紧缺，就连人民生活必需的日用品也是供不应求。这时，全国农村都在贯彻全国北方农业会议精神，大规模地进行农业耕作制度改革，对农业机械和其他生产资料的需求迫切。据此，乡镇企业迅速转换产品结构，大量兴办了一批社队农机厂、化肥厂、农药厂；同时，抓住城市机械工业零部件生产不足的时机，生产各种为城市工业产品配套的零配件，从而发展起农村机械工业。这一时期的乡镇企业以城乡市场对商品的需求为导向，进行生产经营活动，获得了迅速的发展。

进入20世纪80年代，我国经济进入调整和发展时期，乡镇企业的市场竞争日趋激烈。有人曾断言，"文化大革命"中乡镇企业是"乱中取胜"，现在要"治中淘汰"。但事实并非如此。这一时期的乡镇企业从自身的条件出发，根据市场需要，迅速变换产品品种，发挥自身调节机制灵活的优势，及时转产，机械工业从生产重型通用机械、机床、锻压设备等产品，转向生产轻纺机械、日用机电产品。当城市企业还在研究制定调节方案时,乡镇企业早已抢先掉头,另行生产与市场需要相适应的产品。乡镇企业再次通过产品转向,调整产品结构,主动适应市场,因而不但没有在调整中下马,反而在调整中获得了发展。乡镇企业的成长发展进程深刻地反映出产品转向调节机制的运行过程。

第二,产品定价。产品的销售价格一向是企业与市场之间重要的调节阀。低价多销与高价少销是这个调节阀的表现形式。乡镇企业为了在竞争激烈的市场上求得生存和发展,产品的定价形式相当灵活,充分运用了产品定价的调节作用。乡镇企业在产品定价上采用得比较多的策略是微利销售定价。由于人工成本比较低廉,非生产费用和固定费用都比较低,乡镇企业采用微利定价法既能在激烈的市场竞争中把大量的客户吸引到自己方面来,扩大产品的销售额,达到薄利多销、提高总利润的目的,又能使竞争者在低价面前感到无利可图,望而却步,退出竞争,起到一定的价格保护作用。当然,乡镇企业的产品定价策略不仅微利定价法一种,在一定的场合下也采用高价策略。这里的关键是乡镇企业能根据市场的供求状况、产品生产的规模以及自身运行总体的状况,灵活地调整自己的产品定价形式,保证企业在变化的市场环境中有序、协调运行。

在产品调节方面,乡镇企业除了通过产品转向、产品定价调节企业对市场变化的适应性外,还采用其他一些方法,如在销售服务方面,采取送货上门、送货下乡,增设维修点等调节方式;在促销渠道方面,采取改进包装、广告宣传、有奖销售等调节方式。这些也都为乡镇企业的协调运行发挥出一定的调节作用。

第六节　社区政府调节

社区政府的经济发展和社会安定职能以及与乡镇企业经济利益上的绞合,使得社区政府在乡镇企业面临不利的市场状况时也能做出积极而又十分有效的反应,成为乡镇企业有序运行的重要调节主体。

财政调节是社区政府应付不利的市场状况的一个十分重要的手段。社区政府特殊的组织性使其拥有相当数量的可自由支配的资金,因此其可通过减免乡镇企业上缴利润,或调配额外的资金供乡镇企业使用,以保持乡镇企业逆境中的生存能力。财政调节的另一种方法是,社区政府借助自己的组织能力,帮助资金困难的乡镇企业从银行(信用社)获得更多的信用资金,并可使许多面临市场困难的乡镇企业得到各种形式的税赋豁免,从而进一步提高乡镇企业的生存能力。不仅如此,当乡镇企业面临倒闭时,社区政府甚至可以用本乡镇其他乡镇企业的收入去偿付该企业的债务,以维持该企业的生存。

组织调节也是社区政府调节的一个重要手段。当乡镇企业的经营状况极度恶化后,社区政府往往会在社区范围内借助企业组织的创新,调节全社区乡镇企业的生存和发展能力。这种组织上的调节通常包括承包、租赁、联合、兼并等。承包即由社区内经营状况较好的企业通过与困境中的企业签订承包合同,获得承包期内困境企业的经营权,同时保证承包期内困境企业能获得一定的收益。租赁则是由经营状况较好的企业以交纳租金的形式获取困境企业一定时期内的经营权。承包和租赁借助经营状况较好企业的经营优势和实力帮助困境企业走出低谷,同时又能使陷入困境的生产要素得到充分的运用。联合主要指以社区内少数实力较强的乡镇企业为核心,联合一批弱小的乡镇企业,组成从原料供应、生产到销售一条龙的企业集团,实现社区内乡镇企业竞争能力的稳定扩大。兼并,则是经营状况较好的乡镇企业通过购买的方式得到困境企业的资产所有权,有时则以承担原企业的债务责任为代价获得所有权,这样既可以落实债务关系,又可以组合两企业的生产要素,提高社区乡镇企业的总体实力。应该指出的是,上述组织创新并非一般意义上的企业组织创新,也就是说它们并不完全是企业运行的内在要求,但社区政府可借助人事任免、资金注入、政策优惠等手段,使其得到实现。正是在这种意义上,组织创新成为社区政府调节乡镇企业运行的重要手段。

所有制调节是一种借助社区政府的政治地位,针对宏观政策的波动而做出的调节行为。当村办和队办集体企业面临困境时,通过个人承包等方式,使集体企业名为集体,实为个人经营;而当一些私人企业很有成效时,通过社区政府明确地或者隐蔽地转化形成一种集体企业,从而获取其稳定运行所需的外部环境。

第七节 调节机制的行政扰动

乡镇企业在间接调控体系中形成了较为完善的调节机制,通过劳动用工调节、产品销售调节和资金流动调节等手段有效地保证了乡镇企业系统的有序运行。但是,就目前乡镇企业调节机制的运行过程来看,仍存在许多问题,其中很大的一个问题就是社区政府的行政扰动。

社区政府作为国家行政体系的组成部分,理应执行国家间接调控乡镇企业的指令。但是在宏观间接调控体系中,社区政府面临三大问题。第一个问题是作为上级政府的附属机构,社区政府必须保证上级政府下达的名为合同定购实为指令性计划的行政性指令得到实现。第二个问题是承包后的农户分散、量大,且具有一定的自主经营权,社区政府再过多地以行政干预农户的独立利益,既难以奏效也不适宜,只能通过经济手段来进行调节,比如,农户出售100斤商品粮补贴3～5元,耕种一亩土地补贴30～100元等。这些措施在现阶段发挥着极其有效的调节作用,问题是,这部分庞大的"补农""建农"资金来自何处? 社区政府面临的第三个问题是,社区政府作为基层政权组织具有一定的独立性,且在一定程度上充当所在社区共同意志的集中代表,因而对社区公共目标的实现有着不可推卸的责任,问题是,所需的巨额资金从哪里来? 依赖上级政府的财政拨款显然是无法奏效的。唯一可行的就是借助对乡镇企业的行政权和财产所有权,把乡镇企业的金库当作自己的重要财源。为此,社区政府通过下列手段全面调节乡镇企业的生产经营活动。

其一,控制投资决策权。社区政府借助行政权力控制着投资资金,因而成为绝大多数乡镇企业的投资主体。在这里,投资资金是以上缴利润的形式由社区政府掌握的。在资金不足时,可以挪用企业的折旧费或流动资金,可以由社区政府出面向银行贷款或拆借资金。投资决策权的拥有实际上使社区政府成为本地区范围内所有乡镇企业的投资主体。

其二,控制人事权。社区政府作为发包者,曾采用厂长聘任制和任期目标责任制,对乡镇企业的经营管理人员加以选择,但基本上沿用了过去的老办法,厂级干部由社区政府挑选和任命。厂长肩负双重职责，既对企业负责，又对政府负责，当两者发生摩擦时自然只对社区政府负责。这样，社区政府追求的社区目标和行政目标就能顺利地通过他们得以实现。

其三，控制分配权。乡镇企业分配包含两个部分，一是企业纯收入分配，二是企业内部分配。社区政府对前者的控制较严，用指令或半指令方式把纯收入的分配比例下达给企业，并通过承包合同固定下来。社区政府对企业职工收入分配的参与程度比对利润分配的参与要低一些，但是为了稳定职工队伍、提高社区发展的收入水平，往往参与职工年收入水平的确定。这种行政型的分配机制，使得社区政府可以超越企业发展的需要而筹集到所需资金，从而构成一个较为完备的行政调节系统。

这种行政调节系统的形成不可避免地对乡镇企业调节机制的运行发挥着极强的负面效应。一方面，社区政府的行政干预妨碍了乡镇企业调节主体的职能发挥。乡镇企业作为相对独立的商品生产者和经营者，要自主地与市场进行交换，自然要有一定数量的资金、产品、技术等，相应地也要有支配和调整这些生产要素的权力，只有这样才能充分有效地调节自己的运行。在社区政府的行政调节系统中，乡镇企业的投资决策权、收入分配权以及人事权均在很大程度上受社区政府控制，乡镇企业成为社区政府的财政口袋，财产权利关系含混不清，乡镇企业调节主体很难自主调节自己的活动，其自调节的功能也就难以充分有效地得到发挥。

另一方面，社区政府的行政干预使国家对乡镇企业的调控部分失灵，影响着乡镇企业运行环境的稳定性。在国家间接调控体系中，国家对乡镇企业的调控主要是通过经济参数进行的，但社区政府与乡镇企业在利益上的互相渗透，使得经济参数对企业运行的调控失灵。比如，信贷杠杆是国家调控的重要手段，然而，乡镇企业在紧缩的货币政策中遇到的资金不足却可以通过社区政府的行政担保及行政干预而得到解决。表面上看这强化了乡镇企业的自平衡调节能力，实质上这种自平衡建立在行政封闭和结构失衡的基础之上，其结果是更大的失衡和资源的浪费。许多企业的负债率高出破产临界点却能生存如故，其实质是企业有序运行应有的调节机制在行政权力的干预下软化了。

　　总之,社区政府行政力矩的介入使得乡镇企业调节主体的调节功能难以充分有效地发挥,国家对乡镇企业的调控手段又部分失灵,乡镇企业的调节机制亟待完善。为了排除社区政府对乡镇企业调节机制运行的扰动,应将乡镇企业的产权明晰化。一方面,分离社区政府与乡镇企业之间的利益绞合关系,促使国家间接调控体系通过社区政府得以实施,这样既能硬化经济参数对乡镇企业的约束,进一步开放乡镇企业系统,加大乡镇企业与市场之间物质和能量的交换,又能培育一个城乡通开的商品市场和生产要素市场,使之产生准确的市场信号,并形成有利于乡镇企业调节机制运行的稳定市场环境。另一方面,明晰乡镇企业的财产与权利关系,赋予乡镇企业作为独立商品生产经营者应有的权、责、利,赋予其对企业内资产充分的支配权,这样就能使乡镇企业自动接受市场信号,不断调整自身的生产和经营活动,充分发挥自身的调节功能。

第十一章　乡镇企业的市场行为[①]

市场行为是企业在一定的市场结构的基础上,为获取市场利益而采取的竞争行为。我国的乡镇企业作为传统经济体制之外自发生成的经济系统,自主经营、自负盈亏,其市场运行机制得到了较为充分的发育。乡镇企业在长期的市场竞争过程中,依靠其自身的市场交易地位,逐步形成了一套较为有效的市场行为体系。不可否认,在该行为体系中包含一定比重的不规范行为,如用各种货币化手段给销售人回扣、付给经手人酬金等,但这些行为属于经济体制转轨过程中的不正常现象。随着社会主义市场经济体制的建立,乡镇企业的市场行为将在改革过程中趋于规范化。同时,也只有在新的体制约束下和新的市场结构基础上,选择恰当的市场行为,乡镇企业才能在社会主义市场经济体制下以其自身所具有的竞争能力获取相应的市场利益。正是在这样的意义上,我们开展了对乡镇企业市场行为的研究。

第一节　价格行为

市场行为主要有价格行为和非价格行为。价格行为表现为企业通过价格竞争和价格协调策略获取其市场利益。由于乡镇企业分布在广大农村社区,规模小,布局分散,且具有一定的自发性,乡镇企业之间基本上处于完全竞争状态,而在与国有企业的交易关系上又缺少平等的地位,因此乡镇企业的价格协调行为基本不存在。乡镇企业的价格行为表现为价格竞争行为,且其内容以争取市场的价格竞争行为为主。

[①]　本章原载于:范从来著《乡镇企业发展论》,第七章,南京大学出版社,1994年版。

　　乡镇企业之所以能借助价格竞争行为占领市场,不断地寻找自己的生存和发展空间,其原因在于乡镇企业具有充分的定价权。在传统的经济体制下,国有企业的价格制定受到政府物价管理部门的严格约束,几乎没有自主定价的权限。在这种情况下,国有企业不可能对市场供求状况做出灵敏的价格反应,其市场行为中的价格行为也就基本上无法采用。乡镇企业则不同。县级物价管理部门缺乏管理乡镇企业产品价格的规则,国家物价部门在乡镇一级又没有相应的派出机构,更为重要的是,社区政府的行为动机中没有维持本社区价格稳定这一因素,相反,它们的财政收入直接取决于乡镇企业的销售收入,进而在很大程度上取决于其产品的价格。故此,乡镇企业的产品定价几乎没有来自各级政府的任何行政干预,在价格制定方面拥有充分的自主权。

　　自主定价权的获得,为乡镇企业价格竞争行为的运用提供了制度性基础。在卖方市场上,乡镇企业可以竞争性地生产出低质量或包含后进技术的产品,低价销售;也可以用较高的成本生产出产品,然后按较高的市场价格出售。由于短缺状况的存在,乡镇企业运用自主定价权,几乎使其免受缺乏定价权的国有企业的任何竞争。在买方市场上,乡镇企业采用得比较多的是削价竞争行为。这是因为,农村剩余劳动力的大量存在,一方面导致乡镇企业劳动力成本低廉,另一方面则导致乡镇企业大量从事比较简单的、劳动密集型的行业,企业运行的固定费用极小,加之乡镇企业管理机构简单,非生产费用也比较低,这就为削价竞争提供了成本约束上的可能。乡镇企业采用削价竞争行为,既能在激烈竞争的买方市场上把大量的买方吸引到自己这方面来,增加产品的销售额,达到薄利多销、提高总利润的目的;又能使竞争者在低价面前感到无利可图、望而却步,从而退出竞争,形成一定的价格保护壁垒。对国有企业来说,在高固定成本的约束下,难以运用削价竞争行为,只能通过生产出高质量或者"现代化"的产品,或者依靠在销售渠道上的有利条件,在市场上占据一定的份额。国有企业的这种状况无疑在很大程度上促成了乡镇企业价格竞争行为的有效性。

第二节　非价格行为

乡镇企业在市场竞争中除采用价格行为外，还采用非价格行为。乡镇企业的非价格行为主要有产品策略和销售行为。

在产品策略上，乡镇企业的高频率产品转向策略发挥出强有力的竞争优势。在20世纪60年代中期，乡镇企业根据当时城市企业无暇顾及农村市场的现实，根据农村当地的市场需求，利用和发挥农村"五匠"、回乡知青、退伍军人的作用，兴办了一批"小""土"型的加工厂（场），如满足群众生活需要的粮油加工厂、为发展养猪业服务的饲料加工厂、适应农民建房需要的砖瓦窑等，借助"就地取材、就地加工、就地销售"的"三就地"产品策略，迅速占领了农村市场。"文化大革命"的中后期，城市企业停工停产，生产秩序受到破坏，国家计划内的工业品生产无法正常进行，社会产品匮乏，不仅工业、农业生产资料紧缺，就连人民生活必需的日用百货也供不应求。这时，全国农村都在贯彻全国北方农业会议精神，大规模进行农业耕作制度改革，对农业机械和其他生产资料的需求迅速增大。据此，乡镇企业迅速转换产品结构，大量兴办一批农机厂、化肥厂、农药厂；同时，抓住城市机械工业零部件生产不足的时机，生产各种为城市企业产品配套的零配件，从而发展起农村机械工业。这一时期的乡镇企业以城乡市场对商品的需求为导向，确定了相应的产品策略，获得了进一步的发展。进入20世纪80年代，我国经济进入调整和发展时期，乡镇企业的市场竞争日趋激烈。这一时期的乡镇企业从自身的条件出发，根据市场需要，迅速变换产品结构，及时转产，机械工业从生产重型通用机械、机床、锻压设备等产品，转向生产轻纺机械、日用机电产品，从而在调整中再次获得发展。由此可见，在乡镇企业的成长过程中，高频率的产品转向策略发挥出极为有效的竞争效率。"船小掉头快"即为乡镇企业这种产品策略的形象概括。

在销售行为上，乡镇企业则利用其组织上的社区性和经营上的自主性，通过多种途径强化其销售能力。

第一，开放式销售队伍。乡镇企业普遍采取重供销的经营战略，其供销人员占生产人员的比例比城市企业要高得多。这些供销人员来自天南海北，无孔不入，以至于人们形象地说，乡镇企业是"一个人生产、两个人采购、三个人推销"。其销售队伍则采取开放式组织形式，不仅仅利用固定供销人员，还利用全社会的潜在销售力量为其开展销售活动。这些潜在的销售力量有：本企业的职工、社区内的相关人员，他们往往充当着乡镇企业临时性、业余性的销售人员；国营商业、供销合作社以及个体商贩的销售人员，他们往往充当着乡镇企业的代销人员。乡镇企业对这些社会性销售人员绝大多数采取按销售额多少给予奖励的办法，也有的采取当面议定销售价格、高出部分全部归销售者个人的办法，使社会性销售力量在重奖的刺激下，积极推销乡镇企业产品，成为乡镇企业的重要供销力量。

第二，自产自销。我国乡镇企业的产品销售方式从一开始就是自产自销。这种方式由企业直接向用户推销产品，或根据用户提出的对所需商品的数量、质量、规格要求，订立供需合同，企业以销定产。这种销售方式以其主动灵活性，大大提升了乡镇企业的市场竞争能力。

第三，社区组织销售。乡镇企业在初创阶段，主要是通过派出推销人员以直接的、主动的方式把企业产品的信息向一个或多个潜在的交易方传递。经过一段时间的发展后，乡镇企业的销售活动向社区组织化方向发展，这种销售组织一般以供销经理部或供销公司的形式出现，组织销售的生命力在于改变了企业单单依靠自身销售造成的销售人员数量多、销售费用大、推销产品困难的状况，组织销售一次可向用户销售多个产品，从而大大降低了销售费用。而且由专业性机构出面向用户推销产品，既提高了谈判地位，也比较容易取得用户的信任，从而有可能提高乡镇企业的销售能力。

第四，中间商销售。乡镇企业除直接组织销售活动外，还大量利用中间商进行销售活动。国营商业和供销合作社是我国商品流通的主要渠道，拥有遍布全国城乡的销售网络和较为现代化的销售手段，因而不论产品市场状况如何，乡镇企业都努力将自己的产品纳入这一销售渠道，构成乡镇企业中间商销售的内涵。个体商贩实力有限，但经营灵活，且能深入边远山区农村走乡串户销售商品，因此乡镇企业往往通过个体商贩这一中间商销售许多销路不畅、竞争性很强的商品。

第五，合作销售。乡镇企业在与城市企业就生产活动进行横向联合的同时，也发展了与城市企业之间的合作销售活动。其形式一是国有企业利用自己的商标经销乡镇企业的产品；二是乡镇企业提供周转资金，商业单位设立专柜为乡镇企业销售产品；三是乡镇企业与商业单位合资扩建或兴办商场、销售门市部，建成后给出一定营业面积作为乡镇企业销售产品的"窗口"。

第六，以农副产品为交换媒介。在相当长的时期内，农副产品具有短缺性和福利性，从而成为乡镇企业手中的特殊交换媒介，既可以用来交换短缺的原材料，也可以帮助把质次价高的商品销售到商业部门去。许多乡镇企业还利用农副产品这一特殊媒介，同工业基地建立起联营协作关系。

总之，乡镇企业在发展过程中，其销售行为极为丰富，构成乡镇企业非价格竞争的重要内容。

第三节　市场行为的优化

上述价格行为与非价格行为提高了乡镇企业的竞争能力，相应地也扩大了乡镇企业的市场份额。在一定程度上，可以说乡镇企业的成功是其市场行为的成功。但在新的社会主义市场经济体制下，乡镇企业应对其市场行为做出优化选择，其思路我们认为在于强化乡镇企业市场行为中的非价格行为。

乡镇企业之所以应做出这样的优化选择，其原因有三个。其一，乡镇企业价格行为的有效性在很大程度上取决于国有企业价格制定权的缺乏以及乡镇企业低成本的优势，在乡镇企业今后的发展中，这两大因素均将发生根本性的转变。从国有企业自主定价权方面来看，随着社会主义市场经济体制的建立，国有企业的改革将得到重大推进，其自主定价权将是国有企业成为市场主体并发挥主导作用的先决条件。国有企业一旦解除了政府的价格管制，获取自主定价权，那么，它就可以借助其规模优势、组织优势对市场价格做出十分灵敏的反应，乡镇企业必将处于极为不利的交易地位。当然，即使国有企业拥有完全的价格制定权，由于国有企业垄断市场的能力有限，乡镇企业仍可借助价格行为开拓一定的市场。但从总体上来讲，乡镇企业的市场行为应根据自身的竞争实力进行转换,更多地采取非价格竞争行为,以避免可能发生的毁灭性价格竞争。

其二,受农村要素市场发育不充分的影响,乡镇企业的低成本优势正在消失,其工资上涨过快,水平甚至高出城市企业,部分发达地区已过早地走上了资本技术密集型的发展道路。这些变化也使得乡镇企业在今后的发展过程中将无法过多地采用价格竞争行为。

其三,现代产业组织理论的研究也表明,美国大公司和日本大中型制造企业中,非价格行为和政策相比传统的价格行为和政策,已变得更为重要①。究其原因,主要是技术进步的加快和市场成熟度的提高。在社会主义市场经济体制加快建设的今天,这两大因素同样影响着乡镇企业的市场行为。根据市场前景和产品的经济潜力及成本,确定企业产品开发的方向和产品变换的程度,既可以促进技术进步、创造产品需求、开拓企业运行的市场空间,又可以提高企业间的竞争层次,促进社会资源配置总体效率的提高。而销售行为的强化则将直接提高乡镇企业的市场竞争能力,且竞争对手难以报复。因此,乡镇企业在今后的发展过程中应十分注重非价格行为。

为使非价格行为在乡镇企业市场开拓过程中发挥出良好的功效,必须对乡镇企业传统的非价格行为进行创新。乡镇企业在过去的发展历程中所采取的非价格行为搞活了销售,成功地开发了传统经济体制下乡镇企业的市场空间,在乡镇企业今后的发展中,这些非价格行为无疑能进一步发挥出一定的功效。但在新的体制约束和变化了的市场环境下,乡镇企业要提高其市场竞争能力,就必须创新其非价格行为。从乡镇企业自身运行的特点以及市场环境的变动趋向来看,乡镇企业非价格行为上的创新主要包括以下几个方面。

一、制定全新的产品开发策略

正如我们在上面所分析的,现阶段乡镇企业的产品策略以高频率产品转向策略为主。这种策略在过去高风险的市场环境和政策环境下,有一定的合理性,但转换频度过高、费用太大,不利于乡镇企业经济实力的长期发育。在今后乡镇企业的发展过

---

① 陈小洪、金忠义编著,《企业市场关系分析》,科学技术文献出版社,1990年版,第133页。

程中,应培养全新的产品策略。这些策略包括以下几种。

1. 小而专、小而精策略

乡镇企业一般规模较小,往往不能达到规模经济的要求,与生产同类产品的大企业相比,乡镇企业的成本一般比较高,在需求量较大的大市场上展开竞争,往往难以抵御大企业低成本策略的进攻,因此,乡镇企业应以产品需求量较小的市场作为主要目标。另外,乡镇企业经营实力较弱,生产能力、资金实力等都很有限,往往无法经营多种产品以分散风险,但可以根据集中兵力的原则,通过选择能使乡镇企业发挥自身优势的细分市场,把有限的资源和力量投入一个确定的目标市场进行专业化的经营。这就是乡镇企业的"小而专、小而精"策略。

大市场与小市场是相对于市场规模而言的。大市场是指产品需求量大、需求者多的产品市场,小市场则是指产品需求量较小的市场。乡镇企业之所以要以小市场作为目标市场,一方面是因为大市场的产品容量大,生产这些产品的企业数量多,竞争比较激烈;另一方面,由于大市场的主要特点是产品需求量大或需求面广,特别有利于规模较大的企业进行大批量生产,发挥规模效益,因此大企业在大市场上往往采取低成本策略,即在追求产量规模经济效益的基础上降低成本,以击败竞争对手,也使得规模较小的乡镇企业如果进入这一市场将处于十分不利的竞争地位。乡镇企业采取小市场策略则不仅可以避开上述不利之处,而且可使自身更容易接近顾客,根据顾客的特点制定针对性强的营销策略;并可顺应顾客的需要不断调整自己的经营活动,稳定占有这部分市场。因此,总体而言,小市场策略比较适合乡镇企业市场开拓的要求。

乡镇企业在以小市场作为目标市场的同时,还必须实行专业化的经营。这对乡镇企业来说有两方面的好处:一是可以通过扩大生产批量、提高专业化程度和产品质量,提高规模经济效益,增加收益,在市场上站稳脚跟;二是随着需求多样化和专业化程度的提高,大企业也普遍欢迎专业化程度高、产品质量好的企业为其提供配套产品。因此采取"小而专、小而精"的市场策略,能够使乡镇企业逐渐走上以小补大、以小搞活、以专补缺、以专配套、以精取胜的良性发展道路。

"小而专、小而精"策略可以使乡镇企业的营销目标集中,管理上也比较方便,有利于提高技术水平,争取有利地位;但采用这种策略也可能给乡镇企业带来不小的风险,因为它们过分依赖某种产品或技术,一旦市场变化、需求下降,就会给乡镇企业的生存带来威胁。因此,为尽量减少风险,采用这种策略的乡镇企业必须做到以下几点。(1)正确选择目标市场。选择目标市场是乡镇企业营销活动的第一个环节,也是至关重要的一个环节。乡镇企业选择目标市场的正确方法,是将某一特定的细分市场对企业的要求同企业自身素质相比较,通过比较找到能够发挥自己优势的细分市场。(2)不断开发新产品。任何产品都有自己的寿命周期,因此,乡镇企业要在自己立足的目标市场上占据有利地位,必须不断开发新产品以满足消费者的需要。(3)搞好市场营销。采用这种策略的乡镇企业一般来说面对的市场或顾客比较稳定,故市场营销的重点是增加销售渠道、寻求新的顾客、采用适当的价格策略等。

2. 特色经营策略

乡镇企业规模小,一般不能够达到规模经济的要求而保持成本水平的领先,以获得市场竞争中的主动地位。但乡镇企业经营的范围窄,比较容易接近顾客,能够通过使企业的产品或服务具有与众不同的特点来吸引消费者,这就是特色经营策略。采用这种策略开拓市场,对乡镇企业来说有着很大的好处。因为经营特色一旦稳定下来就具有很强的竞争力,它能够使企业博得用户的信任、满足用户的需要,能比较长远地树立企业的优势地位,使其不被其他企业所替代。而且,这种特色往往与企业大小没有直接关系,乡镇企业即便是小企业,同样可以凭借其特色在市场上同大企业展开竞争。

乡镇企业究竟应以怎样的特色使自己在市场竞争中获得主动地位,这要靠企业经营者通过不断观察、分析和总结,在市场竞争实践中逐步确定。一般来说有这样几种特色可供选择。

(1)产品的技术特色。即乡镇企业通过专利技术,以及凭借其他技术与管理措施,生产出在性能上、质量上优于现有产品的特色产品,从而占领该市场。这种特色主要来自企业的技术创新活动,而乡镇企业在这方面具有相当大的优势。许多技术创新的设想在大企业中难以实现,而乡镇企业规模小、灵活性大,能够及时利用新技术来开发新产品,因而在新产品开发、打通技术窍门等方面具有某些独到的优势。乡镇企业可以运用自己的这种优势，不断改进技术、更新产品，以维持自己在竞争中的主动地位，这就是产品技术特色策略。

（2）产品的市场需求特色，它包括空隙市场需求型，和逆向市场需求型。空隙市场需求型即根据"人无我有、人有我无"的原则，通过寻找市场上的各种空隙，生产出被竞争对手所忽略但又确实有一定的市场需求的产品，从而进入空隙市场。乡镇企业反应灵敏、决策迅速、指挥灵活，具有很强的适应性，便于灵活转向，采用空隙市场需求型产品特色策略可以充分发挥乡镇企业的灵活性，钻进空隙，进退自如：进可以扩大空隙，向专业化方向发展；退可以在别的企业随后进入空隙时，迅速撤离，寻找新的空隙，制造新的产品特色。逆向市场需求型则指逆市场潮流，"后发制人"，以获得出乎意料的产品特色效应。比如，人有一种恋旧心理，乡镇企业可抓住这种心理开发"旧"产品，像旗袍、仿明清藤木家具等，用独特的古朴风格打入市场。又比如，当某种产品处于成长期时，企业不随其他企业一起拥入市场，而是等该产品处于衰退期、各企业纷纷退出市场后再进入市场，后发制人，大获其利。再比如，企业还可以专门生产与市场正常规格不同的产品，如专门生产特大号、小脚鞋等特型鞋，也会取得成功。企业也可以实施与追求质量精度相反的策略，在具备一定基本质量的前提下，简单制造，尽量压低成本，低价销售。这些都能一定程度上使企业产品具有逆向市场需求特色，取得意料不到的市场竞争效果。

二、拓宽销售活动

我国乡镇企业目前的销售活动以各种销售服务活动为主，它们对乡镇企业今后的发展而言仍然是必需的，但若仅仅局限于此类活动，就难以适应市场竞争的需要。事实上，企业的基本销售活动除各种销售服务活动外，还包含广告宣传活动。这种销售活动通过广告宣传，使顾客对本企业的产品产生与众不同的印象，不增加或增加很少的成本，即可获得相当大的市场利益。我国乡镇企业在过去很少通过这一途径开展促销活动，总认为乡镇企业社会地位低，难以取得广告效应。今后，随着人们观念的更新，这一外部环境将会发生很大的改变。因而，乡镇企业应拓宽销售途径，重视广告宣传这一销售活动。

三、创新销售组织

乡镇企业的销售活动绝大部分是由企业的市场部门组织的,仅有的组织化也具有明显的社区性。对此,应在发育市场机制的基础上,通过组织创新建立起一大批为乡镇企业服务的销售组织,替代乡镇企业的市场部门,负责为企业寻找客户、处理经济信息、供应原料、代购代租设备和提供其他服务,实行高度的职能分工,使企业的销售职能转移到企业外部,有效利用市场机制形成的全方位分工,弥补乡镇企业规模不足造成的销售费用过高的缺陷。

四、实施联合竞争战略

联合竞争有对内和对外两方面,对内联合是区域内乡镇企业之间的联合,对外联合则是乡镇企业与城市企业之间的联合。乡镇企业力量单薄、产品单一,如果能依附城市企业的营销系统,接受一个或数个大企业的固定订货,成为它们的一个加工分包单位,既可以为乡镇企业的生存和发展提供一个可靠的基础,又可以加快培育乡镇企业的技术经济实力,并促使城市企业引入乡镇企业灵活的经营机制,提高我国城乡企业的总体实力。这一点已为我国大多数乡镇企业所认识。但乡镇企业对内的联合竞争策略至今仍没有得到充分的重视。事实上,单个乡镇企业资金薄弱、生产技术水平有限,在市场上会遇到种种困难,只有乡镇企业在平等互利的基础上紧密联系、取长补短、共同开发市场,才能在市场竞争中取得很大的成功。另外,单个乡镇企业难以形成规模效益,实施乡镇企业联合竞争战略,可以把一个个乡镇企业的有限力量集中起来,实现规模效益。实施乡镇企业联合竞争策略,还可以通过专业化分工协作关系的发展,实行标准化、专业化和简单化的大量生产方式,促使众多乡镇企业由"小而全、小而散"向"小而专"方向发展,从而放大乡镇企业的市场竞争力,并且可以形成凝聚个体实力的企业集团,为乡镇企业在更大的空间内参与市场创造出极强的竞争力。联合竞争将是 20 世纪 90 年代乡镇企业开拓市场的重要举措。

第十二章　乡镇企业的技术进步[①]

技术进步是通过生产要素质的提高和组合的优化,把科学技术转化为生产力的过程以及由此而引起的新旧技术之间的差别效益。第二次世界大战以后,特别是 20 世纪 50 年代以来,技术进步对经济发展的影响越来越大、越来越明显,技术在生产力中的地位越来越重要。在这样的现实背景下,技术进步构成各种企业发展过程的重要组成部分。分析乡镇企业的技术进步将有助于我们从更深层次上把握乡镇企业的发展机制。

第一节　技术进步的动力

一、技术进步的动力结构

技术进步的动力是指促成技术进步的各种力量。我国的乡镇企业在运行过程中受多种因素制约,这些因素包括市场与计划构成的体制因素,建立在产权关系上的所有制因素,建立在社区利益基础上的中观调控因素以及建立在人、财、物质和量的基础上的企业技术进步因素。各种因素的现实存在,导致乡镇企业技术进步的动力来自不同的方面。表 12-1-1 是我们通过专家问卷调查对乡镇企业技术进步的动力结构的总体判断。表 12-1-1 说明,有 60％的专家认为市场竞争和经营风险是乡镇企业技术进步的第一动力因素;41.6％的专家认为自负盈亏的刚性是乡镇企业技术进步的第二动力因素;33.3％的专家认为增加职工收入是乡镇企业技术进步的第三动力因素;实现社区经济发展目标和致富农民则分别被认为是第四、第五动力因素。五大

---

① 　本章原载于:范从来著《乡镇企业发展论》,第八章,南京大学出版社,1994 年版。

动力因素中市场竞争、自负盈亏的风险以及增加职工的收入都与市场需求有关。市场竞争首要的是企业产品是否满足市场需求的竞争;企业产品满足市场需求,适销对路,自负盈亏的刚性才能满足,职工收入的增加才能实现。因此,这三大因素实质上是以需求为导向形成了企业技术进步的动力机制,我们把这种类型的动力机制带来的乡镇企业技术进步称为需求导向型乡镇企业技术进步。另两类动力因素——社区经济发展和致富农民,实质上是由代表社区利益的地方政府通过各种渠道推动乡镇企业技术进步从而实现的,社区发展和致富农民所带来的技术进步的力量来自政府的外部推动,我们把这种类型的乡镇企业技术进步称为政府推动型乡镇企业技术进步。需求导向型和政府推动型构成乡镇企业技术进步动力模式的两个主要组成部分。

表 12-1-1　乡镇企业技术进步的动力结构　　　　　（单位:%）

项目	排序				
	第一位	第二位	第三位	第四位	第五位
实现社区经济发展目标	25.0	13.3	20.0	10.0	28.3
致富农民	3.3	13.3	11.6	35.5	35.5
增加职工收入	1.6	8.3	33.3	41.6	15.0
自负盈亏的刚性	10.0	41.6	25.0	11.6	8.3
市场竞争和经营风险	60.6	23.3	10.0		6.6

二、需求导向型技术进步

在市场经济条件下,社会生产总是以满足需求为目的的。因为没有需求的产品不能实现其价值,商品生产者不但不能获得利润,连生产的消耗也无法得到补偿。人类的需求是不断变化的,而且是不断地向多样化、高层次方向变化,这就要求商品生产者不断改进生产方法和手段,或创造新的生产方法和手段,提高产品质量,调整产品结构,以适应新的需求。从这一方面来说,正是不断变化着的需求引导着商品生产者不断研究、开发、创新,从而实现技术进步。需求导向型技术进步的运行过程可用图 12-1-1 表示如下:

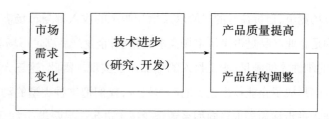

图 12-1-1　需求导向型技术进步模式示意图

乡镇企业作为一种自生的存在，其供、产、销方面的活动基本上没有国家计划的保障，强烈的致富、就业、发展动机，使得乡镇企业在国家计划调节的缝隙里开拓了借助市场、开发市场和运用市场的市场运行机制。相应地，乡镇企业的技术进步较多地采取了需求导向型模式。

乡镇企业不同于国有企业，其资产来源既非国家拨款又非自有资金，多种多样的信用构成了乡镇企业资产的主要来源。负债经营中支付和偿债的双重压力使得乡镇企业运行过程中自负盈亏的刚性得到充分体现，乡镇企业必须相对独立地承担一切生产经营活动的后果，因此它最关心的是自身利益，追求利润的最大化理所当然地成为乡镇企业主要的经营目标。由于乡镇企业的供、产、销活动一直没有得到国家计划的保障，为了实现经营目标，乡镇企业就要对市场需求的变化及时做出反应。虽然在早期，乡镇企业利用短缺的市场环境，采取"就地取材、就地加工、就地销售"的"三就地"市场战略和"人无我有"的市场战略，依靠低层次的技术水平就可以在市场上立于不败之地，但在随后全面推进的城乡经济体制改革中，市场环境发生了很大的变化，乡镇企业要在激烈的市场竞争中求生存、求发展，就必须在质量上、价格上优于竞争对手，或通过开发、更新产品创造需求，这就迫使乡镇企业加速技术进步，使企业真正成为技术与生产的结合部，以保证新技术经常装备生产，以新技术为核心不断开发新产品，给企业生产经营注入新的活力，以在市场竞争中取胜，更好地满足社会需求。这说明，在自主经营、自负盈亏的激励下，乡镇企业以满足市场需求为导向，积极主动地加快技术进步，其技术进步过程较多地体现为需求导向型模式。

乡镇企业需求导向型技术进步模式有着较好的运行效益。它的目的性明确，驱动力极强,成功率高;它使科研与生产紧密结合,科研投资经营效益高,周期短,技术进步的速度较快;它的承担者是企业,具有主动性。加之在充满竞争、动荡和不确定性的市场环境中,乡镇企业的创新能力较强,这使得需求导向型技术进步模式的实现机制较为完善。

　　但是,受多种原因的影响,需求导向型技术进步模式也存在着一些不良效应。一般而言,由于企业生产目的的短期性和有限的经济规模,纯粹的需求导向型技术进步模式对于基础研究和无短期商业价值的大规模、高难度、高风险的技术开发将会形成障碍。在现实的乡镇企业运行空间中,需求导向型模式的这一不良效应十分明显,主要表现为乡镇企业技术进步行为的短期化。

　　我国乡镇企业是在传统经济体制的夹缝中生存和发展,这种特殊地位使得它所面临的客观经济环境具有较高的风险性。这种风险性首先表现在理论上的不确定,赞成乡镇企业发展与不赞成乡镇企业发展的往往同时并存,互不相让;其次表现在国家政策经常发生重大反复和调整,乡镇企业发展的政策环境的风险性较大;最后,在统一的、公平合理的市场机制尚未形成的背景下,供产销活动游离于国家计划之外,也使得乡镇企业面临的市场风险极大。这种高风险社会经济环境的存在,使得乡镇企业不可能全面规划自己的技术进步行为和目标,而是表现出很强烈的短期性和偶然性,"打一枪换一个地方"的行为规范在各种类型的乡镇企业中普遍存在。特别是在乡镇企业发展的初期和中期,通过短期行为实现自己生存与发展的欲望表现得十分强烈,这反映在技术进步上就是"短、平、快"的技术产品和科技项目被乡镇企业接纳的频率极高。当然,在乡镇企业的技术水平还很低,资金还不雄厚的时候,把技术进步的目标瞄准在商品化的周期短、与其技术管理水平相适应、经济效益来得快的技术产品和项目上,有利于乡镇企业在低水平上的起步以及后来高水平上的发展,应该说这是乡镇企业在高风险的环境中通过权衡,为追求最大利益所做出的合乎理性的选择。但是,问题的严重性在于,乡镇企业的技术进步行为如果在相当长的阶段中都呈现出短期化特点,其技术进步的有效需求就会减弱,对待引进新技术、开发新产品的行为规范也就会因之而呈现出惊奇性和无计划性①。

在需求导向型技术进步模式中，除了社会经济环境的不稳定外，乡镇企业的领导人缺少企业家素质是另一个导致技术进步行为短期化的重要因素。囿于传统的小农生产观念，乡镇企业领导人缺少强烈的创新意识、参与意识和风险精神，这将在很长一段时间内制约着需求导向型技术进步模式的运行。因此，一方面，改造社会经济环境、培养乡镇企业家、引导乡镇企业技术进步，将是需求导向型技术进步模式顺利运行的一个重要条件；另一方面，鉴于这种模式下短期化的技术进步行为在一定程度上具有存在的合理性，而农村经济发展对基础性、长期性技术进步的需求又是客观存在的，对这种类型的技术进步必须通过某种组织推进其实现，才能保证农村经济以及乡镇企业的长期稳定发展。

三、政府推动型技术进步

政府推动型技术进步模式的主体有两个，一是中央政府，二是社区政府。中央政府的推动即国家以依靠科技进步来发展商品经济为目的采取国家扶助的方式，促进乡镇企业技术进步，如"星火计划""燎原计划""丰收计划"等都是国家推动乡镇企业技术进步的具体形式。湖北省1989年通过这种途径引进技术新增产值达8 244万元②。一般来说，这种推动模式容易集中人力、物力、财力进行科技攻关，促使乡镇企业实现跳跃式技术进步。但是，一方面，一定时期内国家的科研人员、手段和投资是有限的，尤其在我国大量传统产业亟待改造的背景下，国家推动难以较大限度地满足乡镇企业技术进步的需求；另一方面，国家推动的动力来自中央政府及其职能部门或附属机构，企业只是作为承受体被动接受，科技投资的约束缺乏刚性，投资的方向有可能偏离市场需求，从而导致低下的投资效益。国家推动型技术进步应紧密依靠乡镇企业自身的技术进步机制，强化微观组织基础，加强项目的选择和可行性论证，在配套实施的基础上，改变单一的行政体制实施体系，通过合同、市场交易等手段，强化科技投资的风险约束，完善实施体系。

---

① 李汉林，《乡镇企业技术进步机制的社会学研究》，载《科学学研究》1987年第4期，第20页。
② 刘建华等，《城市向乡镇技术转移的模式》，载《科技进步与对策》1990年第4期，第15页。

　　政府推动型技术进步模式的另一主体是社区政府。社区政府作为政府系统的组成部分,执行着上级政府机关的指令,但社区政府作为社区共同利益的集中代表,对社区目标的实现程度担负着无法推卸的责任。比如,我国农村社区的城镇基础设施、教育卫生系统、道路交通等公共设施一直都基本上是由社区政府出面筹置的,农村劳动力的就业、收入的增长以及调控农村社区经济发展的责任也一直是社区政府承担的。这些社区发展的重任以及上级政府的调节指令,社区政府仅仅靠自身的力量显然是无法实现的,唯一可行的就是借助行政权和财产所有权,参与乡镇企业的技术经济活动,通过对乡镇企业利益的分割,维持地方政府的社区性开支。在这样的动机下,社区政府自然成为乡镇企业技术进步的一大推动力,社区政府推动乡镇企业技术进步的运行机制就此形成。这一理论上的判断在我们所进行的专家问卷调查中得到了充分的证实。当我们就"什么是乡镇企业技术进步的第一动力因素"这一问题进行调查,有25％的专家认为"追求社区经济发展目标"是乡镇企业技术进步的第一动力因素,有3.3％的专家则认为"致富农民"是乡镇企业技术进步的第一动力因素。这两大因素无疑是社区政府推动乡镇企业技术进步的重要动机。也就是说,有28.3％的专家认为社区政府的推动力是乡镇企业技术进步的第一动力源。

　　社区政府推动乡镇企业技术进步的过程及实现机制表现为:第一,利用企业财产的所有权,参与和影响企业领导成员的任命和升降,迫使乡镇企业领导人加速技术进步,提高产品质量,调整产品结构,获取社区发展所需财力;第二,通过承包的方式,把技术进步指标列入承包基数,借助合同的兑现(利益与技术进步的挂钩)强化乡镇企业的技术进步机制;第三,利用行政手段或政府机关的信誉为企业筹集技术进步所需的技术和资金;第四,利用政府的集中能力,集社区内的人力、财力和物力,帮助乡镇企业强化技术消化吸收能力;第五,通过行政干预(直接或间接),软化税收和债务的约束,并通过集中分配机制,弥补企业技术进步所带来的亏损,平抑乡镇企业技术进步的市场风险。

　　社区政府出于社区利益推动乡镇企业技术进步,一方面通过自身的管理权限强化了乡镇企业的技术进步机制,在一定程度上克服了乡镇企业领导人由于缺乏风险意识和创新冲动所导致的短期化技术进步行为；另一方面通过自身的组织能力强化了乡镇企业技术进步的实现机制。从社区发展来讲，社区政府的推动带来的乡镇企业的技术进步以劳动密集型为主，较好地解决了农村经济体制改革后日趋严重的剩余劳动力就业问题，这对农村经济以及整个国民经济具有显著的发展效应。当乡镇企业发展到一定规模、社区发展摆脱了剩余劳动力就业的压力时，社区政府对乡镇企业技术进步的推动动机开始由单纯的解决剩余劳动力就业问题逐步转向保持企业生存和发展的市场竞争实力，进而转变为通过乡镇企业的技术进步促进社区工业网络及社区产业结构的高级化，增强了社区的经济实力和经济起飞的能力。因此，可以说社区政府对乡镇企业技术进步的推动有其产生的历史必然性，也发挥出一定的推动效应。

在社区政府推动型技术进步模式中，乡镇企业技术进步的压力很大。这是因为乡镇企业作为外在于国家计划体系之外的自生存在，其供产销生产经营活动无法纳入国家计划轨道，客观存在的市场竞争压力迫使乡镇企业不得不重视采用科技新成果，以增强市场竞争能力，维持自身的生存和发展；社区政府并没有能力在供产销三方面保证乡镇企业能脱离市场竞争而运行，所以社区政府的参与并不能减轻乡镇企业市场竞争的压力，一旦参与乡镇企业的生产经营活动，社区政府就和乡镇企业一起面临着市场竞争的压力。不仅如此，社区政府出于对社区利益的关心，总是通过各种手段迫使乡镇企业加速技术进步，在市场竞争中求生存、求发展，这又进一步强化了乡镇企业技术进步的压力。社区政府推动型技术进步模式在运行过程中也存在着一些制约因素。第一，企业对技术进步的关心有限。在社区政府的推动下，政府的职能目标在一定程度上渗透到乡镇企业技术进步的目标结构中，出于行政目标和社区发展目标的需要，乡镇企业总是把产值指标作为企业运行的首要目标，热衷于搞基建、上项目、办新厂、上规模，而对企业的技术改造很少关心。第二，企业技术进步的能力有限。我国乡镇企业主要是依靠农业积累的资金、农业廉价的劳动力，在农用土地上逐步创办起来的，因此乡镇企业一开始就与农业存在着千丝万缕的经济联系。在随后的运行过程中，用非农产业的高收入补偿低效益的农业成为乡镇企业发展的基本职能。社区政府的行政职能和社区发展职能则进一步强化了地方政府对乡镇企业纯收入的分配和企业内部分配的行政干预,其结果形成"三硬一软"的状况,即硬的国家税金、硬的社区政府上缴利润、硬的职工收入增长刚性,而其余可供用于企业技术进步的部分则相当疲软。第三,社区政府推动型技术进步往往借助投资权得以实现,这种投资权行政职能和社区发展职能的干扰,往往倾向于搞外延扩张,技术进步却得不到实现,乡镇企业又失去了技术进步的自主权。因此,对社区政府推动型乡镇企业技术进步模式,应通过产权的明晰化,明确社区政府与乡镇企业在技术进步方面所共同享有的权利和承担的责任,制约社区政府的不规范行为,强化乡镇企业技术进步的能力,并通过市场机制的进一步注入提高技术进步的经济效益。

第二节　技术进步的源泉

一、技术源的构成

乡镇企业的技术进步从一开始就具有开放性,这一方面是由于市场具有开放性和动态性,另一方面是由于乡镇企业在技术方面缺乏国家强有力的保障,其技术来源必然表现出广泛性、多样性和多层次性,有来自城市企业的技术,也有来自国外较为先进的技术;有引进自高校的科技成果,也有来自科研单位的科研结晶;有乡镇企业的自主开发技术,也有骨干乡镇企业技术的流入。总之,乡镇企业技术进步的来源多面性、开放性十分明显。当我们就这一问题向专家进行问卷调查时,各位专家普遍认为乡镇企业技术进步的来源至少有五个方面。它们是:(1) 引进国外及境外港、澳、台地区的先进技术;(2) 引进城市工业企业先进技术;(3) 引进骨干乡镇企业的技术;(4) 自己研究开发;(5) 引进高校与科研单位的科技成果。在被问到"乡镇企业技术进步的第一位来源是什么"时,有 73.3％的专家认为引进城市工业企业先进技术是第一源泉;18.3％的专家则认为应该是引进高校与科研单位的科技成果。具体调查结论见表 12-2-1。

表 12-2-1　　乡镇企业技术进步的来源及其排序　　　　　　（单位：%）

技术源	排序				
	第一位	第二位	第三位	第四位	第五位
引进国外及境外港、澳、台地区的先进技术	3.3	6.6	43.3	15.0	26.6
引进城市工业企业先进技术	73.3	16.6	10.0		
引进骨干乡镇企业的技术	3.3	26.6	11.5	33.3	18.3
自己研究开发		1.6	11.6	41.6	38.3
引进高校与研究单位的科技成果	18.3	50.5	21.6	6.6	3.3

　　根据我们对乡镇企业技术源多样性的判断以及调查问卷对这一结论的证实，可以把乡镇企业的技术来源按照企业内和企业外的标准划分成外部技术来源和内部技术来源。外部技术来源包括引进国外先进技术、引进城市工业企业先进技术以及引进高校与科研单位的科技成果。我们把这种依靠外部技术源实施的技术进步称为引进扩散型乡镇企业技术进步模式。内部技术来源包括企业自己研究开发以及引进骨干乡镇企业的技术两方面。相应地，我们把这种依靠内部技术源实施的技术进步称为自主开发型乡镇企业技术进步模式。下面，我们分别就两种模式分析其运行过程和运行效益。

二、引进扩散型技术进步

　　外部技术大量注入乡镇企业，形成乡镇企业引进扩散型技术进步模式，是中国特定的政治经济环境下的产物。

　　20 世纪五六十年代，寻找农业剩余劳动力就业出路的冲动与增加农村社区组织和个人收入的欲望相交织，促使乡镇企业迅速产生。乡镇企业发展的初始阶段，除一般工人不缺外，其他的技术力量、物资供应、资金来源、市场销路等都处于极度的贫困状态之中。特别是对技术的短缺，简直到了令人瞠目的地步。在相当长的一段时间内，不少地区的乡镇企业没有一个大中专毕业生，没有一个工程技术人员。在这种短缺的恶劣环境中，乡镇企业亟须外部技术注入以维持自己的生存。乡镇企业的这种需求在当时的社会经济环境中得到了充分的满足。当时，多种原因使得我国国民经济的发展遇到了很大的困难，为摆脱困境，政府提出了"调整、巩固、充实、提高"的方针，压缩基本建设投资，动员两千多万城市工矿企业职工下乡。这些由工人变成的农民，把城里的科学技术知识、学到的手艺以及商品生产的观念和规范一并带到农村，成为向乡镇企业注入外部技术的重要载体。随后发生的"文化大革命"给国家带来了巨大的变化：在科技战线上，大批科技机构被撤销或下放，大批科技人员被下放或遣送到农村；在教育战线上，大批知识青年上山下乡，"接受贫下中农再教育"；在政治上，大批领导干部下放到"五七"干校和农村劳动锻炼和改造。这种特殊的历史条件使得外部技术向乡镇企业扩散和传播所必需的渠道变得十分丰富。广大农民利用多年提供的集体积累，通过下放干部、退休职工、插队知青吸纳外部技术，生产市场紧缺的商品，迅速发展乡镇企业，并逐步形成了引进扩散型技术进步模式。

引进扩散型技术进步模式的最初形成主要得力于外部社会经济环境的非正常变动。但在随后的运行过程中，市场竞争的压力、技术进步的动力以及经营机制的活力使得乡镇企业具备了极强的对外部技术的吸纳能力，通过外部技术的扩散提高产品质量、调整产品结构、增强市场竞争能力，成为乡镇企业合乎理性并取得极大成功的选择。所谓"借别人的脑袋发自己的财"即为广大农民对这一模式的通俗概括。据江苏省武进县乡镇企业局的调查，武进乡镇企业 1989 年通过与全国高校、研究所、设计院、技术开发公司、企业群体、企业集团、大中型企业信息公司等单位的横向联系，强有力地吸纳着社会上的各种科研成果，涉及 11 个省、24 个市。全县有 394 个乡镇企业与 455 个单位有横向联系，占乡镇企业总数的 12.9％。其中 290 个企业横向联系的对象是大中型企业，占 73.6％；而与高校、科研所、设计院等科研单位联合的有 104 个企业，占 26.4％。外部技术的注入大大缓和了乡镇企业技术能力短缺的困境，加快了乡镇企业技术进步的速度，增强了乡镇企业市场竞争的能力，带来了巨大的经济效益。

引进扩散型技术进步从时间序列上来看有如下特征，即技术源以城市工业企业为主，科研部门的主体地位不断提高。城市工业企业之所以能成为乡镇企业技术源的主体，一方面是因为传统体制下城市工矿企业自主权有限，企业发展困难重重，需要一个有利于企业发展的空间，过于集中的管理体制加上分配上的平均主义又使得城市工矿企业的人力、物力、财力没能得到充分的利用，生产力要素不断增值的内在要求促使人们寻求新的载体加以组合，实现增值。城市工矿企业在发展过程中，产业结构、产品结构调整也使得大量脱壳技术急需寻求生存空间。在这样一个过程中，乡镇企业自然承担起中间体的角色，城市工矿企业也就成为乡镇企业技术源的主体。另一方面，乡镇企业在初始阶段，供销渠道极为单一，管理水平极为低下，他们也希望通过与城市工矿企业之间的技术联系建立起稳固的供销网络，并提高自己的经营管理能力。城市工矿企业的技术虽然不一定是先进技术，但一般较为成熟，技术投资风险较小，乡镇企业较为适用。事实上，由于乡镇企业技术水平低、资金缺乏、管理水平低，有些技术虽然比较先进，对乡镇企业却不适用，这种状况在一些落后的农村表现得尤为突出。相反，那些看来落后但占用资金少、有利于广开就业门路的技术和机器设备，在一些农村却往往比较适用，这种状况在乡镇企业发展的初期反映得相当明显。在这样的技术需求背景下，城市工业企业自然成为乡镇企业技术源的主体。在我们的调查中，有73.3％的专家认为当前乡镇企业技术来源的第一主体是城市工业企业；武进县乡镇企业在横向联系中有73.6％的企业以城市工矿企业为联系对象。这些都充分证实了城市工业企业的主体地位。

乡镇企业以城市企业为技术源主体是一条风险小、速度快、投资省、效益高的技术进步道路。事实上，凡是成功的乡镇企业或乡镇企业发达地区，都是采取这条道路的。首先，走这条道路的乡镇企业可以减少自己独立开发新技术、新产品的风险，可以在较短时间内更新设备、改善工艺，从而迅速提高技术水平，获取较高的经济效益；其次，走这条道路，乡镇企业可以利用城市企业的市场声誉迅速进入市场；再次，走这条道路，乡镇企业可以直接得到城市企业在资金、技术和人才方面的支持，增强技术进步的实力，而且可以学习城市企业的经营管理技术；最后，走这条道路，可以更好地获取技术信息和市场信息，保证技术进步的正确方向。

以城市企业为技术源主体是乡镇企业得以迅速发展的重要原因，但也会带来一些制约乡镇企业发展的因素。其一，乡镇企业采用城市企业的技术，极易使两者在产业、产品结构上趋同，一方面导致国民经济结构失衡，另一方面导致企业之间的过度竞争;其二,乡镇企业仿制城市企业产品,人为缩短产品寿命周期,加剧市场振荡,企业发展所需的盈利空间缩小;其三,城市企业的脱壳技术不一定适合乡镇企业的发展,无法启动农村产业结构的变动,也难以保证乡镇企业在市场竞争中保持应有的实力和相对稳定的地位。因此,乡镇企业在以城市企业为技术源主体时,一方面必须根据自己所在社区的社会经济环境选择适合自己需要的技术;另一方面,乡镇企业对城市企业技术上的依赖不应总是消极的、被动的,而应该积极互动。乡镇企业在接受城市企业技术扩散的过程中,应逐步培育出自生长能力,建立起一种崭新的城乡企业群落,从依赖型向自立的城乡一体化方向过渡。

在以城市企业为技术源主体的同时,高校及科研单位在乡镇企业技术源中占据的地位也逐步提高。其原因主要有如下三个方面。

第一,新中国成立以后,我国长期实施赶超战略,人为的倾斜政策使得我国在基础研究、应用研究的许多领域达到了相当高的高度,但由于科研与生产之间的断裂、科研工作的行政驱动,以及科技市场尚未发育,许多科研成果停留在试验室中,科技成果的产业化既无动力又无条件。随着经济体制的改革,倾斜政策得到校正,科研经费短缺成为普遍现象,并且改革中社会收入分配结构发生了急剧的转变,科研人员的经济利益取向上升,使得科研单位(包括科研人员)推广成果的动力不断强化,大量科技成果急需产业化、商品化。

第二,从消化吸收转化能力来讲,国有企业无疑应成为大量科技成果产业化的首选组织体,地域上、信息上的紧密性也能降低科技成果产业化的成本。但是,国有企业在很大程度上受集中管理体制的束缚,产量的增长成为企业运行的主要目标,企业的利益由生产指标决定,生产指标则由国家或部门计划下达,对企业技术进步的要求不占主要位置,因此,国有企业往往为了完成产值、利润指标而千方百计地去扩大生产能力。虽然也有不少企业想追求技术进步,但企业的投入是按计划分配和行政垂直控制的,国有企业普遍面临资金、物资和技术短缺的困难,因而这时期的国有企业既无技术成果产业化的基本条件,也无技术成果产业化的驱动力。国有企业在财务管理上的刚性,更加使得科技成果产业化进程带来的巨额利益无法在组织或个人之间灵活转化,因此科技成果没有能通过市场向产业化推进,而是主要受个人利益或组织的"灰色利益"驱动，在此背景下，国有企业在这种产业化的竞争中毫无优势。

第三，与国有企业相比，乡镇企业自负盈亏，具有转化科技成果的动力；自主经营，具有转化科技成果的活力以及市场经营所带来的压力；其规模小、组织结构单一、决策链条短，这些都使得乡镇企业成为科研单位科研成果产业化的理想伙伴。通过技术有偿转让、技术入股、合作、联营等多种形式，乡镇企业可以与科研单位之间建立起广泛的科研成果产业化联系，从而得以借助外部科研单位的科研实力，按照科技发展的内在规律，不断开发新产品，实现科研推动型的技术进步。

科研推动型技术进步使得乡镇企业借助外部科研单位的技术储备，越过常规的技术发展阶段，实现了"跳跃式"的技术进步，成为能生产高精尖产品的技术水平较高的企业。这类乡镇企业重视科学技术发展的内在规律，使技术进步立足于国内的基础研究和应用研究，这对整个国民经济尤其是农村经济发展所需要的独立技术体系的形成具有重要的意义。而且，这种模式容易形成技术储备，增强乡镇企业高层次推进的实力，具有一定的稳定性，也在一定程度上打破了我国长期存在的科研生产"两张皮"的僵化体制，加速了我国科技体制的改革以及科技市场的形成。但这种技术进步模式的动力不是直接来自市场需求，而是带有一定的盲目性：有时科研取得了进展，但在实际生产中很可能难以产业化，而生产中迫切需要的新技术又未得到充分的投入和研究，造成科研与生产脱节，科研投资的风险性较大，这对经济技术实力还不强的乡镇企业来说，往往是难以承受的。而且，这种模式对组织体的技术性、经济性要求较高，一般水平的乡镇企业难以通过这种模式实现技术进步。即使是在城市经济辐射区内比较发达的乡镇企业，在运用这种模式时，也存在着联系上的随意性、自发性和盲目性的特点。这在一定程度上削弱了科研推动型技术进步的效能。如何强化乡镇企业的吸纳机制并在乡镇企业与科研单位之间建立起能够维持稳定的技术经济关系的保障机制，将是促进科研推动型技术进步模式有效运行的重要课题。

随着乡镇企业的高层次推进，国外技术也日渐成为乡镇企业的技术源。据武进县乡镇企业局调查，武进乡镇企业1990年58个新产品开发项目中，有26个项目属于仿造国外先进产品，约占44.8%；该县横山乡化纤机械厂通过测绘日本进口合股机，自己设计、制造了类似产品，并在起动部分加以改进，使转速超过了日本产品，获农业部科技进步三等奖。这说明,乡镇企业产品的技术含量不断增加,技术起点不断提高,技术进步的速度不断加快,国外技术成为乡镇企业重要的技术来源。这种技术的获取,有的是通过贸易途径,通过进口设备;有的是厂方和科技部门根据引进的样品测绘、设计、生产;有的是科研部门研制、改进国外资料或样品后转让给乡镇企业。国外技术的注入大大加快了乡镇企业技术进步的速度,促进了乡镇企业的外向发展。这方面的问题是要在尊重国外知识产权的前提下,拓宽国外技术注入乡镇企业的渠道,加强统筹规划,提高乡镇企业技术进步的整体效应。

三、自主开发型技术进步

乡镇企业自主开发型技术进步在乡镇企业的萌芽和成长阶段就开始运行。

乡镇企业萌芽于 20 世纪 50 年代,各种副业和手工业构成乡镇企业萌芽的基础。当时,新中国刚刚成立,农村副业和手工业得到了迅速恢复。1952 年,手工业产值占工农业总产值的 18.6%;手工业从业人员中农村人数占 63.5%,手工业产品占农民所需工业品的 60%~70%[①]。随后,党和政府采取了多种措施扶持处于失业和半失业状态的手工业,并办起了集体副业,副业和手工业迅速发展。正是在副业和手工业迅速发展的基础上,乡镇企业得以萌芽。当时的乡镇企业以"围绕农业办工业,办好工业为农业"为方针,产品多以为农业服务为主,自产自销,如农具修理、农家肥料的加工制造、小量的农产品加工等。

在随后 20 世纪 60 年代乡镇企业的成长过程中,乡镇企业仍在很大程度上保留了副业和手工业的活动范围。这样,乡镇企业在萌芽和成长阶段就得以借助农村手工业者以及掌握一技之长的农村能人而获得了运行过程中的技术投入。其原因有二。其一,萌芽阶段和成长阶段的乡镇企业受副业和手工业的影响,大多以传统产业为经营领域,这些传统产业的技术虽然可以通过研究和开发投资而获取,但也能有效地通过经验积累和实践学习获取。因此,当时乡镇企业职工虽然素质普遍很低,但仍可凭借其长期从事农村副业和手工业实践所积累的经验,推动企业技术水平的提高,从而形成了一种较为传统的自主开发型技术进步模式。其二,萌芽阶段和成长阶段

---

① 张毅著,《中国乡镇企业:历史的必然》,法律出版社,1990 年版,第 163 页。

的乡镇企业受当时城乡分割工业化制度以及传统小农意识的双重制约,一方面在相当长的时期内对农村副业和手工业存在着极强的依赖性,从而为自主开发型技术进步模式的形成提供了技术上的可能性,另一方面,城乡壁垒的存在阻隔了城乡经济、技术、文化的传递,也使得当时的乡镇企业没有任何渠道能引进扩散到农村的外部技术。在这个意义上,可以说当时的自主开发型并非出于理性主动做出的选择,实则无可奈何状态下的最佳选择。

从理论上来说,乡镇企业发展初期的技术进步模式应具有良好的微观和宏观效益,因为这种模式运行时通过副业和手工业,与农业和农村发生着十分紧密的技术经济联系,这既有利于乡镇企业占领广大的农村市场,获取企业效益,又有利于农产品的加工增值以及农村产业结构的高级化。然而,受下列因素影响,其现实运行十分艰难。(1)当时的农村区域,经济运行的商品化、货币化程度还很低,这使得农村副业和手工业采取了工厂式生产方式后,其产品难以被农村市场所吸收。(2)当时为推进国家的工业化,很长时期内采取的都是农产品低价收购政策,其结果则抑制了乡镇企业对农产品加工的增值程度。(3)当时的单一农业生产政策造成农产品极其短缺,不得已采取了统购统销政策,这使得大量乡镇企业因原料短缺而无法运行。(4)这时的自主开发在很大程度上是借助传统经验的合成、提炼,产品的技术含量很低,技术进步也就十分缓慢。随着后来发生的城市经济调整以及知识青年的上山下乡等城乡经济技术交流,引进扩散型技术进步成为乡镇企业高速推进阶段的主体技术进步方式。

经过 20 世纪八九十年代的高速发展,乡镇企业逐步步入高层次推进阶段。自主开发型技术进步重又在全新的经济意义上得以运行。其一,经过一段时间实际市场经济的锤炼,乡镇企业领导人的创新意识日益增强,这为自主开发型技术进步模式的形成提供了领导机制。其二,乡镇企业经过一段时间的技术引进和扩散,开始具备了自己的设计、试制技术人员队伍,形成了自主开发、推进技术进步的技术基础。其三,城乡经济技术体制的深化改革,使得相当一部分科学技术人员已不再受城市企事业单位"铁饭碗"的束缚,而是愿意到乡镇企业安家落户,这也强化了乡镇企业自主开发技术的技术力量。其四,乡镇企业经过一段时间的高速推进,形成了相当的规模和经济技术实力,这为自主开发型技术进步提供了雄厚的物质基础。其五,乡镇企业在高速发展过程中,主要采取的是外延扩张对策,积累了一定的物质技术基础,但其中多数机械设备、生产工艺相当落后,亟须改造、提高。同时,乡镇企业发展的外部环境也发生了很大变化,外延扩张已失去市场条件,在这样的背景下,乡镇企业立足于现有企业的设备、工艺,自主开发,进行更新改造,实施内涵扩大再生产,就可在生产不发生较大波动且仅需少量投资的情况下,达到提高产品质量、促进产品更新换代、节约能源、降低消耗、扩大生产规模、提高企业经济效益的目的。因此,可以说自主开发型技术进步模式是乡镇企业在激烈的市场竞争中为求得进一步发展并向较高层次推进的必然产物。

这时的自主开发型技术进步以通过长期的技术引进和扩散所积累的现代技术为基础,在较高的技术水准上运行,带来的技术进步效应十分明显。这类自主开发不同于独创型的技术开发。独创型技术开发建立在成熟的理论研究的基础上,是基础研究的发展和拓广,它遵循着“研究—开发—商品化”的途径。而乡镇企业的自主开发型技术进步是利用现有的技术,创造出具有新功能的生产能力、生产新产品。这种技术进步往往是围绕着企业现有的工艺和设备而进行的,能使企业内部提高技术水平、经济效益和适应市场竞争的能力,因而微观动力极强。进一步分析,可以发现这类模式的宏观效应也极好。首先,自主开发型技术进步以提高企业的总体技术素质为直接目标,有利于乡镇企业的长期稳定发展。其次,自主开发型技术进步侧重于消化、吸收和提高引进和转移自城市的技术,而不是简单地接受城市经济的脱壳技术,这既有利于乡镇企业实现“跳跃式”的技术进步,也有利于城乡企业在技术结构上形成合理分工,促进乡镇企业与城市企业之间的协调发展。最后,自主开发型技术进步有利于促进整个农村经济区域全面发展。这是因为,长期以来,乡镇企业的技术进步过分依赖城市经济技术,企业的技术、产品随城乡联营关系的变动而变动,与所在农村经济区域的经济资源格局缺乏紧密的技术经济联系,具有一定程度的“嵌入—外控型”,自主开发型技术进步则为乡镇企业开发与所在农村区域经济资源格局相适应的技术提供了可能性。这一方面是由于农村国民收入提高后,产生了极强的市场需求拉力,另一方面则是由于乡镇企业技术人员长期以来的知识结构的倾斜。可以肯定,随着自主开发型技术进步模式的运行,农副产品多层次加工增值以及农工商的一体化将得到迅速的发展。因此,从宏观和微观两方面来说,自主开发型技术进步模式对发展乡镇企业和农村经济都具有极其重要的意义。但这个模式的实际运行效益在很大程度上取决于乡镇企业自身的技术开发实力和资金实力,而在这两方面乡镇企业都面临着短缺状况,这将在很大程度上制约自主开发型技术进步模式的顺利运行。

第三节　技术进步的实现

一、实现形式的构成

在中国,由于体制上的原因,乡镇企业技术进步的实现在相当长的时间内不是以正式渠道(包括计划体制调拨与配给、上级机关的计划组织等)为主,而是以非正式渠道为主①。这种非正式实现渠道主要依托初级社会关系网络,由传播媒介与人际传播两种渠道组合而成。即乡镇企业一方面通过报纸、广播、电视、技术市场的自主交换,另一方面利用血缘、邻里、熟人、亲友等门路关系,采取各种物质和非物质的手段,拓通供应渠道,实现技术进步。在相当长的时期内,乡镇企业技术进步的实现方式十分注重人际交往与传播,在"友情"中谈技术交换,用古朴的地缘与血缘关系笼络情感,以高昂的交易成本和社会经济费用奠定技术交换关系的基础,进而推动乡镇企业的技术进步。

乡镇企业技术进步的这种实现形式是农村传统的社会行为准则约束下形成的一种极为低效的技术进步模式。它对技术进步的局限性在于,首先,它使得乡镇企业的技术进步行为受初级社会关系及其他一些天赋条件的约束极强,具有很大的偶然性。其次,由于这种以非正式渠道实现技术进步的方式主要建立在初级社会关系网络的基础上,其技术进步行为不是通过交易规则加以保障,而是受一套含糊不清的、各有解释的伦理观念与社会规范制约,其技术进步行为的效率则在很大程度上取决于当事人的"交情"和个人道德,所以具有极大的不稳定性。最后,由于这种技术进步实现

---

① 李汉林,《乡镇企业技术进步机制的社会学研究》,载《科学学研究》1987 年第 4 期,第 19 页。

方式是以高昂的交易成本和社会经济费用为基础的,且不被国家和政府所承认,所以,乡镇企业还得承担巨大的政治风险和社会压力。因此,这种以非正式渠道为主的技术进步实现模式具有很大的局限性。随着城乡经济技术信息的交流、商品货币关系的推行以及乡镇企业自身技术素质的提高,乡镇企业技术进步的实现方式向多样化、高层次方向转变。当然,由于城乡经济技术交流的体制壁垒仍然存在,农村社会传统的行为规则仍在很大程度上束缚着人们的技术进步行为,非正式渠道作为乡镇企业技术进步的特殊实现方式将继续存在下去,但其主体地位已被科技协作型、联营组织型、市场组织型和厂办研究所型所取代。

二、科技协作型

我们在技术源模式部分已指出,城市大中型企业、科研单位以及国外技术构成乡镇企业技术进步的主要技术源。技术源的技术在初期主要是通过个人交往等非正式渠道流向乡镇企业,随着社会主义商品经济指导思想的不断明确,政策的不断放开,技术源的技术也随之逐步从较为正式的渠道流向乡镇企业,促进乡镇企业的技术进步。这其中一个很重要的渠道就是技术协作。

这时的科技协作以单位之间的正式交往为主,遵循自愿互利、平等互惠的原则,不同于行政干预,也不同于个人之间的非正式交往,其稳定性、效益性较强,形式和内容也极其多样化,具体可大致概括为如下三种。(1)以技术攻关、技术服务为内容,实行技术协作。乡镇企业为了攻克某一技术难关,或者为了提高产品质量,向科研单位或城市企业提出技术咨询和技术服务的要求,由技术源单位派出一定的技术力量进行有偿服务。这种形式的好处是简便易行,机动性比较强,所需时间不长,效果比较明显。但这种形式仍带有一定的偶然性,而且,技术指导如不同培训当地的技术力量相结合,往往是"人在技术在,人走技术走",协作技术不易巩固。(2)以培育技术人才为内容,实行技术协作。乡镇企业与高等院校、科研单位以及大中型企业签订培训合同,或聘请教师来厂办学,或由厂方选派技术骨干,委托科研单位、院校培训。通过企业技术力量的培育,推动企业的技术进步。(3)共同研究开发新产品。即科研单位为乡镇企业提供实验室的研究成果,负责小试、中试、投产整个新产品开发过程的技术指导,乡镇企业则提供试验场所、设备、劳动力、新产品试制和投产的组织管理。这种形式有利于解决科研单位的经费不足以及科研成果商品化问题,开发的新产品一旦取得市场上的成功,乡镇企业将能跳入高新技术领域,技术进步效应极强,且能获取较高的垄断利润。但是,这种形式具有很大的风险性,因为科研单位开发的产品不一定是乡镇企业的适用技术产品,乡镇企业的生产经营能力往往难以吸收这些新产品。而且,由于这些实现形式以技术本身的流动为目的,而没有与技术流动的经济结果相联系,乡镇企业承担了技术开发的全部风险,提供技术的单位也只是获取了平均的服务报酬;利益—风险机制不健全,这在很大程度上抑制了双方的积极性,其结果则导致乡镇企业的技术进步演变为通过紧密型的风险共担、利益共享的联营形式得以实现。

三、联营组织型

所谓联营组织型,就是乡镇企业与技术提供方之间按风险共担、利益共享的原则组成紧密型的联营组织,借助极强的利益激励机制有效地实现乡镇企业的技术进步。具体形式如下。

(1) 合资经营。以主要产品或工程项目为中心,乡镇企业提供厂房、场地、劳动力和部分原材料,技术提供方提供设备和技术,形成一个相对独立核算的经营组织。双方共同经营管理,共同分享经济利益。在这种形式下,乡镇企业与技术提供方的联系已不限于外部,而是加强了内在的联系,双方利害一致,联系更加紧密,技术进步效应十分显著。

(2) 组织联合体。在不打乱原建制、不改变隶属关系的原则下,乡镇企业与科研单位、大专院校以及城市企业建立长期的科研—生产协作关系,组成科技生产联合体。研究单位根据乡镇企业提出的课题,组织专门联合研究机构(小组),把实验室直接设立在乡镇企业,具体解决生产中出现的实际技术问题;乡镇企业则按合同规定,及时把科研成果应用于生产,组织营销活动。销售利润则按合同规定的比例分配。

毫无疑问,这种联营组织型技术进步实现形式具有强大的动力机制,且形成了一定的较为规范的组织规则维持技术进步的稳定性。这种形式融合了乡镇企业与技术提供方的技术进步优势,因而技术进步的效应极为明显。但是,由于我国城乡经济技术关系远未达到平等互利的状态,乡镇企业通过这种形式往往不仅要付出很大的经济代价,还必须付出一定的技术代价,比如技术提供方往往借助市场销售渠道上的垄断地位而把脱壳技术、淘汰设备转移到乡镇企业,充当投资,分享利润。另外,在这种形式中乡镇企业受技术来源渠道短缺的制约,往往难以选择技术联营伙伴,实现最佳的技术进步,市场组织型则在一定程度上克服了这种形式的局限性。

四、市场组织型

所谓市场组织型,即乡镇企业直接通过技术商品的市场交易实现企业的技术进步。在早期,市场组织型技术进步模式主要用于引进国外技术,包括购买专利、设计图纸、技术情报资料和实验室技术,以及国外先进设备等。但随着我国社会主义市场经济的发展、经济体制和科技体制的不断深入改革,我国的技术商品市场迅速兴起。首先是生产资料市场初步形成,乡镇企业得以在生产资料市场上购买自己所需的先进设备,而不仅仅是依靠城市企业下放设备。这一转变对乡镇企业的技术进步而言具有重要的意义,因为,这意味着乡镇企业不再处于拾遗补阙的地位,而是开始与城市企业以平等的地位共同开发市场,原有的梯度技术结构通过市场交易的实现得以转型,其实质则是乡镇企业借助市场加快了自身技术进步的速度。在随后的科技成果市场化的进程中,乡镇企业则以自己灵活的技术进步机制,充分运用技术商品市场,通过技术转让等形式,大大加快了企业的技术进步。据江苏省科技情报研究所的调查,江苏省 1987 年技术市场的技术贸易项目共计 5 378 个,技术贸易金额为 9 053.5 万元,其中向乡镇企业转让技术项目 1 314 个,技术贸易金额为 1 336.2 万元,分别占当年技术贸易总额的 24.4% 和 14.8%。1988 年江苏省技术市场的技术贸易项目共 20 130 个,技术贸易额为 16 030 万元,其中向乡镇企业转让技术项目 4 989 个,贸易额达 5 331 万元,分别占当年技术贸易总额的 24.8% 和 33.3%。这说明乡镇企业的技术进步已在很大程度上借助技术市场的转让得以实现,市场组织型技术进步模式已成为乡镇企业技术进步的重要实现模式。

市场组织型技术进步模式具有较高的技术进步效应。首先,这种实现模式赋予乡镇企业理性选择技术的可能性,这无疑将提高技术资源配置的效率;其次,这种实现模式主要建立在市场交换关系的基础上,其技术进步行为受市场交易规则的保护,具有一定的稳定性;最后,技术市场竞争的存在,提高了技术本身的适用性,这也在一定程度上提高了乡镇企业技术进步的成效。因此，可以说市场组织型是乡镇企业技术进步较高层次的实现模式。但这一模式运行的效益取决于市场主体技术决策的能力，以及技术市场本身的发育程度，这在我国是两个相对薄弱的环节。而且，技术本身的特殊性导致即使在市场发达的状态下也存在着市场失败。① 因此，一方面我们应发育技术市场，为市场组织型技术进步模式的运行创造条件；另一方面则必须制定必要的技术政策，干预市场组织型技术进步模式的运行，以期乡镇企业的技术进步能同整个国民经济的协调发展相一致。

五、厂办研究所型

进入 20 世纪 80 年代，乡镇企业技术进步采取了厂办研究所这一新的实现形式，一些具有一定经济实力、技术构成较高的乡镇企业在原有技术科的基础上，适当增加引进和聘用技术人员，办起了厂办研究所。厂办研究所立足于企业生产的需要，以新产品开发为主要任务，兼顾生产工艺改革、技术情报资料收集、产品质量检测、技术转让等技术服务工作，融科研、生产为一体，从而把乡镇企业的技术进步推进到一个新的阶段。

厂办研究所既适应了社会专职科研力量寻求技术应用合作伙伴、增强科研与生产双方合作信心的需要，也给乡镇企业引进科技、缩短科技应用准备时间提供了必要的组织条件，发挥着良好的中介职能，成为社会专职科研力量与乡镇企业技术经济力量的焊接点，从而带来了显著的技术进步效益。厂办研究所把厂里的一批技术骨干组织起来，紧紧围绕企业生产和市场需要，下任务、列课题，集中力量研究新技术、新工艺，开发新产品，工厂则为研究所提供必要的资金和物质条件，这种研究与生产在职能和组织上的相互融合和渗透，大大缩短了企业的新产品开发周期，促进了乡镇企业的技术进步。不仅如此，厂办研究所还通过引进技术的消化、应用以及系统性的技术培训，促进了乡镇企业技术人员素质的提高，为乡镇企业长期稳定的技术进步活动提供了保证。

厂办研究所在职能和组织上使研究与生产相互融合、相互渗透，这是世界范围内

---

① ［日］小宫隆太郎等编，《日本的产业政策》，黄晓勇译，国际文化出版公司，1988 年。

科技进步的普遍趋势。1970 年美国科研人员的 74%、日本的 70% 是由企业雇佣的[①]，几乎所有的大中型企业、公司都有自己的研究机构。究其原因，一是现代科学技术进步已使技术与生产更加紧密地有机结合，技术已渗透到生产的各个领域，成为现代生产不可分离的伴侣和重要的组成部分；二是随着国民经济的发展，社会消费和个人消费结构都在急剧变化，产品的经济寿命周期越来越短，企业要生存、要发展，就必须适应这种变化，不断改进生产工艺、调整产品结构，所以企业必须建立专门的新产品开发和新工艺研究机构。设立厂办研究所是企业发展的必然趋势。乡镇企业作为外在于国家传统工业体系之外的自生存在，完全依托市场而生存和发展，技术进步构成乡镇企业生命力之源泉，但目前，企业技术进步的技术投入量很少，投入渠道也不十分通畅，因此，厂办研究所对乡镇企业的发展更具有重要的现实意义。当然，目前设立厂办研究所的还仅限于乡镇企业较为发达的地区，运行过程中又受技术力量不足等因素的制约，但我们认为，厂办研究所型技术进步模式作为乡镇企业技术进步的实现模式将具有重要的现实意义。

第四节　技术进步的推进

乡镇企业以其较为健全的技术进步机制，在过去的 30 多年中不断成长、迅速推进，已成为我国农村经济以及整个国民经济的重要组成部分。但是，乡镇企业要在 20 世纪 90 年代乃至更长一段时期内获得进一步的发展，必须迅速加快技术进步的步伐，走以内涵扩大再生产为主的高层次推进道路。这是因为，乡镇企业是在农业原始积累的基础上逐步发展起来的，由于资金有限、技术投入不足，产品的技术含量不高，在 30 多年的发展过程中，虽然已取得了一系列的技术进步，但从总体而言其技术水平仍很低。在过去那种社会商品总量比较短缺、城市经济体制改革落后于农村的状况下，乡镇企业以灵活的经营机制创造了很强的竞争优势，并得以借助市场机制的充分发挥获得了超高速的外延扩张，但如今，我国社会主义市场经济新体系正在迅速

---

①　顾宗枞主编，《科技进步与工业发展战略》，四川省社会科学院出版社，1984 年版，第 102 页。

形成,国民收入水平大幅度增长,改革开放的步伐不断加快,乡镇企业的发展面临着日趋激烈的市场竞争以及城乡人民需求结构急剧变动所产生的压力。乡镇企业只有加速技术进步,提高自身的技术经济实力,调整产业和产品结构,才能实现长期稳定协调的发展。虽然乡镇企业的技术进步是一项复杂的系统工程,但我认为就目前而言,加快乡镇企业的技术进步迫切需要有一个良好的宏观政策,以赋予企业积极开展技术进步的动力和压力,并运用政策的导向功能促使乡镇企业的技术进步纳入国家技术进步的正确轨道。

一、综合运用政策法规创造乡镇企业宽松、有序的技术进步环境

企业技术进步的动力来自企业获得的经济利益,对预算约束极强的乡镇企业而言,其技术进步的利益激励功能尤为明显。为此,国家应制定相应的政策措施,调动乡镇企业技术进步的积极性。在税收上,可通过税种的设置和税率的高低体现国家对企业技术进步的导向意图。比如,规定乡镇企业技术改造期间可免除税收,新产品的开发可享受一定的减免税优惠,对乡镇企业技术进步贷款可允许税前还贷等。在信贷投入上,除了可通过利率的杠杆作用,对乡镇企业技术进步贷款采取低息、无息甚至贴息优惠外,由于乡镇企业技术进步投资费用需求量大,乡镇企业又普遍身处资金短缺的环境,因此信贷政策上应主要通过资金投入形成乡镇企业技术进步的资金支持系统,以调动企业技术进步的积极性。为此,各级农业银行和信用社应建立乡镇企业技术进步专项贷款,中国人民银行总行会同国家科学技术委员会、农业部测算出需求额度,将信贷规模控制指标和信贷资金足额下达农业银行总行,实行计划单列,再由农业银行总行逐级下达;各基层银行和信用社会同主管部门、科技部门统一规划、联合论证,择优发放。这样,通过国家信贷资金的主渠道投入促使乡镇企业技术进步资金支持系统的形成,为乡镇企业技术进步创造一个宽松的资金环境。在价格政策上,要逐步调整原材料和能源的价格,促使企业采用新技术、新工艺,开发新产品,加快技术进步;同时,要真正实行优质优价,使乡镇企业技术进步有利可图。从表面上看,乡镇企业在产品定价上拥有很大的自主权,其产品的技术含量应该能在价格上得到体现,但由于城乡统一市场尚未完全形成,乡镇企业面临的是一个不完全竞争的市场,其产品定价行为受城市企业价格垄断行为的约束,很难体现产品技术含量的

高低。为此,一方面应加快价格体系改革,健全市场价格形成机制,抑制市场价格的垄断行为;另一方面,作为过渡措施,应尽快建立产品的行业技术标准,以产品的行业技术标准为依据实行全社会统一的国家指导价,保证乡镇企业产品的技术因素在价格上得到体现,调动乡镇企业技术进步的积极性。

企业的技术进步在降低生产成本、提高生产效率、开发新产品、获取高额利润方面极其诱人,但企业的技术进步不同于企业的其他经营行为,一是具有不确性,行为的风险极大;二是需要巨额的技术投资,行为的必要资本量极大。技术进步的上述特点要求社会既能提供一种宽松环境,鼓励乡镇企业技术进步,又提供一种有序环境,有效地分散技术进步的风险。技术进步风险的分散一方面靠经济利益的承担;另一方面,对主要靠非正式渠道获取技术投入的乡镇企业而言,应制定制约倾销假冒伪劣技术、制止违反技术交易规则行为的有力措施。因此,应尽快制定乡镇企业技术进步条例,明确乡镇企业和技术持有者(单位)双方在技术交易中的权利、义务和责任,规范双方的财产归属、利益分配等行为,保障双方的合法权益,维护科研与生产结合的正常秩序,变混乱的无序运动为有序运行,促使乡镇企业的技术进步从血缘、地缘、人缘关系保障下的技术进步转变为现代高效的,以法规条例、市场规则为保障的技术进步。

二、实施城乡一体化的政策体系，形成乡镇企业技术进步的压力

乡镇企业之所以能在过去的 30 多年中迅速壮大,在一定程度上得益于区域性政策体系所形成的城乡分割环境。这种区域性政策体系为政策的不稳定、不连续提供了可能性,保城压乡或保乡压城一直是这种区域性政策体系的表现,而在更多的场合优惠政策形成了一种非正常环境。这种环境在乡镇企业的萌芽和成长阶段是必需的,它有利于推动乡镇企业的兴起和发展,但也在一定程度上诱发了乡镇企业超高速外延扩张,而对企业的技术进步则缺少应有的重视。因此,在乡镇企业发展已达到一定规模的今天,国家的宏观经济政策除了要为乡镇企业的技术进步创造宽松的外部环境外,还必须通过一系列的政策手段创造促使乡镇企业技术进步的外部环境,形成乡镇企业技术进步的压力。

乡镇企业技术进步外在压力的根本来源是市场竞争。在竞争中,乡镇企业为了

使自己的产品在市场上能够站住脚，有竞争力，就必须提高产品质量、增加品种、降低成本，不然就会在竞争中处于不利地位，就有可能被淘汰。可见，竞争必然推动乡镇企业采用新技术、新工艺、新设备，促使乡镇企业技术进步。但是，竞争构成企业技术进步的压力依赖于竞争是否存在以及竞争是否公平，而这些又在很大程度上取决于宏观经济政策所形成的市场竞争环境。原有的宏观经济政策所形成的倾斜式环境显然不利于乡镇企业与其他种类企业之间的公平竞争，必须加以改革。这方面的基本思路在于，转换原有的区域性政策体系，实施城乡一体化的宏观政策体系，把城乡企业作为一个整体，一视同仁，平等对待，以产业政策准则替代原有的所有制准则和城乡地区准则，按照生产力的特征分门别类，实施统一的政策手段促使城乡企业在公平竞争中形成技术进步的压力。当前，应通过下列措施促使城乡一体化政策环境的逐步形成。

1. 改革城市企业的经营机制

乡镇企业之所以能运用落后的机械设备在市场竞争中生存如故，一个很重要的原因就是他们往往可以借助灵活的经营机制在市场竞争中稳操胜券，而不需要技术进步这一常规的市场竞争手段。比如城市企业在人、财、物诸方面受体制、制度的重重束缚，缺乏应有的自主权和利益分配机制，乡镇企业则可以用"利益直接量化给个人"这把利剑攻破约束至今尚未硬化的城市企业的后门，造成城市企业人、财、物甚至市场实力不正常的流动。因此，要形成乡镇企业技术进步的压力，就必须加快城市企业的改革，塑造平等的市场竞争主体，促使乡镇企业在竞争中加快技术进步。

2. 劳动工资政策

由于我国农村劳动力市场尚未形成，劳动力供给与需求之间相差悬殊，致使乡镇企业得以借助低廉的工资支出维持自己的市场地位，这在一定程度上也阻碍了乡镇企业的技术进步。我们承认，工资水平低下是中国农村特定环境下的产物，它有利于农村工业化、城市化的推进，但如果这一手段被乡镇企业无约束地过度使用，那么极有可能造成资源配置的低效和市场运行的极度畸形，而且这也是社会主义制度所不允许的。故此，我们认为应在乡镇企业中普遍建立工会组织，以形成工人工资水平的自我保护机制。国家也应制定劳动工资保护政策抑制乡镇企业对劳动工资竞争手段的无限制运用,促使乡镇企业更多地通过技术进步提高自己的市场竞争能力。

3. 资源保护政策

乡镇企业缺少技术进步压力的另一个主要原因就是资源的低价甚至无偿的占有、使用。乡镇企业的产业分布相当广泛,但相当大部分直接或间接地利用了农村当地的资源尤其是自然资源。受经济利益的驱动,乡镇企业的发展在农村经济系统中居特别重要的地位,往往是需要什么就能够得到什么,大量资源尤其是自然资源被乡镇企业以很低的代价甚至毫无代价地占有、使用,其结果必然使乡镇企业无须技术进步、只须借助资源占用成本的低廉即可战胜市场对手,大量不可替代的农业资源过度流失。故此,从农村经济总体发展需要,以及乡镇企业长期稳定发展的需要而言,都必须通过农村资源货币化的推进以及国家的法律手段,实行农村资源的保护。

4. 强制淘汰制度

我国城市企业的技术水准也不是很高,乡镇企业进入壁垒很低,借助城市企业的淘汰设备仍能参与市场。在这样的背景下,为加快乡镇企业技术进步,促进国民经济结构的调整、提高,有必要实施设备强制淘汰制度。对旧设备的交易可通过许可证加以制约,达不到一定技术水准的设备不允许上市,对已超过经济使用寿命却仍在营运的设备则可通过经济手段或行政手段,促使乡镇企业更新改造,对一般性设备则应普遍提高折旧率,加速折旧,促进乡镇企业的技术进步。

三、以产业政策为基准形成乡镇企业技术进步的导向机制

乡镇企业的技术进步应该主要借助市场机制得以实现,但仅靠市场机制也难以实现乡镇企业技术进步的总体目标,这是因为,市场机制存在着难以避免的盲目性,容易产生有碍社会经济发展的负效应,市场机制本身还会滋生出妨碍企业技术进步的垄断现象。因此,国家的宏观经济政策一方面要为乡镇企业借助市场机制实现技术进步创造宽松、有序的竞争环境;另一方面还必须采取必要的技术政策影响市场、影响企业,形成乡镇企业技术进步的导向机制,保证乡镇企业的技术进步能实现宏观和微观两方面的战略目标。

最主要的乡镇企业技术政策就是要确定乡镇企业技术进步的技术目标。我们就这一问题进行了专家问卷调查,汇总资料显示各位专家普遍认为先进的适用技术应

该是乡镇企业技术进步的首选技术。其选择频率在过去(1990 年)为 43.3％,在中期(1995 年)为 70.0％,远期(2000 年)则为 58.3％。从理论上来说,这一判断是建立在乡镇企业现实条件之上的,一方面乡镇企业装备陈旧落后,人员素质较差,经营管理水平较低;另一方面乡镇企业承担着安置农业剩余劳动力的重任,资金短缺,劳力充裕,若一味地强调乡镇企业技术进步本身的先进性,可能就与乡镇企业的具体情况不相适应,而且极有可能导致国民经济资源在城乡之间的低效配置以及市场过度竞争,因此,先进的适用技术应该成为乡镇企业技术进步的行动指南,国家的宏观经济政策也应以此为内容形成乡镇企业技术进步的导向机制。

以先进的适用技术为导向,必须确定判断技术适用性的准则。目前,有一种流行的观点认为,建立在较低技术水平之上的乡镇企业应以梯形体系作为技术适用性的准则。根据这一准则,乡镇企业应以传统的劳动密集型技术为主,而与高、精、尖技术无缘。这种准则有一定的合理性,但它明显受传统的区域分工体系约束,与乡镇企业的实际情况不相符合,与整个国民经济以及农村经济技术进步的需要也不相适应。我们认为,乡镇企业的适用技术应以产业政策为基准形成复合式的判别准则。之所以如此,一是因为城乡企业经济技术的融合性,二是因为乡镇企业经济技术水平的层次性和复杂性。

随着乡镇企业的迅猛发展以及城市经济体制改革的深入进行,国民经济各产业的发展已经超越了城市和乡村的地域以及企业之间的所有制界限,逐步形成了城乡企业在社会再生产循环过程中互为依托、互为市场、互相联系的融合式经济技术关系。在这种经济技术关系下以城乡梯形推进为准则选择乡镇企业技术进步的适用技术,既无法实际操作,也不利于推进农村经济结构的高度化,不利于引导城乡企业在公平竞争的基础上提高企业的技术经济实力以及国民经济资源配置上的总体效率。

层次性则表现在乡镇企业的总体经济技术水平较低,但在不同的地区、不同的企业之间有着很大的差异。沿海和经济发达地区乡镇企业起步早,基础好,经济技术水平较高;而贫困地区乡镇企业起步晚,基础差,经济技术水平相对较低。即使在发达地区,企业之间也有很大差别,有些骨干乡镇企业经济实力相当雄厚,其技术水平远高于同规模的国有企业。乡镇企业经济技术水平的复杂性则在于乡镇企业的产业分布相当广泛,而不同行业对技术进步的要求不一样,因此,只有根据不同地区、不同行业、不同企业的实际经济技术水平以及实际运行需要确定相应的技术投入,方能实现企业效益和社会效益相统一的技术进步。而只有以合理的产业政策作为判别基准,方能保证乡镇企业技术进步政策的适用性。

　　具体来说,对乡镇企业中与城市企业相类似的竞争性产业,按照竞争双方的相对优势以及各种产业的内在需要,形成城乡通开的技术政策,其导向机制主要借助市场竞争法则;而对按专业化分工原则配置于农村的补充性产业,则依据乡镇企业本身的经济技术水平以及农村经济总体发展的实力实施扶持性技术政策。这样,不同企业规模、不同技术层次、不同产业特性、不同竞争能力的乡镇企业分别按市场竞争法则和国家技术扶持政策的导向,在传统技术、中间技术、现代技术以及高新技术之间进行全方位的选择,形成复合型乡镇企业技术进步结构。

第十三章　乡镇企业的组织结构[①]

乡镇企业的组织结构即企业构成要素之间以及企业之间的组合状态。这种组合状态一方面表现为企业规模,另一方面则表现为企业的空间布局。乡镇企业的组织结构不仅关系到乡镇企业自身的生存和发展,而且关系到乡镇企业系统整体经济实力的高低。乡镇企业的进一步发展在很大程度上依赖于其组织结构的完善。

第一节　组织结构的偏差

我国乡镇企业在其自主经营、自负盈亏的发展过程中,借助竞争的优胜劣汰规律,形成了较为合理的组织结构。这种形成过程类似于美国学者斯蒂格勒(D. J. Stigler)所提出的"适者生存法"。但在这种自然发展的进程中,受多种因素的制约,乡镇企业的组织结构与乡镇企业稳步发展的要求还有一定的偏差,其表现如下。

第一,组织规模小。我国乡镇企业的投资主体分散为乡(镇)、村、组、户四个层次,各投资主体经济实力有限,加之区域内生产要素市场尚未发育,联合办厂困难重重,这就注定了主要依靠社区政府和农民的经济力量兴办起来的乡镇企业,不论在产值、人员还是在固定资产拥有量上均有小型化、微型化的趋向。另外,长期以来,我们在经营决策上普遍认为小而灵是乡镇企业运行过程中的一大特点,也是一大优势,因而过于强调"船小好调头",这也加剧了乡镇企业小型化的趋向。据统计,1992 年全国乡镇企业达 2 079 万个,其中,乡村集体企业 152 万个,平均每个乡镇企业的职工人数仅为 5.089 人,乡村集体企业的平均职工人数也仅有 33.87 人;平均每个乡镇企

---

① 本章原载于:范从来著《乡镇企业发展论》,第九章,南京大学出版社,1994 年版。

业的年产值仅为 8 457.9 元,利润数仅为 5 864.8 元,每个乡镇企业拥有固定资产原值仅为 16 657 元。

这样小规模的组织,从产业经济学的角度来看,对易分性产品的经营具有一定的适应性;而从乡镇企业的特殊性来看,由于乡镇企业的经营状况同市场波动息息相关,其敏感性远远高于其他企业,小规模经营为其灵活调整提供了组织保障。当经济较为景气、市场环境较好时,一大批小规模的企业迅速形成,以快捷的速度进入市场;当市场环境恶化时,这些小规模企业变成"开关厂","季节性"迅速地消失掉,由于规模小,企业关闭后的遗留问题相对少,能使经济波动带来的震荡最大限度地衰减。可见,对乡镇企业而言,小规模经营具有较强的调节机制和缓冲功能。

但从总体以及长远发展的需要来看,在这样的经营规模基础上,乡镇企业缺乏打"阵地战"的内在压力,经营项目主要依靠外部机遇加以确定,难以形成相对稳定的发展方向。这种组织规模必然产生两种倾向。(1)乡镇企业的运行主要依赖手工操作和简单的、必不可少的生产设备,以尽可能减少企业转产经营、开关经营带来的资金损失,其结果是保证企业长期生存和发展所必需的自我积累、自我投资机制几乎不存在。(2)企业在经营过程中信奉"拿来主义",借别人的脑袋发自己的财,其实是不愿花大本钱培养自己的技术队伍去研制和开发新产品,而是一味地进行技术复制、产品仿制,以求尽快获益取利,其结果是企业的职工素质低,技术装备差,且缺乏提高和更新的内在动力。两种倾向共同作用,一方面使得企业规模内部不经济;另一方面使得企业要求接受城市经济技术辐射的内在冲动缺乏恰当的组织保证,已经建立起来的城乡经济技术联系有时难以得到巩固、发展;再一方面,乡镇企业的小规模经营在过度竞争的背景下极易走向自成体系,自我循环,企业间纵向、横向经济联系甚少,难以取得乡镇企业的整体经济效益。

第二,布局分散、缺少规划。受投资主体自身利益的束缚,乡镇企业大体上都是乡、镇办企业办在乡(镇),村办、户办企业办在村,几乎是"遍地开花",村村办厂。此外,复杂艰难的外部生存环境与低下的自身素质使得乡镇企业存在着较高的市场风险,从事乡镇企业的乡镇劳动力普遍采取了"亦工亦农"的兼业形式。为了使兼营的土地能提供稳定的、多样化的自给农产品,转移到乡镇企业的劳动力就要求能便利地同土地保持较密切的联系，分散化的乡镇企业显然能满足这一要求。而且，乡镇企业组成人员还要受居住环境——家庭这一传统因素的制约，在现实的户籍制度及居住政策下，人们难以随乡镇企业的集聚而相应地迁居集中，只能维持原有的分散居住的状况。所有这些都导致了乡镇企业的布局具有浓厚的乡土色彩，缺乏整体规划，空间配置过于分散。

乡镇企业布局分散的直接结果，一是投资规模超负荷膨胀。乡镇企业主要从事工业生产活动，而工业生产顺利进行离不开某些基础设施，如公路、铁路、码头、仓库、给排水与供电设施、邮电通讯设施等。乡镇企业大部分分散在基础设施十分奇缺的乡村，为了保持正常生产都不得不在基础设施的建设上投入大量资金。加上其他种种因素，致使乡镇企业的投资规模与企业自身的承受能力不相适应，负债经营日趋严重。乡镇企业布局分散的第二个结果是土地资源浪费。近年来乡镇耕地面积锐减，与乡镇企业分散布点有直接关系。因为受经济利益的驱动，乡镇企业的发展在乡镇经济系统中居特别重要的地位，往往是需要什么就能得到什么，大量优质耕地被乡镇企业占用就是事实。加之分散布局的乡镇企业在土地的使用上无法享受规模效益和集聚效益，这也使得乡镇企业占地偏多，造成土地资源的浪费。据统计，乡镇企业人均占地一般高出大中城市十几倍甚至几十倍。这在土地资源严重不足的我国，是一个必须高度重视的大问题。乡镇企业分散布局的第三个结果是难以参与整个国民经济的高水平竞争。一方面布点分散的乡镇企业用于生产、生活的各种费用畸高，导致产品成本过高，利润率低下，在商品经济条件下不利于市场竞争；另一方面，在乡镇生产要素还未具有充分流动机制的背景下，分散布点的乡镇企业之间难以在专业化分工协作的基础上有效地集中人力、物力和财力，提高企业素质，组成企业集团，这样，乡镇企业众多组织化程度低下的"小船"就难以凝聚成具有一定技术经济实力的组织体，参与整个国民经济的高水平竞争。最后，乡村企业的分散布点还恶化了环境污染程度。近年来，有些乡镇企业为了当前的经济效益，兴办了一些"污染企业"；有些大中城市在同乡镇企业进行技术经济联系时，把有毒有害的车间或工艺过程"扩散"给了乡镇企业。我们承认，乡镇区域的自然净化能力强，污染企业的扩散从整个国家的范围来看可缓解我国环境污染恶化的速度，但这非治本之道。污染总是要治理的，扩散到乡镇的污染若不根治,将影响更大的空间,影响全人类赖以生存的农副产品的生产。因此,治理"三废",保护环境已成为乡镇企业发展刻不容缓的重要问题。分散布点的乡镇企业无法共同治理"三废",无法综合根治,治理工作中单个企业所要承担的费用将远远高于相对集中的企业,这无疑将延缓资金能力还很有限的乡镇企业治理"三废"的进程,从而在一定程度上加剧了乡镇环境污染的程度。

第三,布局无指向、技术经济联系少。工业企业布局合理的重要准则就是按照一定的指向原则进行空间配置,使企业之间以及企业与所在区域之间建立起符合长期发展需要的技术经济联系。乡镇企业在乡镇经济组织系统中是一个最为活跃的因子,理应对外、对内发挥出较强的吸收和扩散功能。当初乡镇企业冲破政策禁区的理论依据之一便是通过发展乡镇企业促使城乡工业合理布局,进而启动所在区城的商品经济进程。可事实上,乡镇企业并没有能发挥预期的作用。其一,乡镇企业的生存和发展过分依赖城市经济,产供销、人财物几乎全部由城市联营企业控制,企业的技术、产品随城乡联营关系的变动而变动,与所在乡镇经济区域的经济资源格局缺乏紧密的联系,具有一定程度的"嵌入—外控型"。有些乡镇企业存在于一个以粮食种植业为主的传统农业经济区域,但其从事的却是典型的机械、电子行业;有些乡镇企业存在于一个从管理者到职工的素质都比较差的区域,但其产品却具有高、精、尖性质。这些类型的乡镇企业虽然能为区域成员提供就业机会和货币收入,但其技术、产品、生产活动难以向周围地区辐射和扩散,所谓的农副产品多层次加工增值、农工商一体化发展等乡镇经济整体发展效益只能是纸上谈兵。苏南地区乡镇企业相当发达,行业也十分齐全,但食品工业只占几个百分点。乡镇企业与所在乡镇经济区域的技术经济联系十分脆弱。其二,乡镇办企业与村办企业以及其他乡镇区域的企业之间的技术经济联系也十分脆弱,在行政区划的壁垒中,乡镇企业具有封闭性,难以成为邻近地区具有吸引力和辐射力的经济中心和市场枢纽。据江苏省统计局调查,乡镇办企业 1984 年与城市(包括县城镇)履行产供销合同金额为 90 482.6 万元,占全部产供销合同金额的 82.94%;同期与其他建制镇、乡镇履行合同金额只有 7 434.56 万元,占全部产供销合同金额的 6.81%;与村办企业履行合同金额为 11 186.42 万元,也只占全部产供销合同金额的 10.25%。这些数据表明,乡镇企业过于依赖城市企业,而在组织系统内部缺乏稳固的技术经济联系,其结果是乡镇经济系统的组织化程度无法提高,整个区域的总体发展得不到实现。

第二节　结构优化的准则

乡镇企业的进一步发展迫切需要一个合理化的组织结构与之相适应。那么,从发展的角度来看,什么样的乡镇企业组织结构才是合理的呢? 我们认为,根据乡镇企业的技术经济特征,合理的组织结构必须满足这样两个基本准则。

其一,开放性。这里的开放性是相对于现有乡镇企业自我循环、自我封闭的状况而言的。从乡镇企业担负着推进整个农村经济发展的重任以及乡镇企业高层次发展需要较强整体实力来看,合理的乡镇企业组织结构必须使单个组织在产前、产中、产后各个环节与所在区域以及区域内的其他组织之间彼此相互联系、相互制约地结合在一起。这样,一方面,乡镇企业之间将建立起稳固的技术经济联系,为总体生产力的提高提供保证;另一方面,开放性的乡镇企业不仅能聚集城市经济的技术经济辐射,而且能通过物质、能量、信息的多种协作,聚集经济区内的生产要素,为区域经济的共同发展提供组织保证。如果在技术经济方面与乡镇经济区域无较强的技术、经济辐射,则乡镇企业不具有开放性。它虽具有对城市经济的开放,但对所在区域无稳定联系,是一种“嵌入型”。建立在简单劳动、粗放经营基础上的小规模经营与建立在专业化分工协作基础上的小规模组织在开放性上不可相提并论,后者是开放性的直接产物,而前者以“小而全”为经营特色。近年来,发达地区乡镇企业领导者已意识到这一点,并在行动上有所体现。但开放性靠行政命令和主观意志是无法形成的。只有在布局乡镇企业时,使乡镇企业在组织形成、组织运行以及组织发展方面具有了较强的开放性动机,才能形成乡镇企业的开放性。

其二,效益性。乡镇企业组织结构的效益性主要表现为规模经济效益和集聚经济效益。规模经济效益已普遍为人们所重视,集聚经济效益则还没有得到足够的重视。集聚是指有关的经济客体或经济客体与社会基础设施在一定空间范围内的结合。经济组织的集聚可以共同利用某些基础设施和辅助企业;可以节约运费,降低产品的生产成本；可以通过多种协作关系，提高组织体的市场竞争力；也可以在治理"三废"、获取信息方面带来节约。总之，经济组织在空间配置上的集聚所带来的经济效益是十分明显的。长期以来，我们对经济组织的集聚问题有一种片面的认识，总认为生产力和城镇、人口在区域内均衡分布，有利于充分合理地利用有限的空间和资源，能较合理地解决环境问题，从而可以实现社会经济的更大发展。在这样的认识基础上，区域的平衡发展就成为组织布局的重要目标，而社会经济组织的空间集聚效益往往被忽视了。事实上，在经济开发的初期，由于受地方政府和私人投资能力以及相应的人力物力的限制，区域经济集中在少数的点或地带，虽然区际差别由小变大，但整体经济较之分散投资而形不成集聚效果的情况，获得了较高的增长速度。相反，如果以经济平衡发展为目标，就会影响整体的经济增长速度。我国乡镇长期受传统农业社区的支配，刚刚开始由原有的自然经济格局向商品经济格局转变，经济基础十分落后，经济发展显然处于开发阶段，充分发挥集聚效益对乡镇经济的发展具有十分重要的意义。因此，合理的乡镇企业组织结构必须具有集聚经济效益，才能满足乡镇企业以及乡镇区域商品经济进一步发展的需要。

第三节　结构优化的策略

一、规模经营

现阶段的小规模经营基本上是与开放性的要求相悖的。通过扩大规模经营，可以迫使乡镇企业自动地纳入社会化分工协作体系，打破原有的自我封闭；还可以通过较强的固定资产约束迫使乡镇企业相对稳定自己的经营方向，使乡镇企业在区域经济组织结构中充当一个必不可少的角色。扩大规模经营是赋予乡镇企业开放性的重要措施。

但是，扩大规模经营不应是纯粹的政策性要求，更不能是人为的主观意志的产物。任何一个产业的组织体，其存在和发展必须以能够获取社会平均利润为前提，通过利益的诱导，组织生产要素，从事生产经营，即通过自身的积累和投资过程，推动组织体规模经营。这就是说，经济利益的获取是组织扩大规模经营的主要动力。但是，要使组织体实现规模经营,还必须有相应的市场竞争压力。也就是说,组织体获取经济利益必须以其合理组合生产要素,努力从事生产经营为前提,这样才能使组织体本身具有扩大经营规模的内在动力和外在压力。就乡镇企业而言,它已具有扩大规模经营的内在动力和外在压力,但它的组织形式制约着规模经营的实现。现阶段的乡镇企业过多地带有"官办"性质,为社区政府地方利益所约束,所处行政区划壁垒森严,产权关系模糊,对此,可通过推行股份制引导和强化企业追求规模效益的机制。因为股份制能广泛地聚集资金,实现生产要素的合理流动和重新组合,促使各项生产要素自由地选择经济效益最高的企业和空间就位;能促使乡镇企业间的联合和兼并,从而重新构造企业规模,获取规模效益。

二、横向联系

横向经济联系是乡镇企业开放性的直接要求。乡镇企业的横向经济联系有对内和对外两种。近年来,乡镇企业的对外横向联系发速迅速,取得了极好的经济效益,进一步发展的问题主要是巩固和提高,通过适当的组织形式使之由短期的、偶然的、简单的经济联系向长期化方向发展。在促使乡镇企业组织结构合理化的过程中,我们尤其要重视乡镇经济内部的横向联系。这种横向联系一方面是指以区域内的骨干乡镇企业为主角,把具有内在经济联系的乡镇企业紧密地联合起来。这种联合可以把各单位名义上已经投入运用,实际上处于闲置状态的生产要素充分挖掘出来并真正投入使用,从而增加人力、物力的实际投入量,实现资源的合理配置;还可以通过专业化分工协作关系的发展,实行标准化、专业化和简单化的大量生产方式,促进众多的微型企业由"小而全""小而散"向"小而专""小而精"的企业组织结构发展,从而放大众多企业的开放性,并且可以形成凝聚个体实力的企业集团,为乡镇企业在更大空间内参与市场创造出较强的竞争能力。乡镇经济区域内部横向联系的另一方面是以农业组织和乡镇企业为主体的联合。这种联合以农副产品的生产为中心,把与此有联系的经济组织联合在一起,组成地域生产综合体。这种联合有利于充分合理地利用乡镇经济资源,对乡镇经济的长期稳定发展具有十分重要的意义,因而应成为组织结构合理化的重要措施。为此,我们应从宏观上调整乡镇企业的行业布局,把与农副产品等乡镇经济的重要资源有较高关联系数的行业作为战略行业,通过各种手段扶持战略行业的成长和发展,使之成为乡镇区域生产综合体的核心。

三、相对集中

相对集中是实现集聚效益的主要措施。这种集中就目前的乡镇城市化水平而言主要包括三方面。一是把乡镇工业、运输业、商业、服务业相对集中到已有的集镇,使之逐步形成乡镇企业组织的中心极。二是把乡镇工业中与乡镇区域的经济资源有较高关联系数且分散布局的企业,在中心极之外,选择合适的地点,建立工业小区,使之成为乡镇中心极向广大腹地扩散物质、能量和信息的"节点"。三是在集镇或工业小区内,将生产过程中在原料、燃料、辅助材料及半成品方面有供应关系的企业或生产工艺技术上有密切联系的企业尽可能集中配置,消除"一厂一点""一厂一线"的现象,实行成组布局。

在中心极布局的主要是非农产业组织,这种集中有利于充分利用基础设施,集中治理环境,也有利于节约土地,提高土地使用率,有利于企业间的以及同中心城市的横向联系以提高经济效益。值得提出的是,中心极的确定应冲破行政区划壁垒的束缚,真正依据区位因素的作用力大小予以确定,而不能简单地把乡镇政治中心作为经济中心来加以配置。

这里的关键问题是小城镇的建设问题。小城镇是乡镇企业相对集中的重要载体。为了加快小城镇的建设,首先必须从乡镇企业组织结构合理化的高度,把小城镇作为区域组织布局的中心极加以配置,并依据区位因素作用力的大小确定其发展的方向,真正实现乡村、集镇统一规划、协调发展。其次,要强化社区政府的小城镇建设功能。现有的小城镇建设基本上是一种企业负担型。一方面,许多乡镇企业为了解决本企业职工的食宿、交通、入托、上学、就医等问题,普遍办起了食堂、宿舍、厂车、学校、门诊室等。另一方面,社区政府采取行政性的资金聚集手段,把小城镇建设的重荷大部分压在乡镇企业身上;目前实施的比例分税制又使得社区政府不得不把主要精力用于抓经济建设,以使自己能够分到一块财政资金,从而形成了"政府抓经济、企业办社会"这样一种职能错位的现象。这种小城镇建设格局不利于企业的理性发展,也不利于小城镇发展的总体效益,更不利于在资金短缺的宏观背景下,加快农村城市化的进程。所以应尽快纠正这种职能错位的现象,强化社区政府的小城镇建设功能。

为此，除了应在行政管理规则上予以明确外，更主要的是应通过财税体制改革来加以强化。可以使政府的税源主要为房地产税、工商行政税、资源税等，而与营业税、增值税、所得税无关。这就将使得政府不再有兴趣去办企业或干预企业的经营活动，而是搞好地方上的基础设施，因为只有这样才有可能吸引更多的工商业投资，从而增加房地产税和工商行政税。最后，小城镇建设资金的筹集和使用，应尽可能遵循谁投资、谁收益的原则，打破城乡封锁和行政壁垒，加快多形式集资建设小城镇的步伐，为乡镇企业组织结构的合理化提供更多的中心极。

　　工业小区的开发主要是在现有的城乡界限尚未完全拆除、乡镇企业主体大量采用兼业行为的现实背景下，把孤立分散于自然村落的乡镇企业相对集中。工业小区的建设有的是以集镇为中心，组建各种企业聚集共生的工业小区，有的是以骨干企业为龙头，实行产品扩散，大厂带小厂，形成协作配套生产的工业小区，还有的是同行业或同类产品的企业相对集中，这些都有利于统一规划、合理布局，节省大量基建投资，减少对耕地的占用，也有利于"三废"的治理，大大增强乡镇企业的集聚经济效益。工业小区的开发有利于把有限的单个生产企业串联起来进行专业化分工协作，使小能量组织产生叠加效应，扩大生产经营的规模和范围。更为重要的是，使众多小型企业置身于开发区的大环境下，企业之间自然会形成相互影响、相互参照、相互促进的关系，通过交往、竞争和激励，对扩大科技成果应用、提高企业素质发挥出刺激作用，从而在很大程度上提高乡镇企业的竞争能力，也为乡镇企业的进一步发展提供良好的组织保障。

第十四章　乡镇企业的产业结构[①]

　　乡镇企业作为一个在极其错综复杂的政治经济环境中生成的经济系统,其产业结构的形成具有很强的自发性。这种自然生成的产业结构主要是以微观的市场利益为导向的,与结构所处的市场环境有着很强的适应性。但是,乡镇企业作为国民经济系统的有机组成部分,随着其技术经济能量的扩大,在国民经济系统中的权重也不断提高。国民经济系统的总体协调运行将从一个更高的角度,要求乡镇企业的内部构成。在这样的基准上,乡镇企业的产业结构存有许多偏差,结构协调已成为乡镇企业以及整个国民经济进一步发展的重要保证。再从经济发展的一般规律来看,经济发展历来不是原有经济的简单扩张与重复,而是产业结构向高度化不断转换的过程。乡镇企业在经过了近 15 年的高速增长之后,其进一步发展的主要动力源泉将来自结构调整对乡镇企业系统功能的放大。为此,我们将在本章详细分析我国乡镇企业的产业结构(以乡镇工业的产业结构为主,地区上则以江苏的乡镇企业为主),并探讨其发展方向,以期为国家制定关于乡镇企业的产业政策,以及为乡镇企业本身的结构调整与优化提供科学依据。

第一节　乡镇企业的结构分布

　　从产业的部门结构来看,可以用乡镇企业总量中农业和非农产业两大部门的划分定义乡镇企业产业结构的第一层次。乡镇企业该层次的结构分布见表14-1-1。

---

　　①　本章原载于:范从来著《乡镇企业发展论》,第十章,南京大学出版社,1994 年版。

表 14-1-1　乡镇企业农业与非农产业的产值结构

	1978 年		1985 年		1991 年		1992 年	
	绝对额（亿元）	比例（%）	绝对额（亿元）	比例（%）	绝对额（亿元）	比例（%）	绝对额（亿元）	比例（%）
农业	36.1	7.3	59.7	2.2	179.3	1.5	247.4	1.4
非农产业	457.0	92.7	2 692.8	97.8	11 442.5	98.5	17 336.6	98.6
总产值	493.1	100	2 752.5	100	11 621.8	100	17 584.0	100

注:此表根据《中国乡镇企业》1993 年第 8 期第 40 页提供的《1992 年全国乡镇企业基本情况》中的部分数据计算所得。

　　乡镇企业中的农业产值包括农、林、牧、渔等种植、养殖企业所有的主副产品产值、人造林木生产量的产值、大小家畜繁殖、增长和增重的产值等。表 14-1-1 显示,乡镇企业产值结构中,非农产业占有绝对的主体地位,农业只占极小部分,且其比重呈现出下降趋向。1992 年与 1978 年相比,其比重下降了 80.1%。这在很大程度上说明,乡镇企业主要是作为农村非农产业的主体而存在的。

　　乡镇企业非农产业内部的工业、建筑业、交通运输业和商饮业的划分是乡镇企业产业结构的第二层次。表 14-1-2 体现了乡镇企业非农产业的劳动力构成状况。表 14-1-3 体现了乡镇企业非农产业的产值分布情况。

表 14-1-2　乡镇企业非农产业的劳动力构成

	1978 年[①]		1984 年		1985 年		1988 年		1991 年		1992 年	
	人数（万人）	比例（%）	人数（万人）	比例（%）	人数（万人）	比例（%）	人数（万人）	比例（%）	人数（万人）	比例（%）	人数（万人）	比例（%）
工业	1 980.0	78.2	3 656.1	74.2	4 136.7	61.5	5 703.6	61.4	5 813.6	62.1	6 160.0	62.6
建筑业	269.0	10.6	683.5	13.9	790.0	11.7	1 848.8	16.0	1 384.3	14.8		
交通运输业	118.5	4.7	129.3	2.6	114.2	1.7	684.2	7.3	732.3	7.8	3 683.7	37.4
商饮业	164.2	6.5	455.3	9.2	1 685.5	25.1	1 423.1	15.3	1 435.4	15.3		
合计	2 532.3	100	4 924.4	100	6 726.7	100	9 295.5	100	9 366.0	100	9 843.7	100

注:① 在一般的统计资料中 1978 年的数据只有乡、村两级,不包含村以下企业。这里的 1978 年的数据已根据 1984—1991 年乡村两级企业职工人数占全部乡镇企业职工人数的比重(0.9)进行了相应的修正,可近似地表现该年度全部乡镇企业的产业构成。

资料来源:农村经济年度分析课题组著《1992 年中国农村经济发展年度报告兼析 1993 年发展趋势》,中国社会科学出版社,1993 年版,第 15 页。

表 14-1-3　乡镇企业非农产业的产值结构

	1978 年		1985 年		1991 年		1992 年	
	绝对额（亿元）	比例（%）	绝对额（亿元）	比例（%）	绝对额（亿元）	比例（%）	绝对额（亿元）	比例（%）
工业	385.3	84.3	1 627.2	60.4	8 698.9	76.0	13 193.4	76.1
建筑业	34.8	7.6	510.5	19.0	1 140.6	10.0	1 751.0	10.1
交通运输业	18.8	4.1	250.0	9.3	766.8	6.7	1 102.2	6.4
商饮业	18.1	4.0	305.1	11.3	826.2	7.2	1 288.9	7.4
合计	457.0	100.0	2 692.8	100.0	11 442.5	100.0	17 336.6	100.0

注：此表根据《中国乡镇企业》1993 年第 8 期第 40 页提供的部分数据计算所得。

从就业结构来看,1992 年乡镇企业非农产业从业人数达到 9 843.7 万人,比上年增加 477.7 万人,增长 5.1%。其中,工业的从业人数达到 6 160 万人,比上年增加 346.5 万人,增长约 6%;建筑业、交通运输业和商饮业的从业人数达到 3 683.7 万人,比上年增加 131.2 万人,增长约 3.7%。在几大行业中,工业占有主体地位,6 个统计年份中其比重分别为 78.2%、74.2%、61.5%、61.4%、62.1%和 62.6%,这充分显示出乡镇企业的工业化效应和极强的就业吸纳能力。但从就业结构的变动来看,在 1978 年至 1992 年间,乡镇企业工业从业人数所占比重基本上呈下降趋势,在 14 年间下降了 15.6 个百分点,年均下降 1.1 个百分点,在 1991 年和 1992 年略有回升,每年约 0.5 个百分点。而建筑业、交通运输业和商饮业就业人员的比重基本上呈上升趋势。其中商饮业从业人员的比重上升得最快,14 年间增加了 7 至 8 个百分点;建筑业次之,增加了 5 个多百分点;交通运输业增加了 3 个多百分点。再从产值结构上来看,工业也同样占有主体地位。但从变动状况来看,工业的产值比从 84.3%下降到 76.1%,下降了 8.2 个百分点;其他三个行业的产值比基本上呈上升趋向。两种角度的分析得出一个共同的信息:乡镇企业第二个层次上的结构以工业为主体,但近年来建筑业、交通运输业、商饮业有了较快的增长,反映了农村工业的就业能力趋于下降,乡镇企业的非农产业发展开始面向农村自身商品经济发展相关的需求向多样化方向发展。其深层意义则在于乡镇企业非农产业结构高度化进程的启动,以及农村第三产业的迅速增长。

每个非农产业部门内的结构状况是乡镇企业产业结构的第三层次。限于资料,我们集中考察工业内部各行业的结构状况,且用乡村两级工业近似代表乡镇企业的工业结构。乡村工业结构可从乡村工业轻重部门比例结构、行业结构和产品结构三方面进行分析。

表 14-1-4　乡村工业轻重部门结构

		1980 年		1985 年		1989 年		1990 年	
		绝对额 (亿元)	比例 (%)	绝对额 (亿元)	比例 (%)	绝对额 (亿元)	比例 (%)	绝对额 (亿元)	比例 (%)
总计		515.8	100.0	1 478.0	100.0	4 614.5	100.0	5 240.2	100.0
轻工业		248.0	48.8	717.6	50.1	2 379.8	53.7	2 821.7	55.3
其中:	以农产品 为原料	120.0	48.4	419.4	58.5	1 426.1	58.6	1 691.1	59.9
	以非农产 品为原料	128.0	51.6	298.2	41.5	953.7	41.4	1 130.6	40.1
重工业		267.8	51.2	760.4	49.9	2 234.7	46.3	2 418.5	44.7
其中:	采掘工业	46.2	18.1	112.3	15.4	298.4	12.6	328.6	12.6
	原料工业	43.7	16.1	113.7	13.6	414.6	16.3	471.3	17.6
	加工工业	177.9	65.8	534.3	78.5	1 521.7	71.1	1 618.6	69.7

资料来源:农业部乡镇企业司编《中国乡镇企业统计摘要 1991》,改革出版社,1991 年。

表 14-1-4 反映的是乡村工业轻重部门比例结构。表中数据表明,1980—1990 年乡村工业大发展的 10 年间,乡村工业自身轻重工业比例变动很小,1990 年与 1980 年相比,结构变动值仅为 13%。除 1980 年外,轻工业比重均略高于重工业。轻工业内部,以农副产品为原料部分所占比重基本稳定,高于以非农产品为原料部分的比重,但并未表现出绝对优势,其高出百分点在 1985 年、1989 年以及 1990 年分别为 17、17.2、19.8,呈现出微弱的扩张趋势。在乡村工业重工业内部,加工工业占绝对优势,其比重分别为 65.8%、78.5%、71.1%、69.7%,基本上稳定在 70% 左右。采掘工业的

比重在 1980 年、1985 年高于原料工业,而在 1989 年、1990 年则转为低于原料工业。

从行业结构来看,1985 年我国乡村工业总产值中位于前五位的是建材及其他非金属矿制品业(254.28 亿元,第一位)、机械工业(179.82 亿元,第二位)、纺织工业(166.52 亿元,第三位)、食品制造业(93.54 亿元,第四位)和金属制品业(92.83 亿元,第五位),五大行业的产值合计占总产值(1 477.96 亿元)的比重达 53.2%。1990年我国乡村工业总产值中位于前五位的是纺织工业(703.78 亿元,第一位)、建材及其他非金属矿制品业(688.27 亿元,第二位)、机械工业(494.93 亿元,第三位)、食品制造业(357.84 亿元,第四位)和金属制品业(322.15 亿元,第五位),五大行业的产值合计占总产值(5 240.16 亿元)的比重达 49%。由此可见,我国乡村工业中产值比重位于前列的行业基本稳定,它们是建材及其他非金属矿制品业、纺织业、机械工业、金属制品业和食品制造业等五大行业,其产值比重合计在 50% 左右;1990 年与 1985 年相比,纺织工业从原来的第三位跃居第一位,其他排序基本上没有变化。这些行业都是传统工业行业,也是中国工业经济中发展历史最长的领域。

从产品结构来看,农村工业的主要产品绝大部分为资源开采及初级加工产品和劳动密集型产品。在全国同类工业产品产量中占有较大比重的包括原煤(33.7%)、水泥(31.5%)、机制纸及纸板(38.3%)、原盐(14.2%)、呢绒(63.0%)、棉布(20.2%)和小农具(80%)等,可作为工业投入品的重要中间制成品及中高档耐用消费品很少。近几年产量一直保持上升趋势的产品主要是国民经济紧缺的能源(电力和原煤)以及劳动密集产品(皮革制品和工艺美术品)。[①]

第二节　乡镇企业产业结构基准

乡镇企业的产业结构分布状况可概括为在第一层次上以非农产业为主,在第二层次上以工业为主,在第三层次上以轻工业为主。对这样一种结构我们究竟应做出

---

① 郭永利等,《我国农村工业的产业结构、空间特征和发展方向》,载《中国农村经济》1991 年第 10 期,第 3 页。

怎样的判断，取决于人们对合理结构所确立的基准。据此，我们先从一般意义上探讨乡镇企业合理产业结构的基准，然后在此基础上对现阶段乡镇企业的结构分布做出判断，并指出其优化的合理取向。

乡镇企业的产业结构作为农村产业结构，以及整个国家产业结构的重要组成部分，其合理性的基准必然服从于产业结构合理化的一般要求，这种要求主要表现在三个方面。其一，充分合理地利用各种资源。形成乡镇企业产业结构的物质基础是资源，除自然资源外，还包括劳动力、人才、技术、资金和信息等资源。在我国要素市场尚未健全，市场机制对资源的配置功能没有得到充分发育的情况下，自然资源对于乡镇企业的产业结构具有不容忽视的作用。尤其在乡镇企业发展初期，其产业形成主要受当地自然资源的制约，"就地取材、就地加工、就地销售"在相当长的时期内是广大乡镇企业重要的发展模式。但是，我们不能把自然资源看成乡镇企业产业结构唯一的、始终有决定意义的制约因素。事实上，在乡镇企业产业结构的构成和演进中，多种资源因素都在发生作用。比如说，劳动力、人才是发展各产业都不可缺少的要素。由于我国农村劳动力普遍过剩，劳动力从量上一般不构成产业发展的限制因素，但是，劳动者们科学文化水平的高低，则在很大程度上成为乡镇企业产业结构的制约因子。外向型和开发型产业主要依靠人才和技术优势，既充分利用开发本地资源，又大量引进外地资源，开拓新产品，促进新产业的形成和发展，可以说没有人才和技术资源，就没有外向型和开发型产业结构。再比如，整个国民经济各产业各部门所采用的技术、工艺的种类和水平，决定着各种资源在各产业中的分布状态，进而也影响着乡镇企业所拥有的资源在其各产业中的分布，这说明整个国民经济的生产技术体系也构成乡镇企业产业结构的物质基础。另外资金的多少则直接影响着乡镇企业产业的规模和水平，在市场经济体制下其制约作用日趋强化。信息包括经济信息和技术信息，是一种新型的智力资源，其重要性日益得以显示并为人们所认识，获取信息量较少、反应不灵敏的企业和产业几乎难以参与不可回避的竞争，更难以生存和发展。据此，我们说，资源是乡镇企业产业结构的物质基础，一定时点的产业结构只有充分合理地利用各种资源，才能取得最佳的经济效益。是否充分合理地利用各种资源应该成为判别乡镇企业产业结构合理性的重要基准。这里需要注意的有两点：(1) 乡镇企业产业结构充分合理利用的不仅仅是自然资源,还应该包括劳动力、人才、技术、资金和信息等多种资源;(2)乡镇企业产业结构的合理性,不仅表现为能有效地开发本地的各种资源,而且应能充分吸收和利用外来资源,促进资源的合理配置和布局。

其二,适应市场需求。市场是商品交易的场所,原材料、能源及其他生产要素均来自市场,产品也要通过市场实现交换,市场供求和价格的变化是社会需求的灵敏反应。合理的产业结构一定要适应社会需求,因为任何社会的生产都要受社会需求制约。在市场经济体制下,生产的目的主要是为了实现利润的最大化。如果不能适应社会需求,产品就不能变成商品,实现不了价值,达不到利润最大化的目的。可见,市场需求是影响和评判产业结构的起点和终点。乡镇企业主要靠市场调节,各企业、各产品最终要在市场上接受广大需求主体的评判,优胜劣汰。适应市场需求的产业结构,才能使乡镇企业各产业的发展充满生机和活力,具有较强的竞争力。因此,合理的乡镇企业产业结构应该是适应市场需求的结构,为大工业服务,为农业服务,为人民生活服务,为外贸出口服务。适应市场需求构成判断乡镇企业产业结构合理性的又一基准。

其三,能取得最佳的经济效益。我们研究、规划和调整产业结构的最终目的就是为了提高经济效益,因而取得最佳的经济效益是产业结构合理性的重要基准。在一定的条件下,如果经济效益不好,产业结构肯定是不合理的。合理的产业结构与经济效益的提高互为因果、互相影响,即产业结构的合理化会促进经济效益的提高,经济效益的提高有助于产业结构的合理化。乡镇企业产业结构不仅要着眼于提高经济效益这个目的,而且要用这个指标来检验其合理性。

上述三方面表现为乡镇企业产业结构合理性的一般基准。这种基准主要是从产业结构的静止状态得出的。从动态过程来看,产业结构的合理性则表现为经济发展效应,即合理的产业结构应通过产业结构的不断高度化,促使经济增长和发展。这里的产业结构高度化的过程表现为某一或某几个产业部门的超前发展打破原有产业结构的平衡状态,带动产业结构尽可能向能够提高生产率,并且预期需求会扩大的以高级技术为基础的产业群转移,以实现在高效益基础上更快的经济发展。由于乡镇企业不是一个自我独立、自我封闭的经济系统,而是一个上连城市经济、下靠农村经济的开放系统，是连接我国城市和农村的结合部，所以乡镇企业产业结构的高度化过程既受到整个国民经济产业结构高度化的制约，又受制于农村区域的产业结构高度化。乡镇企业产业结构高度化的这种特殊性决定了不能用一般的经济发展基准衡量和评判乡镇企业产业结构的合理性。只有从乡镇企业产业结构高度化的外部约束和内部约束两方面分别进而将两者结合起来考察，才能正确地衡量和评价其产业结构是否合理。从总体上来说，乡镇企业产业结构的经济发展效应表现为既有利于整个国民经济发展，也有利于农村经济的兴旺发达。达到和符合上述总体要求的合理的乡镇企业产业结构应具有以下两个具体标志。

其一，与国民经济协调发展。整个国民经济是一个复杂的有机体，各部门之间存在着极为密切的联系，亦保持着一定的比例关系，呈现出动态的均衡性。乡镇企业经过 30 多年的发展，已经成为国民经济的重要组成部分，它既有能力推动整个国民经济的协调发展，也有能力危及之。在这样的背景下，其产业结构的高度化当然要大体上符合国民经济协调发展的要求。只有这样，乡镇企业才能获得长期稳定发展所需要的宏观经济环境，整个国民经济系统也只有包容了乡镇企业产业结构高度化这个能动的制约因子，才能实现期望的协调发展目标。据此，乡镇企业产业结构合理化的经济发展基准，首要的就表现为与整个国民经济发展相协调。

其二，能带动整个农村经济的发展。乡镇企业是农村经济的主要支柱，考察其产业结构是否合理，必然需要分析它对带动农村经济发展作用的大小。能够带动整个农村经济发展的产业结构，一般就是比较合理的产业结构。乡镇企业产业结构的合理程度与其对农村经济的带动作用成正比。这种带动作用主要可通过乡镇企业产业结构对社区经济的关联性得到体现。

从产业结构的制约因素出发得出的乡镇企业产业结构的三大基准具有一般性；而从产业结构的经济发展效应出发得出的上述两大标志，较多地反映出乡镇企业产业结构的特殊性，并与我们的研究主题相吻合。据此，我们将主要从与国民经济的协调性以及与社区经济的关联性两个方面探讨乡镇企业现有产业结构存在的问题，以及其优化的基本取向。

第三节　乡镇企业产业结构的协调性

本节我们主要讨论乡镇企业非农产业结构与国民经济非农产业结构之间的协调运行问题。

乡镇企业非农产业结构的形成在很大程度上受制于国民经济非农产业结构的变动。改革前30年中，由特殊的历史环境和体制所决定，我国实施了重工业超前发展战略。1952—1978年，我国重工业产值增长了28倍，重加工业产值增长了40倍，而轻工业只增长了16倍。[①] 这说明，该期间我国产业结构的变动，既超越了以轻工业为重心的发展阶段，也超越了以基础工业为重心的发展阶段，直接跃进到以重加工业为重心的发展阶段。按照工业化的一般规律，我国的工业化应该有序地走过轻工业—基础工业—重加工业这样一个过程，这种有序发展不仅反映着消费结构的指向，也反映着要素供给结构和利用结构的需求。而我国改革前期跨过了以轻工业为重心的发展阶段，致使人们生活的大量必需品极度短缺，重工业陷入自我循环的困境，大量劳动力闲置在农业生产领域。这样在我国的改革开放初期，随着农村经济改革的成功，就必然出现了一个以发展劳动密集型轻型产业为特点的工业化"补课阶段"。这个阶段大致在1979—1984年，此期间，轻工业有了迅速发展，轻重工业比例发生了明显变化，轻重工业产值比例从1979年的43.7：56.3变为1984年的47.4：52.6。[②]

乡镇企业的大发展正是在这样一个结构环境下启动的。由于乡镇企业的产生并没有得到国家在资金、技术、原材料、市场等方面的直接扶持，其对每一个产业部门的参与程度主要取决于市场需求信号、收益率高低、供给的资源限制程度、技术障碍以及人为的进入壁垒的高低等因素。当时的情况是，农村经济体制的深刻变革极大地解放了我国农村的劳动生产力，使我国农业出现了自1979年以后持续6年的高速增长，农民收入水平迅速提高，农村消费品市场急剧扩大，从而带动了整个消费品市场

---

① 国家计委经济研究所课题组，《二元结构矛盾与90年代的经济发展》，载《经济研究》1993年第7期。

② 张立群，《中国产业结构矛盾再认识》，载《经济研究》1992年第4期。

的全面扩张,形成了对轻工业产品的巨大需求。受这一巨大市场需求信息的牵引,借助农村劳动力以及其他资源的优势,乡镇企业迅速在轻工业部门广泛渗透,形成了以轻工业为主的产业结构。这既使乡镇企业得以在非农产业市场上站住脚跟,也在一定程度上加速了我国产业结构变动中轻工业"补课"阶段的完成。到 1984 年,我国国民经济的运行就开始表现出两大特征:一是传统的消费品需求难以进一步扩张,许多消费品已进入饱和状态;二是一些重工业产品的供给出现紧张状况。这些特征表明,相对于改革前的产业结构,我国产业结构中轻工业的"补课"已经完成,产业结构应该转入以重化工业发展为中心的高速增长阶段。但这种转变受经济体制、产业组织、价格信号等因素的干扰,没能较好地实现,国民经济运行从 20 世纪 80 年代中期起出现了较大的波动和低效现象,经济发展中的结构性矛盾日益尖锐。其一,轻型产业发展与重化工业及基础设施水平之间严重脱节。1984—1990 年,轻工业总产值按可比价计算增长了 137.5%,GNP 按可比价计算增长了 64.5%,而铁路营运里程仅增长 3.29%,货运量仅增长 35.4%,煤炭产量仅增长 36.9%,发电量增长 64.8%,钢产量增长 52.6%。[①] 运输能力、城市公用设施建设、邮电通讯水平、主要重化工产品的供应能力,与整个经济总量的水平相比很不相称。其二,加工工业与原材料工业之间矛盾尖锐。原材料工业与加工工业的不变价产值比由 1979—1983 年的 0.50 降为 1984—1988 年的 0.41,1988 年降到只有 0.36[②],二者之间形成了很大的结构性冲突。

在国民经济结构呈现出上述矛盾的这一阶段,开始出现了乡镇企业的发展高潮。从 1984 年到 1988 年,乡镇企业产值年增长速度高达 44.9%。随着乡镇企业在国民经济中比重的日趋上升,它对国民经济产业结构的变动也产生了不可低估的波及效应,从而在很大程度上放大了国民经济的结构性偏差。这种放大效应主要表现在以下几个方面。

第一,乡镇企业的高速增长是在加工工业价高利大、原材料工业价低利微的 20

---

① 张立群,《中国产业结构矛盾再认识》,载《经济研究》1992 年第 4 期。

② 周权莲、郭克莎,《90 年代我国工业发展的前景及对策》,载《经济研究》1993 年第 7 期。

世纪 80 年代出现的,在这样一种不合理的比价以及加工工业过高的收益率刺激下,除了因资源禀赋条件发展了一些采掘业乡镇企业外,大多数农村地区都把资金和劳动力集中投资于加工工业,谋求较高的收益。在 1990 年乡村工业总产值中加工工业约占 69.7%。这种加工工业为主的产业结构必然在一定程度上加剧了国民经济产业结构中加工工业与原材料工业之间的结构性矛盾。

第二,受原有二元经济结构的影响,广大农村地区乡镇企业的发展普遍受资金、技术和专业人才的制约。因此乡镇企业往往以城市经济系统对农村经济系统经济技术扩散性较强的产业作为基本进入领域,"近亲繁殖"的结果则是乡镇企业的产业结构与城市工业之间保持着高度的同构性。而且,这种同构又是低层次的。1984 年,农村工业、交通运输、建筑业和第三产业的产值结构与国有、集体经济 4 大部门的产值结构的相似系数高达 0.998;农村工业内部 14 个行业的产值结构,与全国工业 14 个行业产值结构的相似系数也达到 0.721,其中重工业 8 个行业为 0.793,轻工业 6 个行业为 0.929。[①] 这样高度的同构性,必然使乡镇企业加剧了国民经济产业结构的各种矛盾。同构的低层次则表现为,乡镇企业行业结构中,产值比重位于前列的行业主要是建材及其他非金属制品业、纺织工业、机械工业等传统工业行业;其主要产品绝大部分为资源开采及初级加工产品和劳动密集型产品。这些领域均属传统产业领域,城市企业在该领域中均已占有相当高的市场份额,且在技术经济实力上也拥有相当明显的优势。这样一种同构水平,一方面使得乡镇企业产业结构的现代化含量很低,结构生产力有限,维持企业自身循环发展的自发展机制十分脆弱;另一方面使得乡镇企业与城市企业在投入品与产出品上过度竞争,激化了市场的供需矛盾。

因此,从协调性这一基准来看,乡镇企业今后的发展需要解决两个问题:一是产业结构的现代化问题,二是乡镇企业与城市企业同构性的改造问题。

由于乡镇企业已经成为推动国民经济增长和结构变动的重要力量,加快其现代化进程的现实意义十分深远。但是乡镇企业结构现代化的内涵不应只从乡镇企业自

---

① 中国农村发展问题研究组著,《国民经济新成长阶段与农村发展》,浙江人民出版社,1987 年版,第 75 页。

身发展的角度加以确定,而应与整个国家产业结构现代化推进过程中的结构重组相适应。技术演进的方向、消费结构的指向以及结构演变的规律都在很大程度上规定了我国产业结构现代化的重化工业取向。而对乡镇企业而言,其现代化并不简单地表现为以资本替代劳动力,求得资金、技术增密,以提高设备、技术和产品的档次与质量。如果这样,我国整体经济现代化进程受劳动力约束的问题无法解决,结构的同构性引起的直接竞争问题也无法解决。更为重要的是,这与中国产业结构高度化过程的特殊性不相适应。就国情而言,中国是一个比较落后的发展中大国,不仅短线状态的资源产业和基础设施需要超前发展,相对来说是长线的机械工业也要有一个较大的发展;不仅电子工业等新兴工业要快速发展,那些在西方已变成"夕阳工业"的钢铁、汽车、造船和建筑等部门,也要有一个较大的发展。这就决定了中国产业结构的高度化,将表现为传统工业产业的改造和新兴产业迅速发展相结合的过程,而不完全是传统工业产业的衰落和新兴产业比重快速上升的过程。也就是说,先进的资金密集型和技术密集型产业的发展将逐步快于劳动密集型产业,但这并不意味着要人为地去压制劳动密集型传统产业的发展,而是要努力使大部分素质较高的企业实行技术的升级换代,同时给传统的产业留下足够的发展空间。相应地,乡镇企业结构的现代化将主要表现为通过引进现代组织管理和技术改造劳动密集型传统产业,一方面为我国产业结构的现代化创造条件,另一方面则提高乡镇企业的竞争实力,增强乡镇企业长期稳定发展的后劲。

　　乡镇企业结构现代化的独特内涵为乡镇企业与城市企业之间同构性问题的解决创造了一定的条件。但同构性问题的真正解决还依赖城乡产业,尤其是城乡工业在合理分工基础上建立协调运行机制。现在有一种较具代表性的观点,认为政府在处理城乡工业关系时应该切一块资源给乡镇企业,这实际上是希望借助行政性重组来实现城乡工业的协调发展。理论和实践都已证明这种方式是极其低效的,而且行政性重组会限定乡镇企业的发展空间,这将使城乡工业之间的协调运行缺乏稳定性。我们认为,城乡工业协调运行机制的建立需要从以下几个方面综合推进。

　　第一,打破城乡之间的要素流动壁垒,建立起有利于城乡工业协调运行的市场体系。我国乡镇企业是在城乡系统之间相互封闭的制度环境下成长和发展的,系统间的合理分工、资源的优化配置自然无法得到充分保障。因此,要促使城乡资源在合理分工的基础上优化配置,只能迅速打破城乡系统之间的经济壁垒和行政壁垒,形成统一的要素市场。这方面最主要的措施应是改革城市企业职工工资的结构,为城乡之间劳动力要素的合理流动扫除障碍。现有城市系统中职工在食、住、行等方面仍享受高福利待遇,拥有着一定的特权地位,这种特殊地位的存在必然妨碍着城乡之间劳动力要素的流动。为此,应通过住房商品化改革,使住房以商品形态进入居民消费序列,并通过社会保障保险制度的配套实施,把现行的部分工资制改为符合国际规范的完全工资制,为劳动力的流动提供制度性保障。在此基础上取消现行的户籍管制制度,从而消除城乡之间封闭的最后障碍。另一项改革措施是建立城乡之间的产权交易市场。城乡之间的协调包括现有产业存量的调整,这种调整在目前仍无法进行,其结果必然是城市产业结构高级化的弱化和农村工业化进程受要素和市场约束。为此,应配合产权制度的改革,在城乡之间建立产权交易市场,使城市经济系统中技术档次低、劳动密集度大的产业可以通过包、租、卖的形式向农村经营者让渡;农民也可以带资金、劳动力进城收购劳动密集度大的传统产业;乡镇企业中的部分高技术产业也可以通过该市场与城市同类企业之间形成产权一体化的经济实体。这样,通过加强城乡系统之间能量的转换和交流,可为城乡工业之间的协调运行创造良好的市场条件。

第二,由于我国城乡之间存在着极度扭曲的二元性,市场机制难以充分发挥,故应借助政府的政策调控力量,在充分利用市场资源配置机制的前提下,为城乡工业之间协调运行机制的建立创造政策环境。这包括在制定国家产业政策时,对技术档次低、劳动密集度大且便于农村生产的产业和产品,通过税率或差别利率,鼓励其主要配置于农村区域,并通过形成乡镇企业同类产业的比较优势,提高乡镇企业对上述产业的参与程度。这样,通过政府的宏观政策指向引导城乡企业之间的产业分工,为城乡产业的协调运行创造出一个具有指向性的政策环境。

第三,建立系列化生产体制,为城乡工业的协调运行建立组织基础。所谓系列化生产体制,就是以大企业(母企业)为顶点,以中间企业(子企业)为骨干,以广大中小企业为基础而形成的"垂直型"协作组织结构。在这种组织结构中,大企业通过供应原料、加工订货、技术指导、技术援助和提供贷款等方式将中小企业纳入自己的生产体系之中,中小企业在大企业的监督和指导下,为其生产某种零部件或提供某种服务,最终在大中小企业之间形成密切而稳定的分工协作运行机制。

这种系列化生产体制通过金字塔式的组织结构把不同层次的生产力水平组合起来,大企业按照产品零部件生产技术的难易程度,根据协作中小企业的现有生产能力,组织产品专业化生产,充分发挥了各企业现有的生产能力。同时,这种金字塔式组织结构也加强了大企业对中小企业的控制,使处于塔尖的大企业只要控制一个层次的少数协作企业就可以间接控制下面众多的中小企业。

系列化生产体制中,大企业与中小企业之间进行分工协作,确立起密切而稳定的协作关系,使大企业与中小企业之间形成了"命运共同体",即大企业把中小企业牢固地控制在自己确定的生产技术范围内,加强了对中小企业的集中统一管理;而中小企业若要维持这种协作关系的稳定,就必须适应大企业在生产技术上的要求,不断改善管理水平、技术水平,充分挖掘内在潜力,这既巩固了与大企业的协作关系,也增强了自身的生存能力。由此可见,系列化生产体制是大企业与中小企业之间协调运行的一种有效形式,我国乡镇企业在总体上以中小企业为主,为此可通过建立系列化生产体制为城乡工业之间的协调运行机制提供一种组织保障。

第四节　乡镇企业产业结构的社区关联性

乡镇企业的异军突起,绝不仅仅出于增加收入的冲动,而是在追求社区发展这一深层意义上的必然选择。乡镇企业社区发展的需要决定了其产业结构的社区关联性成为其合理与否的重要判别基准。从这一基准出发,乡镇企业产业结构的社区关联性主要表现为两个方面:一是劳动力的吸纳,二是与农业的关联。

劳动力的吸纳对农村社区的发展效应源于我国改革前扭曲的二元结构。前面我们已经指出,改革前30年中,我国产业结构的变动既超越了以轻工业为重心的发展阶段,也超越了以基础工业为重心的发展阶段,直接跃进到以重加工业为重心的发展阶段。这种跨越轻工业的非有序发展,直接导致农业内部剩余劳动力的不断累积。因为轻工业具有劳动密集型特征,轻工业得不到发展,农业剩余劳动力的转移就受到极大限制。结果是随着农村人口和劳动力的增长,农业劳动生产率增长长期停滞,剩余产品趋于下降,国民经济发展以及农村社区的发展均因农业无法支撑而难以实现。正是在这样的背景下,乡镇企业的发展通过大量吸纳农业部门的剩余劳动力,促进农业劳动生产率水平大幅度提高,强化农业部门的积累能力,并使农业部门的机械化、商品化水平得到提高,从而为农村经济以及国民经济的发展创造了良好的条件。因此,可以说乡镇企业的发展启动了我国二元结构的转换,其意义绝不仅限于一般的增加就业,而是推动着国民经济结构的变动。

乡镇企业以中小企业为主,资金占用量小,劳动力密集,具有较好的劳动力吸纳机制,它的发展对农业剩余劳动力的转移具有极其明显的作用。1978 年乡镇企业职工人数为 2 826.6 万人,占全社会劳动力比重为 7%;1985 年乡镇企业职工人数上升到 6 979 万人,占全社会劳动力的比重也上升到 14%;1991 年乡镇企业拥有职工 9 609.1 万人,比重为 16.5%;到了 1992 年上升为 10 581 万人,占全社会劳动力比重也上升到 17.8%,占农村劳动力的比重为 24.2%。乡镇企业的发展在农村乃至全国劳动力资源的配置上发挥了极为有效的作用。但是,我国农业剩余劳动力转移的任务并没有因此就全面完成,在今后相当长的时期内,该任务仍将十分艰巨。因此,从农村经济以及国民经济发展需要的角度来看,劳动密集型产业仍将成为乡镇企业主要的产业选择。这种合理化方向的确定与我们前面从协调性出发所得出的研究结论是完全一致的。当然,我们这里所强调的劳动密集,是就相对意义,而不是绝对意义上来说的。也就是说,劳动密集的程度是产业间的相对比较,这丝毫不意味着乡镇企业可以不进行技术改造、可以永远依靠较低的有机构成。恰恰相反,乡镇企业必须注重自身的技术进步,否则它自身将不会有进一步的发展。但是,技术进步只能改变产业内部的劳动资本要素比例,不能改变产业间已有的劳动密集度上的差别。所以,劳动密集度指向是一个相对的、动态的基准,它与乡镇企业自身的现代化指向是可以并存的。

然而,从最近几年农村非农产业发展的实际情况来看,其吸纳劳动力的能力日益弱化，表现出明显的结构性偏差。表 14-4-1 反映了农村非农产业及各行业的产出就业弹性。[1]

表 14-4-1　农村非农产业的产出就业弹性　　　　　（单位：%）

	1978—1984	1985	1986	1987	1988	1992
农村工业	0.57	0.30	0.47	0.33	0.25	0.15
农村建运商业	0.91	8.83	1.00	0.69	0.75	0.14
农村非农产业	0.65	1.02	0.57	0.41	0.32	0.14

资料来源：农村经济年度分析课题组著《1992 年中国农村经济发展年度报告兼析 1993 年发展趋势》，中国社会科学出版社，1993 年版，第 28 页。

　　从表 14-4-1 可以看出。在 1985 年以后，农村非农产业的产出就业弹性出现了较大幅度的减弱。1978—1984 年间农村非农产业的产值每增长 1%，就能使就业增长 0.65%；而到了 1988 年则降为 0.32%，即减少了一半。1992 年农村非农产业及其各业的产出就业弹性都处于历史最低水平。除 1992 年外，在各年份都是农村工业的产出就业弹性最低；而在 1992 年，农村非农产业及其各业的产出就业弹性相差甚小。这种情况意味着农村非农产业吸纳劳动力的能力越来越差，从而显示出乡镇企业产业结构变动的偏差。造成这种偏差的原因是多方面的，但主要原因有两个。一是 1985 年以后，乡镇企业与城市企业产业结构上的同构，形成了两者之间直接竞争的局面，乡镇企业为了求得与城市企业在同一水平上竞争的实力，不得不在其发展的初期，就采取以资本替代劳动的增长方式，放慢向非农产业转移劳动力的速度，求得资金增密，以提高设备、技术和产品的档次与质量，与城市企业展开竞争。乡镇企业在城市竞争压力下出现的这种强制资金增密及排斥劳动力的趋势，无疑导致农村非农产业吸纳劳动力能力的弱化。要解决这一问题，主要应通过前文所论述的城乡产业结构之间的协调增强乡镇企业的劳动力比较优势。

　　导致农村非农产业吸纳劳动力能力弱化的第二个原因是非农产业中第三产业没

---

　　[1]　产出就业弹性，即总产值每增长 1% 所带来的就业增长百分比。

有得到相应的发展。从经济发展的进程来看,第三产业所提供的"服务"形式的商品具有相当高的收入弹性。随着人均国民收入的上升,人们消费"服务"这类产品的需求将越来越大,因而随着经济的发展,第三产业的迅速发展将是必然趋向。而从劳动力吸纳能力上来看,第三产业的层次和行业很多,不仅仅涉及商业、交通运输业、金融保险业等传统服务行业,还涉及诸如信息业、旅游业、智能服务业等许多新兴服务业,这就决定了第三产业具有多层次吸收劳动力就业的能力。同时,第三产业中许多行业具有技术要求不高、资本投入不多的特点,因而劳动力和资本都比较容易进入,也不容易形成行业垄断。所以第三产业对于技术素质相对较差、资金拥有量较少的乡镇企业的限制因素相对较少,比起创办一般工业企业,乡镇企业更容易在第三产业中得到扩张和发展。因此,从劳动力吸纳指向上来看,第三产业应该是乡镇企业产业结构优化的一个重要选择。但就目前来看(见表 14-1-3),乡镇企业产值结构中,工业占有绝对的主体地位,其比重稳定在 70% 左右,第三产业的发展明显不足,从而构成乡镇企业近年来吸纳劳动力能力下降的一大重要原因。据此,要进一步通过乡镇企业的发展启动农村社区以及国民经济结构的高级化,必须大力发展第三产业,提高第三产业在乡镇企业产业结构中的比重,增强乡镇企业的劳动力吸收能力。

目前,我国乡镇企业中第三产业发展不足的主要原因在于,我国农村走向工业化的同时没有能同时启动农村城市化的进程,劳动力转移的不完全和城乡之间户籍制度、工资福利制度的存在使我国农村城市化过分滞后,正是这样的原因致使乡镇企业中第三产业的发展失去了相应的产业载体,从而也就难以得到正常发展所需的环境条件。理由是,从生产上看,与第二产业相对,第三产业的生产要素具有更强的人力密集型特征,而从消费上来看,"服务"这种商品不像物质商品可以运到产地之外去消费,而只能在产地消费。这两点决定了第三产业只有在人员密集度较高的空间才易于发展。也就是说,第三产业比第二产业更依赖城市化过程的进展。在城市化过程滞后的条件下,发展分散式的工业的相对成本较之发展分散式的第三产业要低得多,这就自然导致乡镇企业的增长更多的是体现在工业的高速增长上,而不是第三产业的迅速增加。因此,乡镇企业产业结构的优化需要大力发展第三产业,而第三产业的发展依赖农村城市化的全面启动。工业化、城市化的交融将构成我国乡镇企业产业结构优化的基本轨迹。

乡镇企业产业结构与农业的关联既体现了乡镇企业与农业之间相互依赖、相互促进的关系，也体现了农村社区发展对乡镇企业产业结构约束力的强化。前者表现为，乡镇企业在初始阶段得到了农业的直接和间接哺育，农业构成其母体产业，也构成其产业后盾。保持乡镇企业与农业之间较强的连带关系，既是乡镇企业的优势，也是乡镇企业的历史责任。后者则表现为，农业作为农村以及整个国民经济的基础产业，中国作为一个农业大国，其经济发展绝不可能离开农业的现代化。而农业这一基础产业的产业特性又决定了其发展不可能完全依靠自身的推动。乡镇企业在过去相当长的时期内，借助"以工补农""以工建农"等形式对农业的发展发挥了一定的推动作用，但理论和实践都证明，这种简单的体外注入式推进的效应是极其有限的，且以乡镇企业与农业两大系统自我发展机制的弱化为其成本。因此，要发挥乡镇企业对农业的推进作用，必须通过产业上的关联效应加以实现。根据钱纳里等人的计算，农林业的前后向关联系数分别为 0.72 和 0.31；与农业发生前向关联的主要是化肥、农药、农具等农用工业以及为农业生产提供服务的服务产业，与农业发生后向关联的则主要是以农副产品为主要投入品的加工制造业。发展这些产业能提高农业部门的生产效率，增加农副产品的附加值，同时还可以提高农副产品需求的收入弹性，改善农副产品的市场贸易条件，适应城乡居民农副产品消费结构和消费偏好的改变。乡镇企业与农业通过产业上的关联，可以实现两大系统之间以及两大系统内部的良性循环。因此，乡镇企业在以农副产品为原料的行业应具有较高的参与度。而就目前的情况来看（见表 14-1-4），乡镇企业轻工业中以农产品为原料的部门比重虽然高出了以非农产品为原料的部门，但并没有表现出绝对优势，两者之差 1980 年为负 3.2 个百分点，1985 年为 17 个百分点，1989 年为 17.2 个百分点，1990 年为 19.8 个百分点。更为重要的是乡村工业中以农产品为原料部分所占比重比全国轻工业中的相应比重低 10 个百分点左右。[1] 这表明，乡镇企业产业结构与农业的产业关联性很弱，

---

[1]　郭永利等，《我国农村工业的产业结构、空间特征和发展方向》，载《中国农村经济》1991 年第 10 期。

且其产业配置上并未充分体现城乡产业布局上的互补协作关系。事实上，农副产品加工业布局在农村比布局在城市更能获得外部经济。因为，这种工业的原料生产分散、产出集中，具有强烈的季节性，不耐贮存，且体积大、运输损耗多。因此，把农产品放在农村加工，可大大节省流通费用，获得明显的外部经济性。不仅如此，农产品在农村加工，还具有生态学上的意义。据此，乡镇企业产业结构优化的一个重要方向就是，根据区位原理以及乡镇企业与农业的产业关联性，更大限度地发展农副产品加工业，实现农村工业与农业、乡镇企业与农村以及整个国民经济之间的协调发展。

第十五章　乡镇企业的管理体制[①]

乡镇企业作为外在于我国原有工业体系之外的一种自生的存在，基本上处于自然发展状态。在管理体制上，或者过于强调市场调节，或者照搬城市企业的管理体系，适应乡镇企业运行机制的较为理想的管理体制没能形成，在一定程度上制约了乡镇企业的稳定协调发展。要求得乡镇企业的长期稳定发展，管理体制的改革将是一项前提性的重要战略措施。本章我们将从发展的需要出发，根据乡镇企业的运行特点和客观经济规律，研究乡镇企业管理体制的改革战略。

第一节　管理体制的现实运行

现有的乡镇企业管理体制具有两大特征：一是管理主体的二元性，中央政府（从中央到县的各级乡镇企业局）和地方政府（乡、村行政组织）虽同属于乡镇企业的管理组织系统，管理的总体目标基本上是一致的，但在管理手段、措施以及具体目标等方面具有各自的独立性，在某些方面甚至是对立的，从而使乡镇企业的管理组织具有二元性；二是管理方式的混合性，中央政府对乡镇企业的宏观管理主要借助市场机制，而具体到地方政府则主要借助行政手段，这就导致乡镇企业管理呈现出多种管理手段的复杂组合。

从 20 世纪 70 年代末开始，由于当时的乡镇企业已有了长足的发展，也由于国家对乡镇企业的日益重视，逐步建立了从中央到县的各级乡镇企业局，作为乡镇企业的主管部门，具体充当着中央政府管理乡镇企业的组织主体。由于乡镇企业局管理的

---

① 本章原载于：范从来著《乡镇企业发展论》，第十一章，南京大学出版社，1994 年版。

对象面广量大,且其主体形式是组织规模大小不等、经营方式千差万别的合作企业,国家对乡镇企业的宏观管理只能以间接管理为主。加之乡镇企业局自建立以来一直游离于我国工业宏观管理体系之外,缺乏城市工业主管部门的平价原材料供应、资金调拨、产品包销等优惠手段,没有能力在供产销诸方面把乡镇企业的生产经营活动全部纳入国家计划,因而乡镇企业局与乡镇企业之间并不存在直接隶属关系,只存在着业务指导关系,国家仍是主要借助市场机制对乡镇企业进行宏观管理。与此同时,中央政府取消了农产品的统购统销制,建立合同定购制予以替代。但在改革的进程中,受原有体制和国家财力的双重束缚,合同价格与市场价格日益背离,改革中已建立起独立经济利益机制的农户组织面对大大低于市价的合同价格,为了保护自身利益自然不愿签订合同或尽量少订合同,在经营决策上则表现为自发地减少投入、缩减种植面积,而把主要生产要素投放到非农生产领域,农产品供给大幅度下降,农产品资源再度成为国民经济发展的重要制约因素。在这样的背景下,国家无论从政治方面考虑还是从经济方面考虑,都必须采取有效的措施来稳定农产品的基本供给。国家可以选择的措施,一是按照改革的初始设计,继续动用国家财力支持农产品价格水平;二是动用工业物资挂钩换购;三是采取强制的行政办法,迫使农民与之签订合同。在国家财力并不宽裕的情况下,第一种方法显然难以为继,第二种方法也会受到生产企业的抵制而无法实现,于是国家只好宣布合同定购属指令性计划,依靠行政管理体系逐级分解,按承包田亩或人口平均摊派到承包户,使其哪怕不自愿也必须交购,强制的行政手段又不得不重新发挥出重要的调节作用。

在这样的宏观管理背景下,地方政府(乡村)面临三大问题。第一个问题是作为国家行政体系的基层机构,必须执行上级政府机关的调节指令,保证诸如名为合同定购实为指令性计划的行政性指令得到实现。第二个问题是承包后的农户分散、量大,且具有一定自主经营权,地方政府再过多地行政干预农民的独立权益,既难以奏效也不适宜,只能通过间接方法进行调节。比如,农民出售100斤商品粮补贴3～5元,耕种一亩土地补贴30～100元等。这些措施在现阶段农村经济系统中发挥着极其有效的管理作用。问题是,这部分庞大的"补农""建农"资金来自何处? 第三个问题是,地方政府作为基层政权组织具有一定的独立性,且在一定程度上充当着所在社区共同利益的集中代表,因而地方政府对社区城镇基础设施、教育卫生系统、道路交通等公共设施的建设有着不可推卸的责任。问题是,所需的巨额资金从哪里来? 依靠上级政府的财政拨款显然是无法奏效的,唯一可行的就是借助对乡镇企业的集权型管理,实施资金的行政性聚集,以完成上级政府的行政指令履行社区发展的重任。

这种地方政府对乡镇企业集权型管理的内在需求,在我国大部分地区乡镇企业特定的形成条件和现实的生存环境下无限制地得到满足。公社化时期,我国农村人地矛盾日益尖锐,按照政府调节指令建立起来的单一生产结构又出现了产量不断增长,而农民所得却总是原地徘徊,增产不增收的现象,兴办乡镇企业成为解决人地矛盾、满足人们致富欲望的良方。但在公社化年代,不允许发展个体经济,乡镇企业只能由集体来兴办,没有其他道路选择,地方政府在这一社区目标的实现进程中自然有着不可替代的组织功能。它在广大农民发展乡镇企业的内在冲动的基础上,通过行政力量实现了各类要素的初始动员和组织。一方面,以地方政府集体经济的形式兴办乡镇企业,不仅避免了极有可能出现的上级政府的各种干预,而且反过来借助政府的权威和影响力,为乡镇企业与周围大中城市企业之间的横向经济联合以及乡镇企业的市场竞争提供了行政性支持。另一方面,也只有地方政府才能为乡镇企业的创办提供最低限度的原始积累。因为,乡镇企业初创阶段,公社和大队办的集体企业主要是依靠原有的农业经济积累,也有的是靠向生产队筹借资金来购买设备和原材料,还有的是靠移用农业上的机械设备为企业所用,所有这些都只有借助地方政府对资源的动员、组织功能才能成为现实。地方政府对乡镇企业发展的组织和引导作用,使得地方政府成为集行政权和财产所有权于一身的特殊组织,它可以通过控制投资决策权、企业人事权、利润分配权,不受任何约束地对乡镇企业实施集权型管理。在这种内部组织体系的基础上,尽管中央政府已开始运用市场机制来调节乡镇企业,地方政府仍主要借助行政手段实施对乡镇企业的管理。在随后的全国性乡镇企业大发展进程中,不少地区涌现出多种所有制形式的乡镇企业,但从总体而言,集体所有制居于主要的或主导的地位①。加之管理体制具有一定的历史延续性,因此在集体所有制基础上形成的乡村组织对乡镇企业的集权型管理具有较强的代表性。当然,我们在研究乡镇企业管理体制的改革时,必需注意到各地管理体制上的差异性。

二元主体以及行政手段和市场机制相互胶着所构成的乡镇企业管理体制,在当前新旧体制的转换阶段有其产生的历史必然性,也发挥出一定的管理功能。但是,这种管理体制中,地方政府为了行使行政职能和社区发展职能,借助行政权、财产所有权以及经营权,对乡镇企业的经济活动实施全面的集权型管理,乡镇企业不可避免地成为行政系统的附属物。在乡镇企业发展已达到较高水平的今天,地方政府的行政集权型管理势必有损于乡镇企业的长期稳定发展。其表现主要如下。

1. 企业经营目标弱化

乡镇企业作为相对独立的商品经济经营主体,理应以利润最大化等作为自身的经营目标。对这种经济目标的追求有利于乡镇企业对市场价格信号做出符合理性的决策,也有利于乡镇企业在剧烈的市场竞争中长期生存、自主发展。但是,在现有的管理体制下,乡镇企业的投资决策权、收入分配权以及人事任免权均由地方政府控制,乡镇企业在一定程度上成为地方政府的财政口袋,地方政府必然把自身的职能目标渗透到乡镇企业的目标结构中,并通过行政力量使其不断得到强化。地方政府的双重身份使得政府的职能目标主要表现为行政目标和社区发展目标。这些非经济目标在企业目标结构中的强化必然导致企业经营目标的弱化,其结果则使企业的社区负荷过重,缺乏自我发展的能力,企业经济效益每况愈下。

2. 企业经营行为短期化

企业经营行为短期化首先表现为企业经营主体只求外延扩张,忽视内涵发展。地方政府对乡镇企业的集权型管理一直以产值指标的考核为核心,并以此为考核基层政绩的主要指标以及基层干部升迁和奖罚的重要依据。在这样的行政利益驱动下,乡镇企业不得不把地方政府下达的高速增长的产值指标作为企业首要的经营任

① 对乡镇企业所有制结构的这一判断参见陈吉元主编,《乡镇企业模式研究》,中国社会科学出版社,1989 年版,第 297 页。

务,反映到经营行为上就是热衷于搞基建、上项目、办新厂、上规模,很少愿意投资于企业的技术改造。其结果是经济总量超常规增长、投资规模超负荷膨胀、负债经营日趋严重,决定企业生存和发展的企业素质难以提高。企业经营行为短期化的第二个表现是,企业长期发展所必需的积累机制疲软。我国乡镇企业主要是依靠农业上积累的资金、农业上廉价的劳动力,在农用土地上逐步创办起来的,因此一开始就与农业存在着千丝万缕的经济联系。在随后的运行过程中,用农业以外的高收入补偿低效益的农业成为乡镇企业发展的基本职能,地方政府的行政职能和社区发展职能则进一步强化了地方政府对乡镇企业纯收入的分配和企业内部分配的行政干预,其结果形成了"三硬一软"的状况,即硬的国家税金、硬的地方上缴利润、硬的职工收入增长刚性,而其余可供用于企业积累的部分则相当疲软。

3. 企业发展无序

管理主体的二元性使得国家对乡镇企业的宏观管理部分失灵,在某种程度上可以说出现了宏观失控的局面,致使乡镇企业缺乏必要的宏观指导,无序发展。在现有的管理体制下,国家对乡镇企业的宏观管理主要是通过经济参数加以实施,但地方政府与乡镇企业在利益上的互相渗透使得经济参数对企业运行的约束软化。具体来说,信贷杠杆是国家宏观管理的重要手段,然而乡镇企业在紧缩的货币政策中所遇到的资金不足困境,却可以通过地方政府的行政担保及其直接干预得以摆脱。据调查,"领导指令贷款"和"人情贷款"占近几年农业银行乡镇企业贷款的 40%～50%。信贷杠杆部分失灵的结果是相当多的乡镇企业资产负债率不断上升。许多企业的负债率高出破产临界点却能生存如故,其实质是企业有序运行应有的资金约束机制在行政权力的干预下软化了。税收杠杆的软化则是由于地方政府受自身利益的驱动,往往对税务部门施加压力,使得税务部门尽可能多地运用减免税手段,并在一定程度上站在乡镇企业一边与税务部门讨价还价。价格杠杆的调节作用也往往被地方政府的财政输血或平调而抵消。总之,地方政府行政力矩的介入,使得管理系统中的经济参数的作用部分失灵,乡镇企业的发展处于无序状况。改革乡镇企业的管理体制已成为乡镇企业进一步发展的必要前提。

第二节　管理体制的改革目标

　　乡镇企业的管理体制迫切需要进行改革。怎样进行改革？目标的确定是关键。在改革的战略目标这一问题上，理论界还存在着许多不同的认识。一种观点认为，乡镇企业在现有的管理体制下从无到有、从小到大，发展成国民经济的一个重要组成部分，生产力的这一迅猛发展充分显示出现有管理体制的有效性。有的同志甚至把乡镇企业管理体制的现有状况描述成我国经济管理体制改革的目标模式之一，在这种认识的指导下，他们认为乡镇企业管理体制改革的战略目标就是完善现有的管理体制，使之在整个国家的经济管理领域运行。另一种观点则认为，乡镇企业至今基本上处于自然发展状态，企业行为短期化、企业发展无序，体制改革的战略目标就是要强化国家对乡镇企业的宏观管理能力，但至于怎样强化，还没有形成统一的观点。其中，有部分同志认为，强化乡镇企业的宏观管理就是要把乡镇企业的发展纳入城市工业的发展轨道，实施与城市工业相同的宏观计划管理和直接的行政管理。在这种观点的影响下，一些地区已经出现了以归口为名，把一大批乡镇企业平调给城市工业主管部门管理的做法。上述几种观点都有一定的道理，但从战略研究的高度来看，有一定的片面性。我们认为，战略目标的确定关系到乡镇企业的长期发展，也关系到整个国民经济的有序运行；从改革的过程来看，则关系到改革的成功与否以及改革成效的大小。我们不能脱离乡镇企业的现实管理状态，但也不能局限于此，而是应从整个国民经济稳定协调发展的角度确定乡镇企业管理体制改革的战略目标。我们认为，在确定乡镇企业管理体制改革的战略目标时，应该树立以下几个战略性指导思想。

　　第一，改革必须有利于促进乡镇企业长期稳定发展。在过去的 10 年中，乡镇企业的发展加速了农业现代化的进程。这种加速功能首先表现在乡镇企业对农业现代化的要素贡献。1978 年至 1988 年，仅乡村企业用于以工补农、以工建农的资金即达162.8 亿元，另外农民从乡镇企业中获得的收入一部分通过投资形式转化为农业投入，还有一部分被存入信用社或农业银行，以农业贷款的形式流入农业，大大地增加了农业资金的供给量。乡镇企业发展加速农业现代化进程的第二个表现是，乡镇企业以其较高的就业弹性吸收了大量的农业剩余劳动力,为农业现代化的实现奠定了基础。1988 年全国乡镇企业从业人员达 8 800 多万,占农村总劳力的 23％。此外,乡镇企业的发展还大大增强了农村经济实力,打破了农村地域的封闭状态,迅速增加了与外界的经济联系和交往,带动了交通业、商业、服务业的发展,促进了农村城市化的进程。从宏观经济的角度来看,乡镇企业的发展则不仅推动了国民经济增长和结构变革,而且提高了国民经济的总体效率。在经济增长方面,乡镇企业以其产值贡献、税金缴纳、出口创汇、市场供给和拓展为国民经济增长做出了突出的贡献。在经济结构的转变方面,乡镇企业的发展促使农村劳动力从农业向非农产业大规模转移,改变了农村资源的组合方式和利用效率,促使农村经济结构高度化。同时,农村劳动力向非农产业的迅速转移也打通了二元经济向一元经济转化的通道,促使国民经济整体结构向高效益结构转化。乡镇企业的发展事实表明,乡镇企业作为国民经济的重要组成部分,将在更长的历史时期内,在更大的规模和层次上推动国民经济的发展与变革,影响中国经济的未来。因此,我们在确定乡镇企业管理体制改革的战略目标时,首先必须端正对乡镇企业地位和作用的认识,那种认为"乡镇企业在乱中诞生,应在治中淘汰"的观点是极其错误的。我们不能单纯从消极方面来研究如何"管、卡、压"乡镇企业,而应该将积极地引导乡镇企业向着更加完善、更加健康的方向发展作为我们战略研究的指导思想。

第二,改革必须有利于整个国民经济的稳定协调发展。乡镇企业对国民经济的发展做出了不可替代的巨大贡献,这是毋庸置疑的。但是,我们也应看到,乡镇企业的现实运行与国民经济的协调发展之间确实存在很多矛盾,如果无视这种矛盾,其激化将给中国经济和社会生活带来危险,我们同样不可能制定出正确的乡镇企业管理体制改革的战略目标。

乡镇企业现实运行与国民经济协调发展之间的矛盾首先表现在它与农业生产之间的不协调。中国的国情决定了农业的稳定是整个国民经济协调发展的基础。但是,在乡镇企业突飞猛进的年代,我们并没有能实现农业的稳定增长。在可计算的村办工业产值迅速增长的 17 年中,种植业和村办工业一盛一衰,增长速度变化相反,十分对称。① 当然我们不应把农业生产徘徊的原因简单地归咎于乡镇企业挤占了农业劳动力及其他要素,更不能把农业生产徘徊的原因归结在乡镇企业的发展上。但是,必须承认我国的农业生产仍处于传统阶段,农业生产率的提高主要是通过大量劳动密集投入,精耕细作所取得的。当乡镇企业迅猛发展吸收了大批农业劳动力,而农业投入机制又不健全,农业中其他生产要素的投入没有能相应增加时,农业生产就会受到影响。另外,当农业劳动力向非农产业转移时,首先转出的往往是劳动素质比较好、文化层次比较高的劳动力,从而导致农业生产中人力资本的流失,这也影响着农业的稳定。

　　乡镇企业现实运行与国民经济协调发展之间矛盾的第二方面表现在它与城市大工业之间的矛盾。应该肯定,总体上看乡镇企业的发展弥补了城市大工业在产业结构和产品结构方面的不足,形成了一定的互补、协作关系,但也必须承认乡镇企业与城市大工业之间在发展中存在着某些不协调的现象。其主要表现就是乡镇企业与城市大工业的结构趋同,过度竞争。这种结构上的高度趋同,不可避免地要造成城乡工业之间争材料、争市场、争资金的不协调现象。有人由此得出结论,说应该限制乡镇企业的发展。但我们认为,城乡工业发展中的不协调并非由乡镇企业的异军突起所造成,其根本原因是体制上的。这表现在两方面:一是传统体制框定城市搞工业、农村搞农业的格局,造成国家宏观计划管理体制中,工业的资源配置、资金投放、人才配备等方面没有考虑乡镇企业这一块,随着乡镇企业的不断发展壮大,必然产生矛盾;二是乡镇企业管理体制在游离于城市工业管理体系之外的同时,宏观管理不力,乡镇企业的发展缺乏如何与城市大工业协调的宏观指导。因此,在研究乡镇企业管理体制改革的战略目标时,我们不能仅就乡镇企业的发展谈体制的改革,更不能把乡镇企业与其他部门对立起来,而应从国民经济各部门之间协调发展的角度来确定改革的战略目标。

　　第三,改革必须有利于农村经济管理体制以及我国工业经济管理体制的改革。乡镇企业管理体制的改革既直接涉及农村经济管理体制的改革,又直接涉及整个国

———————————

　　① 　具体研究参见:《中国农村经济》1990 年第 5 期,第 11 页。

家工业经济管理体制的改革。应该承认，乡镇企业尽管从一开始就置身市场，但始终未曾摆脱过政府的计划指导。乡镇企业管理实施的实际上是计划指导下的市场调节，这种体制比较符合社会主义市场经济目标模式的要求。体制改革的进程中必须继承这方面的创新。同时，我们必须看到，这种创新性管理体制受多种因素的干扰，宏观管理的效果并不十分理想，在某种程度上可以说导致了宏观失控的局面，致使乡镇企业经济总量超常规增长、投资规模超负荷膨胀、经济效益每况愈下，负债经营日趋严重。在微观管理方面，由于乡村行政组织行政力矩的干预，企业目标、行为均发生偏差，并导致整个农村经济管理体制中宏观与微观、计划与市场如何协调在理论和实际中均成为悬而未解的问题。在本章的第一部分我们已经进行了大量的剖析。如果体制改革只是在原来体制的基本格局内迂回，不触动与乡镇企业有关的农村经济管理体制的弊端，则达不到以改革促发展这样一个总体性战略目标。另外，在承认乡镇企业现行管理体制存有诸多弊端的同时，我们不能简单地把将乡镇企业管理纳入城市工业管理轨道作为改革的指导思想。应当看到，现行的城市工业管理体制本身就存在着众多弊端有待改革。应根据工业生产力的发展规律，结合乡镇企业管理特殊性，建立一个崭新的乡镇企业管理体制，从而推动整个国家工业经济管理体制的深化改革。

在上述几条战略性指导思想指导下，我们认为乡镇企业管理体制改革应树立如下战略目标。

（1）创造乡镇企业稳步发展的外部环境。改革乡镇企业管理体制，首先要使乡镇企业作为相对独立的商品生产者，享有和全民所有制企业一样基本平等的地位，获得良好、宽松的外部环境以实现稳步发展。在新的管理体制中，国家在考虑资源配置、社会生产布局、全社会企业生产能力与经济实力的总体平衡时，乡镇企业对资源的需求和拥有的生产能力将作为国民经济的一个有机组成部分得到统筹兼顾、适当安排，得到最基本的物质保证。在确定部门比例关系和调整产业结构时，将把城乡工业作为一个整体统一配置，当需要扩大生产规模和开发新的生产领域时，对承担主体的选择将不以企业的所有制或经营方式为标准，而是以企业的经营条件、经济效益、资源最优利用和生产力合理配置作为选择的标准。总之，新的管理体制将主要以取得社会生产力发展的最佳效益为原则,使乡镇企业能处于和其他全民所有制企业一样平等的、相对独立的商品生产者地位,由国家做统一的管理。这里的平等对待并非简单地指对城乡企业一视同仁,而是必须认识到城乡企业在国民经济发展中各自承担着不同的任务,有着不同的环境和特点,新的管理体制将从这一现实情况出发,调节城乡企业在经营条件和环境上的差异,使城乡企业之间真正建立起公平竞争关系,促进乡镇企业的稳步发展。

(2) 形成乡镇企业不断优化经营机制的外在压力。现有的乡镇企业经营机制既有其独特的优点,比如经营上的自主性、机动灵活的竞争机制和追求利润最大化的动力机制等,也有着乡镇企业自身所带有的弱点,包括技术经济层次低、管理水平低、职工素质差、分配行为不规范、企业积累十分薄弱等,这些经营机制上的局限性从根本上制约着乡镇企业的发展。管理体制的改革一方面要为乡镇企业的稳步发展创造宽松的外部条件,另一方面还必须通过一定的管理手段,形成乡镇企业主动优化、自觉优化经营机制的外在压力。新的管理体制将围绕企业约束机制、积累机制、风险机制的完善,形成一个计划与市场相结合、宏观管理与微观管理分工协作,具有较强的管理力度的系统,从根本上促进乡镇企业的长期稳步发展。

(3) 培育乡镇企业与国民经济各部门之间协调运行的机制。乡镇企业与国民经济各部门之间协调发展是我们的目标。实现这种协调无疑将是乡镇企业管理体制改革的战略目标。但要实现这一目标,不应采用传统的计划协调模式,而是要培育乡镇企业与国民经济各部门之间在增长速度、产业结构、产品结构等方面的协调。

第三节 管理体制的改革思路

如前所述,乡镇企业管理体制改革的战略目标表现为,创造乡镇企业稳步发展的外部条件、形成乡镇企业不断优化经营机制的外在压力、培育乡镇企业与国民经济协调运行的机制。如何实现如上战略目标,仍需要我们从改革的现实可行性与改革的战略性出发,制定一个总揽全局的基本思路。从总体上来讲,乡镇企业管理体制改革的基本思路应该是,通过乡镇企业的产权明晰化,一方面使乡镇企业能自动接受各种市场调节信号;另一方面使地方政府摆脱与乡镇企业之间的利益绞合关系,促使乡镇企业管理组织系统中地方政府与中央政府在管理目标、管理方式等方面趋于一致,克服现有管理主体的二元性,形成一个统一的管理系统。与此同时,发育一个城乡通开的商品市场和生产要素市场,使之真正具有间接管理乡镇企业的中介功能。在此基础上,建立起以行业管理为核心,市场调节为主要手段的管理体制。

一、乡镇企业管理体制的模式

采用什么样的管理模式达到体制改革的战略目标,人们的看法并不一致。传统的管理模式采取的是游离于城市工业体系之外,按行政系统实施部门管理的模式。这一模式在乡镇企业管理上存在着许多问题,对此我们已在本章的第一部分进行了大量的论述。为了克服现有管理体制存在的弊端,我们认为把乡镇企业纳入行业管理的轨道,采取乡镇企业行业管理模式是基本对策。

所谓行业管理,是按照行业的技术特点和内在联系以及专业化协作的要求,通过一定的组织形式,对全行业企业的经济活动进行统筹规划、监督、协调和服务。这里的行业,一般是以专业化技术为基础,以专业化企业为主体,或生产同类产品,或使用的主要原材料和工艺流程相同,或提供同类性质的劳动服务的同业组织。

乡镇企业管理体制之所以要采取行业管理这一模式,是因为这一模式有利于克服现行管理模式的弊端。(1)把乡镇企业纳入行业管理的轨道,可以打破城乡分割和地区、部门分割的局面,把城乡企业融为一体,按行业统筹规划,以实现乡镇企业与国民经济各部门之间的协调发展;(2)把乡镇企业纳入行业管理的轨道,国家经济管理部门就可以站在全行业的角度,在考虑到乡镇企业特殊性的基础上,按照专业化和经济合理的原则,合理调整城乡工业格局,以实现城乡工业一体化这一长期发展战略;(3)把乡镇企业纳入行业管理的轨道,就可以通过合理调整乡镇企业的产业结构和产品结构,统筹布局,实现乡镇企业自身的协调发展,提高适度规模经济水平,避免盲目性;(4)把乡镇企业纳入行业管理的轨道,就可以通过行业管理,使乡镇企业在与城市企业公平竞争的过程中,自觉提高企业素质,解决技术、人才、资金信息等问题,增强乡镇企业的竞争能力。

二、乡镇企业管理体制的主体

这里的主体是指承担乡镇企业管理职能的组织。由怎样的组织来承担乡镇企业的管理职能，一直是理论工作者和实际工作者争论的焦点。有一种观点认为，应由自愿参加、自治自理的民间行业组织充当管理的主体，反对政府进入管理体系并成为管理主体。持这种观点的同志把国家对乡镇企业的行业管理混同于西方国家中小企业为抵御大企业垄断而自发形成的民间行业管理。应该认识到，我国实行的是社会主义市场经济，旧体制的影响一时难以消除，市场发育的程度还相当低，在这种情况下，难以单纯依靠民间行业组织实施乡镇企业的管理职能，这种民间行业组织最终势必解体。还有一种观点认为应由城市工业管理部门充当乡镇企业的管理主体。我国原有的城市工业管理体制是以部门管理为特征的，各个工业管理部门(厅、局)尽管也是按行业进行分类的，但其管理面并不覆盖全社会，而且，在行政集权的管理体制下，基层企业成为行政部门的相对附属物，主管部门对企业从供产销到人财物实现全面的直接管理。若简单地把城市工业主管部门作为乡镇企业的管理主体，乡镇企业又不可能被改造成与国有企业同质的经济主体，那么，对乡镇企业和国有企业在政策上的"亲疏有别"将是不可避免的。若将乡镇企业改造成与国有企业同质的主体，一方面将使改革倒退；另一方面，乡镇企业的存在和发展过去是、现在是、将来还是依赖于市场机制，如果用直接管理机制代替乡镇企业存在和发展的市场机制，就意味着剥夺了乡镇企业存在和发展的资格。所以，我们既不能单纯以民间行业组织充当管理主体，也不能简单地以城市工业主管部门充当管理主体，而应在改造现有的城市工业管理部门的基础上形成政府的行业性管理部门，建立一个官民合作、分工负责的多元化、多层次的组织系统，充当乡镇企业的管理主体。

官民合作、分工负责，即政府的行业性管理部门和民间行业组织并存，合理分工、各负其责，在经济综合部门的指导下，组成乡镇企业管理组织系统。这里的政府行业性管理部门并非原有的工业管理部门，而是在工业管理体制的改革进程中，原先由主业部门分管的计划、物资、资金、人事等权力转变为统一由各综合职能部门管理，从而在客观上消除了国有企业与乡镇企业之间直属企业与非直属企业的"身份"区别后，转换现有管理部门的部门管理机制，形成的以行业管理为主，同时又担负一定行政管理职能的部门。在政府行业性管理部门的形成过程中,有必要保留乡镇企业的主管部门,使其代表乡镇企业利益对行业管理的进程实行有效的配合和监督。

政府行业性管理部门作为乡镇企业管理组织系统的主体,实行多层次的分级管理。从全国来说,政府行业性管理系统大体上可分为中央和地方两个大的层次。中央行业管理层次主要负责全国行业,特别是对国民经济影响较大的重点行业的宏观指导与管理,对行业发展的方针、政策、中长期规划、企业布局等重大问题做出决策,并搞好各行业管理系统之间的综合平衡与协调。地方行业管理层次将由经济功能强、辐射力大的中心城市以及作为宏观经济与微观经济结合部的县级经济管理部门充当,形成一个以中央行业管理部门为龙头、中心城市为骨干、县级管理为基础的政府行业管理体系。

民间行业管理组织是乡镇企业管理组织系统的重要组成部分,它的主要任务是代表企业与政府行业管理系统对话,反映企业的意见和要求,并将政府行业管理系统的有关信息及时反馈给企业,推进全行业企业的技术培训与经济技术信息交流、新产品的开发与推广,协助政府管理部门搞好行业规划、政策制定等。民间行业组织是政府管理系统联系全行业的重要纽带、桥梁和助手。它在打破地区、部门、所有制界限,推动横向经济联合,促进行业性管理的发展,协调企业之间、行业之间、国家与企业之间的关系以及为企业提供咨询服务等方面具有很重要的作用。民间行业组织与政府行业性管理系统有机结合、相辅相成,形成乡镇企业管理的主体系统。

三、乡镇企业管理体制的手段

西方国家的行业管理主要是通过服务达到自治自理的目的。我国过去的部门管理是通过计划控制的手段,保持各个经济部门之间的协调运转。那么,建立在计划机制之上的直接管理能不能作为乡镇企业行业性管理的手段呢? 我们认为,乡镇企业作为外在于我国原有工业体系之外的一种自生的存在,面广量大,且其主体形式是组织规模大小不等、经营方式千差万别的合作企业,国家对乡镇企业的管理只能以建立在市场机制之上的间接管理为主要手段。而且,用计划机制统一管理全行业的所有企业,这与我们采取的经济运行机制相悖。因此,国家作为管理乡镇企业的主体,要实现其目标,只能采取多种手段作用于市场,使国家管理乡镇企业的目标体现在市场参数上,利用市场参数来规范乡镇企业的行为,从而把乡镇企业的运行纳入协调发展的轨道。

间接管理手段能不能有效地发挥出管理功能,发育一个较为完善的市场机制是关键。如果没有一个完善的市场机制,企业就很难成为真正独立的商品生产者和经营者,国家和经营主体以及经济主体之间的供需关系就不能得到正常的体现,间接管理赖以存在的经济主体与调节主体之间的市场联系将发生断裂;而且,不完备的市场机制常常会发出虚假的市场信号,不仅会影响企业目标的实现,还会由于引起了较大的市场波动,削弱国家管理乡镇企业的效果。更为重要的是,不完备的市场将会使城乡企业难以在公平的基础上实施有效的竞争,覆盖全社会的行业性管理将难以实现。因此,管理体制改革的重要措施之一就是要发育一个城乡通开的商品市场和生产要素市场,使之真正具有行业性管理的中介功能。这方面改革的主要内容是,根据城乡一体化的要求,打破封建割据式的地区封锁、部门所有,以中心城市的高级市场为核心,在大中城市、中小集镇以及乡镇区域的传统集散地和集中生产区广泛设立初级市场,形成一个多层次的、城乡通开的统一市场,促使乡镇企业在高层次的城乡经济一体化中得到进一步发展,推进行业性管理的实现。

乡镇企业的特殊性要求国家对乡镇企业的管理必须以市场调节、间接管理为主。但是,仅靠市场机制的管理作用是难以实现乡镇企业发展的战略目标的。因为,市场机制存在着难以避免的盲目性,容易产生有碍于社会经济发展的负效应;市场机制本身还会滋生出妨碍自身运转的垄断现象。因此,一方面要借助西方行业管理手段,使作为中小企业的乡镇企业有一个顺利运行的经营机制和组织基础;另一方面,国家还必须采取各种政策工具,影响市场,影响企业,达到管理好乡镇企业的目的。这些政策工具主要有以下几种。(1)政府的产业政策。政府根据国民经济发展的需要和国有企业、乡镇企业的发展水平,明确规定哪些领域和产业宜由国有企业组织,哪些宜由乡镇企业组织,哪些领域和产业宜由二者共同参与、互相竞争。(2)资源分配政策。国家根据效益原则,打破所有制界限,择优分配稀缺资源。考虑到现实经济生活中资源分配以所有制划线,先国有、后集体,制约着乡镇企业的正常运行,改革的方向应是给予乡镇企业与其规模相称的资源份额,但应区别对待,对符合政府产业政策的多给,不符合的少给或不给。至于具体的分配方式,既可以在计划盘子里划出一块逐层下达至企业,也可以通过市场,或者采用二者兼顾的方式使乡镇企业有一个相对稳定的资源来源和符合国民经济增长、经济效率提高所要求的发展。(3) 税收政策。国家从公平税赋出发,对国有与乡镇企业实行统一的税收尺度,创造均等的竞争环境。乡镇企业的税收外负担将规范化、固定化并逐步向地方税方面演化。在此基础上,国家根据产业政策的要求和乡镇企业结构调整的方向,采取灵活的差别税收政策。(4) 信贷政策。即国家根据国民经济发展的总量政策和结构政策制定相应的信贷调节政策。由于乡村两级工业企业负债率大体在 60%,国家的信贷政策对乡镇企业的管理将有较强的影响力。

第十六章　乡镇企业的外向发展[①]

乡镇企业的外向发展为乡镇企业的高层次推进闯出了一条新路。然而,乡镇企业外向发展的总体水平仍较低,外向开拓过程中也存在着不少问题,其中一个关键性问题是乡镇企业缺少明确的外向发展战略。正确制定乡镇企业的外向发展战略将从根本上推进乡镇企业的外向开拓。

第一节　外向目标的选择

制定乡镇企业外向发展战略,首先必须明确整个国民经济外向发展的目标。这是因为,乡镇企业作为国民经济系统的有机组成部分,其发展战略不可能也不应该孤立地只从乡镇企业自身发展的角度加以考虑,只有从国民经济外向发展对乡镇企业的需要出发,制定乡镇企业的外向发展战略,才能保证乡镇企业的外向开拓受总体目标的引导和支持,并促使总体目标的实现。

一般而言,一个国家在外向发展中可以获取两种利益,一种是贸易福利,另一种是经济发展。贸易福利的追求是为了获取绝对利益和比较利益。绝对利益的追求可表述为,在经济的外向化过程中,只生产在劳动耗费和生产效率上拥有绝对优势的产品;用出口该产品所创造的外汇收入,去购买别国的廉价商品,从而获取绝对利益。比较利益有静态的和动态的两种。静态比较利益的追求意味着一个国家应侧重生产能密集使用本国比其他国家相对丰富的生产要素,并能充分发挥本国比较劳动生产率优势的产品;通过对外贸易进口那些能密集使用本国最缺乏的生产要素且具有比

---

① 本章原载于:范从来著《乡镇企业发展论》,第十二章,南京大学出版社,1994 年版。

较劳动生产率劣势的商品，以促进贸易双方财富的共同增长。动态比较利益的追求则意味着，在国际贸易中一时处于劣势的产业，由于其市场容量大，生产力上升率高，因而从发展的观念来看有可能转化为优势产业；对这种产业不但不应该放弃其发展，反而更应该采取多种措施扶持其成长。经济发展的追求来源于产业结构高度化所创造的更高的社会生产力以及在国际交换中所实现的更复杂的劳动分工。外向开拓中的两种利益对发达国家而言往往是一致的、互容的，而对广大发展中国家而言却总是存在一定的不一致，因而需要在两者之间进行多种组合方案的选择，以确定外向发展的战略目标。我国是发展中国家，外向发展同样面临着目标的选择问题。

我们认为，外向发展是国民经济发展到一定阶段的必然产物，它应该以国民经济的进一步发展为目标，而决不能把出口创汇看成最终目标，出口创汇只是经济发展的一种形式和手段，外向发展目标的选择应服从整个国民经济进一步发展的需要。就我国国民经济运行的现行格局以及国际贸易形势来看，我国的外向发展应该以产业结构的高度化为目标，通过引进技术、改造传统支柱产业，促使高技术产业部门的形成，这既能适应国际贸易环境的要求，又能启动国民经济的进一步发展。我们之所以提出这个结论，是基于以下几方面的考虑。

第一，我国国民经济正面临着一个新的成长阶段，结构变动具有强烈的紧迫性，外向发展只有把扩大出口同产业结构的调整联系起来，才能实现我国国民经济的进一步发展。按照国际惯例，从人均国民收入 300 美元左右上升到 1 000 美元的这一阶段，由于消费者结构中非必需品消费迅速上升、科技进步作用日趋显著，因而构成产业结构大变动的阶段，经济的发展应以结构的变动为中心内容。就整体而论，我国近几年国民经济的增长，基本结束了以满足温饱为中心的必需品消费阶段。必需品中选择性强的商品已普及城乡，必需品的销售增长率相对减缓，而非必需品正由城市向乡村消费领域扩散，其销售增长率日益加快。随着国内市场需求结构的变动，我国以中低档工业制成品生产为重心的产业结构，已无法再对国民经济的进一步发展产生重大推动作用，旧的结构和均衡不可避免地将被打破。我国国民经济的进一步发展迫切要求结构变动，也就必然需要寻找有效的经济机制来推动我国产业结构的变动。而外向发展战略正是在这样一个国民经济新成长的大背景下产生的。外向发展的目标必然包含两方面的接轨,一是国内市场竞争同国际市场竞争的接轨,二是国内产业结构同国际市场供求结构的接轨。通过接轨引进市场竞争机制,借助国际市场需求拉力和国际生产分工协作体系的辐射力来启动我国经济结构的高度化进程,从而加速我国国民经济的进一步发展。

我国外向发展以结构变动为目标的第二个原因是,来自发达国家产业政策的再调整对我国经济发展构成了新威胁。近来世界贸易发生了一系列变化,其主要标志是:国际竞争不断加剧;商品生产趋于全球化,国家之间、地区之间的经济活动相互渗透、相互交融;市场形势日趋复杂,消费者对商标、质量、价格、产地等越来越敏感。技术进步的加快,引起了世界经济格局、政治格局、生活方式以及社会思潮的变化,同时也对产业结构发展方向提出了新的要求。面对国际贸易形势的变化和技术革命的新势头,发达国家正在迅速地对产业结构进行新的调整。以日本为例,从 20 世纪 70 年代的石油危机开始,日本逐步实行了三项调整:(1) 使技术、知识密集型产业在经济发展中充分发挥主导作用;(2) 帮助萧条产业改善结构状况或转产;(3) 采取措施增加出口商品的技术含量,促使出口商品构成的优化。近年来,随着日元大幅度增值和石油的大幅度降价,日本又不失时机地进行了国内产业的调整,加紧了进出口商品结构的重新组合,以金融国际化和初级产品加工海外化为手段,与美国等发达国家展开了范围更广、影响更深的较量。我国若不抓紧时机进行产业结构的变革,与发达国家之间的距离必将越来越大。只有把国民经济推向国际市场,实现国内经济与国际经济的接轨,利用国际循环带动国内循环,才能加快我国产业结构高度化的进程,缩短与发达国家的差距。

因此,我们认为我国经济的外向发展不能仅以出口创汇作为唯一目标,只有从外向开拓启动产业结构的高度化、推动经济发展的战略高度来确定外向发展的目标,才能顺应商品经济全球发展的内在要求。作为乡镇企业,其外向发展战略也必须服从这一宏观发展目标的总要求。

第二节　带头产业的修正

我国外向发展究竟以何产业为带头产业，理论界和实务部门对此做了大量的研究工作，提出了一些不同看法。一部分人主张充分利用我国劳动力资源丰富而廉价的绝对优势，大力发展劳动密集型产品的出口，用换取的外汇进口武装重工业所需的技术装备，支持基础工业及基础设施的建设，再用重工业支持劳动密集型产品走向国际市场，通过引进国际市场的竞争机制，促进产业结构的转换。这种主张隐含着这样一种选择，即在外向发展中，以劳动密集型的传统产业作为出口导向的带头产业。而在劳动密集型的产业大军中，乡镇企业占有相当大的比重，如果选择上述带头产业，乡镇企业必将充当外向开拓的"先头部队"，率先走向国际市场，参与国际竞争。

我们承认，乡镇企业经过近 40 年的发展，实力确实已达到了相当高的水平，从而具有了一定的出口生产能力。让其外向开拓、参与国际市场竞争具有一定的可能性。具体有以下几个方面。

第一，国际市场环境的变化为乡镇企业的外向开拓提供了可能性。当今世界，发达的资本主义国家正在进行产业结构的全面调整，发展高科技产业，把劳动密集型产品的生产向劳动成本低的国家和地区转移，从而让出一部分传统产品市场，这为我国乡镇企业生产出口产品提供了机会。另外，国际经济渡过了 20 世纪 70 年代末的石油危机以后，国际原材料市场出现了供过于求的新情况。日本、德国贸易顺差以及美元汇率下滑，利息降低，外国资本开始从美国撤出，寻求新的出路，台湾、香港等地区因生产过剩、资金市场狭小、股票市场不景气而处于有钱无处投的状况。这些都有利于乡镇企业在国际市场上争取加工出口所需要的原料和利用外资向外开拓。

第二，乡镇企业自身的经营特点使其有可能向外开拓。乡镇企业从诞生起就有自己的鲜明特征，经过不断的改革和创新，形成了独具特色的经营机制、决策机制、动力机制，从而有可能适应国际市场的要求。（1）长期的自主经营、自我发展孕育了乡镇企业灵活机动的经营机制，比较容易适应国际市场小批量、多品种、快交货的要求。（2）以集体经济为主体的所有制结构，形成了集体经济组织集中决策和企业经营者自主经营的双层决策体系,使乡镇企业的决策自主权大,受到的牵制少,办事效率高,从而适应国际市场变化大、需要果断决策、讲究高效率的要求。(3)极强的市场约束和灵活的利益机制,驱使乡镇企业面向市场,具有极强的市场约束和灵活的内在动力。乡镇企业的这些特点为其外向开拓提供了条件。就经济技术实力而言,城市工业企业将作为外向开拓的主力军率先进入国际市场,但城市企业外向开拓所需要引入的乡镇企业的运行机制,也需要乡镇企业在物质和资金上予以支持。城市企业只有引入了乡镇企业灵活的经营机制,才能适应国际市场小批量、多品种、快交货的要求。让乡镇企业实施外向开拓的发展战略,直接与城市企业一起外向开拓,将有利于城市企业引入乡镇企业灵活的经营机制,提高我国外向开拓的总体实力。

第三,乡镇企业经过长期的稳步发展,已经具备了一定的出口生产能力,这为乡镇企业的外向开拓提供了基础。(1)农村经济体制的改革,大大促进了农村生产力的提高,农村劳动力大规模地由第一产业向第二、三产业转移,乡镇企业在发展过程中获得了大量的相对廉价的劳动力,凭借其劳动力优势大力发展劳动密集型产业,并形成了一定的产业实力,因此乡镇企业完全有能力借助国际市场的变化,大力发展劳动密集型产品的出口。(2)农副产品是我国传统的出口商品,它在我国出口的八大类商品中,涉及粮油食品、纺织品、土特产品、工艺品四大类,覆盖面相当大。我国的农副产品出口,特别是土特产品具有投资少、见效快、出口成本低的特点,出口潜力很大。实行家庭联产承包责任制以来,我国农业生产由过去的强制性的集体粗放经营,转变为农民自主的集约化经营,从而大大促进了农村商品经济的发展,农副产品的商品率有了较大的提高,这就为我国农副产品出口较快增长提供了可能性。但从长远看,我国农副产品要在市场容量大但竞争相当激烈的国际农副产品市场上立住脚跟,必须逐步改善出口结构,实现由主要出口初级产品向主要出口加工制成品转变,由主要出口粗加工制成品向主要出口精加工制成品转变,而乡镇企业从开始就积蓄了相当的农副产品加工实力,在今后的外向开拓中,既有必要也有能力在加工农副产品、出口增值方面大显身手。(3)虽然乡镇企业的总体经济实力较弱,但在沿海地区有一批乡镇企业的技术经济实力相当强。他们在近几年的发展中,积极引进技术,使用了大量的国外先进设备,技术装备水平已达到了较高的程度;这些乡镇企业还采用了多种积极灵活的方式吸引和培养了大批的科技人才和管理人才，并提高了职工素质。这些骨干乡镇企业完全有实力参与国际市场的高层次竞争，为我国乡镇企业走向世界发挥开路先锋的作用。（4）对我国大部分乡镇企业而言，由于其生产技术仍处于低水平状态，外向开拓将受自身物质技术实力的严重制约。但是，我国乡镇企业在产品销售、原材料采购、新产品开发、新技术推广、信息服务等方面普遍采用了"外引内联"的战略，建立起日益广泛和深刻的跨地区、跨部门甚至越国界的纵横联系与协作关系，乡镇企业可以借助这种联合和协作关系，引进技术，加快改造，为走向国际市场开辟道路。

总之，乡镇企业外向开拓有着相当大的可能性。但是，我们必须看到，当今国际市场竞争的实质是技术竞争和经济实力的较量。就总体而论，乡镇企业的技术水平在我国国内仍基本上处于技术金字塔的底部，有许多机器设备已经超过甚至大大超过技术寿命和经济寿命。以这样一种低水平的技术经济实力，想率先走向国际市场，显然是一种不切实际的期望。即使我们避开乡镇企业本身的实力问题，仅就外向开拓的带头产业而言，今天我们能否继续把劳动密集型的传统产业作为出口导向的带头产业，这也需要冷静地分析国际贸易环境，以便做出正确的选择。

从外向发展目标出发，我们认为出口导向的带头产业不应该是劳动密集型产业，而应该是技术密集型的现代工业。原因有以下几点。

第一，根据产业经济学的产业结构转换理论，劳动密集型产业缺乏足够的刺激强度，其影响力系数和感应力系数均较小。比如，1970 年日本投入产出表显示，影响力系数较高的行业是钢铁工业、一般机械制造业、电气制造业、运输机械制造业；感应力系数较高的行业有纸、印刷、出版业、化学品制造业、石油制造业、钢铁制造业。刺激强度大的产业总体表现为资金、技术密集型产业，以及技术—劳动密集型产业。若以传统的劳动密集型产品的出口为带头产业，毫无疑问将难以启动外向型经济区产业结构的高度化，这将阻碍外向发展目标的实现。

第二，若以劳动密集型产品的出口作为外向开拓的带头产业，不仅不能启动产业结构高度化的进程，相反有可能加剧结构的倾斜。因为，如果以劳动密集型产业作为带头产业形成外向经济格局，将由于专业化生产低技术产品，而且密集地使用非技术工人或低技术水平的工人,物质资源和人力资源必定得不到充分开发和利用,这将把我们束缚在低技术生产活动的"比较优势"长期化的停滞状态之中。我国部分地区已具有的商品经济发达、科学文化和经营管理水平比较高的优势,必定得不到充分发挥和相应提高;而发达国家或地区将随着技术产品的扩张,密集地使用资金、技术、经营才能和高素质人员推动社会经济水平进一步提高,这将进一步拉大与我国经济技术之间的差距。同时,初级产品出口的增加将提高该行业产品的需求弹性,使得国内市场需求变革已经形成的拉动引力减弱,更难以启动现有结构向高度化产业结构的转换,从而进一步延缓我国国民经济从整体上进入新成长阶段的进程。

第三,就当今国际贸易形势来看,劳动密集型产品也难以使我国广大企业真正占领国际市场。在当今国际市场上,传统的劳动密集型产品的出口已处于极其不利的地位。究其原因,从国际市场需求来看,一是该类产品的收入弹性较小,随着经济增长、国民收入增加,对该类产品的需求相对减少;二是该类产品的价格弹性也较小,加工度低、价值增值少,即使价格下降也难以使对该类产品的需求有相应的大幅度增加;三是在技术不断进步的今天,该类产品大量被替代。因此,劳动密集型产品出口所面临的往往是日益缩小的国际市场和日趋下降的价格形势。再就劳动密集型产品的供给状态来看,由于技术陈旧以及开发过度,产品成本日益增大。在这种日趋恶化的贸易条件下,外向发展如果继续严守静态的比较利益原则,全力发展劳动密集型产品的出口,将难以占领国际市场,更不可能在外向发展中求得产业利益。

有些同志认为,技术革命导致世界性产业结构大转换,发达国家产业结构纷纷由资本密集型向知识、技术密集型转变,从而让出了一部分劳动密集型产品的市场,为我国生产该类产品、出口创汇提供了机遇,为乡镇企业参与国际竞争提供了舞台。应该承认,20世纪80年代以来,技术革命确实造成了世界性的产业结构大转换。但我们必须看到,产业结构的转换不一定以让出部分劳动密集型产品的市场为结果。因为技术革命既导致世界性产业结构的大转换,也导致节约或替代劳动密集型产品成为可能,伴随产业结构大转换的往往是劳动密集型产品市场需求量的相对减少。如果再考虑到世界经济的停滞、国际市场贸易量增长的减少,以及发达国家为了缓和本国国内矛盾和国际贸易摩擦,纷纷采取对本国劳动密集型产品的保护政策,这就进一步恶化了劳动密集型产品的国际贸易条件。可见，世界性的产业结构转换只是给我国该类产品的出口创汇提供了一定的机会，但并不一定为之提供了广阔的市场前景。我国要参与这一日益相对缩小的贸易市场，稳定并发展在国际贸易中已经拥有的地位，还要面临"亚洲四小龙"以及广大发展中国家异常激烈的竞争。这些国家或地区的经济实力与我们相当，有的甚至超过我们，它们在国际贸易竞争中起步早，而且已占有一定的市场份额。这些国家或地区大多面积小、境内市场容量小，只有发展出口贸易才能保证自身的经济增长，因而外向开拓不论在宏观层还是在微观层都具有强大的内在动力。而我国的外向开拓所面临的是一个相当大的国内市场容量，很大一部分创汇产品外销不如内销，这就造成出口创汇厂家的微观动力不足。

因此，在当今的国际贸易环境下，要想发挥我国对外贸易的传统优势，稳定发展已经占有的劳动密集型产品市场，离开技术因素别无他途。而要以外向开拓为启动器，促进产业结构的高度化进程，就必须迅速促使出口贸易结构由劳动密集型转向技术密集型，以技术密集型的现代产业作为外向发展的带头产业。

第三节　发展战略的确定

前面的论述得出这样一个结论：外向发展是经济发展的必然结果，其目标不能仅仅是出口创汇，而应该通过外向开拓引进国际市场竞争机制，启动产业结构的高度化，推动我国国民经济的进一步发展，为此，必须把技术密集型的现代产业作为带头产业。在这样一种外向发展的总体经济格局中，乡镇企业的外向发展究竟应该采取怎样的战略呢？我们认为，外向发展中，乡镇企业应采取双向发展的战略。

所谓双向发展，一方面是指乡镇企业利用现代化工业高技术化的国内扩散效应，加快技术改造的步伐，实现劳动密集型产业的技术化，提高在国内市场的竞争力，占领城市现代工业外向后让出的一部分市场，或者说把占领这部分市场的城市工业挤向国际市场。通过乡镇企业的高层次推进，吸收大量农村剩余劳动力，保证外向型经济区出口带头产业的关联效应得到实现。同时，乡镇企业也可为农村产业结构的高级化提供重要的推动作用。这就是乡镇企业的外发展战略。双向发展的另一方面是指,乡镇企业以自身独特的出口生产和营销优势,通过现代工业与乡镇企业的交融,建立以现代工业为主体的出口生产体系,全方位地开拓国际市场,扶持出口带头产业的勃兴,实现外向型经济区的外向发展目标。同时,通过乡镇企业已有的与农村经济密切结合的纽带,把城市外向型经济与农村经济的结构优化有机地联结起来,促使以出口贸易启动整个国民经济的结构优化,这就是所谓的内发展战略。外发展和内发展都以农村产业结构的转换为目标,外发展中包含着内发展,对内对外的双向发展可以培育乡镇企业的技术经济实力,为乡镇企业最终进入国际分工协作体系奠定基础。

在本章的第二部分我们已详尽地论述了乡镇企业外向开拓的可能性。在整个国民经济的外向发展中,乡镇企业虽然不可能充当出口导向带头产业的企业主体,但其运行机制的灵活性等为其参与国际市场提供了可能。据此我们提出了乡镇企业的外发展战略。同时,我们认为,从乡镇企业自身发展和城市经济体制深化改革的角度来看,乡镇企业在瞄准国际市场的同时,必须进一步稳定开拓国内市场。乡镇企业的国内市场环境这几年发生了很大的变化。早些时候,由于农村改革先行,城市改革滞后,乡镇企业面临的是一个欠竞争的市场环境;随着城市体制改革的全面展开和市场机制的逐步完善,城市企业的活力和应变能力得到释放和加强,乡镇企业所面临的市场竞争态势日益严峻。另外,这些年来,由于我们在产业结构上决策性失误,使乡镇企业与城市企业之间无论是在部门结构方面,还是在产品结构方面,都形成了明显的同构化倾向,这更加剧了乡镇企业与城市企业之间的竞争。不仅如此,随着我国改革和发展的加快,全国乡镇企业蓬勃兴起,乡镇企业之间对原料市场和产品市场的争夺也日益激烈。总之,乡镇企业的国内市场竞争形势发生了很大的变化,来自城市企业、其他乡镇企业,尤其是来自城市企业的竞争日趋激烈。而与城市企业相比,乡镇企业虽然在数量、产值、职工人数、资产总量等方面令人瞩目,但就总体而论,仍处于粗放自然发展阶段,乡镇企业在就业规模和总产值表现出量的增长的同时,并没有实现生产要素的改善,创业之初的设备简陋、资金短缺、人才匮乏、管理落后等状况并没有得到根本性改观。在产品结构上,长期以来乡镇企业生产的多为传统的低层次的小型产品,难以在充满激烈竞争的市场上保持较强的生命力;在规模结构上,乡镇企业平均规模很小,呈现出大、中型企业寥寥无几,小型、微型企业面广量大的规模结构,这种规模结构使得乡镇企业很难容纳现代化的生产力,其市场开拓的能力不可能太强;在技术结构上,虽然近年来不少乡镇企业技术设备有较大幅度的改善,但总的看来,技术结构的层次还是较低,很难生产出大量的能够称雄市场的优质产品。相当多的乡镇企业是靠传统的技艺开发利用本地资源组建而成的,其所拥有的技术力量极低,还有一大批企业是农民接受城市工业相对老化的产品和技术扩散的结果,因而其技术力量也很薄弱。可见,从总体上说,乡镇企业的市场竞争实力劣于城市企业。据此,有人认为,乡镇企业为避免与城市企业正面交锋,应让出国内市场,在国际市场上寻找发展的空间,实施单向发展的市场战略。我们认为,这一战略具有片面性,乡镇企业应在稳定并拓展国内市场的基础上,开拓国际市场。这是因为,从乡镇企业自身发展的需要来看,我国人口众多,经济发展又处于起飞阶段,国内市场容量十分巨大,离开这一雄厚的市场基地,显然是不切实际的;其次,乡镇企业虽然市场竞争实力远远比不上城市企业,但只要避免与城市企业在同一产品市场上发生冲突,努力创造和形成自己的相对优势,实施以巧取胜的策略,完全可以在国内市场上与城市企业展开竞争;最后,乡镇企业的发展至今基本上仍在低层次徘徊,为了使之能成为从根本上转化我国二元经济结构的积极推动力,亟须高层次推进,而乡镇企业与城市企业在国内市场上的激烈竞争将给乡镇企业的高层次推进注入强有力的动力,它将促使乡镇企业加快技术进步,强化经营管理,从而为乡镇企业外向开拓打下坚实的基础。从城市经济体制深化改革的需要来看,搞活城市企业将是体制改革的重要内容,现有的城市企业活力虽然比过去产品经济体制下要强得多,但离满足市场经济的需要还相差甚远。搞活城市企业一方面需要人为地对其改造,但更主要的是应通过市场竞争促使其充满活力。因此,强调乡镇企业的国内市场开拓,将有助于国内统一而又充满竞争的大市场的形成,并通过竞争促使城市企业引入灵活的乡镇企业经营机制,搞活城市企业,推进整个国民经济的发展。乡镇企业对内对外双向开拓既有利于自身的高层次推进,又有利于整个国家总体经济实力的提高,应成为今后一段时期我国乡镇企业的发展战略。

内发展中,我们提出乡镇企业应通过劳动密集型产品的技术化,占领国内市场,是出于如下的考虑。(1) 在中国这样一个人口众多的超级大国,国内市场容量大,很自然地存在着出口贸易厂家微观动力不足的障碍。为了挣脱这种障碍，一方面应加快改革外贸利益的分配体制，为出口企业提供多种多样的配套服务，诱导现代工业企业出口开拓；另一方面应通过技术因素的引入，提高乡镇企业的竞争力，把具有各种优势条件的现代工业企业挤到国际市场上去，真正使出口带头产业具有主导产业的巨大能量，这样才能实现外向发展的总体目标。（2）我国拥有世界上最大的人口规模，农村剩余劳动力高达数亿，城市也累积着大量潜在的剩余劳动力，就业压力十分沉重。乡镇企业在外向发展的前期，只有继续坚持以劳动密集型产业作为发展的主导产业，才能充分吸纳大量的农村剩余劳动力，从而为出口带头产业发挥产业结构转换的推动作用，创造必要的环境条件。

外发展中，我们提出城市工业与乡镇企业的交融，是出于以下几方面的考虑。（1）现代工业企业只有引入乡镇企业灵活的运行机制，才能适应国际市场的要求；而乡镇企业的生产技术实力仍处于低水平状态，在竞争中将受自身物质技术实力的严重制约，因而需要借助现代工业企业的支持，引进先进技术，加快改造。特别是应促使一部分条件较好的乡镇企业，以"跳跃式"步伐加快发展，为走向国际市场累积技术经济实力。因此，现代工业企业与乡镇企业交融，建立起以现代工业企业为主体的统一出口生产体系，既有利于现代工业企业引入乡镇企业灵活的运行机制，也有利于培育乡镇企业外向开拓的总体实力。（2）我们提出以技术密集型的现代工业作为出口贸易的带头产业，自然就会面临这样一个问题：目前我国现代工业企业的技术水平低，劳动生产率低，出口创汇的成本高，市场竞争能力不强。那么，怎样才能走出这一困境，实现外向开拓呢？这就涉及导向战略问题。应该承认，我国现代工业产品在国际市场上竞争能力还不太强，但是，我们可以通过先进技术的引进、开发和运用，积极采取进口诱导出口的导向战略，推动现代工业尽快成长为出口带头产业。而要实施这一战略方针，就需要乡镇企业配合并支持现代工业企业的成长。乡镇企业规模小，适宜小批量、多样化生产，现代工业企业引进国外先进技术，可以借助乡镇企业进行测试、技术攻关和小批量试生产。这既能支持现代工业企业的快速成长，也能加快乡镇企业自身的技术进步。（3）城市工业与乡镇企业相交融，建立统一出口生产体系的原因，还在于农村产业结构也面临着转换问题。当前我国农产品普遍存在着加工程度低级化的倾向,这使得农产品资源没有能得到充分的利用,在市场上的竞争力也十分有限。大力发展农副产品加工业将是促进我国农村产业结构转换的重要举措。这里,乡镇企业应该在农产品初级生产与出口贸易之间发挥重大的纽带和推动作用。可通过现代工业企业与乡镇企业的交融,利用现代化工业提供的先进技术和设备,积极发展各种类型的乡镇食品工业,建立贸工农生产体系,从而启动农村产业结构的转换。

　　总之,乡镇企业在外向发展中,应服从整个国民经济外向开拓的总体目标,通过劳动密集型产业的技术化以及与现代化工业的交融,建立统一的出口生产体系,推动现代工业成长为出口贸易的带头产业,进而启动整个国民经济的结构优化,实现外向循环。与此同时,还要通过加快劳动力的流动,保障出口带头产业关联效应的实现;通过贸工农生产体系的真正建立,把现代工业外向开拓的扩散效应引导到农村区域,启动农村产业结构的优化。外发展启动内发展,内发展促进外发展,从而顺利实现外向发展的产业结构转换、经济迅速发展的总体目标。

第三篇

苏南模式的变革

第十七章　苏州模式和温州模式的比较[①]

经济的增长与发展是一个国家或地区现代化的必要条件。在我国改革开放 30 多年后的今天,梳理我国目前区域经济发展的模式,厘清其发展的内部机制和逻辑架构,总结其发展的经验和启示,不仅在实践上对促进我国总体经济和社会发展十分必要,而且在学理上可为更好地理解经济发展的决定因素提供支撑。本章将选择在我国改革开放进程中区域经济发展富有代表性的苏州模式和温州模式来进行对比和分析。在过去的 30 多年中,围绕这两种模式的比较、讨论和争论非常多,其实质是关于区域经济发展模式或道路的选择问题。在 20 世纪 80 年代中期到 90 年代初,这两种模式一直是理论界和实际经济工作部门讨论的重点;1997 年以后,随着买方市场的出现和亚洲金融危机的发生,国内市场有效需求不足的问题凸显,而温州民间投资的辉煌引起了人们的深刻反思,因此社会各界又开始从新的角度研究这个问题。在改革开放 30 多年后的今天,区域经济发展的不平衡和科学发展的需要,又激起了对这两种发展模式的总结和回望。

目前关于苏州模式、温州模式和区域经济发展模式的研究已经较为充分,研究视角趋向多样化,研究方法主要有文献研究、实地调查和比较分析,研究结论能较好地解释区域经济发展的实际,因此本章并不试图全面系统地比较苏州模式与温州模式,而仅就外源发展与内源发展,从内外源动力机制这个影响区域经济发展的主要因素来进行苏州模式和温州模式的深度比较,在此基础上得出关于区域经济发展模式的一些基本结论。目前从这一视角来对比分析苏州模式和温州模式进而深入研究区域经济发展模式的文献很少,本章将试图做这方面的尝试。本章的结构如下:第一部

---

① 本章原载于:《阅江学刊》2010 年第 6 期。

分,是本章的逻辑分析框架与特征事实;第二部分,基于外源发展和内源发展的视角对苏州模式和温州模式进行比较分析;最后是简要的结论。

第一节　分析框架与特征事实

一、分析框架

基于区域经济增长与发展理论,一个封闭区域的总产出 Y,是由区域内供给 S 和区域内需求 D 共同决定的。S 主要由区域内劳动力、资本存量、自然资源的数量和质量、技术水平、生产组织形式和其他制度因素等决定;D 主要由私人消费与投资、公共消费与投资构成,生产组织形式等制度安排也是影响需求的重要因素。制度安排不仅影响资源配置效率和产出,而且影响需求水平,从而影响区域经济长期增长。

一个开放区域的总产出,不仅受区域内部因素的影响,还受区域外部因素的影响(如图 17-1-1 所示)。一般来说,一个区域的经济增长与发展取决于区域内各因素之

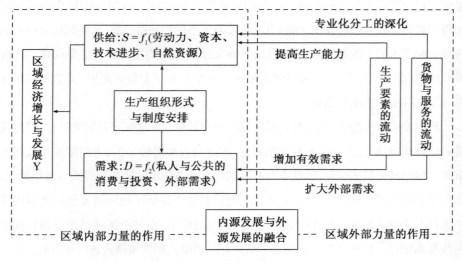

图 17-1-1　本章的基本分析框架

间的相互作用和区域之间要素流动与货物和服务流动所产生的外部作用①。从区域
之间生产要素的流动来看,劳动力、资本、原材料、技术知识等的流入在提高区域生产
能力的同时,还能通过乘数作用增加区域的总需求;从区域之间货物与服务的流动来
看,既有利于区域之间专业化分工的深化,又能扩大外部需求。即区域之间的生产要
素和产品的流动通过影响某一区域的供给和需求,进而影响区域经济增长与发展的
速度和质量。因此,区域经济增长与发展主要由如下方面决定:(1)区域内由劳动、
资本和自然资源的数量和质量决定的产出;(2)私人和公共的投资与消费需求以及
外部需求;(3)技术进步和制度安排;(4)产品和要素流动所带来的区域间联系
作用。

上述区域经济发展的理论框架,是现实区域经济发展实际的体现和总结。结合
该分析框架,抛开影响区域经济增长与发展的技术层面因素,从理论高度来看,区域
经济的增长与发展是区域内部力量(自身资源禀赋、内部需求、制度安排)和外部力量
(外部要素供给、外部需求、专业化分工)相互作用的结果,内部力量是区域经济增长
与发展的基础,外部力量则能弥补区域经济增长内部力量的不足,进而改善和提升内
源发展的机制和动力。因此,欲使某一区域的经济能够持续增长与发展,必须处理好
内源发展与外源发展的关系。问题是,到底应该主要凭借区域内部力量的相互作用
进行内源发展,还是主要依靠区域外部力量的联系作用采取外源发展,或者是采取内
源与外源融合式发展呢?

二、特征事实

改革开放 30 多年来,苏州经济社会发展大致可分为三个阶段:第一个阶段
(1978—1991),是改革发展初期的乡镇企业发展,被称为"苏南模式",实现了"农转
非"的历史性跨越;第二个阶段(1992—2002),以县域经济和开放型经济发展,促使产
业结构进一步合理优化,实现了"内转外、低转高"的阶段性提高;第三个阶段(2003
至今),以昆山为样板,开始全面建设小康社会的探索和实践,实现了"量转质"的转
变。从 1978 年到 2009 年,苏州市生产总值从 31.95 亿元增加到 7 400 亿元,增长了

---

① 陈秀山、张可云著,《区域经济理论》,商务印书馆,2004 年版。

约 230 倍,年均增长 18.5％,经济总量列全国大中城市第 5 位;全口径财政收入由 8.3 亿元增加到 2 018 亿元,增长近 240 倍,年均增速达 18.7％;农村居民人均纯收入由 204 元,提高到 12 987 元,增长 60 余倍,年均递增 13.8％;城镇居民人均可支配收入由 1981 年的 455 元,提高到 2009 年的 26 350 元,增长近 60 倍,年均递增 15％。

同样,温州经济社会发展 30 年亦可分为三个阶段:第一个阶段(1978—1993),从 1978 年 11 月开始,温州首先恢复市区 12 个集市贸易市场,初步形成了"小商品、大市场"的格局,从 80 年代中期开始,在家庭工业发展壮大的基础上,大力发展股份合作经济,这一阶段历时 16 年;第二个阶段(1994—2006),在 1992 年邓小平同志发表南方谈话后,以 1994 年 1 月发出《关于开展"第二次创业"的决定》和同年 5 月召开质量立市万人大会为标志,温州个体私营经济积极探索建立现代企业制度,出现了一批科技型、外向型、集团型企业,这一阶段历时 13 年;第三个阶段(2007 至今),以 2007 年 2 月温州市第十次党代会上提出的今后五年的主要奋斗目标为标志,即基本建成现代经济强市,初步建成创新型城市,努力建设群众满意的和谐城市。从 1978 年到 2009 年,温州市生产总值从 13.2 亿元增加到 2 527.8 亿元,增长 190 倍,年均增长 17.8％;财政总收入从 1.35 亿元增加到 361 亿元,年均增速为 19.1％;农村人均纯收入从 113.5 元增加到 10 100 元,年均递增 15.0％;城市居民人均可支配收入从 1981 年的 477 元增加到 2009 年的 28 021 元,年均递增 15.1％。

第二节　外源发展和内源发展

目前国内学术界从经济发展源泉与动力方面将区域经济发展模式归纳为外源型经济和内源型经济两种。外源型经济是指通过利用国外的资金、技术等生产要素,发展外向型经济,推动本区域工业化和现代化进程,其代表地区是苏州;内源型经济是指主要依靠本地的资金、技术、人才等生产要素发展经济,推动本区域工业化和现代化进程,其代表地区是温州。

一、外源发展与苏州模式：积极和负面效应

外源型经济是伴随经济全球化在发展中国家与地区出现的一种经济现象,是发

达国家和地区跨国公司通过资源在全球的有效配置,实现利益最大化的一种战略体现,也是发展中国家与地区利用经济全球化这一历史机遇,实现本区域跨越式发展的重要战略举措①。任何地区经济的发展都离不开其所在的环境,20 世纪 80 年代后期,苏州在创造了农村工业化惊人的苏南速度之后,由于市场经济的发展,产品市场渐渐由买方市场向卖方市场转变,市场竞争加剧;促使乡镇企业起步扩张的集体产权也出现了模糊产权、政企不分等问题,从而与逐渐改善的体制、市场条件以及壮大的企业规模产生矛盾②。因此,随着环境因素的改变,初始的促进因素反而成为经济进一步发展的障碍。

出于乡镇企业发展的边际收益递减以及增加经济发展动力的考虑,苏州开始调整其发展战略,通过构建园区吸引外资,利用 FDI 带动出口加工,逐步从内源经济转为外源经济,我们以苏州经济发展的第二阶段(1992—2002)"内转外、低转高"为例来做重点阐述。1992 年邓小平同志发表南方谈话后,苏州外源型经济进入蓬勃发展阶段,外源型经济开始成为苏州经济的一个重要组成部分,无论是在提供资金来源、增加经济总量,还是在加快苏州的国际化进程以及促使产业升级等方面,都做出了突出的贡献,加快了苏州经济腾飞的进程。苏州外源型经济的作用与收益主要体现在如下方面。(1) 外资的进入推动了苏州经济飞速发展,也带动了城乡居民收入的增长。作为外部资金来源,FDI 极大地缓解了经济发展资金短缺的问题,成为苏州经济增长最直接的贡献之一。(2) 苏州外源型经济的发展不仅促进了产业结构的高度化,也加快了制造业内部结构的升级。从 1991 年至 2002 年,苏州市第一、二、三产业比重由 15.2∶62.6∶22.2 转变成 4.5∶58.1∶37.4;利用引入外资而带来的先进技术和管理经验,苏州制造业结构开始逐步向高水准靠拢,渐渐地从过去的以劳动密集型产

---

① 丁力,《对策思考:实现内、外源经济的协调发展》,引自广东省社会科学院主编《2005 年广东区域综合竞争力报告》。

② 关于内源经济(乡镇企业)的发展,苏州从 1996 年开始全面实行乡镇企业产权制度改革,把乡镇企业改制成有限责任公司、股份合作制、有限责任公司等,或是进行拍卖转让,以解决乡镇企业中的模糊产权所产生的问题,从而既提高了乡镇企业的竞争力,以适应来自外资企业的冲击,也能更好地与外资衔接,建立合资企业。

业为主向以高新技术和资本密集型行业为主转变①,1994 年位居制造业第一位的是纺织业,电子及通信设备制造业仅仅排名第十,而到 2001 年,电子及通信设备制造业已然高居榜首。

　　由表 17-2-1 中苏州和温州对外贸易额、实际利用外资、外贸依存度等指标的比较可以看出苏州经济的外源性程度之高。在大力引进外资、发展以外资企业为主体的加工贸易的同时,苏州经济对国外市场的依赖性很大。不过,外源型经济对于迅速改变发展中国家某一地区的经济结构、劳动就业和经济产出虽然具有重要的积极效应,但也会对本地经济发展带来某些不利影响,其负面效应主要表现为产业结构调整困难和企业家资源缺乏,因此对苏州模式存在很多争议②。苏州经济的发展很大程度上依赖外资的进入,这种情况极易引发产业空心化危机,这是因为当时苏州经济发展主要依靠要素的成本优势来吸引外商投资的进入。外资经济的发展虽然推动了当地的工业化进程,但也由于政策的偏向、外商企业技术竞争优势等,对本土内源经济尤其是民营经济产生了挤出效应。同时,尽管外资的进入使电子、信息、精密机械等高新技术产业迅速崛起,但这些产业基本还处于加工组装阶段,技术的溢出效应不高,并且由于本土企业配套技术跟不上、自主创新不足等原因,外商企业的原材料和零部件大都通过进口或由本地外资企业提供,导致本土企业不能加入其垂直产业链条中,从而当外资进入的成本优势丧失时,外商投资必然会发生迁徙,此时,本土企业又发展不足,在这种情况下,地区经济容易发生产业空心化危机。要避免经济出现产业空心化,一方面需要加强本土企业与外资企业的产业配套,从而加大外资企业的转移成本,促使其生根,并在配套中逐步发展本土企业的研发能力;另一方面需要加强本土经济的发展,避免外资迁徙而本地产业却没有得到发展或发展得不够充分,不能弥补外资迁徙造成的影响的情况。

---

　　① 苏州 2001 年外商投资企业在工业领域的投资占其总投资的 94.5%,远高于全国 60%左右的平均水平。
　　② 新望,《苏州模式是当地老百姓的"悲剧"》,载《财经文摘》,2006 年第 4 期,第 53-55 页。

表 17-2-1　苏州与温州经济开放指标的比较

	苏州			温州		
	2007 年	2008 年	2009 年	2007 年	2008 年	2009 年
对外贸易额(亿美元)	2 130	2 285	2 014.5	122.48	139.92	132.75
实际利用外资(亿美元)	73.8	81.3	82.27	6.18	2.62	2.34
外贸依存度(%)	281	236.6	177.3	43.2	40.1	35.9
出口依存度(%)	156	136	100	35.8	34.1	29.6

资料来源:苏州和温州(2007—2009 年)国民经济和社会发展统计公报。

　　为了克服这些弊端,苏州 2003 年确定了外向型经济、民营经济和具有自主知识产权的规模经济"三足鼎立"的发展方针;2004 年的 1 号文件是"民营经济腾飞计划",2005 年的 1 号文件是《关于促进服务业跨越发展的决定》,提出 5 年内使苏州服务业增加值翻两番,而"富民强市"的口号也已被"富民优先"代替。从苏州工业园区未来 5 年的发展计划看,园区的制造业升级、服务业倍增、科技跨越三大计划也在积极努力弥补苏州经济发展中存在的不足,苏州在注重促进内外资企业"双轮驱动"发展的同时,大力促进自主创新,追求全面协调可持续的发展。2007 年苏州成为全国第 4 个私营经济注册资本突破 2 000 亿元、第 5 个私营企业突破 10 万家的城市。2009 年全市共有规模以上民营工业企业 7 614 家,占规模以上工业企业数的57.1%;私营个体经济完成投资 922.9 亿元,占全社会固定资产投资的比重达到31.1%。苏州内源型民营经济的发展,不仅澄清了"苏州民营经济发展比较弱"的误解,甚至还引发了"苏州 vs 温州:中国民营经济谁执牛耳?"的热烈讨论。苏州经济的发展表明:内源因素的作用由于外源因素的冲击而改变,外源型经济的发展在一定制度条件下可以促进内源型民营经济的发展,而内源型民营经济的发展能避免外源型经济的负面效应。区域经济的增长与发展是区域内外部因素相互作用的结果,开放区域的经济发展必须将内部因素和外部因素有机结合,不能偏废其中任何一种。

二、内源发展与温州模式：优势和劣势

　　内源型经济发展模式是指主要依靠本地的资金、技术等生产要素发展经济,推动

本区域工业化和现代化进程。温州经济在发展动力上主要依靠内源力量,大力鼓励民间投资,放手发展民营经济,使千家万户成为市场经济的真正主体;温州经济发展模式实质是发展市场经济的模式,是一种"哈耶克自发秩序模式"①,是一种与市场经济内在要求相一致的企业主导型体制,是内源型民间力量发挥得最淋漓尽致的地方。

在 20 世纪八九十年代,当国内很多地方还在围绕姓"资"姓"社"的意识形态问题展开争论时,温州政府就已经实行了鼓励与支持民营经济发展的政策,这种以发展个体私营经济为主的经济模式,本质上是一种市场解决模式,是一种自发自生的发展模式和自组织模式,与内源性的民营经济有着天然的联系,使得中小企业发展形成了一枝独秀的态势。温州本身的资源禀赋与浙江省其他地区相比并没什么优势,这一阶段经济高速增长主要靠率先推进的市场化改革所带来的内源型的民营企业大发展②,其经济活力的关键在于其制度创新是以需求诱致性制度变迁为主导的③,制度变迁的主体和动力主要来自内源的民间市场力量。这些都代表了市场经济改革和发展的根本取向,是温州经济发展模式的根本优势所在,也是我国经济体制转型的目标和归宿。到了 1992 年"十四大",特别是 1997 年"十五大"之后,全国各地都在提倡和鼓励发展私营经济,意识形态的争论弱化,温州的制度优势缩小;同时,由于先天的资源禀赋贫乏,土地、能源等生产要素开始全面制约温州的经济发展,在其他地方鼓励与支持中小企业发展的情况下,受资源所限,温州的寻租活动更加活跃,使得交易成本提高,限制了很多中小企业的发展。于是温州开展了以提高经济整体素质为核心的"第二次创业",转变经济发展方式和运作方法,企业开始向现代企业制度迈进,进入集群经济发展阶段,有限责任公司或股份有限公司逐年增加,通过分工协作形成产

---

① 冯兴元,《市场化——地方模式的演进道路》,载《中国农村观察》2001 年第 1 期,第 2 - 11 页。

② 目前学界认为温州经济取得巨大成就的原因主要包括:人力资本优势、民间资本优势和发达的分工体系等要素层面的原因,市场化的快速推进、地方政府的制度供给以及商业文化环境等制度层面的原因,正是这些因素提高了生产和交易的效率,解决了激励相容问题。换句话讲,温州内源型发展模式主要体现在要素投入、生产分工和市场体系等方面,而不仅仅指融资方式(要素投入)的内源化。更进一步,温州"以民引外、民外合璧"的经济发展战略的提出,形成民营企业和外资企业双轮驱动的格局,绝不是单单局限于解决资本等要素量不足的问题,而是有质的突破。

③ 施端宁、陈乃车,《制度创新与区域经济发展——温州模式和苏南模式的比较分析》,载《江西社会科学》2000 年第 9 期,第 88 - 90 页。

业链,推动产业创新,大量的企业和产业集群出现,推进经济继续发展。2001 年温州非公有经济比重已占 76%,在工业领域,温州非国有工业总产值比重占 95% 以上,2002 年温州全社会固定资产投资 387.75 亿元,其中民间资本占 62.72%。

进入 21 世纪,中国整体上进入了工业化的中期阶段,经济环境发生了巨大的变化,这给以内源型民营资本为主要驱动力的温州工业化模式带来了许多新的挑战。温州模式兴起时的"短缺经济"背景已不存在,国内竞争国际化趋势日益明显,市场秩序日益规范,环境和能源制约严重,国际上商业环境日益残酷,这使得以低成本为主要竞争优势、一般处于产业链条低端的民营企业面临着前所未有的压力。温州工业化模式主要是内源型民间投资驱动,投资产业选择主要集中于回收期较短、风险相对小的传统制造业①,产业技术主要局限于低技术行业,造成了温州的产业结构水平总体较低;而中国工业化进程已经进入重化工阶段,温州以劳动密集型的轻工业为主体的产业结构与中国整体工业化的进程不相协调。这些问题影响着温州经济的进一步发展。2004 年温州市 GDP 总量排在浙江省 11 个城市中的第 3 名,但 GDP 增速排名倒数第 3,增长速度横比已经连续 2 年下降,温州进一步工业化的动力已经显得相对不足;而国际上屡屡发生的针对温州产品的各种形式的贸易摩擦事件,更显示出温州模式仅仅集中在传统制造业、把成本优势发挥到极致的局限性。这表明,温州工业化模式虽然取得了辉煌的成就,但在新的经济环境下,温州经济发展遭遇到了"天花板效应"②。

2007 年,温州尝试改变温州模式这种资本内源性和封闭性的特征,正式提出了"以民引外、民外合璧"的经济发展战略,试图借用外力驱动内力,着力推动温州民营企业与国外资本嫁接,通过培育开放型外源经济来改造和提升传统产业,实现经济结构的转换。这一战略是温州模式迎接新的经济发展环境挑战的产物。温州经济发展战略的核心是既要充分发挥温州内源型民营经济高度发达的优势,又要改变温州传

---

① 2001 年,温州市规模以上工业产值中,低压电器、普通机械、制革、化学、服装等五大传统主导产业仍占有 73%。

② 中国社会科学院课题组,《"温州模式"的转型与发展——"以民引外,民外合璧"战略研究》,载《中国工业经济》2006 年第 6 期,第 51-59 页。

统的工业化模式和经济发展方式。"以民引外"无疑成为一个具体的突破口,成为新环境下温州经济发展的必然选择。从这个意义上说,"以民引外、民外合璧"战略赋予传统温州模式新的内涵,是温州模式的转型与提升,其将依托高度发达的内源型的民营企业和民营经济,通过吸引外资企业、推动民营企业与外资企业合作,进一步做大做强民营企业和民营经济,打造温州经济发展的"双引擎",逐步形成民营企业和外资企业比翼齐飞的经济发展格局,实现产业结构优化和竞争能力提升,把温州现代化进程推向一个新的发展阶段。温州经济发展模式的转型进一步表明,任何一个开放区域的经济发展都必须将内部因素和外部因素有机结合,当经济发展模式的内部缺陷影响经济绩效进一步提高时,必须通过引进外源力量冲击内部制度框架,由外源型经济的发展驱动内源型经济的发展,从而实现经济发展方式的转变。

三、苏州模式和温州模式: 外源发展和内源发展的比较

苏州模式和温州模式都是经济发展的方式或路径,都是区域经济主体在一定的资源禀赋和政策制度约束条件下,最大化自身发展速度和质量的路径选择。一定约束条件下微观主体行为的宏观表现决定了区域经济发展模式,而约束条件的可变性决定了模式内涵的可变性。无论苏州模式还是温州模式,在改革开放 30 年的发展进程中,都经历了不同的发展阶段和重要的变化,如果将这两种模式的不同阶段进行对比,得出的结论注定无意义,因此必须在统一的逻辑起点上进行比较①。苏州发展的初始条件为:位于长江三角洲地区,毗邻上海、无锡等发达的大中工业城市和市场,水陆交通便利;农民与产业工人有密切的联系,接受经济、技术辐射能力较强;早在计划经济时期,苏南地区就有搞集体经济的传统和基础,为发展乡镇企业进行经济起步积累了宝贵的经验和资金。温州发展的初始条件比苏州要差得多:温州地区远离大中型工业城市和全国性市场中心,运输成本和信息成本较高;农业的发展水平较低,农村集体经济薄弱;改革开放前并没有受到国家政策的重点支持,受传统体制的束缚较小②。正是在

① 洪银兴、陈宝敏,《"苏南模式"的新发展——兼与"温州模式"比较》,载《宏观经济研究》2001 年第 7 期,第 58-62 页。

② 国家信息中心中经网论坛部,《对苏南模式和温州模式的再审视——区域经济发展模式比较研讨会综述》,载《经济纵横》2001 年第 7 期,第 58-62 页。

这个逻辑起点上,苏州和温州在路径依赖与创造性破坏的激烈碰撞中,各自经历了经济发展的三个阶段,产生了适合自己的发展模式。因此,在对这两种模式进行比较时,必须与实施这两种发展模式的约束条件结合起来分析,如图17-2-1所示,我们可以很清晰地看到这其中经济发展的逻辑。

20世纪80年代,苏州模式和温州模式是两个极端:苏州模式强调集体经济和政府干预,其制度创新是一种供给主导型的强制性制度变迁方式,制度变迁的动力和主体主要是地方政府,由于政府过度参与企业决策加上规范市场秩序不到位,民间内源力量释放不够,因此内源型民营经济的发展相对滞后;而温州模式则强调民营化和市场化,虽然其注重产权清晰、市场调节和企业家自主决策的制度创新代表了改革方向,但区域内源型的发展却由于外部客观条件的制约,限制了其产业升级和竞争力的提升。

20世纪90年代以来,由于仅仅依靠民间力量和内资不足以推动其制度改革,苏州开始大规模引进外资,利用跨国公司的系列化投资引导产业集群、带动本地产业升级,并在技术吸收的基础上不断提升自主创新能力,来转换比较优势和创造持续的竞争优势;同时为避免外商投资"飞地"的出现,苏州模式便朝着温州模式所代表的改革方向进行调整,积极鼓励发展内源型民营经济,从而使企业产权结构和决策机制都发生深刻的变化,在企业制度上基本完成了从单一集体公有制到多元化产权主体的股份制改革,在发展模式上基本完成了从外源型经济向内外源并举发展的转换。

进入21世纪,温州模式兴起时的"短缺经济"背景已不存在,国内竞争国际化趋势日益明显,市场秩序日益规范,囿于环境和能源制约,以低成本为主要竞争优势、一般处于产业链条低端的民营企业面临着前所未有的压力;加之温州工业化模式主要是内源型民间投资驱动,在中国工业化进程已经进入重化工阶段的背景下,以劳动密集型的轻工业为主体的产业结构与中国整体工业化的进程不相协调,温州工业化模式在新的经济环境下遇到了"天花板效应"。2007年,温州尝试改变温州模式这种资本内源性和封闭性的特征,正式提出了"以民引外、民外合璧"的经济发展战略,试图借用外力驱动内力,着力推动温州民营企业与国外资本嫁接,通过培育开放型外源经济来改造和提升传统产业,实现经济结构的转换和竞争能力提升,从而实现经济发展

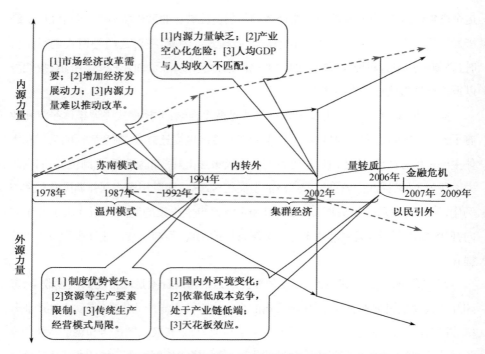

图 17-2-1　苏州模式和温州模式的发展阶段及其内外源力量的比较

注:① 图中纵轴表示内外源力量,沿着箭头的方向各自力量分别增加;横轴表示时间,其上方标度代表改革开放以来苏州模式所经历的三个发展阶段,下方标度代表改革开放以来温州模式所经历的三个发展阶段;

② 图中实线代表苏州模式中内外源力量,虚线代表温州模式中内外源力量;箭头所指方向表示随着时间的推移,两种模式中内外源力量的变化及其对比;直线的斜率代表拟合的内外源发展速度,现实中某一时间区间中的内外源发展速度并非恒定;

③ 图中横轴上方的两个圆角矩形标注代表苏州模式转变时所面临的约束条件,横轴下方的两个圆角矩形标注代表温州模式转变时所面临的约束条件。

方式的转变。

2007 年以来,在金融危机的冲击下,苏州经济能保持平稳快速增长,与其内外源并举的发展模式密不可分:一方面,外向型经济驱动苏州经济高速发展,也促进了其产品结构的升级优化,形成了机电等中高端主导产业,而金融危机对中高档产品的冲击相对来说是最小的;另一方面,在政府推出大规模刺激经济的计划的同时,苏州通过扩大民间经济开放领域来激发民间投资热情,不仅实施产业振兴计划,还实施中小企业振兴计划,以充分创造有利的创业条件和环境。2009年,由外向型经济和民营经济主导的优势行业、新兴行业和高技术行业成为带动苏州经济走出低谷的重要力量。

由于金融危机冲击劳动密集型产品,温州经济出口大幅下滑,但温州本身内源型经济结构的比重较大,因此其主要通过进一步深化发展内源型民营经济来抗击金融危机的冲击。温州不仅通过税费的减免、财政补贴等方式支持企业自救互救、抱团取暖,让企业渡过目前的危机,还通过产业振兴规划促进产业内部兼并与重组,引导企业合理利用资源、淘汰落后产能、提高产业集中度,促进产业发展。2009年,温州民营经济占全市国民经济比重达到81.0%。从表17-2-2可以看出,在金融危机后,虽然2008至2009年苏州、温州的出口总额和实际利用外资出现大幅下降,但两地的社会消费品零售总额增长率却较往年有所提高,保持了较强劲的增长趋势,反映出这两个内外源经济比重不同的地区在金融危机的冲击下,对国内市场的重视以及不断深入发展内源性民营经济的态势。

表 17-2-2　苏州和温州部分经济发展指标的比较

指标	部分增长率(%)							
	苏州				温州			
	2009	2008	2007	2006	2009	2008	2007	2006
GDP	11.0	12.5	16.0	15.5	8.5	8.5	14.3	13.3
实际利用外资	1.0	13.5	20.9	20.6	−10.4	−57.6	33.5	29.6
出口总额	−13.4	10.7	24.6	30.1	−8.1	17.3	25.6	30.6
社会消费品零售总额	19.0	24.1	18.0	16.6	16.8	19.5	16.3	14.4
城市人均可支配收入水平	10.3	12.3	14.7	13.9	7.1	9.0	12.2	9.6

资料来源:苏州和温州历年国民经济和社会发展统计公报。

　　其实，内源型经济与外源型经济并不是对立的，在一定条件下可以相互转换与融合，形成一种相辅相成、互相促进的互动关系。从苏州模式与温州模式的发展路径中可以看到：苏州是政府先发展外向型经济再发展内源型民营经济；而温州是先发展内源型民营经济，到一定阶段后，政府再加强外向型经济的发展。两地政府在经济发展到一定程度后不约而同地进行了制度变迁，力图克服模式内部缺陷，实现经济增长方式的转变。

第三节　简要的结论

　　苏州模式和温州模式是区域推进工业化和实现现代化的两种模式，从实践来看，外源型区域经济发展模式的经济增长快于内源型区域经济发展模式，但是从长期来看，一个区域不可能永远依赖引进外援力量来发展区域经济，所有的发展最终必须是从内部迸发出来的，内源型经济才是推动一个区域经济发展的最终和持久力量，外源型经济可作为加速区域经济发展的外部推动力。苏州模式已从外源性经济向内外源并举发展，而温州模式则通过内、外源经济的嫁接与融合来激活内源经济的活力，在这一方面苏州模式与温州模式合流趋同的势头已经相当明显。因此，欲使区域经济实现可持续发展，必须运用好两种市场、两种资源，促进外源型经济内源化、内源型经济外源化，积极促进内源型和外源型经济的协调发展。在经济全球化的时代，外源和内源两种发展动力在市场经济的运行中必然会融为一体，虽然这是一个漫长的过程。

　　苏州模式和温州模式是我国改革开放历程中区域经济发展的典型模式，其可资借鉴之处也一直是争论的焦点。实际上，关于苏州模式和温州模式的差异以及借鉴意义的分歧主要源于研究者所持研究视角的不同。研究区域经济发展问题，区别要素资源的来源性是一个重要的前提条件，因此本章主要从内外源动力的视角，通过苏州模式和温州模式的比较对区域经济发展模式进行了探讨，得出的结论如下。

　　（1）区域经济发展须由内源动力和外源动力结合来推动。区域经济的增长与发展是区域内外部因素相互作用的结果，任何一个开放区域的经济发展都必须将内源动力和外源动力有机结合。苏州和温州在经济发展到一定程度后不约而同地进行了改革,力图克服模式内部缺陷,实现经济发展方式的转变。从这两种模式的发展路径可以看出,苏州是先发展外源型经济再做内源的民营化;而温州是先做内源民营化,到一定阶段后政府再加强外源型经济的发展。

(2)区域经济发展模式是个动态的概念,不同发展时期的约束条件决定了区域经济模式中内源和外源动力的对比。这可以从苏州和温州各自经济发展的三个不同阶段及其比较(图17-2-2)中得到说明。当经济发展模式的内部缺陷影响经济绩效进一步提高时,要么通过发展内源力量来稀释和避免外源经济的负面效应,要么通过引进外源力量来冲击和重塑内部制度框架,从而实现经济发展方式的转变。

(3)不管区域发展初期存在多大的差异,区域经济最终都会逐步走向外源力量和内源力量融合的发展模式。苏州和温州经济发展的实践证明,不管区域发展初期在资源禀赋、资本形成、市场结构与制度等方面存在多大的差异,其发展最终都会逐步走上主要依靠市场自主发展、政府提供公共产品服务、发展动力源自国内外两种资源和两个市场、经济发展的内源性和外源性不断融合的康庄大道。

本章仅是在比较分析苏州模式和温州模式的基础上,就区域经济发展的内源模式和外源模式做了探讨,对于如何分解和融合区域各层面的内外源力量,如何利用内外源力量各自的优势和积极效应来消解彼此的劣势和负面效应,以及如何结合各行业的实际情况选择融合路径等并没有展开讨论,这些都是可兹研究的重要课题和方向。

第十八章　乡镇企业的产权改革[①]

产权改革是中国经济体制改革尤其是国有企业改革的核心,这一点已成为人们的共识。就乡镇企业而言,其产权关系相对于国有企业而言比较明确,它建立在集体所有制基础之上,全乡镇的成员充当着所有权主体,实现形式则表现为承包经营权。在这样的产权关系中,主体明确,实现形式也具有一定的合理性。在某种程度上可以说,产权关系比较明确是乡镇企业迅速成长的一大动因。但从市场经济中乡镇企业自主经营、自负盈亏、自我发展的需要来看,乡镇企业的产权关系存在着实现主体严重错位、所有权主体约束机制不健全等问题,这些问题的存在使得现有的乡镇企业产权关系制约着乡镇企业的经营活力和资源配置能力。乡镇企业的进一步发展迫切需要进行深层次的产权改革。

第一节　产权关系的基本界定

产权关系是社会经济运行中由法律界定和法律维护的各经济当事人对财产的权利关系,是所有制关系在法律上的表现。由于生产资料是最重要的物质财产,所以财产所有权关系和生产资料所有制关系紧密地联系在一起。要界定产权关系的具体内容,必须对这种联系性有所认识。财产所有权关系与生产资料所有制关系之间的联系性表现在以下几个方面。

首先,财产所有权关系是在一定的所有制基础上产生的,它的性质由所有制的形式决定,并随着所有制的根本变革及其在一定生产方式内部的发展而发展。在原始

---

① 本章原载于:范从来著《乡镇企业发展论》,第三章,南京大学出版社,1994 年版。

社会,一切财产归整个民族或部落所有,全体成员共同劳动,共同消费。这样的社会中,既不存在权利,也不存在义务,包括财产所有权在内的一切法律形式都没有存在的必要。随着人类社会的发展,分工引起交换,产生私有财产,客观上要求把属于自己的财产同属于他人的财产加以区分,并需要一种凌驾于所有者之上的社会力量,切实保障实际财产归属关系的实现。于是,财产所有权以及与之相关的一系列法律形式得以产生,并随着所有制发展而不断变化。

其次,所有制关系制约着产权关系。一方面,产权关系中各主体运用的财产最终归一定的所有制关系,为一定的所有者拥有,所有者运用财产总要受其偏好、利益的限制,因此,在具体经济活动中,具体的产权关系形成,必然受所有制关系和所有制意志的制约。另一方面,用于界定财产所有权关系的法律主要采用与解决经济事务相关的法(民法、商法、公司法等),而用于界定所有制关系的法律一般是根本大法——宪法,由于任何具体的法都不能违反宪法,所以,界定产权关系的法律手段受到界定所有制关系的法律的制约。

最后,财产所有权是所有制在法律上的最直接的表现。虽然所有制并不单纯地依靠所有权来表现,而是可以通过其他法律制度如合同制度来表现,但财产所有权关系既是商品生产和商品交换的前提,又是商品生产和商品交换的结果。任何所有制的财产只有投入经济运行才能发挥现实的经济效力,任何所有者也只有把财产投入运用才能获取和增加自己的利益。运用得越合理、越充分,财产的效用也就能发挥得越大,否则它就是一堆死物,谁去占有它都没有任何意义。因此,在实现所有制关系的所有法律制度中,财产所有权关系居于首要地位,所有权的运用、所有者的诉求必然受到产权关系的制约。

尽管财产所有权同生产资料所有者之间存在着紧密的联系,但两者之间也存在着明显的区别,这种区别表现在以下几个方面。第一,所有制是社会生产关系的基础和核心,属于经济基础范畴,居于社会经济制度层次,界定着社会经济制度的性质;财产所有权是所有制在法律上的表现,属于上层建筑范畴,它居于社会经济运行层次,强调商品经济的一般规律和规则,不直接决定或反映社会经济制度的性质。第二,所有制作为人们占有物质资料的形式,存在于一切社会形态之中,而财产所有权关系作为一种法律制度,则是人类社会发展到一定阶段的产物,又将随着国家与法的消亡而归于消亡。可见,财产所有权只是一种历史现象,与所有制之间并不存在一对一的关系,所有制关系和财产所有权关系是两个不同的概念。

一般而言,财产所有权指所有人依法对自己的财产享有占有、使用、收益和处分的权利。对财产的占有权、使用权、收益权和处分权构成产权关系的具体内容。

(1) 占有权。占有是指对财产的实际控制,它主要体现为财产的直接掌握与管辖。占有权则是指权利主体对财产进行实际控制的权能。对财产的占有分为所有人占有和非所有人占有两种情况。所有人占有是指所有人在事实上控制属于自己所有的财产,是所有人占有权的表现,如工人对自己工资的掌握、农民对自己粮食的储存等。非所有人占有是指财产并不由享有所有权的人所实际控制,它意味着财产的占有者并不是其所有者。

(2) 使用权。使用是指对财产按照其性能与用途来加以利用,以满足主体的某一方面需要。使用权是指权利主体对财产按照其性能与用途来利用的权能。所有权人取得财产,一般都是为了通过对其使用,以满足自己的生产或生活需要。从这一意义上讲,使用财产是所有人取得该项财产的目的,因此使用权在所有权的权能体系中居于重要地位。使用权是直接行使于所有物之上的权利。因此,使用权的存在要以占有权为前提。使用权由财产所有人行使时符合这一前提。当财产与所有人分离以后,所有人的使用权也与所有权发生分离。所有人在法律规定的范围内,可以根据自己的意志和利益,将使用权分离出去,由非所有人享有,非所有人行使使用权时,必须根据法律和合同的规定,按指定的用途使用财产。

(3) 收益权。收益权是指主体在财产上获取经济利益的权力。收益往往是因为对物的使用而产生的,因此,收益权也往往与使用权联系在一起。但是,收益权本身是一项独立的权能,因而使用权并不能包括收益权。所有人并不行使对物的使用权,但可以享有对物的收益权,而非所有人根据法律的、合同的规定,可以仅仅享有使用权而不享有收益权。由于收益权是所有权在经济上的表现,直接体现了所有人的利益,因此往往与财产所有权不可分离。所有人可以将占有、使用和处分权分离出去,仅仅保留收益权;也可以根据自己的意志和利益,将部分的收益权分离出去,仅仅保留部分的收益权。这就要求在财产所有人和享有部分收益权的非所有人之间,对财产产生的经济利益,根据法律或合同的规定实行不同的分配。

（4）处分权。处分权是所有人在法律允许的范围内处理其财产的权利。对财产的处分可以分为事实上的处分和法律上的处分。事实上的处分是指通过将财产投入使用过程而将其消耗掉,它的结果是财产本身归于消灭。法律上的处分是依照所有人的意志,通过某种法律行为对财产进行处置,如将财产以买卖、赠予、互易等方式转让给他人或以遗赠方式转移给他人,其结果是使所有人在财产尚存的情况下丧失了对它的所有权。处分权的行使决定着财产的归属,处分权是财产所有人最基本的权利,它是所有权内容的核心。

占有、使用、收益和处分,四位一体,共同构成财产所有权的基本内容。

经营权则是从财产所有权中派生出来的一种法律权利,包括占有、使用、收益和处分等权利中的部分权利。从这里可以看出,对财产的占有权、使用权、收益权和处分权既是财产所有权的权能,又是经营权的内容,这就必然产生一系列问题:经营权是否存在？ 经营权和财产所有权之间是什么关系？ 等等。回答这些问题的关键是同一财产的所有权和经营权能否各自独立存在。

从理论上来看,财产的经营权是完全可相对于所有权而独立存在的。在产权关系的基本界定中我们已经分析了四种权能与所有人之间相分离的可能性。对于占有权而言,一般只有所有人才能对财产行使占有权,实际控制自己的财产,即所有人占有,但非所有人经所有人许可,可以获得对财产的实际控制权,这在法律上是合法的,在生活中也极为常见,如承租人根据租赁合同而占有他人出租财产,运输单位根据运输合同而占有他人交付托运的财产,法院在诉讼过程中依法将当事人的财产予以扣押等。对于使用权而言,使用权一般由财产所有人行使,但非所有人行使使用权的现象,在生活中也极为常见。非所有人在一定条件下可以依据法律或者合同取得使用权,从而对财产进行使用,如借用人根据借用合同使用借用财产、承租人根据租赁合同使用出租财产等都属于非所有人对财产的使用。这种由非所有人对财产的使用,因有使用权而属于合法使用,受法律的保护。对收益权而言,在社会生活中,收益权一般是由所有人行使,但也可以因法律规定或合同约定而归非所有人行使。如某农户承包一集体果园,承包合同规定在承包期内果树所结果实全部归承包人所有。在这里,尽管承包人并非果园的所有人,但是依据承包合同取得了对果实的收益权。同样,虽然处分权通常也是由所有权主体行使,但由非所有人行使的现象在社会生活中也比较常见。非所有人在一定条件下可以直接依据法律处分财产。如抵押权人因债务人到期不履行债务而变卖抵押物、留置权人因债务人到期不履行债务而变卖留置物、公安部门对到期无人认领的拾到物进行变卖或者上交国库,这些都属于非所有人在处分财产,但这种处分因具有法律上的依据,而为法律所确认与保护。总之,产权关系中的四项权能,一般是与所有人紧密结合,由所有人自己行使。但是,在某些特定情况下,这四项权能的某一项、某几项或全部,能够与所有人暂时分离。由于这种分离是依据法律或者合同而产生的,因此即使存在这种分离,所有人也并未丧失其对财产的所有权。例如:根据保管合同,保管物的占有权暂时脱离该物的所有人,而归保管人行使,但所有人对该保管物仍享有所有权。进一步说,财产所有权的四项权能不仅可以部分或全部地与所有人暂时分离,而且有时这正是所有人行使其所有权的一种方式。在社会生活中,所有人往往需要通过对占有权、使用权、收益权和处分权这四项权能的分离和回复,来达到自己的目的,满足自己的生产或生活需要,发挥财产的效益。如房屋所有人将房屋出租给他人,以此来将房屋占有权与使用权转移给他人行使,这正是该所有人为收取房租、行使收益权所采取的手段,即,房主要行使对房屋的收益权,就非得出租房屋不可。可见,产权关系中的所有权与其四项权能之间可以部分或全部地暂时分离,分离的结果则是经营权的形成。

　　企业是商品经济发展的产物。在诞生后的很长一段时间中,企业的所有权与经营权是统一的,资本的所有者同时又是企业的生产组织者和经营者,谁投资创办企业,就由谁来经营和管理企业,企业实行家长式领导体制,老板一个人说了算。到了19世纪中期,商品经济有了较大的发展,企业规模进一步扩大,技术水平不断提高,设备也日益复杂,经营范围日益拓展,企业所有权与经营权集中于同一主体上,已经难以满足企业发展的客观要求,开始出现两权分离的现象。到了当代,虽然仍有部分企业两权是统一的,但绝大部分企业处于两权分离状态。两权分离是出于商品经济发展的客观要求,不仅普遍存在于资本主义企业,也存在于社会主义企业中,而且它还在进一步发展。

一般来说,在一个企业内部,生产资料的所有权与占有权、使用权、收益权和处分权是统一的,但在两权分离的情况下,必须在所有权和经营权之间分解这四项权能。由于占有权、使用权、收益权、处分权之间存在相互依赖、相互制约的关系,不论是所有人还是经营人都不能只拥有其中的一项或几项权能,而是必须同时拥有四项权能,因此所有权与经营权对四项权能的划分很难是权能分割,只能是权度划分,即划分二者对每项权能拥有的程度。[1] 从所有权来看,所有者没有对财产的占有权,如何证明自己是所有者? 没有收益权,所有者的经济利益又如何维系和实现? 没有处分权,又如何保障自己的财产? 从经营权来看,四权也是经营权不可缺少的内容,因为经营的目的是为了取得收益,要想有较好的收益,就必须合理分配使用生产资料,要使用财产,就必须有占有的权利,甚至有对部分生产资料的处分权。因此,经营权寓于所有权之中,具体体现所有权,但经营权的大小是所有者赋予的,并服从所有者的利益,因而经营权的内涵是不固定的。

第二节　产权关系的所有制基础

产权关系总是建立在一定的所有制基础之上的,乡镇企业的所有制基础决定着乡镇企业产权关系的本质和内容。

我国乡镇企业的所有制状况,大体上可分为两个基本类别。第一类是农民集体占有,即公有制。这类企业多数是原人民公社时期,由公社、大队依靠自身的积累办起来的,有些后起企业也是主要靠社、队积累的相应范围内劳动者创造的利润投资办起来的。这类企业的生产资料是集体共有,具有不可分割性,任何一个成员在离开企业时,都不能作为原来的所有者分得部分生产资料,集体成员也无权把生产资料共同分掉转化给个人。同样,企业的积累也是如此。这类所有制企业因创办主体的不同显示出层次性差别,如乡办、镇办、村办等。第二类是农民个体占有,即劳动者个人或

---

[1]　参见王国刚著,《企业经济导论》,南京大学出版社,1989 年版,第 30 页。

家庭的私有制。在这两个基本类别之外，尚有以下一些较为特殊的所有制情况：农民劳动者集体与全民所有制企业之间的联合所有制；少数地区存在的私人占有生产资料、雇佣工人的私有制；农民劳动者集体与外资合营的所有制。总之，我国乡镇企业所有制的形式是多样的，内涵是相当复杂的。

不同类型的乡镇企业所有制共存于农村经济系统，它们之间互有联系和影响，既有发展中相互促进的一面，又有发展中相互排斥的一面，构成一个有机联系的乡镇企业所有制结构整体。不同地区的乡镇企业所有制结构受区域内生产力系统的影响和制约，形成不同的所有制结构类型。我国乡镇企业的所有制结构大体上有以下几种类型。

第一类，以集体所有制为主的苏南型乡镇企业所有制结构。这是我国农村经济发达地区的乡镇企业所有制结构。这种结构大都由原人民公社体制下公社、大队两集体经济（主要是社队企业）为主的格局演变而来，在这个基础上，乡村两级集体企业有了较大的发展，以至于在乡镇企业所有制结构中占了绝对优势地位。以苏州市的乡镇工业企业为例，在 1985 年的乡镇工业产值中，乡办企业占 55.12%，村办企业占 40.86%，队（组）办企业占 2.72%，联户办企业占 0.88%，户办企业占 0.42%；乡村两级企业合计占到 95.98%。据无锡市统计，该市集体所有制企业有 10 743 家，占该市乡镇企业总数的 46.6%。

第二类，以个体所有制为主或个体所有制占有很大比重的"耿车型"乡镇企业所有制结构。这是我国农村经济不发达地区的乡镇企业所有制结构。1986 年，耿车乡乡镇企业的总产值中，户办企业产值占到 38.4%。户办企业能创造这么大比重的产值，总量很大的生产资料分散在各户、被农户所占有的现象是显而易见的。

第三类，私人经济占有很大比重的温州型乡镇企业所有制结构。温州地区的农村中，除集体占有生产资料的乡镇企业、合作共有生产资料的乡镇企业、个体占有生产资料的乡镇企业以外，私人占有生产资料并雇工经营的乡镇企业已为数不少。据有关统计资料，1985 年，温州市的乡镇工业总产值中，家庭联户工业企业创造的产值达 11.3 亿元，占全市乡镇工业产值的 68%。在这些家庭和联户的工厂中，就有相当部分属雇工经营的性质。应当说，私人占有生产资料并雇工经营是温州型乡镇企业所有制结构的一个显著特点。

　　第四类,合资经营占有一定比重的佛山、晋江型乡镇企业所有制结构。这种结构状态多出现在沿海地区,如广东的佛山、东莞和福建的晋江。

　　第五类,在城市郊区,如苏南地区和上海郊区,已陆续出现乡镇企业与全民所有制联合的生产资料所有制。这种联合所有制仍在进一步发展中。

　　我国乡镇企业所有制结构虽然有着上述不同的类型,但就其总体的根本性质来说,属于社会主义公有制。因为在上述诸种类型的所有制结构中,劳动群众集体所有制均居于主要的或主导的地位,这一乡镇企业所有制的性质在苏南乡镇企业所有制结构中最为明显。对耿车乡镇企业所有制结构的属性,也应当这样判断。如前所述,耿车乡镇企业是个体经济占有很大比重的所有制结构,每个农户均占有多少不等的生产资料。据统计,耿车乡兴办企业的农户平均占有的固定资金约为 240 元。尽管如此,这一结构总体的性质仍然是社会主义公有制,因为从结构的总体来看,集体占有生产资料的公有制在结构体系中占有主导地位。农户占有的生产资料虽然总数甚多,但毕竟是分散的、小量的占有,且占有的生产资料多是手工工具,这种占有状况对乡镇企业总体的发展方向不会产生决定性的影响。相反,能起决定性影响的却是集体占有生产资料的公有制,因为这是集中的、大量的占有,而且占有的生产资料一般是先进技术的物化。因此,它能容纳先进的生产力并促使其发展,能带动乡镇企业总体的发展,从而规定者乡镇企业发展的社会主义方向。同样,温州型、佛山/晋江型乡镇企业所有制结构也应当从集体公有制占主导地位去分析。因此,从总体上来讲,乡镇企业所有制结构的性质可界定为社会主义公有制。

　　乡镇企业所有制的社会主义公有制性质决定了乡镇企业产权关系不同于奴隶主财产所有权关系、封建主所有权关系、资本主义所有权关系,是社会主义财产所有权关系的重要组成部分。奴隶主所有权关系明确规定具有奴隶身份的自然人不具有法律上的人格,不承认其为财产所有权的主体,而只将其置于财产所有权客体的地位。封建主的产权关系明确规定土地归君主、国王、领主所有,而不能归平民所有,以确保封建主对土地的占有。不仅如此,封建主产权关系一方面将农奴束缚在其从事耕作的土地上,另一方面还将土地所有权与被束缚在其上的农奴的役使权联系在一起,并使后者从属于前者，规定谁对某一块土地享有产权，谁就有权役使被束缚在该土地上的农奴。其目的则是维护农奴对封建主的人身依附。资本主义产权关系是建立在资本主义生产资料私人所有制基础之上的。其特点就在于确认和保护资本主义所有制，使资产阶级财产不受"侵犯"。总之，奴隶主、封建主、资本主义这三种历史类型的产权关系，尽管各有特点，互相区别，但本质上是相同的。这三种产权关系都是以生产资料私有制为基础，是私有制的法律表现，是确认私有制、保护剥削阶级利益的重要法律手段。而乡镇企业所有制的性质决定了乡镇企业的产权关系是建立在生产资料公有制基础上，其目的是在保护公民个人合法财产的基础上，保护社会主义公共财产不受侵犯，使社会主义公有制不断地得到巩固和发展，它与一切剥削阶级的产权关系有着本质的区别。

乡镇企业产权关系作为社会主义产权关系的一个重要组成部分，主要地体现着劳动群众集体财产所有权关系。这种产权关系同国有企业产权关系一样都是建立在生产资料公有制基础之上，具有社会主义性质。但是它同国有企业产权关系有着显著不同的特点。第一，国有企业产权关系是国家所有制性质的企业财产关系在法律上的表现，是国家财产所有权的主要组成部分。国有企业财产所有权的主体是唯一的、统一的国家本身；而乡镇企业产权关系是劳动群众集体所有制性质的企业财产关系在法律上的表现，是集体财产所有权的主要组成部分。乡镇企业财产所有权的主体是具有法人资格的各个集体组织。第二，国有企业之间转移财产，转移的主要是经营权，财产所有权仍属国家；而乡镇企业处分财产，将其转让给全民、集体的组织或公民时，财产的所有权则随之转移。第三，国有企业的财产是国家授权给企业经营的财产，包括固定资产、流动资金和各项专用资金；而乡镇企业的财产作为集体所有权的客体，只限于集体所有的公共财产，不享有国家各种专有的财产，也不包括参加该集体组织的成员个人或家庭所有的财产。第四，国有企业的产权是以法律形式确认的；乡镇企业的产权则大部分是通过承包合同获得的。可见，乡镇企业作为集体经济组织的企业，其产权关系不同于国有企业，它主要体现集体所有制企业的产权关系。正是由于这个因素，我们在以下的分析中，将主要分析乡镇企业的产权关系。

第三节 产权关系的所有权主体

乡镇企业的产权关系主要指乡镇企业财产所有者对他的财产享有的占有、使用、收益和处分的权利关系。剖析乡镇企业的产权关系首要的就是要弄清楚：谁是乡镇企业财产的所有者，谁对乡镇企业财产拥有充分的、完整的四权能？只有弄清楚这一问题，才能进一步分析乡镇企业产权中四权能的分离和组合状态，了解乡镇企业产权关系的具体构成。

乡镇企业财产的所有权主体究竟是谁，这在理论界和实际工作中存在着各种不同的认识，归纳起来主要有以下几种代表性的观点。第一种观点认为，乡镇企业是本企业职工创办的，是通过职工的劳动积累逐步发展起来，乡镇企业所有权应属于该企业的全体职工，企业以外的其他人不具有所有权主体地位；第二种观点认为，乡镇企业是乡村政府投资兴建的，因此，乡镇企业的所有权主体应为乡村政府；第三种观点认为，乡镇企业是多元投资主体投资兴建的，乡镇企业的所有权应属于不同的投资主体，即"多元主体"，有时也称"股份所有"。我们对以上观点都不敢苟同。乡镇企业的财产所有权主体应该是而且只能是全乡镇农民。原因有以下几点。

第一，从乡镇企业发展的历史过程来看，全乡镇农民作为乡镇企业的财产所有权主体，随乡镇企业的发展逐步得以强化。乡镇企业起源于 20 世纪 50 年代的农村合作化时期，当时农民被组织起来进行合作化生产后，基于社员最基本的生产、生活需要，如打米、榨油和对锄头、镰刀等的需要，合作社便把一些能工巧匠集中起来开办了综合厂、服务社、经销店等，原有的农业经济积累成为其主要的初始资金，也有的是靠向生产队筹借资金来购买设备和原材料，还有的是靠移用农业上的机械设备。可见，乡镇企业最初是依靠农业的原始积累创办起来，是一个乡、一个村农民共同积累的结晶，即使后来有所壮大，也属于全乡(镇)或全村农民原始积累的增值，是他们的共同财富，乡、村全体成员是乡镇企业的真正所有者。1958 年人民公社化后，原合作社兴办的综合厂、经销店等变成社队企业。但在相当长的时期内，社队企业得不到应有的重视，只是作为农业生产的一种补充形式而存在。在管理上它始终是"农工一体化"，在经营上以围绕农业办工业、办好工业促农业为目的。企业的经济核算和分配也是农村经济核算和收益分配整体中的一部分，企业的干部、职工都是亦工亦农的农民，实行"劳动在厂，分配在队，评工记分，厂队结算"的分配办法，后来工资制才逐步发展起来。很显然，这一时期的乡镇企业包含在集体经济组织内部，还不具备独立的经济功能。它产生于农业，依附于农业，经营的利润也返还于农业，集体经济组织全体成员对其共同享有占有、使用、收益和处分权，全乡镇农民对乡镇企业财产所有权的主体地位是比较明确的。党的十一届三中全会以后，乡镇企业从农村集体所有制合作经济组织中脱胎出来，并以极强的生命力渗透到农村经济的每个角落和领域。乡镇企业以最直接的方式，用自己经营的利润开始"以工补农""以工建农"，反哺农业，这使乡镇企业的命运与全乡镇农民紧密地联系在一起，农民以更大的热情关心乡镇企业的发展，这表现在：农民以投入土地、义务工、集资、集体积累等形式兴办了大量的乡镇企业；乡村拿出了最有经济头脑的干部和素质最好的劳力投入乡镇企业。乡镇企业进一步成为全乡镇农民"家家出力，人人关心"的事业，乡镇农民的财产所有权主体地位也进一步得到强化。

第二，乡村政府在乡镇企业的发展过程中发挥了极强的组织协调功能，但其不能成为乡镇企业的财产所有权主体。不容否认，乡镇企业能发展到今天的规模，地方政府发挥了很强的组织协调功能。在公社化年代，不允许发展个体经济，在当时特定的历史条件下，乡镇企业只能由集体来兴办，地方政府在乡镇企业的兴办过程中自然有着不可替代的组织功能。它在广大农民发展乡镇企业的内在冲动的基础上，通过行政力量实现了各类要素的初始动员和组织。一方面，以地方政府集体经济的形式兴办乡镇企业，不仅避免了极有可能出现的上级政府的各种干预，而且反过来借助政府的权威和影响力，为乡镇企业与周围大中城市企业之间的横向经济联合以及乡镇企业的市场竞争提供了行政性支持。另一方面，也只有地方政府才能为乡镇企业的创办提供最低限度的原始积累。因为，乡镇企业兴办时的资产主要是靠平调合作社以及后来的大队、小队的土地、劳力、物资和资金等形成，而这些只有借助地方政府对资源的动员、组织能力才能成为现实。可见，地方政府在这方面的组织与引导作用，为乡镇企业的形成和发展创造了极为有利的条件。但这种作用只是地方政府受社区目标的驱动,作为全乡镇农民利益的代表所应起的作用,并不表明乡镇企业以地方政府作为财产所有权主体。其实,地方政府只是农村的基层政权组织,与乡镇企业之间保持着一定的行政联系,地方政府与乡镇企业是行政上领导与被领导的关系,而不是产权关系中所有者与经营者之间的关系。有人认为,相当一部分乡镇企业是由地方政府投资创办的,其所有权应属于地方政府。其实不然。众所周知,乡镇政府的行政事业经费本来就少得可怜,入不敷出,哪来投资办厂的资金? 事实上是由政府出面向银行或其他部门借贷资金给乡镇企业,但债务是由企业承担的,政府只是提供一种担保,根本谈不上是投资主体,更谈不上是所有权主体。

第三,虽然乡镇企业在大推进阶段的投资主体有多元化的倾向,但这种多元化的投资主体并没有导致乡镇企业的股份所有,只是使得乡镇农民对乡镇企业财产的所有权采取了共同共有的形式。共同共有,是指两个或两个以上主体对同一项财产平等地、不分份额地享有权利、承担义务的共有。一般而言,共同共有具有这样几个特征:(1) 各共有人对共有财产没有确定的份额;(2) 各共有人对全部共有财产享有平等的权利、承担平等的义务,对外负连带责任;(3) 共同共有人之间存在特定的身份关系,如共同劳动等共同关系;(4) 共同共有财产的管理和使用,按多数共有人的意见办理;等等。我们之所以认为乡镇企业财产是乡镇农民共同共有,是因为其有共同共有的特征。这表现在以下几个方面。首先,股份共有对共有财产有明确的份额,各按自己的份额分享权利、分担义务,而乡镇企业财产积累过程中各社区成员贡献大小的差别并没有在所有权中体现出来。在 20 世纪 50 年代的合作化运动中,农户入社资产的差别对社员身份毫无影响,而农户人口的多少却决定着它在合作经济组织中权利的大小。同样,在乡镇企业扩大再生产过程中,企业内部积累起来的资产也无法按明确的份额分享,而是由全乡镇农民平均分享,产权均分的现象比较明显。其次,股份共有人在共有关系存续期间有权要求将自己的份额分出或者转让,而且股份共有可以在任何人之间形成。而乡镇农民中凡具有社区成员身份(即户口)的每个居民在理论上和实际上都有可能支配、使用乡镇企业财产,新生、死亡和迁移的人口随其社区身份的改变而享有或失去这些权利,但无法分出或转让这一权利。一定的社区身份决定着共有人之间的共同关系,不同于股份共有人的随意性。可见,认为乡镇企业属股份共有的观点是站不住脚的。

　　第四,乡镇企业资产形成的实证材料可进一步说明乡镇企业财产是乡镇农民共同共有。1986 年,国家统计局农村抽样调查总队同湖北、四川、广东、浙江、江苏、安徽、河北、辽宁、山西、甘肃 10 省农村抽样调查队合作,运用抽样方法,对上述 10 省的大型乡镇企业进行了一次系统调查。以 200 个企业为样本,它们当中,区、乡、镇办的有 165 个,占 82.5%,村办占 12.5%,联户办占 3%,私人办占 2%。乡村办企业共占样本企业数的 95%。因此,该项调查资料完全可以反映乡镇村办企业的产权关系状况。根据该项调查,乡镇企业的创办资金中,国家无偿拨付的财力仅占 4.02%,农业银行和信用社贷款分别为 29%和 5.16%,工商银行贷款占 4%,政府代息周转金占 5.84%,社队集体积累占 23.6%,本厂工人集资占 5.43%,预收产品款占 2.9%,来料加工占 7.89%,联营对方投资占 0.69%,团体和个人赞助占 1.06%,其他占 8.88%①。这就是说,乡镇企业资产形成的主要来源既非国家拨款又非自有资金,而是充分利用了多种多样的信用。负债经营是乡镇企业资产形成的重要特征。从财产的形成过程来看,政府低息周转金仅占 5.84%,而且周转金构成企业的债务,还不是严格意义上的所有权内涵,可见,地方政府所有权主体之说是不成立的。企业自有资金也很少。同样资料表明,样本企业的年度投资额,不仅远远大于当年企业留利总额,而且大于企业当年的利润总额。1985 年度的投资总额为年度利润总额的 115.6%、年度企业留利的 267.5%。即使考虑到本厂工人集资(占 5.43%)也无法支撑企业所有之说,因为众多乡镇企业的集资早已债务化,何况其比重又很小。乡镇企业创办资金除来自信用资金外,大部分来自社队集体积累(占 23.6%),这充分说明了乡镇企业财产所有权主体为全乡镇的农民。

---

　　① 参见周其仁、胡庄君,《中国乡镇企业的资产形成、营运特征及其宏观效应》,载《中国社会科学》1987 年第 6 期,第 44 页。

第四节　产权关系的实现形式

乡镇企业的财产所有权主体可界定为全乡镇的农民。但是,对属于全乡镇农民所有的乡镇企业财产,必须由某一经济组织代表全体所有者的利益,行使财产所有权。否则,全乡镇农民的资产及其收益就极易被劳动者个人所分割,从而导致劳动者平等的占有关系和社会主义经济关系的瓦解,全乡镇劳动群众的共同利益、长远利益就无法实现,区域性经济活动及其经济关系也难以协调、统一。那么,应该由哪类组织来行使乡镇企业财产所有权呢? 理论和现实都表明,乡镇集体经济组织代表着全体乡镇农民的共同利益,对属于全乡镇农民所有的乡镇企业财产行使着所有权。原因有以下几点。(1)产权关系只是所有制关系的法律表现形式。乡镇企业所有制关系的集体所有制性质决定了必须由集体经济组织代表全乡镇农民行使乡镇企业的所有权。(2)某组织能够代表所有者行使所有权的基本条件是,该组织能够代表所有者的利益和要求,运用所有者的财产为所有者服务。集体经济组织作为一种社区性经济组织,能够尽心尽责地维护和保障全乡镇农民资产不受侵犯和损害,关心并促进集体所有制企业的发展。这就是说,集体经济组织具备行使乡镇企业财产所有权的基本条件,由其充当乡镇企业财产所有权主体的实现形式,有着积极的意义。(3)从乡镇集体经济组织和乡镇企业的发展来看,乡镇集体经济组织曾采取农业生产合作社、人民公社以及经济联合委员会等形式,乡镇企业的前身社队企业在相当长的时期内是集体经济组织的一个组成部分,二者在产权上有着较为密切的血缘关系,由乡镇集体经济组织充当乡镇企业财产所有权的实现形式可以保持财产所有权的历史延续性。(4)现阶段的乡镇集体经济组织还具有一定的行政管理和宏观调节职能,由其充当乡镇企业财产所有权主体的实现形式,既可以有效地组织和调节乡镇企业运行,有计划、按比例地发展乡镇企业,实现最大限度地满足人民群众需要的经济目标,又可以调节好全乡镇劳动群众个人利益和集体利益、整体利益,以及眼前利益和长远利益之间的关系,有效地协调乡镇企业与其各方面之间的经济关系。(5)现实当中,乡镇企业产权关系中所有权和经营权的分离,是通过乡村集体经济组织作为财产所有者方与作为财产经营者方的乡镇企业全体职工签订承包合同而实现的。这也表明在现实的乡镇企业产权关系中，乡镇集体经济组织充当着乡镇企业所有权的实现主体。

至此，我们可以看出，乡镇企业的财产所有者主体是全乡镇农民，但其实现形式则表现为乡镇（村）集体经济组织所有。这里，乡镇企业全乡镇农民所有是实质，乡镇集体经济组织所有只是形式，是乡镇企业产权关系中所有权主体的实现形式。乡镇企业产权关系的实现，除了所有权主体的实现外，还有所有权内涵的实现，这种实现实质上是财产所有权和经营权分离的实现。在乡镇企业的现实运行中，两权分离是通过多种形式实现的，而承包制则是主要的实现形式，因而，承包经营权构成乡镇企业产权关系的又一实现形式。

承包经营权是乡镇企业承包经营责任制的产物。20 世纪 80 年代初期，借鉴农业家庭联产承包责任制的经验，乡镇企业开始实行承包经营责任制，后经“一包三改”等形式逐步使之趋于完善。乡镇企业的承包经营责任制是通过乡村集体经济组织与乡镇企业签订承包合同，规定双方的权利和义务，把经营权交给乡镇企业的全体职工，使乡镇企业能独立自主地进行生产和经营的一种管理制度。在这种制度中，乡镇企业财产的所有权并没有根本改变，只是将经营权整体出让和转移给承包者；承包者以保证财产增值并完成既定的经营目标为条件，以分享利润为主要动因，取得乡镇企业财产的经营权。如果说这是一种交易行为，那么，乡镇企业的财产经营权就是这种交易的对象。财产所有者以出让一定时期、一定条件的经营权为代价，取得乡镇企业财产所有者主体应获得的权益；承包者则以承认财产所有者的所有权并保证所有权得以实现为前提，取得合同期内的经营自主权和经营收入。乡镇企业的财产所有权通过承包经营权得以实现。

承包经营权是以承包合同为根据而产生的。在这一点上，承包经营权不同于国有企业对国家财产的经营权。因为后者的产生是以国家授权为根据，只有在国家做出授权委托的情况下，企业才对有关的国家财产享有经营权，而承包经营权为承包人享有，它不是基于集体经济组织的授权行为，而是基于承包合同。没有承包合同，便不可能存在具体的承包经营权。承包经营权的这一特征使得乡镇企业承包制有可能保障主体间的平等关系，从而确立企业相对独立的商品生产者和经营者地位，并可使乡镇企业产权关系中的责、权、利清晰透明,具体来说有以下几个方面。(1) 承包经营权是依据契约形式,即具有法律效力的承包合同而产生的。在这里,产权关系有了法权上的表现,发包者与承包者之间表现出一种平等的关系。作为发包主体的企业所有者代表机关,要在合同允许范围内行使所有权,不得随意干涉承包者的财产经营权;同样,作为承包主体的财产经营者有权拒绝合同之外的由所有者施加的各种干预。因此,承包经营权既有利于保障所有权得到实现,又有利于确立乡镇企业相对独立的商品生产者和经营者地位。(2) 承包经营权实行责、权、利相结合的原则,明确规定经营者的责任、权限和利益,并使三者直接挂钩,紧密结合,责权利关系清晰透明,这使得乡镇企业具有了某种程度的自我调节和自我约束的功能。在承包经营责任制中,责任明确,承包合同对双方的责任都有明文具体规定,对承包者来说主要指需要完成的各项指标,这些指标不仅明确具体而且有数量和时间的规定,这样便于负责、便于考核。承包合同对双方权限也有明确的规定,对承包者来说,主要是赋予财产经营权,包括计划、销售、资金、劳动人事、机构设置等方面应有的权限。这样有利于承包者对企业财产更好地进行支配和使用,完成经营目标,提高经济效益。在利益方面,承包合同的明确规定使承包者事先知道完成多少任务,企业可得多少留利、承包者本人和职工可以得到多少收入;若完不成任务,企业和职工将承担多少损失、负什么责任。这就会鼓励和鞭策企业和职工积极搞好企业的生产和经营。可见,这种融生产、分配、激励、约束和监督于一体的产权关系实现形式,是目前乡镇企业较好的所有权实现形式。(3) 承包经营权的发包者直接选择作为经营者的承包者,直接同经营者签订承包合同,这里所表现的是没有中间环节的经营权的直接人格化。这种直接形式不同于股份制形式。在比较规范的股份制中,企业财产经营权的实现代理人——经营者,并不是所有者直接找到的,而是通过董事会选聘,采用了间接的形式使经营权人格化。经营权的直接人格化使得承包经营权利直接、简便易行,通用性强,比较适应乡镇企业干部职工现有的经营管理水平和文化水平,有其存在和发展的合理性。

第五节　产权实现主体的错位

乡镇企业的资产所有权主体是全乡镇的农民，他们是乡镇企业的真正所有者。乡（镇）村集体经济组织是乡镇企业所有权主体的代表，是乡镇企业所有权的实现主体。然而，由于传统体制的历史延续性和改革的复杂性，各地虽然在 1984 年底陆续增设了乡镇经济组织（具体形式有经济联合委员会、经济联合社和农工商联合公司等），意在把经济职能从政府中分离出来，但是经过几年的运行，各地还是对这类组织相继做了调整。大体分三种情况：一是取消了乡镇经济组织，其职能由政府行使，这类约占总数的 50％；二是名存实亡，职能由乡镇政府代行，这类约占 30％；三是仍"三套马车"并立，但整体经济活动由党委统一领导，三家共管，这类约占 20％①。可见，大部分乡镇集体经济组织被乡镇政府取代，乡镇集体经济组织的乡镇企业所有权实现主体地位自然也就被乡镇政府取代，乡镇企业所有权实现主体的错位也就成为极为普遍的现象。乡镇政府充当实现主体后，其自身的特性引发了乡镇企业产权关系的一系列问题。

其一，产权关系的实现机制受阻。一方面，乡镇政府作为一个政治实体，政治功能、政治需要占主导地位。该组织功能上的政治性使得其在运行时更多的是追求社会目标，如筹集计划生育、新兵征集、社会治安、文化教育、民政救济等所需的巨额费用，支出社区范围内集镇建设、道路桥梁等基础设施的建设和文化福利事业所需费用，还有就业目标以及"以工补农""以工建农"等农业发展目标等。对这些目标的追求虽然对乡镇区域的总体发展而言是必要的，却不利于乡镇企业产权关系的全方面实现。现实运行中，乡镇企业普遍感到社会负担过重，有限的力量无暇顾及企业资产的增值；而乡镇企业的实际所有者又普遍感到他们除了在分配上与乡镇企业还保持一些联系外，对乡镇企业的发展既无发言权又无监督权，成了"名义上的所有者"。另一方面，乡镇政府以行政机关和所有者的双重身份履行发包职能，发包行为势必成为

---

① 参见何康、王郁昭主编，《中国农村改革十年》，中国人民大学出版社，1990 年版，第 978 页。

乡镇政府以行政手段直接管理和控制乡镇企业的延续,乡镇政府全面介入乡镇企业的生产经营活动,企业也就不可能对企业内部资产享有充分的占有权、使用权和收益权,无法真正具备承包经营者的地位,其结果则必然是乡镇企业财产所有权的实现形式极其虚幻,乡镇企业的自主经营、自我发展也就无法真正实现。

其二,所有权的约束机制不健全。乡镇政府充当乡镇企业所有权主体后,虽然全面介入了乡镇企业的生产经营活动,但主要是从乡镇政府的行政管理职能出发干涉乡镇企业的,并不是从所有权主体的权益角度去约束企业的承包经营权,其结果必然是所有权的约束机制不健全。一般来说,在两权分离的情况下,财产所有者可以将财产的部分占有权、使用权、收益权和处分权转让给经营者。但经营权的转让有三个基本前提:一是法律保障所有者对财产的最终所有权,即经营者只在转让期内行使经营权;二是经营者要保证接转财产的完整,并以某种形式补偿财产的损耗;三是所有者对生产经营的成果享有收益权。为此,在两权分离的状况下,必须建立起严格的所有权约束机制,这包括利益约束、监督约束、强制调节约束、资产回归约束等。出于对自身经济和政治利益的关心,大多数乡镇政府对企业的上缴利润实行弹性原则,能多交则多交,能少交则少交,不能交则可减免,这种利益分配原则必然软化了所有权的利益约束机制。加上乡镇政府以财务收支和集体经济的利润分配为中介,实行以肥补瘦的办法,帮助亏损企业渡过难关,则进一步软化了所有权的利益约束机制。在监督机制方面,乡镇政府对企业的经营活动和结果缺乏有效的监督检查制度,防止企业弄虚作假的手段还不多,对企业的各种不规范的经营行为没有有效的约束手段。就企业内部的审计制度而言,由于会计力量不足,有些审计人员素质差,执行不经常、不严谨,本该相对独立的会计、统计人员,有的参与承包经营集团,有的受厂长经理直接控制。这种财会统计管理体制使乡镇政府无法及时准确了解企业的经营状况,所有权的监督机制也就无从实现。大多数地方普遍采取了"硬包"的方法,即发包方只管按时收取一定的利润,其他的一概不管,这使得即使企业经营行为严重损害了所有者的权益,所有者也无法通过经济、法律、行政的途径进行强制性调节,一些企业濒临停产倒闭,财产也无法收回,保障所有者权益的强制调节和资产回归约束几乎不存在,所有权的约束机制极为不健全。约束机制不健全的直接后果必然是乡镇农民共同所有的财产被别人分割，这是因为承包制着重考核的是利润指标，而这一指标包含着复杂的内涵，它既可以由企业通过增加投资、扩大生产、降低生产成本而增加，也可以通过某些不正当手段如挤占专项基金等来增加。故依据利润这一指标实施的利益分配极有可能在合理的幌子下分割所有者的财产。乡镇企业账面利润与结算利润的差额逐年扩大的现状就说明了这一问题。乡镇企业往往通过挤成本、挤费用、挤列支的办法压低账面利润、增加结算利润，并有意识地通过虚盈、空库、少留等手段增加结算利润，还有的将本应列入国家扶持资金的免税部分也列入结算利润，这必然造成账面利润与结算利润的差距越来越大。1988 年苏州市乡镇企业账面利润为 6.63 亿元，结算利润为 13.76 亿元，两者之比约为 1∶2;1989 年两者之比扩大到 1∶3 以上。而利益的分配是按结算利润进行的，这必然导致承包人、企业职工所得远远大于经营者应得部分，实际上等于分割了应属于所有人的财产及其增值部分。不仅如此，乡镇政府在某种程度上也通过上缴利润等形式参与了对乡镇企业财产的分割。

其三，资源组织能力低下。乡镇企业所有权主体错位后，原来较为明确的产权主体模糊了。这主要是因为，乡村政府充当实现主体，虽然可能也有能力抵御来自社区外对乡镇企业财产的侵吞，但无法阻止社区内的侵吞，甚至在某种程度上保护或直接参与了这种侵吞行为，这是由其自身特性引起的。因此乡村政府无法代表全乡村农民的利益，行使对全乡村共有财产的占有。乡镇企业资产所有权主体失去有效的实现形式，资产所有者应得权益无法实现，财产的归属关系自然也就处于不明确状态。这种不明确状态的直接后果则是，一方面乡镇企业资金短缺，另一方面全乡镇农民的巨额储蓄资金无法转化成乡镇企业的投资资金，其实质则是产权模糊导致乡镇企业资源组织能力弱化。乡镇企业产权关系模糊的另一个表现是，所有权通过承包经营权得以实现后，企业新增财产的归属关系不明确。在实际运行中，乡村政府集行政权、所有权于一身，可无限制地占有乡镇企业的财产，企业新增资产当然归乡村政府所有。这种权属关系使得乡镇企业对自身资产增加的关切度不会很高。因为，在不触及企业与乡村政府之间财产关系的前提下，企业自有资金形成的固定资产仍归乡村政府所有，与企业和职工的切身利益没有直接联系。所以企业拥有资金之后，总是倾向于用于集体福利和发放奖金，以最直接地使企业和职工获得实惠，产生用自有资金发奖金、搞福利,发展生产靠贷款的现象也就不足为奇。在农户无法成为投资主体的同时,企业也难以成为投资主体。这进一步表明,乡镇企业产权关系的模糊导致乡镇企业资源组织能力极低,这必然制约着乡镇企业的长期稳定发展。

第六节　重组产权关系的思路

针对乡镇企业产权关系中存在的上述问题,我们认为,完善乡镇企业的产权关系必须从弱化农村社区政府的经营职能入手,通过资产股份化和双层产权实现主体的建立,割断社区政府与乡镇企业之间的脐带,政企真正分开,使所有者的权益得到保障,实现所有权与经营权的真正分离。

一、企业资产股份化

重组乡镇企业的产权关系,资产股份化是关键。我国乡镇企业的初始投资包括兴办企业的集体经济组织投入资金、社会法人单位的外来投资、社会及企业个人投资,以及国家扶持企业的减免税金和企业历年利润留成积累资金,投资主体多元化,这为乡镇企业进行股份制改造创造了必要条件。考虑到乡镇企业的历史成因和现有企业的社区性特征,乡镇企业资产的股份化可通过股份合作制的形式加以实施。

股份合作制是把股份制引入合作制,实行劳资结合的一种经济组织形式。它和泛指的股份制不同,与一般的合作制也不相同。在联合上,股份制是资金的联合,合作制是劳动的联合,股份合作制既有资金的联合又有劳动的联合;在分配上,股份制是按资分配,合作制是按劳分配,股份合作制既实行按劳分配,又实行有限的按资分红,实行劳股结合。股份合作制实质上是一种股份所有、共同经营的合作经济形式。

股份合作制之所以能满足乡镇企业产权关系改革的需要,主要原因在于,股份合作制通过社员入股的形式,使分散的、属于不同所有者的劳动力、资金、技术等生产要素凝聚为股份所有、共同经营的组织形式,能够确认合作成员对共同财产占有的股份所有权,企业资产归属明确,并有限制地实行股份分红,使企业成员的个人利益与企业利益、当前利益与长远利益紧密地结合起来,使企业能够产生发展商品生产、追求经济效益的内在动力。在长期收入预期与企业发展的刺激下,企业本身具有独立的积累、投资功能，这表现为企业的直接积累、投资和社员之间的积累、投资，从而保证了企业的长期生存和发展。

就现实需求而言，一方面目前乡镇企业产权关系模糊，政企职责不分，分配关系扭曲，积累机制弱化，只有通过推行股份合作制，把产权关系具体化、明确化，才能较好地实现政企分开，使乡镇企业真正成为独立的商品生产经营者。另一方面，目前乡镇企业规模小且布局分散，只有通过股份合作制，实现劳动主体和资产主体的有机结合，才能增强乡镇企业生产要素的凝聚能力和合理配置能力，逐步形成社会化的生产、竞争和发展格局，给乡镇企业注入新的活力。

从可能性上来说，股份合作制在股份构成上，既有资产股，也有劳动股；在股权结构上，既有资产股东化的性质，也有资产集体化的因素，这既能适应乡镇企业资产形成过程中的社区集体性，又能保证乡镇企业在经济增长的同时保持该区经济社会的平衡。这主要体现在股份合作制要求企业将相当大部分的税后利润用于全体职工都能受益的项目（如公共积累），而只将很少部分用于按股分红。总之，股份合作制顺应市场经济的要求，符合现代产权制度的规则，构成乡镇企业明确产权关系的主要内容。

二、双层产权实现主体

股份合作制使乡镇企业的产权关系基本明晰，这为乡镇企业产权制度的完善奠定了基础。但产权关系完善的关键是产权关系的实现过程，乡镇企业产权关系方面的问题也主要存在于该过程。对此，我们认为，应重塑乡镇企业的产权实现主体，建立双层次的产权实现主体，以保证乡镇企业产权的真正实现。

所谓双层产权实现主体，是指乡村区域层产权实现主体和乡镇企业层产权实现主体。在西方典型的股份制企业中，其股权主要是通过企业层的股东大会、董事会、监事会等主体实现的。乡镇企业作为农村商品经济的产物，自主经营、自负盈亏，其拥有的经营权应当相对独立，建立企业层的产权实现主体可维护企业的自主性；也可强化所有者对经营者的约束机制。另外，乡镇企业是集体所有制企业，仅仅有企业层的实现主体还不能保证企业产权关系的性质，也不能有效地保障所有者应得权益，故应建立乡村层的产权主体。双层实现主体相互交叉、相互制约、相互分工，共同保证乡镇企业产权关系的实现。

（1）乡村区域层的产权实现主体。在现实的产权关系中，乡村政府充当着乡镇企业产权的实现主体。乡村政府作为行政管理机构脱离了所有者的监督，又没有恰当的责权划分，由其充当企业产权的实现主体不仅损伤了乡镇企业所有者的权益，也压抑了乡镇企业自我发展的积极性和广大乡镇企业职工的劳动热情。因此，应重新构造乡村层乡镇企业产权实现主体。乡镇企业既然是全乡村农民共同积累的结晶，那么只有全乡村农民才是乡镇企业的真正所有者，也只有能代表他们的利益、表达他们的意志的主体才能充当他们的产权实现主体。乡镇企业资产股份化后，作为乡村集体股的拥有者，由全乡镇企业的股东构成的股东大会应该是区域内乡镇企业的财产所有者主体，乡村集体资产如何运用、所有者与经营者之间的利益关系如何处理等一系列重要问题，必须经股东大会讨论做出决议。股东大会民主选举产生的"乡村集体资产管理委员会"可作为乡村层乡镇企业产权的实现主体而存在，由其监督企业执行股东大会的决议，聘任企业民主选举产生的厂长、经理，协调乡镇企业与其他农村集体经济组织之间的关系，代表所有者一方与政府和其他有关方面对话，等等。这样可真正实行政企分开，割断乡村政府与乡镇企业财产之间的关系，使乡村政府主要作为国家行政管理机构，依据国家有关条例和要求对乡镇企业的生产经营活动进行调节，从而从根本上保障乡镇企业资产所有者的权益不受侵犯，还可以割断乡村政府对乡镇企业经营者的财产约束关系，使企业经营者对乡村政府只有纳税的义务，而没有充当乡村政府财政口袋和行政管理经济的执行者的责任，从而保证资产经营权的相对完整性。

（2）企业层的产权实现主体。企业层的产权主要指经营权。在过去的承包经营权中，大部分承包经营权被个人所占有。这一方面使得经营权的有限性（受所有权的约束）无法保障，另一方面也使得企业职工的积极性难以发挥，企业财产的股份化难以实现。因此，为加强对企业经营者的监督，可设立议事机构，对企业的生产经营行为和财务管理实施监督。待条件成熟后，将该议事机构改造成由企业股东大会选举产生的董事会，由其充当乡镇企业经营的实现主体，决定企业的发展方向，调整企业的内部关系，监督经营者执行乡村股东大会和企业股东大会的决议。这样，乡村层和企业层的实现主体共同存在、密切配合，可保证乡镇企业产权改革的顺利实现。

第十九章　苏南模式的发展与乡镇企业的产权改革^①

乡镇企业是苏南模式的核心,要使苏南乡镇企业在苏南模式进一步发展中发挥出应有的作用,必须对其建立在社区集体所有制基础上的产权关系进行深层次的改革,建立起集体资产个人产权持有和个人产权合作社组织的产权组织体系,通过产权制度的创新,再造苏南乡镇企业的制度性优势,推进苏南模式的进一步发展。

第一节　制度性优势的产权基础

苏南乡镇企业之所以能在苏南模式的形成过程中发挥出主导作用,原因是多方面的,但最根本的是在特定历史条件下形成的制度性优势。这种制度性优势的内涵主要有两个:一是乡镇企业运行机制的市场化;二是社区政府的组织推进。苏南乡镇企业从诞生之日起就实行了市场导向,从而较早地运用市场机制的力量解决了企业运行中经济决策与经济利益之间的矛盾,使得乡镇企业在运行过程中逐步形成了自负盈亏的约束机制、自主经营的决策机制、锐意进取的动力机制和灵活应变的调节机制。这种机制赋予了苏南乡镇企业强大的适应市场竞争的活力。正是这种活力使苏南乡镇企业在中国经济体制改革初期消费需求迅速增长、市场空间迅速扩大而国有企业仍受传统计划经济体制约束的条件下,迅速地发展起传统的轻工业,进而通过对各行各业的一定参与,实现了高速增长。苏南乡镇企业之所以能在传统的计划经济体制下发育出较为完善的市场化运行机制,一个很重要的原因就是其财产所有权主体为全乡镇农民。从苏南乡镇企业的创办过程来看,其创办资金的来源基本上可以

① 本章原载于:《管理世界》1995 年第 4 期。

分为这样几类：政府拨款、信用资金、集体积累、联营投资、个人投资等。信用资金所占的比重较大，但不属于产权资本，不构成乡镇企业的财产依附关系。政府拨款、联营投资以及个人投资的比重均较小。苏南乡镇企业的产权资本主要由集体积累构成，这种集体积累包括货币形态的集体积累、实物形式的集体积累以及劳动积累三部分。货币形态的集体积累是原人民公社体制下社队集体的资金积累，实物形态的集体积累指用集体的建筑物、设施、场地等创办乡镇企业，劳动积累主要是在乡镇企业创办初期，在乡村范围内组织农民轮流务工，按出工日计工分回队参加分配。可见，苏南乡镇企业最初主要是依靠各种形态的集体积累创办起来的，是一个乡、一个村的农民共同积累的结晶，即使后来发展壮大，也属于全乡镇农民原有积累的增值，是他们的共同财富，乡镇农民构成乡镇企业的财产所有权主体。也正因为如此，乡镇企业无法通过国有产权这一重的财产纽带将自己纳入计划经济轨道，只能作为外在于我国原有经济管理体系之外的一种自生的存在，借助市场机制寻求和拓展自己的生存空间，从而形成了较为完善的市场化运行机制。

苏南乡镇企业制度性优势的另一内涵是地方政府的组织推进。苏南乡镇企业能发展到今天的规模，地方政府发挥了很强的组织协调功能。在公社化年代，不允许发展个体经济。在当时特定的历史条件下，乡镇企业只能由集体来兴办，地方政府在乡镇企业的兴办过程中自然有着不可替代的组织功能。它在广大农民发展乡镇企业的内在冲动的基础上，通过行政力量实现了各类要素的初始动员和组织，以地方政府集体经济的形式兴办乡镇企业，不仅避免了极有可能出现的上级政府的各种干预，而且反过来借助政府的权威和影响力，为乡镇企业与周围大中城市企业之间的横向经济联合以及乡镇企业的人财物提供了最低限度的原始积累。乡镇企业兴办时的资产主要是靠平调合作社以及后来的大队、小队的土地、劳力、物资和资金等形成，而这只有借助地方政府对资源的动员、组织能力才能成为现实。可见，地方政府在这方面的组织与引导作用，为乡镇企业的形成创造了极为有利的条件。在乡镇企业的运行和发展过程中，地方政府借助获取乡镇企业上缴利润的权利，拥有了相当量的资金实力，从而投资于新建乡镇企业以及原有乡镇企业的扩大再生产。地方政府的这种组织和投资作用，有力地推进了苏南乡镇企业的发展，同时也必将在乡镇企业的产权关系中得到反映，即地方政府借助行政权力和组织投资功能，通过控制投资决策权、人事权和利益分配权，全面介入乡镇企业的经济活动，充当着苏南乡镇企业财产的实际所有者。在决策机制中，地方政府以财产所有者和社区政府双重身份，对关系到乡镇企业生存发展的重大问题行使决策权，其决策项目包括企业领导人的选择、企业资产的调整和增长、企业留利比例的确定、折旧基金的使用等。乡镇企业领导人则在企业的生产计划、职工工资奖金以及企业更新改造、产品定价等经营性决策上享有自主权，形成了地方政府战略性决策与乡镇企业领导人经营性决策相结合的双层决策体制，乡镇农民作为所有者在决策上的权力没有得到体现。在利益分配过程中，乡镇企业收入在扣除税金和职工工资后，分解为地方政府所得和企业所得两大部分，地方政府所得部分包括扣除扶助基金和支付投资分利，在弥补企业历年亏损后，企业按年初与地方政府签订的承包合同足额上缴的一定比例的企业税后利润，简称上缴乡村利润；还包括企业按规定在税后利润中提取一定比例，作为企业上缴乡镇企业主管部门扶助乡镇企业发展的资金，即所谓的扶助基金；还包括以工补农、建农基金。此外，乡镇企业所得部分还有10%用于农村社区的各项社会性支出，这一部分净收入一般也上缴地方政府统一使用。这样，地方政府在乡镇企业利益分配中拥有了相当的比重，成为重要的利益主体。决策权和分配权的获得实际上使得地方政府拥有了对乡镇企业财产占有、使用、处分和收益的权利，成为乡镇企业实际的财产所有权主体。

从理论上来说，苏南乡镇企业的财产所有权主体是全乡镇的农民，而在现实运行中却表现为地方政府充当着事实上的所有权主体。其原因在于，对属于全乡镇农民所有的乡镇企业财产，必须由某一经济组织代表全体所有者的利益，行使财产所有权。否则，全乡镇农民的资产及其收益就极易被劳动者个人所分割，从而导致劳动者平等的占有关系和社会主义经济关系的瓦解，全乡镇农民的共同利益、长远利益就无法实现，区域性经济活动及其经济关系也就难以协调、统一。那么，应该由哪类组织来行使乡镇企业财产所有权呢？理论和现实都表明，乡镇集体经济组织代表着全体乡镇农民的共同利益，对属于全乡镇农民所有的乡镇企业财产行使着所有权。原因有以下几点。(1) 产权关系只是所有制关系的法律表现形式。乡镇企业所有制关系的集体所有制性质决定了必须由集体经济组织代表全乡镇农民行使乡镇企业的所有权。(2) 某组织能够代表所有者行使所有权的基本条件是,该组织能够代表所有者的利益和要求,运用所有者的财产为所有者服务。集体经济组织作为一种社区性经济组织,能够尽心尽责地维护和保障全乡镇农民资产不受侵犯和损害,关心并促进集体所有制企业的发展。这就是说,集体经济组织具备行使乡镇企业财产所有权的基本条件,由其充当乡镇企业财产所有权主体的实现形式,有着积极的意义。(3) 从乡镇集体经济组织和乡镇企业的发展来看,乡镇集体经济组织曾采取农业生产合作社、人民公社以及经济联合委员会等形式,乡镇企业的前身社队企业在长期内是集体经济组织的一个组成部分,二者在产权关系上有着密切的血缘关系,由乡镇集体经济组织充当乡镇企业财产所有权的实现形式可以保持财产所有权的历史延续性,并使其永久性的属性得到实现。(4) 现阶段的乡镇集体经济组织还具有一定的行政管理和宏观调节职能,由其充当乡镇企业财产所有权主体的实现形式,既可以有效地组织和调节乡镇企业的运行,又可以努力调节好全镇农民个人、集体利益和整体利益,以及眼前利益和长远利益之间的关系,有效地协调乡镇企业与其各方面之间的经济关系。(5) 现实当中,乡镇企业产权关系中所有权和经营权的分离,是通过乡村集体经济组织作为财产所有者方与作为财产经营者方的乡镇企业全体职工签订承包合同而实现的。这也表明在现实的乡镇企业产权关系中,乡镇集体经济组织充当着乡镇企业所有权的实现主体。然而,由于传统体制的历史延续性和改革的复杂性,各地虽然在1984 年底陆续增设了乡镇经济组织(具体形式有经济联合委员会、经济联合社和农工商联合总公司等),充当乡镇集体经济组织,意在把经济职能从政府中分离出来,但是经过几年的运行,各地还是对这类组织相继做了调整。大体分三种情况:一是取消了乡镇经济组织,其职能由政府行使,这类约占总数的 50％;二是名存实亡,职能由乡镇政府代行,这类约占 30％;三是仍"三套马车"并立,但整体经济活动由党委统一领导,三家共管,这类约占 20％。可见,大部分乡镇集体经济组织被乡镇政府取代,乡镇集体经济组织的乡镇企业所有权实现主体地位自然也就被乡镇政府取代,地方政府成了乡镇企业所有权的实现主体。苏南乡镇企业在利益上与地方政府趋于认同,使得乡镇企业在高风险的宏观经济环境中获得了地方政府的保护和支持,其生存能力和发展能力在一定程度上超过了纯经济组织的能力。应该说建立在产权关系基础上的社区组织推进构成了苏南乡镇企业的一大制度性优势。但在市场经济体制不断发展的今天,诱致这种制度性优势形成的外部条件已发生了根本性变化,而其本身所包含的产权关系又迫切需要以顺乎其本身发展规律的方式运行。在这种情况下,产权改革必然成为苏南乡镇企业进一步发展的重要举措。

第二节　产权改革的必要性分析

苏南乡镇企业产权改革的必要性首先来自当乡镇政府充当乡镇企业产权实现主体后,其自身的特性引发的乡镇企业产权关系的一系列问题。

其一,产权关系的实现机制受阻。一方面,乡镇政府作为一个政治实体,政治功能、政治需要占主导地位。该组织功能上的政治性使得其在运行时更多的是追求社会目标,如筹集计划生育、新兵征集、社会治安、文化教育、民政救济等所需的巨额费用,支出社区范围内集镇建设、道路桥梁等基础设施的建设和文化福利事业所需费用,还有就业目标以及"以工补农""以工建农"等农业发展目标等。对这些目标的追求虽然对乡镇区域的总体发展而言是必要的,却不利于乡镇企业产权关系的全方面实现。现实运行中,乡镇企业普遍感到社会负担过重,有限的力量无暇顾及企业资产的增值;而乡镇企业的实际所有者又普遍感到他们除了在分配上与乡镇企业还保持一些联系外,对乡镇企业的发展既无发言权又无监督权,成了"名义上的所有者"。另一方面,乡镇政府以行政机关和所有者的双重身份履行发包职能,发包行为势必成为乡镇政府以行政手段直接管理和控制乡镇企业的延续,乡镇政府全面介入乡镇企业的生产经营活动,企业也就不可能对企业内资产享有充分的占有权、使用权和收益权,也就无法真正具备承包经营者的地位,其结果则必然是乡镇企业财产所有权的实现形式极其虚幻,乡镇企业的自主经营、自我发展也就无法真正实现。

其二,所有权的约束机制不健全。乡镇政府充当乡镇企业所有权主体后,虽然全面介入了企业的生产经营活动,但主要是从乡镇政府的行政管理职能出发干涉乡镇企业的,并不是从所有权主体的权益角度去约束企业的承包经营权,其结果必然是所有权的约束机制不健全。一般说来,在两权分离的情况下,财产所有者可以将财产的部分占有权、使用权、收益权和处分权转让给经营者。但经营权的转让有三个基本前提：一是法律保障所有者对财产的最终所有权，即经营者只在转让期内行使经营权；二是经营者要保证接转财产的完整，并以某种形式补偿财产的损耗；三是所有者对生产经营的成果享有收益权。为此，在两权分离的状况下，必须建立起严格的所有权约束机制，这包括利益约束、监督约束、强制调节约束、资产回归约束等。出于对自身经济和政治利益的关心，大多数乡镇政府对企业的上缴利润实行弹性制，能多交则多交，能少交则少交，不能交则可减免，这种利益分配原则必然软化了所有权的利益约束机制。加上乡镇政府以财务收支和集体经济的利润分配为中介，实行以肥补瘦的办法，帮助亏损企业渡过难关，则进一步软化了所有权的利益约束机制。在监督机制方面，乡镇政府对企业的经营活动和结果缺乏有效的监督检查制度，防止企业弄虚作假的手段还不多，对企业的各种不规范的经营行为没有有效的约束手段。就企业的内部审计制度而言，由于会计力量不足，有些审计人员素质差，执行不经常、不严谨，本该相对独立的会计、统计人员，有的参与承包经营集团，有的受厂长经理直接控制。这种财会统计管理体制使乡镇政府无法及时准确了解企业的经营状况，所有权的监督机制也就无从实现。大多数地方普遍采取了"硬包"的方法，即发包方只管按时收取一定的利润，其他的一概不管，这使得即使企业经营行为严重损害了所有者的权益，所有者也无法通过经济、法律、行政的途径进行强制性调节，一些企业濒临破产倒闭，财产也无法收回，保障所有者权益的强制调节和资产回归约束几乎不存在，其直接后果必然是乡镇农民共同所有的财产被别人分割，这是因为承包制着重考核的是利润指标，而这一指标包含着复杂的内涵，它既可以由企业通过增加投资、扩大生产、降低生产成本而增加，也可以通过某些不正当手段如挤占专项基金等来增加。故依据利润这一指标实施的利益分配极有可能在合理的幌子下分割所有者的财产。乡镇企业账面利润与结算利润的差额逐年扩大的现状就说明了这一问题。企业往往通过挤成本、挤费用、挤列支的办法压低账面利润、增加结算利润，并通过虚盈、空库、少留等手段增加结算利润，还有的将本应列入国家扶持资金的免税部分也列入结算利润，这必然造成账面利润与结算利润的差距越来越大。而利益的分配是按结算利润进行的，这必然导致承包人、企业职工所得远远大于经营者应得部分，这实际上等于分割了应属于所有者的财产及其增值部分。不仅如此,乡镇政府在某种程度上也通过上缴利润等形式参与了对乡镇企业财产的分割。

其三,资源组织能力低下。乡镇企业所有权主体错位后,原来较为明确的产权主体模糊了。这主要是因为,乡村政府充当实现主体,虽然可能也有能力抵御来自社区外对乡镇企业财产的侵吞,但无法阻止社区内的侵吞,甚至在某种程度上保护或直接参与了这种侵吞行为,这是由其自身特性引起的。因此乡村政府无法代表全乡村农民的利益,行使对全乡村共有财产的占有。乡镇企业资产所有权主体失去有效的实现形式,资产所有者应得权益无法实现,财产的归属关系自然也就处于不明确状态。这种不明确状态的直接后果则是,一方面乡镇企业资金短缺,另一方面全乡镇农民的巨额储蓄资金无法转化成乡镇企业的投资资金,其实质则是产权模糊导致乡镇企业资源组织能力弱化。乡镇企业产权关系模糊的另一个表现是,所有权通过承包经营权得以实现后,企业新增财产的归属关系不明确。在实际运行中,乡村政府集行政权、所有权于一身,可无限制地占有乡镇企业的财产,企业新增资产当然归乡村政府所有。这种权属关系使得乡镇企业对自身资产增加的关切度不会很高。因为,在不触及企业与乡村政府之间财产关系的前提下,企业自有资金形成的固定资产仍归乡村政府所有,与企业和职工的切身利益没有直接联系。所以企业拥有资金之后,总是倾向于用于集体福利和发放奖金,以最直接地使企业和职工获得实惠,产生用自有资金发奖金、搞福利,发展生产靠贷款的现象也就不足为奇。在农户无法成为投资主体的同时,企业也难以成为投资主体。这进一步表明,乡镇企业产权关系的模糊导致乡镇企业资源组织能力极低,这必然制约着乡镇企业的长期稳定发展。

苏南乡镇企业产权改革的必要性除了源于上述产权关系本身的要求外,还来自对苏南乡镇企业进行制度性创新的需要。正如我们在前面所分析的,苏南乡镇企业的一大制度性优势就在于以全乡镇农民所有为纽带,形成了市场化的运行机制。从市场化的运行机制来看,随着社会主义市场经济体制的建立与完善,各经济主体将进入市场,市场化经营将是各经济主体的基本趋向,在这样的背景下,苏南乡镇企业的市场化经营在产品经济向市场经济转化过程中是一大创新,而现在其优势将不再通过制度加以体现。相反,孕育这个市场化机制的乡镇农民所有在苏南乡镇企业中却表现为集体所有或政府所有。这种名义上的人人有份实际上等同于每个成员并不知道自身在乡镇企业中的地位以及该发挥什么作用,付出无法获得相应的回报,个人的积极性和创造性自然会受到抑制。这种对个人产权的需求可以说一直是苏南农民以及整个中国农民的渴求,只是在人民公社体制下以及计划经济向市场经济转轨的过程中,个人产权的实现必须借助地方政府的保护才能得到实现。在这种情况下,地方政府充当实现主体不仅不会引起实际所有者的反抗,反而能在两者之间建立起利益联动关系,形成有效的产权实现机制。

但是,苏南乡镇企业的个人产权借助地方政府得以实现是有一定的成本的。这种成本一方面表现为利益的直接分割,另一方面则是由于地方政府及其所属集体经济组织只是一个以地缘关系为纽带、以行政强制为基本管理方式的集经济与政治为一体的复合体,由其充当产权实现主体必然不能对财产的安全和增值以及科学管理提供高效的服务。在人们的观念以及国家政策中还有"姓社姓资"的争论时,产权主体支付这种成本是必须的。但在市场经济体制下,产权主体支出这种费用就成为虚耗,其结果必然是乡镇农民对完整产权的追求日益强烈,苏南乡镇企业只有适时地满足这一要求才能建立起新的强有力的动力机制。从另一个角度来看,随着市场经济体制的逐步建立,国家迫切需要一个强有力的宏观调控体系,地方政府和中央政府协同运作,充当该体系的主体,才能保证整个市场经济运作的高效、有序。这说明地方政府行为的企业化将成为宏观调控体系建立过程中的改革对象,而且从社会分工的角度来看也不允许政府行为企业化。因此,明晰产权、回归产权将是市场经济发展的必然要求。再从可能性上来看,国有企业也面临着深层次的产权改革,但其产权边界以国家整体为限,包容的产权关系十分复杂,这必然导致其改革进程十分艰难。苏南乡镇企业的产权关系相对于国有企业而言则要简单得多,而且我们有着制度性超前的实践经验,因而完全有可能在产权改革上超前运作,以创新的产权制度,建立起苏南乡镇企业新的制度性优势,推进苏南模式的再次腾飞。

第三节　产权制度创新的基本思路

苏南乡镇企业的产权改革必须坚持两大原则，一是应以有利于乡镇企业的长期稳定发展为改革的目标，二是应以合理利用已经形成的集体资产作为改革的出发点。苏南乡镇企业的产权改革绝不能也不应该以集体资产的流失、解体为最终结果。苏南集体资产的存在大大缩短了私有者和小商品生产者通常要经历的漫长的资金积累和集聚的过程，为中国农村开辟了迅速走向工业化规模生产的道路。同时社区经济发展也借助集体资产这根纽带有效地实现了农村产业之间、个人之间以及经济社会之间的协调发展。产权改革只是在原有集体资产制度安排的积极效应日益递减的情况下，进行新的制度创新，以推进该资产的有效运行。因此我们说，苏南乡镇企业的产权改革绝不意味着苏南模式将消失，或者被其他模式所蚕食，而只能说苏南模式将在市场经济运行规则的约束下进行一次新的制度性创新。按照这样的原则，我们认为，苏南乡镇企业产权改革的基本思路有以下几个方面。

一、集体资产个人产权持有

明确乡镇企业资产所有权主体，可以说是苏南乡镇企业产权改革的最根本的要求。近年来，苏南各地顺应产权改革的内在要求，普遍实施了以股份合作制为主体的改革。应该说，苏南乡镇企业的初始投资包括兴办企业的集体经济组织投入资金、社会法人单位的外来投资、社会及企业个人投资，以及国家扶持企业的减免税金和企业历年利润留成积累资金，投资主体多元化，这为苏南乡镇企业进行股份化改造创造了必要条件。但从苏南乡镇企业现有的改革实践来看，它们虽然具有资产股份化改革的形式，却并不具有产权改革的实质内涵。这一点可从各地改制过程中的股份设置得到证实。虽然各地乡镇企业改制过程中的股份设置不完全一样，但一般对应于苏南乡镇企业的集体资产，均设置了集体股。集体股作为乡村合作经济组织及直属企业原有资产评价后所形成的股份，自然归乡村合作经济组织所有。这种股份与过去的"名义上人人有份实际上人人没份"的产权关系一样，产权十分模糊，改革明确产权这一根本点在这里几乎没有得到丝毫体现。不仅如此，集体股的存在还进一步恶化了政企关系。产权改革作为一种政策设计,其初始目标在于借助产权关系的明晰,割断社区政府与乡镇企业之间的连带关系,实现政企之间的真正分离,以保障企业自主权的全方位确认以及所有者的权益。可现在存在的集体股名义上虽然属乡村合作经济组织所有,但正如我们在前面所分析的,这种名义上的所有关系必然表现为地方政府的实际所有。这样,地方政府在产权改革中不仅没能使财产所有权回归真正的所有者,相反借助产权改革成了真正的所有者,充当起董事长之类的财产权职,政企关系由此进一步恶化。对此,我们认为,为真正体现产权改革的本质要求,苏南乡镇企业在股份制改造过程中,可不设集体股,而是把原有集体资产形成的股份,依据社区成员的劳动能力或工作贡献量化到个人,变成全乡镇农民个人拥有的产权,真正体现集体资产乡镇农民所有这一本质属性。这种量化到个人的过程并非瓜分集体资产的过程,其量化的只是财产所有权派生出的各种权益,集体资产的实物形态仍然存在于各个乡镇企业之中。

二、个人产权的合作社组织

在集体资产权益量化到乡镇农民个人持有之后,如何使这种分散的权益得到合理的组合,是苏南模式已形成的制度性优势发扬光大的关键。在一般产权组织中,分散的产权往往通过"股东会—董事会—经理"这样一个治理结构加以组合,苏南乡镇企业若采用这个组合结构,一方面不现实,比如说在现有条件下组织乡镇农民组成股东大会,往往会流于形式,另一方面,这种组合也不能体现原有集体资产的农业关联性以及社区经济社会发展的协调性。据此我们认为,为保障原有集体资产的农业关联性和社区发展协调性,分散的个人产权可通过规范的合作社加以组合,利用合作社作为分散产权的实现主体,通过合作社这个组织实现非农产业集体资产与农业之间的利益联动。这里的合作社不能是简单的现有的乡村合作经济组织,这种组织具有一定的人民公社体制的历史遗留性,它们往往因行政组织的压力成为其附庸,组织的领导往往只注重对上级行政组织负责,而忽视对成员利益的关心。因此这种组织不能直接作为个人产权的实现主体,必须加以改造。这种改造可结合政企分开进行。改造的基本思路在于:(1) 乡级合作经济组织既然名副实,应一律并入乡、镇政府,按照政府职能行使对地区经济的宏观调控、行业规划与服务指导;(2) 以村为基础组建真正意义上的合作社。为此一方面应坚持合作社组织中的一人一票制与民主选举制，使村级合作经济组织成为真正的合作社，另一方面应配合乡镇经济组织的取消，强化乡镇政府的政府功能，收回原来下放到各行政村的行政职能，改原有的乡村之间的行政隶属关系为政府与企业之间的关系。这种改革与原先的"三级所有、队为基础"以及后来的"以村建账"是相符的，也只有这样才能真正使分散的个人产权得到实现，并能发挥原有的集体经济的优势。

三、集体资产企业化经营

合作社成为个人产权的组织主体之后，可以本合作社社员拥有的集体资产总股份为限，充当全乡镇集体资产的机构持有者。作为机构持有者，各合作社派出代表在全乡镇范围内组建乡镇集体资产管理委员会，行使董事会的职能，由其对集体资产的重大经营发展战略做出决策，并对经理人员做出安排。集体资产的保值、增值可通过多种形式得以实现。比如可通过参股、控股、持股的方式存在于有限责任公司、股份有限公司；也可以通过股份调整组成独资公司；还可以通过拍卖等方式把部分集体资产由实物形式转为货币形式，追加投入到其他公司组织形成新的股份。总之，在新的产权组织体系中，资源将借助股份的形式和明晰的产权，得到开放性组织，克服原有苏南模式资源组织的封闭性；集体资产的个人产权持有将真正实现集体资产的产权明晰；而个人产权的合作社组织又能在实现个人产权的基础上，发挥集体经济的优势，并有助于合作社组织提高区域协调发展的组织性；乡镇企业则在董事会领导下得以按公司规则运行，从而实现企业的自主经营、自负盈亏、自我约束、自我发展。

第二十章　股份合作制改革的持股结构和股权设置[①]

我国企业股份制改革从 1984 年就开始进行,近年来又明确提出股份制在资本主义和社会主义都可以使用,不能简单地说股份制是公有还是私有,关键看控股权。这一政策定位使我国的股份制改革从原来的试点转变为全面推进,股份制改革的形式也从股份有限公司、有限责任公司,拓展到股份合作制企业。股份合作制已经成为国有小企业改革的一个重要形式。股份合作制是股份制和合作制的一种组合,有很多理论内涵难以界定,实际运行的效果也比较有争议。本章就股份合作制改革的制度缺陷和股权结构等问题,进行初步的探讨。

第一节　股份合作制改革的政策选择

1997 年 8 月,国家体改委制定了《关于发展城市股份合作制企业的指导意见》[②],明确提出股份合作制企业既不是股份制企业,也不是合伙企业,与一般的合作制企业也不同。股份合作制是采取了股份制一些做法的合作经济,是社会主义市场经济中集体经济的一种新的组织形式。虽然股份合作制这种改革形式在中国很早就产生了,但对这种改革形式的看法,理论界一直有着很大的分歧。大部分人都认为,股份合作制是一个不明确的概念[③]。尽管如此,中国国有企业的股份制改革所面临的现实,又使得广大国有小企业不得不采取股份合作制改革。这一点可以通过下面的分析加以说明。

---

① 本章原载于:《南京大学学报(哲学·人文·社会科学版)》1999 年第 3 期。
② 《证券时报》1997 年 8 月 9 日。
③ 厉以宁著,《股份制与现代市场经济》,江苏人民出版社,1994 年版。

　　我国的企业尤其是国有企业中存在着大量的困难企业。这几年国有企业亏损面不断扩大，国有企业占有的大量生产要素不能有效地释放生产力，中国经济的进一步增长需要通过改革有效地组织这些生产要素；国有企业的一部分亏损又转移到国有银行，使国有银行不良资产的比例大量上升。东南亚金融危机的事实表明，一个国家的金融危机可以来自外部因素，也可以来自内部因素，韩国、日本、泰国就是因为企业亏损导致银行不良资产上升而引发了金融危机。中国国有企业有 45% 亏损①，其亏损面不断扩大，大部分亏损又转移到国有银行，使国有银行不良资产的比例大量上升。国有企业的亏损问题在非国有企业成为经济增长的主导力量后，不至于影响中国经济增长和发展的全局，但必然会导致中国经济的金融风险加大，并从根本上动摇社会对银行体系的信心，从而危及中国经济增长的融资来源。对此，我们必须迅速调整国有企业和国有银行之间的关系，股份制改革则是调整这种关系的重要基础。

　　股份制改革可以把一部分国有企业改造为上市的股份有限公司，通过股票的发行，把一部分居民的储蓄转变为国有企业的股本，降低企业的负债率，为国有企业更新改造、产品开发提供资金。而如果把居民储蓄转变为银行存款，再由银行通过贷款的形式提供给国有企业，有可能会形成国有银行的不良资产，这是中国经济运行难以承受的。

　　股份制改革可强化国有资产所有者对企业的约束力。在中国经济体制转换过程中，国有企业缺少约束机制，成本控制不严，存在着效率转移的倾向。股份制改造让一部分国有企业上市，产权多元化，社会公众和法人运用自己的资金购买股票，为了保护自己财产的收益权，必然会通过各种渠道和手段监督发行股票的企业，促使其改善经营机制。

　　国有企业股份制改造时，通过对非经营性资产的剥离，可以减轻国有企业的社会负担、卸下国有企业的历史包袱，可以通过资产重组实现国有企业生产要素的有效利用。同时，近 20 年的渐进式改革，使我国的非国有经济大幅度增长，这也为解决国有

---

　　① 　北京大学中国经济研究中心宏观组，《1998 年中国经济形势分析与建议》，载《经济研究》1998年第 3 期。

企业问题创造了前提性条件。正因为如此,中国共产党的"十五大"提出了加快国有企业股份制改革这一战略性举措。党中央希望通过股份制改革增强企业的经营活力,形成企业自负盈亏、自主发展的制度保证,促使困难企业借助股份制的运行机制形成新的活力,尽快摆脱经营困境。这种改革对我国的经济发展尤其是国有企业的改革有着重大的意义。

国有企业的股份制改革,在理论上可以分别改为上市的股份有限公司、不上市的股份有限公司和有限责任公司。但是,实际上大量企业所追求的是成为上市的股份有限公司,原因是很多企业希望通过股份制改革,绕过银行,募集资金。股份有限公司的股份可以公开募集,股票可以上市,资金的募集效应很强,还可以滚动筹资。而其他公司的股份不可以任意转让,又不发行股票,资金的募集效应不强。因此,国有企业股份制改革主要是改为上市的股份有限公司。但是,我国不可能把国有企业全部改造为上市的股份有限公司,因为我国的资本市场承受不了,国有企业也不需要全部改造为上市的股份有限公司。而且,上市的股份有限公司与股东之间的联系链条比较长,而中国居民分析财务报表的能力并不强,股东对股份有限公司的约束难以迅速形成。在这种背景下把国有小企业改为股份合作制企业,将具有很强的现实性,这可以说是国有企业抓大放小的一种比较可行的选择。

第二节 股份合作制的制度缺陷

按照我国的规定,股份合作制是采取了股份制一些做法的合作经济。股份合作制企业作为独立法人,以企业全部资产承担民事责任,主要由本企业职工个人出资,出资人以出资额为限对企业的债务承担责任。股份合作制企业不吸收本企业以外的个人股,职工离开企业时其股份不能带走,必须在企业内部转让,其他职工有优先受让权。企业设置职工个人股,还可根据情况设置职工集体股、国家股、法人股。职工个人股和职工集体股在总股本中占大多数。股东不能退股。股份合作制企业实行职工股东大会制度,职工股东大会是企业的权力机构,实行一人一票的表决方式。职工股东大会选举产生董事会和监事会成员。企业也可不设董事会,由职工股东大会选举产生或聘任总经理。企业的年度预、决算和利润分配方案、重大投资事项以及企业分立、合并、解散等重大决策必须经职工股东大会批准。董事会是职工股东大会的常设机构，向职工股东大会负责。董事长是企业法定代表人，由董事会选举产生。除董事长外其他董事应为兼职。总经理可以由董事会聘任，也可以由董事长兼任。总经理负责企业日常工作，向董事会报告工作。不设董事会的企业，总经理是企业法定代表人，负责企业经营管理，向职工股东大会负责并报告工作。监事会负责对董事会和总经理及其他管理人员的工作进行监督，直接向职工股东大会报告工作。股份合作制企业实行按劳分配与按股分红相结合的分配方式。

　　从上面的规定可以看出，股份合作制和股份有限公司、有限责任公司相比，相同点在于：(1) 都是股东明确的法人主体；(2) 企业按法人治理结构管理运作；(3) 都承担有限责任。但从企业财产组织形式上来看，股份合作制企业存在以下缺陷：(1) 股份制主要是资本组合公司，股份合作制是劳动组合和资本组合的统一，股份合作制为体现劳动的组合，在权力分配时实行一人一票制。小企业可以这样运作，但规模扩大后仍采取一人一票制，就难以形成集中统一的决策机制，而且不利于企业筹集更多的资金。(2) 股份合作制的成员退出自愿，退出时的价格难以确定。因为，按入股时资产价值确定价格，退出者亏；而如果按资产重估的价格退出，则可能引起更多的人退出。新进入者也同样面临着这个问题。(3) 股份制企业的扩张可以通过参股、控股进行，而股份合作制难以通过参股、控股等方式进行有效的资产重组。(4) 股份合作制的职工股份不能向社会转让，只能在企业内部股东间转让，其原因在于股份合作制企业职工股东的股份向外流动，会带来一系列的问题，如一批不参加劳动的个人股东的出现，会使职工股东对企业发展的关切度减弱，形成"用脚投票"(忙于股权外转)的短期行为。但是，如果职工股份不能向社会转让，只能在企业内部转让，又必然会使企业资产、人员重组发生困难。因此，我们认为，股份合作制企业具有一定的制度缺陷，作为国有企业改革的一种形式具有一定的过渡性，其演变趋向可以是有限责任公司，也可以是合伙制企业、业主型企业。在目前的股份合作制改制过程中，有些问题的处理可以为此创造条件。

第三节　股份合作制企业的持股结构

职工人人持股是股份合作制的基本要求。规范意见规定,在自愿的基础上,鼓励企业职工人人投资人股,也允许少数职工暂时不入股,未投资入股的职工可以在企业增资扩股时投资入股。这就实际上要求人人持股。江苏省规定,职工股东人数不得低于在职职工的 80％。这里有两个问题:一是为什么要坚持人人持股,二是怎样才能保证人人持股。人人持股,使职工成为劳动者和投资者的统一,是实现股份合作制改革目的的要求,而且可以协调按劳分配和按股分红之间的矛盾。

职工个人股从构成上来看有三种。一是职工以自己的合法财产向本企业投资所形成的股份;二是原来企业积累中属于现有职工的资产无偿量化给个人形成的职工股,主要是企业原有奖金节余、工资储备基金等,这里不存在国有资产和集体资产流失的问题;三是先售后股形成的职工股。这里有两个问题。一个问题是如果企业资产过大,职工难以购买,怎么办? (1)可以分步出售,没有出售的作为国家股、法人股参加分红;(2)可以一次出售,分批归还资金,缓交的资金作为国家或企业对职工的贷款,按银行存款利率支付利息。另一个问题是,有的企业已不能正常运转,工资不能按时发放,甚至处于半停产状态,职工不愿入股,也无积累的余钱入股,于是企业亮出"高招":持股上岗,不持股下岗。从理论上讲,人人持股上岗可以增强职工和企业的关联度,激发职工的主人翁意识,但这类企业职工收入低,无多少积蓄,为保住工作而不得不入股,承受着很大的心理压力和经济负担。这个问题的产生,是因为有些地方把股份合作制改革的目的看成"甩包袱"。在国有小企业改制过程中,不能把股份合作制的范围盲目扩大,对一些资不抵债的企业应实施破产,不能把改革的成本向职工转嫁。

股份合作制在职工身份上要求劳动者与所有者相统一,这就是说职工不仅要参加劳动,而且要入股。但是这样一来会把那些想来企业劳动(工作)但因某种原因不愿意入股的优秀技术人才拒之门外,久而久之会造成企业人才危机,这怎么办? 我们可以采用国际上传统合作的一些做法,如国外的一些合作社允许雇佣占社员人数不到 10% 的雇员，我国 20 世纪 50 年代的手工业合作社也曾规定合作社可雇佣 10% 的工人。如果我们的股份合作制也借鉴这一制度，利用这个比例数来高薪聘请一些优秀的专业技术人员，就能解决企业人才紧缺的问题。为招揽优秀人才，也可通过预留股份的方法，供具备资格的新增员工认购。为了更好地发挥预留股份的作用，可以将预留股份或预留股份的认购权作为奖金的一种，赠送给新增员工，以吸引优秀人才加盟企业。

股份合作制企业在改革过程中采取人人持股的做法，容易产生的另一个问题是股份平摊，使职工形成"股份人人有，盈亏我奈何"的心态，在企业内部形成新的"股份大锅饭"。这可以通过经营者持大股的做法加以解决。与股份有限公司类似，股权分散后，所有权失效，经理实际控制企业。经营者持大股类似于机构持股者，有利于形成战略投资家，并可以提高经营者的风险责任，强化经营者的利益激励机制和决策权力。但是经营者所持的大股，一部分是原属企业的财产，通过改制变成经营者个人的股份，另一部分是由他们的职务带来的，既不是他们的父辈或家族遗留下来的财产，也不是通过自己的劳动所积累起来的财富。这种资产的再分配是很难合理化的，难免会激化领导层同职工的矛盾。为此，我们认为经营者持大股，可以通过改革后企业的经济效益的奖励逐步形成，对存量部分不宜差距过大。因为，存量部分差距大，会增加改革的难度，使改革失去职工的支持，职工的民主管理难以保证，职工和经营者之间的关系会比较紧张。增量部分体现了经营者的业绩，通过职工的民主管理向经营者集中，能够体现合作制的精神。经营者持大股的另一个原则是无偿分配部分差距不能大，有偿部分可以。经营者的积极性主要可以通过提高他们的劳动报酬进行激励，把经营者的报酬和企业经济效益挂钩，这样可以避免股份合作制改革过程中的矛盾。

股份合作制企业职工之间的持股数如果差距不过分悬殊，实现一人一票没有什么问题。但是，经营者持大股后，实行一人一票制好，还是一股一票制好，还是两种表决制度共存的双轨制好，就成为一个很现实的问题。这里关键是要处理好资本与劳动这两者权力的平衡关系。如果这个企业是全员性职工持股，其职工持股又处于相对均匀状态，那么即便是实行一股一票的表决制度，也能基本体现一人一票的原则。

如果这个企业还有 10% 的职工不是职工股东,经营者又持大股,那就要实行一人一票与一股一票相结合的原则:在资本经营决策、收益分配等方面实行一股一票,以体现资本的权力;而在人事安排、职工福利上则实行一人一票,以体现多数人的公平权力。

第四节　股份合作企业的股权设置

股份合作制企业一般不应该设立国家股、法人股和外资股。因为,改革的目的是盘活资产存量,不设立国家股和法人股,有利于政企分开,也有利于确立本企业职工既是劳动者也是所有者的地位。原来存在的法人股,可以由职工赎回;金额大的以优先股方式存在,逐步赎回;特殊情况,如其他法人用技术、供销进行协作的,保留法人股,但比例不能太大,例如上海规定不超过 30%,而且采取优先股的形式。原有的国有资产可以卖给职工:条件许可,可以一次出售;也可以一次出售,分批归还资金,缓交的资金作为贷款,分期归还;还可以优惠出售,一次付清,优惠 20%。当然也可以留在企业继续使用,企业交纳资产占用费。或者由企业租赁使用,企业交纳租金。必须保留国家股、法人股、外资股的,必须保证集体股和职工个人股占控股地位,不能保证占控股地位的,应该改为有限责任公司。

集体股的设置有三种情况:一是设集体股,不量化到个人,共同享有,由在职和离退休职工共享;二是把集体股量化到个人,按份分给个人;三是分为共同共有股(由离退休职工共有,分红作为离退休职工的补充养老保险)和按份共有股(股权注入在职职工的个人名下,作为分红依据,属影子股)。

股权设置以及股份合作制改制过程中的另一个问题是,改组前已离退休职工的生活保障由谁承担。在旧体制下,国家没有专门提留职工离退休养老、医疗等社会保障基金,可以说是低工资制度下国家对职工的一种负债。企业一旦终止,离退休职工的生活保障实际上也只能由国家用国有资产收入的一部分来承担。现在,国有企业出售改组为股份合作制企业,原离退休职工的生活保障没有理由再转嫁到新的企业身上。唯一的办法是结合国有资产存量布局的调整,从资产转让中划出一定量的收入,作为离退休职工的保障基金。这笔保障基金最好是交给社会性保险机构持有,由其承担相应的保障职能。但是,目前社会保障体系难以立即建成,而国有小企业的改制又不可能停止、等待,在这种情况下,国有资产转让划出一块交给新企业,由新企业继续承担原离退休职工的生活保障,也是现实条件下一种可行的办法。但是我们认为,这种把职工的生活保障问题与企业的风险联系在一起的做法,只能作为一种过渡办法。随着社会保障制度的建立和社会保障机构的健全,这笔保障基金应在扣除已支付保障费用后,转让给社会保险机构持有。届时,股份合作制如不能一次转让,也可分期转交;如果双方愿意,也可折为股份,作为法人股由社会保险机构持有,这样才能真正减轻政府和企业的负担,离退休职工的养老才能有保障。

第二十一章 乡镇企业产权制度改革模式与股权结构[①]

苏南地区的乡镇企业进入"九五"以来,发展势头明显减弱,各项经济指标相对于"八五"期间大幅下降,一向以效率高著称的乡镇企业也遇到了效率普遍降低的问题[②]。在这样的背景下,苏南各地都对乡镇企业进行了改制,那么具体是如何操作的,效果又怎样? 带着这一系列的问题,我们于 2000 年 7 月对江苏省吴江市乡镇企业的改制情况进行了调查。在调查分析过程中,我们发现股份合作制企业管理曾经是人们推崇的改制模式,而在实践中乡镇企业改制所采取的形式主要是公司制。在公司股权结构的安排上则遵循着下述原则:经营者持大股和集体股权退出越多越好。这样一种股权安排是否可行,是否有效? 本章试图对这些问题进行实证检验和理论分析。

第一节 乡镇企业改制的基本情况

改制以前的苏南乡镇企业有这样两个特点:由乡镇村举办和集体所有制为主。但目前人们所说的乡镇企业更多的是一个地域概念,包括私营企业、个体企业、乡镇集体企业、股份合作制企业及外资企业。依据我们调查的特定目标,这次选取的样本企业以乡镇集体企业为主,共 30 家。

早在 1993 年,乡镇企业就有了改制的愿望,并且开始尝试租赁、转让集体资产。大规模的改制主要集中在 1997 年以后。以样本企业改制时间为例,1996 年改制的

---

① 本章原载于:《经济研究》2001 年第 1 期。

② 刘志彪等主编,《产权、市场与发展——乡镇企业制度的经济分析》,江苏人民出版社,1995 年版;崔大树、段学军,《江苏省乡镇企业的现状评价及发展途径》,载《人文地理》1999 年第 4 期,第 68～72 页。

仅 3 家,1997 年 6 家,1998 年 9 家,1999 年 6 家,2000 年 6 家。改制总体上可以分为三个阶段。

1997 年 10 月—1998 年 10 月为第一阶段,以影响不大、关联度小的中小企业改制为主,采取的形式有卖断、租赁、股份合作制等,以卖断居多,实行股份合作制的很少,基本都是向私营和有限责任公司两极转化。

1998 年 10 月—1999 年 10 月为第二阶段,以大中企业改制为主。大中企业是指总资产在 3 000 万元以上的企业,当时全市有 84 家,第一阶段已经改掉了 43 家,第二阶段的目标就是剩下的 41 家。结果只有 1 家由于须大量裁减城镇职工,面临巨额的货币补偿,未能完成改制,其他企业基本上都进行了改制。

1999 年 10 月—2000 年 3 月底,是以攻坚攻难和二次改制为重点的第三阶段。攻坚攻难是指针对前两个阶段中未改制的企业,找出阻碍改制的原因加以分析,采取务实的政策,推进改革。例如为解决城镇职工的就业包袱问题,一次买断工龄,解除劳动合同关系,并先清算企业,估算土地价格,筹集补偿金。二次改制主要指在已经改制的企业中进一步调整集体资产的比例,其形式有:(1)集体股权限退出,转让给经营者,价格主要按照账面净资产确定;(2)集体股权转变为不动产,租赁给企业使用;(3)租赁资产再转让。

改制的形式则考虑到各企业的具体情况,灵活多样。对村办企业,基本上采取"一步到位,整体转让"的策略,且大多是一次性彻底转让给经营者。30 家样本企业中有 12 家是村办的,改制后,10 家企业的集体股份已经完全退出。但这里的整体性转让不包括土地和房产,它们一般仍属于集体资产,由企业租赁使用。

对镇办企业,由镇农工商总公司评估所对企业资产进行评估,能一步到位(卖断)的尽量一步到位。对于有些无法一次性卖断的规模很大的镇办企业,采取经营者入股的方式由企业经营者、技术骨干和经营能人入股,组成股份有限公司或有限责任公司,并要求经营者持大股,即经营者个人持股不低于 25%(具体落实时有些镇仅要求不低于 15%),目的在于使经营者个人有充分的约束和积极性来运营和管理企业。

另外,对于一些资不抵债企业、弱小亏企业,则通过政府与企业面对面协商,依企业不同状况采取相应的办法。对经农工商总公司评估所评估资不抵债的乡镇企业,无偿转让给经营者,其亏损部分由政府承诺少收或不收若干年综合规费①的方法予以弥补。对一些弱小亏的企业,尽量做到"整体转让,一步到位",转让时遵循"集体不挑担,厂长不换人,企业不停顿"的原则②,而对其中一些特别贫困的企业,转让方式更是十分灵活。如盛泽工艺美术总厂,实质是一家镇办福利性企业,职工多为残疾人,企业设备陈旧、简陋,运作艰难。2000年4月改制时,土地、厂房和机器设备等名义上仍为集体所有,由企业租赁使用,但企业不交任何租赁费,其责任主要是养活退休工人和下岗工人。因此,实际上是集体企业资产无偿转让给了经营者。

第二节　公司制和股份合作制:乡镇企业产权改革模式选择

在1996年开始的这一轮乡镇企业改制之初,人们曾普遍认为,股份合作制企业将有可能成为苏南乡镇改制的主要形式③。1997年8月,国家体改委制定了《关于发展城市股份合作制企业的指导意见》,明确提出股份合作制企业既不是股份制企业,也不是合伙制企业,与一般的合作制企业也不同;股份合作制是采取了股份制一些做法的合作经济,是社会主义市场经济中集体经济的一种新的组织形式。在股份合作制企业中,劳动合作和资本合作有机结合。劳动合作是基础,职工共同劳动,共同占有和使用生产资料,利益共享,风险共担,实行民主管理,企业决策体现多数职工的意愿;资本合作采取股份的形式,是职工共同为劳动合作提供的条件,职工既是劳动者,又是企业出资人。劳动合作与资本合作相结合可以改善劳动条件、提高企业的竞争能力和增加劳动者的长远利益。苏南乡镇企业是社区组织及农户主要利用特定地区的公共资源(如集体资金积累、集体土地房屋、原材料等)投资,在乡镇(包括所辖村)举办的承担支持农业义务的各类企业,最初是依靠集体的原始积累创办起来的,其发展壮大可以看作全乡(镇)或全村农民集体积累的增值。乡镇企业资本形成的集体性,以及其利益与当地农民和农业的关联性,使得乡镇企业的区域性非常明显,这就

---

① 规费是规定要交给乡镇政府的若干社会性支出和管理费用,一般占企业销售收入的0.5%~1%。

② "集体不挑担"指的是在弱小亏企业的转让中,集体一般不承担企业债务偿还等责任。

③ 高德正、洪银兴主编,《苏南乡镇企业》,南京大学出版社,1996年版。

成为乡镇企业可以改制为股份合作制企业的重要依据①。然而,实践情况并非如此。

　　表 21-2-1 是 30 家样本企业改制前后的经营体制统计表。由该表可以看出,总体上,企业在改制以前的经营体制以承包为主,其次是集体委托,最后是租赁;改制以后则以有限责任居多,股份有限公司和私营企业并列,股份合作企业非常少。

表 21-2-1　改制前后企业经营体制统计

体制	企业改制以前的经营体制				企业改制以后的经营体制				
	承包	租赁	集体委托	未列出	有限责任	股份有限	个体私营	股份合作	未列出
企业数	15	3	11	1	14	7	7	1	1

　　股份合作制和公司制是乡镇企业产权改革的两种模式,为何乡镇企业在改制中主要选择了公司制,而不是人们所预期的股份合作制呢? 这可以通过企业组织理论加以说明。

　　一个企业组织形式的有效性主要体现在管理者能有效地监督企业的职工,以尽量减少其偷懒行为。要达到这样的目的,管理者既要有监督职工工作绩效的权力,又要对职工的不偷懒有相应的激励。为此他们必须有以下两项权力:(1) 在向其他所有投入者支付合约规定的报酬后,获取剩余收益的权力;(2) 终止或修订企业成员资格的权力。我们不难发现股份合作制企业的管理者在这两方面的权力是不足的。股份合作制企业受一人一票的制约,企业管理者并不享有足够的剩余索取权;职工股份不能向社会转让,而只能在企业内部股东间转让,其原因在于股份合作制企业职工股东的股份向外流动会带来一系列的问题,如一批不参加劳动的个人股东的出现,会使职工股东对企业发展的关切度减弱,形成"用脚投票"(忙于股权外转)的短期行为。职工股份不能向社会转让、只能在企业内部转让,必然会使企业资产、人员重组发生困难,使得管理者难以拥有终止或修订企业成员资格的权力,企业的组织效率从而受到影响。最接近以上理论的企业组织形式目前来看就是股份有限公司和有限责任公

---

　　①　范从来,《论股份合作制改革的持股结构和股权设置》,载《南京大学学报(哲学·人文科学·社会科学版)》1997 年第 7 期,第 157-161 页。

司。这两种公司形式在西方发达国家占到大多数,可见其生命力的旺盛,其竞争优势经历了几百年历史的检验。吴江市把集体企业大多数改制成公司制的企业,贯彻经营层持大股的政策,正是符合了上述理论,给予了经营者以大比例的剩余索取权,充分提高了经营者的积极性。

实际上,从企业财产组织形式上来看,股份合作制企业存在着一定的缺陷。(1)股份制主要是资本组合公司,股份合作制是劳动组合和资本组合的统一,股份合作制为体现劳动的组合,在权利分配时实行一人一票制。小企业可以实行一人一票制,但规模扩大后仍采取一人一票制,就难以形成集中统一的决策机制,而且不利于企业筹集更多的资金;(2)股份合作制的成员退出自愿,退出时的价格难以确定,按入股时资产价值确定价格,是退出者亏,而如果按资产重估的价格退出,则可能引起更多的人退出。新进入者也面临这个问题;(3)股份制企业的扩张可以通过参股、控股进行,股份合作制则难以通过参股、控股等方式进行有效的资产重组。另外,股份合作制企业中的公共积累部分是不可分割的,是一个产权不清的部分,这部分归属不清的所有权常常是股份合作制企业内部矛盾的根据,"一年合伙,二年红火,三年散伙"是股份合作制企业的普遍现象①。这使股份合作制的灵活性和吸引力都不如股份制企业。

从实际改制的结果来看,吴江市乡镇企业在改制后大多投入巨资进行技术改造,扩大生产。根据市场经济的规律,资源将向最有效率的使用者手中集中,而组成公司制的企业,在将来的增资扩股,以及企业间的合并、转让方面都有很大的便利,使资金的利用效率增加。另外,目前吴江市改制成公司制的企业基本是由经理、厂长持大股,他们作为大股东和管理者,兼任双重身份,不存在委托代理问题,经营者将在最大限度内追求利润最大化的目标。由此可以看出,苏南乡镇企业改制中对公司制的选择是有其理论依据的。

---

① 高建香,《台州股份合作经济面临新的抉择》,载《浙江经济》1998 年第 7 期,第 42 页。

第三节　经营者持大股企业的股权结构及绩效分析

如前所述，吴江市改制有一条重要原则——经营者持大股，即在企业改制过程中鼓励企业经营者持有尽可能多的企业股份，量化指标为持股比例不低于15％。就我们调查的30家企业而言，有7家改制成了私营企业，经营者即所有者；在改制成为有限责任公司的企业中，经营者持股比例最低为13.5％，最高为100％（管理层集体持有），平均为77.7％；2家改制成股份有限公司的，经营者持股比例分别为15％和19％。由此可见，经营者持大股这一原则在改制中得到了广泛应用。

据统计，改制企业平均销售收入增长率为38.12％，利润总额增长率为29.58％。能取得如此巨大的增长，改制是关键。经营者持大股的改制企业改制前后的经济效益情况见表21-3-1。从表中可以看到，经营者持大股的企业业绩更为突出，上述两项指标分别为44.71％和39.20％。

表 21-3-1　经营者持大股企业改制前后经济指标对照　　　（单位：亿元）

指标＼企业	销售收入			利润总额			上缴税金		
	改制前	改制后	增长率	改制前	改制后	增长率	改制前	改制后	增长率
盛虹印染	6 000	9 000	50％	200	300	50％	220	300	36.36％
春联丝染	1 347.55	5 706.64	323.48％	−170.18	497.92	＊	63.2	96.32	52.14％
永前纺织	1 400	1 400.8	0.06％	3	8	166.67％	36	49	36.11％
英明纺织	378.32	960	153.75％	−3	1	＊	16.24	13.18	−18.84％
电工绝材	378	512	35.45％	3	4	33.33％	35	38	8.57％
盛泽铸造	224	280	25％	/	/	/	8.5	9	5.88％
盛泽钢扣	80	60	−25％	10	8	−20％	6	7	16.67％
上升化工	200	210	5％	5	7	40％	12	13	8.33％
文教线厂	284.1	329.56	16％	−33.08	21.07	＊	10.08	24.27	140.77％
天意通讯	2 100	3 000	42.86％	200	350	75％	90	160	77.78％
双塔集团	21 892.9	23 243.1	6.17％	1 545	1 583	2.46％	600	680	13.33％

（续表）

指标 企业	销售收入			利润总额			上缴税金		
	改制前	改制后	增长率	改制前	改制后	增长率	改制前	改制后	增长率
万宝集团	41 000	49 500	20.73%	400	450	12.5%	250	300	20%
家用电机	2 800	3 000	7.14%	320	356	11.25%	80	85	6.25%
金田配件	9 740.3	12 550.8	28.85%	21.8	31	42.2%	122	140	14.75%
恒通电缆	26 897	28 612	6.38%	−2 241	−2 571	＊	0	127	＊
桦都铜业	35 760	42 704	19.42%	568	669	17.78%	168	180	7.14%
平均值			44.71%			39.20%			28.37%

注:1. 表中平均值为算术平均值,没有考虑资产权重。

2. 表中"/"表示缺少数据,"＊"表示基期为负数或0。

　　从产权理论来看,企业生产是"一个队对投入的使用"[①],即一个"队生产"(Team Production)的过程。队生产的产出是整个队整和的产出,而不是每个成员的分产出之和。从总产出中很难确定每个人对联合投入产出所做的贡献,因此在队生产中无法确定参与合作队员的边际产品。而对于单个队员而言,无论闲暇还是较高的收入都将进入他的效用函数,因此每个人势必会在生产过程中根据可获得的报酬来调整其工作量。由于存在着观察、检查、监督的费用,每个人都会被诱使去获取更多的闲暇,搭他人便车,这意味着他将获得更多的非现金收入。所以,要提高队生产的效率,必须克服这样一种道德风险。

　　从理论上说竞争会起到一定的监督作用。那些潜在的队成员之间的竞争会决定队成员的构成和报酬,例如一个过度偷懒的成员会被愿意支付更多劳动的潜在成员所替代。但这种竞争机制发生作用的先决条件是队成员的偷懒能被观察到并且可以被衡量,这会带来较高的监督成本。同时,由于队生产的合作性,这种偷懒无法准确测度。对于那些潜在队员而言,一旦进入生产过程中,他所面临的偷懒激励和他所替代的成员所面临的一样大,所以新的偷懒不可避免。由此可见,这种竞争机制是无效的。

---

　　① 阿尔钦、德姆塞茨《生产、信息费用与经济组织》,载科斯、阿尔钦、诺斯等著《财产权利与制度变迁——产权学派与新制度学派译文集》,刘守英、胡庄君、陈剑波等译,上海三联书店,1991 年版。

阿尔钦和德姆塞茨提出，减少偷懒的一种方式是由某人专门作为监督者来检查队员的投入绩效，这又产生了对经营的监督问题，因为他们也有偷懒动机。因此，要克服道德风险，只有让企业形成一种制度安排，使得监督者的偷懒变得对自己不利，即他可以获得队生产的剩余收入。这样队生产越有效率，监督者剩余越多，监督者也越努力，形成一种良性循环，不断促进生产效率的提高。

经营者持大股是让经营者拥有较多数量的所经营企业的股份，这种制度安排正符合上述产权安排的要求。在企业中经营者是生产过程的监督者，他拥有较多股份，并拥有一定的剩余索取权。与不持股的经营者相比，他将获得企业生产效率提高所带来的剩余收入。在此激励下，持大股经营者的监督会更有效，企业生产成员的偷懒将减少，生产效率得到提高。由此可见，经营者持大股的产权结构安排符合企业生产过程的客观规律，将会促进企业绩效的提高。

另外，经营者持大股原则使得经营者的目标和企业利益相一致，保证了企业的高效运行，实现了企业的超额增长。表 21-3-2 是我们对持大股企业经营者的经营动机进行调查的结果，表 21-3-3 则是最初乡镇企业的创办动机[①]。

表 21-3-2　经营者经营动机一览表

经营动机	累计得分	综合评分	位次
追求最大利润	109	4.28	1
追求技术创新	104	4.16	2
增加产值和销售额	102	4.08	3
提高职工收入	99	3.96	4
增加国家税收	98	3.92	5
实现资本增值	96	3.84	6
提高企业级别	91	3.64	7
为社会公益做贡献	86	3.44	8
为本地人提供就业机会	80	3.2	9

①　刘志彪等主编，《产权、市场与发展——乡镇企业制度的经济分析》，江苏人民出版社，1995 年版。

从表21-3-2和表21-3-3的比较中我们不难发现,经营者持大股企业中经营者的经营目标与企业发展目标有较高的一致性,而与企业创办之初的社区利益动机有很大差别。这说明,经营者持大股的激励作用是有效的,它在充分激励经营者的同时也赋予了经营者监督的权利,使其在生产过程中拥有高度的自主权,从而摆脱了原先存在的政企不分、自主经营机制退化,分配机制、用人机制僵化等严重阻碍企业发展的弊病。

表 21-3-3　社区政府创办企业动机得分表

创办动机	累计得分频率(%)	综合评分	位次
提高本地农民收入	93	2.55	1
增加就业	88	1.67	2
有了企业才有收入,才好办事	47	0.72	3
本地有资源,不办企业可惜了	60	0.58	4
市场需求旺盛	41	0.20	5
上级规定指标	7	0.09	6
其他原因	2	0.06	7
外乡镇办了,我们也办	1	0.01	8

表21-3-4是样本企业中经营者持大股企业的自主经营决策机制与总体企业的比较。由表可见,经营者持大股企业除招聘管理人员、解雇职工、减产停产这几项外,所有的决策项目的自主度均高于总体企业。这充分证明了经营者持大股原则的有效性。

表 21-3-4　改制企业经营决策自主权度分布情况

企业类别　决策项目	经营者持大股的改制企业(27 家)		改制企业总体(30 家)	
	决策自主权度分布	平均值	决策自主权度分布	平均值
生产计划	17(1),1(3),1(7)	1.40	18(1),9(2),1(3),1(7)	1.61
制定价格	15(1),9(2),2(3),1(10)	1.52	15(1),11(2),2(3),1(7),1(10)	1.75
调整产品结构	8(1),12(2),5(3),1(4),1(9)	2	8(1),14(2),6(3),1(4),1(9)	20.4

（续表）

企业类别＼决策项目	经营者持大股的改制企业（27家）		改制企业总体（30家）	
	决策自主权度分布	平均值	决策自主权度分布	平均值
招聘一般职工	12(1),12(2),1(3),1(7),1(未填)	1.58	13(1),14(2),1(3),1(7),1(未填)	1.59
招聘管理、技术人才	15(1),7(2),4(3),1(未填)	1.54	17(1),8(2),4(3),1(未填)	1.52
解雇职工	12(1),10(2),1(3),3(6),1(7)	2.08	14(1),11(2),1(3),3(6),1(7)	2
决定工资、奖金水平	9(1),14(2),2(3),2(4)	1.84	10(1),14(2),2(3),3(4),1(10)	1.96
企业留利的分配使用	10(1),6(2),7(3),2(4)	2.12	11(1),6(2),9(3),2(4),2(6)	2.25
一般投资和扩大生产能力	12(1),6(2),7(3),2(4)	1.92	12(1),7(2),8(3),2(4),1(6)	2.04
重大投资项目	5(1),5(2),8(3),6(4),1(5),1(8),1(10)	3	5(1),6(2),9(3),6(4),1(5),1(6),1(8),1(10)	3.07
向银行借款	18(1),2(2),5(3),2(4)	1.6	19(1),3(2),6(3),2(4)	1.64
企业资本增减	11(1),1(2),9(3),4(4),2(未填)	2.22	11(1),3(2),10(3),4(4),2(未填)	2.23
机械设备等的出售拍卖	8(1),9(2),5(3),1(4),4(未填)	1.90	9(1),10(2),6(3),1(4),4(未填)	1.92
厂长、经理的任命	9(1),1(2),8(3),3(4),1(5),3(10),2(未填)	3.09	10(1),1(2),9(3),1.89,3(4),1(5),4(10),2(未填)	3.27
副厂长、副经理的任命	16(1),3(2),6(3),1(4),1(8)	1.72	18(1),3(2),6(3),1(4),1(8),1(10)	1.89
暂时停产、减产	8(1),8(2),8(3),1(6),2(未填)	2.04	10(1),9(2),8(3),1(6),2(未填)	1.96

注：1. 表第二、四栏中括号外的数值表示企业数，括号内的数值表示决策自主权度，其中1～7表示基本上由企业自行决定，具体为：厂长经理自主决定（1），厂长与厂干部协商（2），在董事会协商（3），开股东大会决定（4），与党组织协商（5），与工会代表协商（6），其他（7）。8～10表示企业与上级（乡镇领导

或其他部门)协商决定或上级决定,具体是:上级干预度较低(8),上级干预度较高(9),基本上由上级决定(10)。

　　2. 平均值是根据前一栏中数据,以企业数为权数加权平均得来的。考虑到有个别企业极端值存在,于是采取去掉一个最大值、去掉一个最小值后加权平均的方式求出平均值。该值越大,表示企业的经营决策权度越小。

　　总之,在乡镇企业改制中实施的经营者持大股的原则符合客观规律,有效地激励和约束了经营者,避免了前段时间在乡镇企业经营中出现的机制弱化的问题,全面提升了企业的经营绩效。该原则在现阶段的实施中成效显著,为了保持并扩大这种效果,我们认为必须建立有效的经营者选拔机制,只有这样持大股才有意义。没有经营者优秀的人力资本作保障,再好的监督约束机制也换不来企业绩效的提高。另外,经营者持大股后,其权力因持大股这样一种产权基础变得非常稳固,加之乡镇企业的股份绝大部分难以进行公开的交易,因此规模较大的苏南乡镇企业难以通过股份的转让更换经营者,股票市场"用脚投票机制"对经营者的约束功能无法形成。显然,建立经营者优胜劣汰机制是经营者持大股后必须考虑的一个重大问题。如果能建立该机制,我们有理由相信乡镇企业的明天会更好。

第二十二章　新苏南模式的所有制结构[①]

苏南模式和温州模式是改革开放以来我国两种典型且较为成功的经济发展模式,这两种发展模式的起点不同,发展的特点也有着很大的差异。与温州模式相比,苏南模式的主要特征是:乡镇企业的所有制结构以乡(镇)村集体经济为主;社区政府(乡镇政府)主导乡镇企业的发展。这一发展模式在 20 世纪 80 年代最为典型。20 世纪 90 年代以来,随着国内外环境的变化,两种模式为谋求进一步的发展,也都在不断变化,并呈现出趋同的趋势[②]。在两种模式的改革发展中,所有制的不断改革是核心动力,两种模式都是在继承的基础上发展起来的,由于起点不同,在趋同的趋势下,仍然呈现出不同的发展特点。苏南模式由旧的以集体经济为主的所有制结构转变为外向型、股份制为主的所有制结构,呈现出一种城乡共同富裕的效应。

第一节　苏南模式向新苏南模式的演变

理论界对苏南模式的讨论是有阶段性的,在 20 世纪 80 年代末、90 年代初对苏南模式是基本肯定,但在 20 世纪末、21 世纪初人们对其则有所质疑。质疑的观点主要是:苏南模式已经到了"历史的终结"。这种观点认为尽管苏南模式和温州模式的发展都有其历史背景,但苏南模式在 1994 年之后就已经明显地失去了活力,这是导致江苏乡镇企业在 1998 年落后于浙江的根本原因[③]。这种观点认为,苏南模式之所

①　本章原载于:《南京大学学报(哲学·人文科学·社会科学版)》,2007 年第 2 期。

②　洪银兴、陈宝敏,《"苏南模式"的新发展——兼与"温州模式"比较》,载《宏观经济研究》2001 年第 7 期,第 29 - 34 页,第 54 页。

③　宋学宝,《"苏南模式"和"温州模式"的比较研究》,载《改革》2001 年第 3 期。

以失去活力，主要有三个原因，一是苏南集体企业产权模糊，存在着委托—代理问题；二是苏南模式抑制非集体企业的发展；三是苏南地区地方政府直接参与了经济活动的组织，是一种强政府，这种强政府行为抑制了市场机制的生成，这对于社会主义市场经济的建设是不利的。

苏南乡镇企业之所以具有集体所有为主这一制度特征，与苏南乡镇企业的超前发展以及苏南农村经济的实际情况有着密切关系。苏南乡镇企业萌芽于20世纪50年代中期。1958年苏南以服务农业为宗旨，兴办了一大批以农具修理制造、食品加工、小化肥、小水泥以及棉织、针织等为主要业务的社办企业。20世纪60年代，受当时的宏观经济政策以及自然灾害的影响，苏南乡镇企业有所减少，但到了20世纪70年代就已迅速增长，因此苏南乡镇企业中有很大一部分发育和成长于传统的人民公社"三级所有、队为基础"的经济体制之中，这类企业在作为独立的经济组织出现的同时，又必然保留有人民公社体制的痕迹，加上当时的历史条件，促成了苏南乡镇企业集体所有为主这一制度特征的形成。这是因为，在人民公社体制下，不允许发展个体经济，乡镇企业只能由人民公社集体来兴办，而当时的人民公社是一种集行政权和经济管理权于一体的混合型组织。由人民公社集体兴办乡镇企业，不仅避免了极有可能出现的上级政府的各种干预，而且反过来借助地方政府的权威和影响力，为乡镇企业与周围大中城市企业之间的横向经济联合提供保证。

同时，也只有以人民公社集体形式兴办乡镇企业，才能为乡镇企业组织到最低限度的创办资金。因为当时的农民收入低下，决定了创办乡镇企业所需的资金只能来源于银行借贷资金和人民公社集体的已有积累。在传统的信贷资金管理体制下，信贷资金投向乡镇企业的可能性很小，即使有部分投向乡镇企业，也必须借助人民公社集体的担保和干预才能实现，因而乡镇企业的创办资金绝大部分只能来自人民公社的集体积累。这种积累的使用主要有三种形态：资金积累、实物积累和劳动积累。20世纪70年代中后期，苏南地区各公社平均约有100万元左右的集体资金积累可以动用，而这些资金当时除部分作为农业生产的周转金外，大部分处于闲置状态，从而成为乡镇企业重要的创办资金来源。以常熟市为例，1977年仅生产队一级就有资金积累3 307万元，每个公社所属生产队平均超100万元。该市正是利用这笔资金在

1977 至 1978 年创办了 1 000 多个社队企业。在这些企业当时所拥有的 13 541 万元的固定资产和流动资金中，来自生产队的积累就达 7 053 万元，占所有资金的 52%①。实物积累主要是利用集体提供的建筑物、设施和场地，以减少乡镇企业创办时货币资金的投入。集体的劳动积累有两种形式，一是在企业厂房土建时，在公社范围内组织农民轮流出义务工，按出工日计工，回生产队参加分配；二是对入厂务工的农民开始普遍采取"劳动在厂、收入归队、评工记分、适当补贴"的分配方法，把在厂务工人员的工资保持在同务农人员一样低的水平上。这实际上是务工人员及生产队为创办社队企业所从事的劳动积累。上述种种形式的创办资金只有借助人民公社集体对资源的动员和组织能力才能成为现实。因此苏南乡镇企业在人民公社体制下绝大多数采取了集体企业这一所有制形式。同时，也正是由于苏南农村较早发育了乡镇企业，集体经济的实力较为强大，因此在随后的农村经济体制改革过程中，普遍采取了统分结合的双层经营体制，集体的统一经营得以保留，相应地，乡镇企业没有受农业家庭承包经营的影响，仍然坚持了集体所有这一所有制形式。

尽管可以肯定当时的苏南模式在政府作用和集体经济方面的积极作用，但是不可忽视的现实是，从 20 世纪 80 年代末 90 年代初开始，苏南地区的经济发展就进入了新的历史阶段，呈现出许多与以往不同的新特征。其中最重要的是外向型经济、企业改制和城市化。以乡镇集体经济为主要内容的传统苏南模式，逐渐为苏南地区自身的发展所扬弃。其核心是集体经济比重过高的模糊产权成为改革的对象。

原先苏南乡镇企业的产权结构是多元的，其中不仅有私人产权，还包含政府产权，即属于乡镇政府的产权。这种产权结构被理论界称为"模糊产权"，即名义上人人有份，但实际上每个成员并不知道自身在乡镇企业中的地位以及该发挥什么作用，付出无法获得相应的回报，个人的积极性和创造性自然会受到抑制。因此，乡镇企业发展到一定阶段时，必然与原有的模糊产权发生矛盾。随着体制条件和市场环境的改善以及企业经营规模的不断扩大，继续维持这种模糊状态必然会导致企业内部组织成本的大幅度上升，从而抵消企业降低市场交易费用和提高专业化收益的努力，特别

---

① 沈立人、徐元明等著，《乡镇企业与国营企业比较研究》，中国经济出版社，1991 年版，第 33 页。

是较高的集体产权比例容易导致低效率的企业治理结构,从而难以对企业的经营者形成必要的激励与约束机制。由此,苏南地区的乡镇政府主动对乡镇企业进行了改制。

早在 1993 年,乡镇企业就有了改制的愿望,并且开始尝试着租赁、转让集体资产。大规模的改制主要集中在 1997 年以后,其过程可以分为三个阶段[①]:1997 年 10 月—1998 年 10 月为第一阶段,以影响不大、关联度小的中小企业改制为主,采取的形式有卖断、租赁、股份合作制等,以卖断居多,实行股份合作制的很少,基本都是向私营和有限责任公司两极转化;1998 年 10 月—1999 年 10 月为第二阶段,以大中企业改制为主;1999 年 10 月—2000 年 3 月底,是以两次改制为重点的第三阶段。两次改制主要指在已经改制的企业中进一步调整集体资产的比例,其形式有:(1) 集体股权退出,转让给经营者,价格主要按照账面净资产确定;(2) 集体股权转变为不动产,租赁给企业使用;(3) 租赁资产再转让。改制的形式则考虑到各企业的具体情况,采取了灵活多样的方法。对村办企业,基本上采取"一步到位,整体转让"的策略,且大多是一次性彻底转让给经营者,但这里的整体性转让不包括土地和房产,它们一般仍属于集体资产,由企业租赁使用。对镇办企业,由镇农工商总公司评估所对企业资产进行评估,能一步到位(卖断)的尽量一步到位,对于有些规模很大的镇办企业无法一次性卖断的,采取经营者入股的方式由企业经营者、技术骨干和经营能人入股,组成股份有限公司或有限责任公司,并要求经营者持大股,即经营者个人持股不低于 25％,目的在于使经营者个人有充分的约束和积极性来运营和管理企业。另外,对于一些资不抵债企业、弱小亏企业,则通过政府与企业面对面协商,依企业不同状况采取相应的办法:对经农工商总公司评估所评估资不抵债的乡镇企业,无偿转让给经营者,其亏损部分由政府承诺少收或不收若干年综合规费的方法予以弥补;对一些弱小亏的企业,尽量做到"整体转让,一步到位";而对其中一些特别贫困的企业,转让方式更是十分灵活,大部分是将企业资产无偿转让给了经营者。

[①]　范从来等,《乡镇企业产权制度改革模式与股权结构的研究》,载《经济研究》2001 年第 1 期,第 62 - 68 页。

改制速度非常快。在短短几年时间中,苏南各市原集体所有制的乡镇企业改制比例就达 80％以上。以苏州为例,据 1999 年年初统计,全市已有 11 301 家乡镇企业进行了产权制度改革,涉及总资产 435.4 亿元,占全市乡镇内资企业总数的 81.6％、资产总额的 64.6％(表 22-1-1)。

表 22-1-1　苏州市乡镇企业改制情况表(1999 年初)

改制形式	改制企业		涉及净资产	
	数量(个)	占比(％)	金额(亿元)	占比(％)
1. 股份有限公司	13	0.12	14.94	11.12
2. 有限责任公司	1 215	10.75	29.25	21.77
3. 股份合作制	3 259	28.84	45.89	34.16
4. 混合型企业	1 435	12.70	16.28	12.12
5. 拍卖转让	4 877	43.16	28.81	21.45
6. 兼并破产	502	4.43	0.82	0.58
合计	11 301	100	435.40	100

资料来源:洪银兴、陈宝敏,《“苏南模式”的新发展——兼与“温州模式”比较》,载《宏观经济研究》2001 年第 7 期。

第二节　产权制度改革中政府角色的转换

从苏南乡镇企业诞生之初到产权改革开展之时,社区政府一直是作为事实上的资产所有者而存在的,它一方面在企业的腾飞中发挥了不可磨灭的作用,另一方面又利用自己手中强大的权力(包括所有权带来的控制权和行政权力)牢牢控制企业,干预企业的经营决策。而产权改革的目的在于明晰产权,这就要求社区政府放弃原本不属于它的所有权。“让权”是一个痛苦的过程,所以通常认为社区政府不愿意接受产权制度的改革,然而我们在调查中发现,社区政府对改革十分欢迎,并且以具体措施积极推进了改革的进行。

一、社区政府对改革的推动

很多学者认为,在苏南乡镇企业的这场改革中,社区政府处于十分被动的地位,因为他们本身并不愿意放弃自己对企业的权力以及由此而获得的利益。但是,通过实地调查,我们发现情况并非如此。在改制中,社区政府非但不被动,反而十分主动地放弃手中的所有权,积极地推动改制的进行。在指导政策上,各级政府制定了"民进公退"的总思路,集体资产能退则退、能减则减,有条件的或有要求、有愿望的可退到零为止,底下各个乡镇政府以此为指导,也结合自己的情况纷纷制定了十分具体的目标和实施办法。社区政府的这些做法保证了改制的稳步进行。

为什么社区政府对乡镇企业的各项权力由"揽"变为"让"?为什么社区政府在产权改革中表现出如此高的积极性?我们认为,社区政府在这次改制中表现出的积极性有其必然性,对于这种必然性,可以从两个方面加以理解。

一是制度创新的必然要求。新制度经济学认为:制度是制约人们行为、调节人与人之间利益矛盾的一些社会承认的规则,这些规则构成了人们在社会经济交换过程中的激励和约束的动机。制度的作用就在于它能够通过降低交易成本来促使交易的顺利进行,或促进人们在交易过程中的竞争和合作,扩大交易市场的范围和规模。如果预期的净收益超过预期的成本,一项制度安排就会被创新,产权就会得到修正。这个预期的净收益被称为"外部利润",即在现有的制度安排状态给定的情况下无法获得的收益,包括规模经济、外部性、风险和交易费用,如果一种创新成功地将这些利润内部化,那么总收入就会增加,创新者可能在不损失任何人的情况下获取收益[1]。苏南乡镇企业的产权制度就是一种制度安排,所不同的是它调节的仅仅是乡镇企业内部各权益主体之间的利益矛盾。产权改革就是一种制度创新,当它现有的这种产权安排存在较大的外部利润时,就会产生"改变现有产权结构的企图"。乡镇企业非正式的制度安排曾经产生过高效率,但是在外部环境改变的情况下已经显露出严重缺陷,此时将外部利润内部化的收益将尤其大,因而便产生了制度创新的强烈要求,社

---

[1]　科斯、阿尔钦、诺斯等著,《财产权利与制度变迁——产权学派与新制度学派译文集》,刘守英、胡庄君、陈剑波等译,上海三联书店,1991年版。

区政府是乡镇企业所有权主体,将分享该收益,因而也具有制度创新的需求。下面我们就通过比较社区政府的预期收益和预期成本来分析其推动制度创新的这种需求。

首先考虑社区政府对于产权改革的预期收益。

存在于模糊产权下的乡镇企业之外的利润可以看作采用这种模糊产权安排在现阶段严重的机会成本,即乡镇企业如果采用一种明晰的产权安排可以获得的企业家积极性的提高、交易费用的节约、更多的市场机会、更高的生产经营效率等,将这些外部利润内部化的唯一途径在于产权制度的彻底改革。社区政府在这场改革中可能分享的收益在于乡镇企业在制度创新的激励下经济效益提高,给政府带来更多税收收入。

其次考虑社区政府的预期成本。

在社区政府拥有乡镇企业资产所有权的情况下,社区政府除了税收外,还可以有两种途径从企业获得收益,一种是所有权带来的企业利润,另一种是政府利用手中的权力向企业寻租所得的租金[1]。这似乎构成了社区政府在产权改革中付出的代价(成本)。让我们来仔细分析一下该成本。(1) 由所有权带来的利润。利润无疑要以企业的效益为基础,然而如前所述,20 世纪 90 年代以来大多数乡镇企业效益下滑,资不抵债,面临严重的危机,社区政府从中实际上已分享不到什么利润,却要替企业的债务负责,这是一个很令政府头疼的包袱,所以与其说放弃所有权导致政府权力的丧失,倒不如说减轻了政府的负担,对政府来说,这是一个负的成本,相当于收益;(2)通过寻租所得的租金。社区政府向企业寻租的基础一是行政权力,二是和企业领导之间密切的关系。首先,产权制度改革并没有涉及社区政府的行政权力,这个权力在较长的一段时间内还将大有用武之地,因而寻租的权力基础未变。其次,对于关系基础,产权改革中政府虽然从企业中脱离出来,但由于企业一般均转让给原企业领导,而原企业领导大部分由社区政府直接任命,或者和社区政府在长期合作中已结下密切的关系,所以在短期(企业家未更换的情况下)内寻租的关系基础也不会有很大的削弱。由于寻租的两个基础仍旧存在且没有太大削弱,社区政府在改制中的这部分

---

① 姚洋、支兆华,《政府角色定位与企业改制的成败》,载《经济研究》2000 年第 1 期,第 3-10 页。

租金成本是微乎其微的。

综合上面的分析,即使再将改制中社区政府因丧失所有权而满足感弱化这些无形成本考虑在内,社区政府对于产权改革的预期收益也大于预期成本,因而社区政府积极推动产权制度改革有其必然性。

政府在改制中表现出积极性,是乡镇企业融取资本以进一步发展的必然结果。社会分工、市场扩大、技术革新等不断为企业提供新的营利机会,企业作为不同要素所有者联合追求利益的组织,为了利用这些机会带来的规模经济和专业化经济,便开始逐步扩张。这时,原来单一的所有者由于自身财富的限制满足不了企业对资本的需求,便要考虑融资。所有者面临两个选择,一是通过银行、私人渠道以债务的形式融资,这样他就完全保持了对企业的控制权和剩余索取权,但他必须承担更大的风险,并且到时的还本付息仍将使企业的资本来源不稳定;二是寻找新的合作者分享企业的控制权和剩余索取权,共担企业的责任和风险,此时单一业主制企业便转换为股份公司。第二种选择更为合理,股份制使企业的所有权分割通过股票的形式在社会上公开发行,迅速地积聚起庞大的发展资本,企业的规模扩大,也就增强了在逆境中生存的能力①。

苏南乡镇企业在其发展中由于自身利润积累的有限性同样面临融资问题,社区政府在融资时也同样面临三个选择。长期以来社区政府都比较倾向于第一种选择,即以"通过本地银行—债务"形式融资,以保持对企业完全的剩余索取权和控制权,但是当本地银行有限的信用支撑不了企业对资本的需求,尤其是乡镇企业效益普遍下滑促使银行呆账、坏账剧增,从而使银企关系恶化时,社区政府便只能考虑第二个选择,即放弃部分所有权,寻求新的合作者。但是乡镇企业长期在其所有者——社区政府的庇护下成长,同时也必须实现社区政府的一些政治、经济目标,如安排剩余劳动力、把企业利润投资于农业生产和社区福利项目建设等,而外来投资者的目标函数与社区政府必定有所区别,他们作为自利的经纪人一般不愿将自己的资本产生的利益

① 谭秋成,《从企业的性质看乡镇集体企业产权改革的方向》,载《中国农村经济》1998 年第 3 期,第 13 - 20 页。

无偿施惠给别人，所以社区政府并不太容易寻求合适的合作者。那么社区政府只能做出最后一个选择，即放弃所有者身份，放弃对企业全部的剩余索取权和控制权，这种选择意味着乡镇企业产权结构的根本性调整。所以说社区政府放弃所有权是乡镇企业融取资本以进一步发展的必然结果。

二、改制后的角色定位

乡镇企业彻底的产权制度改革，意味着社区政府对企业所有权的完全放弃，而社区政府完全放弃所有权，又意味着社区政府不再享有企业的剩余索取权和控制权，不能分享由所有权带来的企业利润，也不能再干预企业的经营决策；同时乡镇企业将越来越成为一个普通的市场行为主体，而不是一种独特的、需要单独加以讨论的企业。社区政府和乡镇企业的关系因而将变得简单，社区政府的职能也将变得明确：向企业征税，同时为企业发展创造良好的外部环境，提供多方面的服务。这些服务包括如下方面。

（1）加强基础设施的建设，全面发展各项社会事业。基础设施建设的重点在于交通、通讯、供水、供电等，这些硬件是建设小城镇的基础。在此基础上发展教育、医疗、文化等各项社会事业，真正提高社区居民的生活质量和品位，为乡镇企业创造一个留住人才、吸引人才的优良环境。

（2）配合上级政府督促和确保农村社会保障体系的建立和落实。社区政府是社区农民利益的代表，为农民说话，应以极大的热情建立和落实以"最低生活保障、养老保险、医疗保险"为主要制度的农村社会保障体系，保证社区成员"老有所养、病有所医"，为企业构筑一个安定团结的社区小环境。

（3）结合本地区特点为企业提供产业指导，根据生态要求合理规划企业在社区内的布局，同时对企业的劳动保护状况和环境保护的贯彻执行状况进行监督，使乡镇企业成为规范的市场中规范的现代企业。

在地方政府的大力推进下，苏南乡镇企业改制速度非常快。至 2001 年，改革基本完成，苏南模式的内涵在所有制结构方面发生了根本性的变化：乡镇政府的产权退出乡镇企业，集体所有为主的所有制结构已经明显表现出混合所有制的特点（见表22-2-1）。

表 22-2-1　　无锡工业企业的所有制结构表　　　　　（单位：％）

经济类型	国有企业	集体企业	股份合作制	股份制企业	三资企业	个体经营	其他企业①
无锡工业企业产值所占比重	5.43	12.12	7.43	22.76	29.21	0.96	22.08

注：① "其他企业"指私营企业和联营企业，联营所占比重很小。

资料来源：无锡市统计局编《无锡市统计年鉴 2006》，中国统计出版社，2006 年版。

　　从表 22-2-1 中可看出，无锡市的股份合作制和股份制经济占 30.19％，三资企业占 29.21％，其他企业占 22.08％，公有制企业占到 17.55％，无锡企业已经形成了国资、民资、外资三足鼎立的局面，呈现出混合性的所有制结构。

第三节　苏南模式与温州模式的所有制结构比较

　　典型的温州模式表现出"离土又离乡"和"小商品、大市场"的特征。然而传统温州模式同样存在产权的障碍：尽管产权是清晰的，但分散经营中小企业难以通过联合、重组、兼并以及股份制改造等形式迅速扩张；家族管理制度的弊端愈加明显，抑制着企业的规模增长；传统劳动密集型产品将面临更为激烈的竞争。早在 20 世纪 80 年代中期，出于企业扩张的需要，温州就出现了由多个业主共同投资经营的所谓股份合作制企业，到了 20 世纪 80 年代后期和 90 年代前期，股份合作成为温州的主要企业组织形式，股份合作制企业成为温州民营企业最典型的组织形式。20 世纪 90 年代初以来，温州民营企业的质量和规模都有了很大的提高，并开始了建立现代企业制度的努力，虽然股份合作制企业仍然是温州民营企业最普遍的组织形式，但数量开始减少，而规范的股份制企业从无到有，呈现出方兴未艾的发展势头。在股份制结构上，绝大多数的股份合作制企业和有限责任公司仍然采取集中持股的形式，并在一定程度上保留着家庭、家族特色，但某些人力资源越来越重要的公司，特别是企业集团，已出现从集中持股向适当分散持股转变的倾向。

　　这里的分析表明，20 世纪 90 年代末期以来，苏南模式和温州模式出现了一定程度的趋同,都实行了大规模的股份化改造,试图建立产权明晰的现代公司制度。但是由于两种模式的起点不同,两种模式的企业所有制结构还是存在着一定的差异。下表以无锡与温州为例,反映出新苏南模式和新温州模式在所有制结构上的差异。

表 22-3-1　无锡与温州工业总产值所有制结构的比较(2005 年)　(单位:%)

经济类型	全部工业	
	无锡	温州
国有企业	5.4	3.6
集体企业	12.1	0.6
股份合作制	7.4	8.2
股份制企业	22.8	27.5
三资企业	29.2	6.4
个体经营	1.0	21.2
其他企业^①	22.1	32.5

注:① "其他企业"指私营企业和联营企业。
资料来源:① 无锡市统计局编《无锡统计年鉴 2006》,中国统计出版社,2006 年版。
② 温州市统计局编《温州统计年鉴 2006》,中国统计出版社,2006 年版。

从表 22-3-1 中可以看出,在无锡工业产值中三资企业占第一位,股份制企业占第二位,集体企业排第四位。温州工业产值中私营企业和联营企业占第一位,股份制企业占第二位,个体企业列第三位。新苏南模式的所有制结构呈现出外向型、股份化的特征,集体企业仍占有一定的比重,表现出对原苏南模式的继承性。温州企业的所有制结构则表现为股份化、合作化,以个体私营经济为主的特征。

按照一般的看法,苏南模式中政府产权退出后,应该呈现出与温州模式趋同的所有制结构,即个体私营经济应该成为苏南模式的主要主体。但新苏南模式表现出来的是另一种特征:外向型、股份化。这种所有制结构说明,改制后的苏南集体企业解决了产权模糊的问题,解决了委托代理问题,与温州的私人企业相比,在资源组织与企业运行方面有一定的优势。

(1) 苏南乡镇企业是区域资源的组合,不是家庭资源的组合,在政府退出、产权明晰后,资源的组织不受家庭的束缚,具有开放性;企业的治理是以乡村干部以及后来的企业经营者为主体的,突破了私人企业家族化管理的束缚,具有公司治理上的先进性。这种开放性与先进性的结合,使得苏南人自 20 世纪末开始抓住了发展开放型经济的机遇,积极引进和利用外资。

表 22-3-2　无锡与温州内外资企业比较表(2004)

	无锡	温州
工业企业数(个)	4 543	5 400
内资企业(个)	3 754	4 973
内资企业占总企业数的比例(%)	83	92
港、澳、台商投资企业(个)	341	154
外商投资企业(个)	448	273
工业总产值(当年价)(万元)	45 750 780	18 217 711
内资企业产值(万元)	32 662 822	16 093 323
内资企业产值占总产值的比例(%)	71	88
港、澳、台商投资企业产值(万元)	4 799 863	728 818
外商投资企业产值(万元)	8 288 095	1 395 570

注:本表比较的是国有及年销售收入 500 万以上非国有工业企业情况。

资料来源:国家统计局城市社会经济调查司编《中国城市统计年鉴 2005》,中国统计出版社,2006 年版。

温州的内资企业无论是企业数还是产值,其比例均高于无锡,也就是说,无锡企业的外向程度要远远高于温州。用产值来衡量,无锡企业的外向程度比温州高 17 个百分点;用企业数来衡量,则高 9 个百分点。在无锡工业产值中,三资企业占第一位。出于同样的原因,进入 21 世纪后,民营经济在苏南也得到迅速发展,形成了以开放为基础的外资、民资和股份制经济充满活力的所有制结构。

(2)在集体企业的基础上形成了规模企业为主体的企业结构。原有的乡镇企业由于以集体经济为主,其规模本来就比其他地区的大。乡镇企业在产权制度改革中除了一部分改制为完全的私人企业外,大部分是走股份制道路,苏南乡镇企业通过与外商合资、与其他法人企业组建企业集团、建立股份制公司、上市等途径明晰产权,其中最有特色的是以江阴为代表的 10 多家乡镇企业上市，在证券市场形成了概念独特的"江阴板块"；以昆山为代表的乡镇企业则普遍与外商及港台投资企业合资；以常熟为代表的乡镇企业则成为私人控股的企业集团。显然，苏南模式内涵的转型反映了市场化改革的深入，该地区企业的总体规模不是向小型化转变，而是进一步扩大了。将苏南模式与温州模式比较，苏南的企业规模明显大于温州。表 22-3-3 显示，无锡平均每个企业的产值为 1 亿，而温州只有 3 000 多万，无锡的企业规模是温州的近 3 倍。

表 22-3-3　无锡与温州企业产值比较表（2004）

	无锡	温州
工业企业数（个）	4 543	5 400
工业总产值（万元）	45 750 780	18 217 711
平均每个企业的产值（万元）	10 070.6	3 373

　　资料来源：国家统计局城市社会经济调查司编《中国城市统计年鉴 2005》，中国统计出版社，2006年版。

　　至此，我们可以说，新苏南模式的所有制结构表现出外向型、股份化、规模化的特征，集体企业仍占有一定的比重；温州企业的所有制结构则表现出以合作化、个体私营经济为主的特征。

第四节　新苏南模式所有制结构与苏南地区城乡共同富裕

　　任何社会的生产都离不开生产资料，离不开一定的生产资料所有制形式，生产资料所有制形式决定着社会剩余产品分配的形式。生产资料所有制构成生产的条件、前提，从整个社会再生产的角度来看，生产资料所有制构成调节人们之间利益分配关系的主要经济杠杆。苏南乡镇企业在发展的过程中，其不断改革所围绕的核心主线是所有制改革，苏南模式与温州模式最大的差别也是在所有制结构上，因此，从分配角度可以对所有制结构的功能进行一个较好的评价。

　　对分配关系的分析可以从分配水平和分配结构两个方面进行。分配水平一般通过城镇居民人均可支配收入和农村居民人均纯收入两个指标体现；分配结构则主要通过基尼系数和城乡居民收入比两个指标体现。基尼系数是从洛伦兹曲线推导出来的反映收入分配差距程度的一个指标。基尼系数越大，表示收入分配差距越大，反之则越小，它是反映收入分配差距大小的一个综合性指标。城乡居民收入比是衡量城乡居民收入差距的指标，这一指标以农村居民人均纯收入为 1，与城镇居民人均可支配收入相比而得出，采用这一指标的出发点是中国传统的城乡二元经济结构。由于我们分析的是苏南模式的所有制结构问题，因此本章主要通过城乡居民收入比这一指标分析苏南和温州地区的城乡居民之间的收入差距问题。

　　研究①表明，从绝对值方面来看，江苏农村居民人均纯收入明显高于全国水平，一直稳定增长，由 1990 年的 883.8 元增长到 2004 年的 4 754 元，其中 2003 年为 4 239.3 元，在全国列第五位；从收入增长率来看，江苏农村居民人均纯收入增长率近年来一直略高于全国水平，1997 至 2003 年为 4.9％，而同一时期全国农村居民人均纯收入平均增长率为 4.5％。虽然江苏居民收入差距也在不断扩大，城镇居民、农村居民的基尼系数以及城乡居民收入比都在不断上升，城乡居民收入差距扩大的速度还快于全国水平，但是，江苏省城乡居民之间的收入差距明显小于同时期全国水平的城乡居民收入差距。2003 年全国城乡居民收入比为 3.441，而江苏该比例仅为 2.185，在全国 31 个省级行政区中最小（全国城乡居民收入比最小的 10 个省级行政区，除江苏省外，比值由小到大依次为分别为：天津 2.28，上海 2.36，辽宁 2.42，浙江 2.45，黑龙江 2.49，河北 2.51，北京 2.53，吉林 2.61，山东 2.69）。因此，江苏在提高农民收入水平上取得了较好的成绩，走出了一条城乡共同富裕之路。

　　相比之下，温州的城乡收入差距远大于苏南地区。20 世纪 90 年代以来，温州的城乡居民收入差距就一直高于 2，并逐年不断扩大，比苏南地区迄今为止达到的最高水平还要高，仅仅在 2004 年才从 2.89 略降为 2.86。

　　表 22-4-1 反映了无锡与全国、江苏和温州的城乡收入水平比较情况。从表中可

---

　　① 范从来、龚勤、俞立，《江苏富民进程的实证分析及其推进策略》，载《江苏社会科学》2006 年第 1 期，第 225－232 页。

以看出，2004 年的城镇居民可支配收入，无锡是全国的 1.44 倍，是江苏的 1.3 倍，是温州的 0.77 倍；江苏的城镇居民可支配收入明显高于全国水平，无锡又明显高于江苏的平均水平，但低于温州。2004 年的农民纯收入，无锡是全国的 2.42 倍，是江苏的 1.5 倍，是温州的 1.15 倍，无锡的农民收入要明显高于全国、江苏和温州的水平。城镇居民可支配收入与农民纯收入之比能够反映出城乡差距，在这一指标中，全国最大，温州次之，江苏第三，无锡最小。2005 年的城镇居民可支配收入，无锡是温州的 0.81 倍；2005 年的农民纯收入，无锡是温州的 1.17 倍。比较 2004 和 2005 年的相关数据可以发现，无锡与温州的城镇居民可支配收入之比由 2004 年的 0.77 倍上升到 2005 年的 0.81 倍；农民纯收入之比由 2004 年的 1.15 倍上升到 1.17 倍，说明无锡百姓收入提高的幅度比温州高。另外无锡的基尼系数由 2004 年的 0.35 降低为 2005 年的 0.32，说明无锡与温州的居民可支配收入差距在缩小的同时，居民之间的收入差距也在缩小。

表 22-4-1　无锡与全国、江苏、温州城乡收入比较(2004 年及 2005 年)

比较项目	无锡	全国	江苏	温州
	2004 年			
城镇居民可支配收入(元)	13 588	9 422	10 482	17 727
农民纯收入(元)	7 115	2 936	4 754	6 202
城镇居民可支配收入/农民纯收入	1.9	3.2	2.2	2.86
基尼系数	0.35	—	—	—
	2005 年			
城镇居民可支配收入(元)	16 005	—	—	19 805
农民纯收入(元)	8 004	—	—	6 845
城镇居民可支配收入/农民纯收入	2.0	—	—	2.89
基尼系数	0.32	—	—	—

资料来源：① 无锡市统计局编《无锡统计年鉴 2006》，中国统计出版社，2006 年版。
② 温州市统计局编《温州统计年鉴 2006》，中国统计出版社，2006 年版。
③ 江苏省统计局编《江苏统计年鉴 2005》，中国统计出版社，2005 年版。
④ 国家统计局编《中国统计年鉴 2005》，中国统计出版社，2005 年版。

　　苏南城乡收入的协同增长,显然与苏南模式以及新苏南模式的所有制结构有着密切的关系。

　　中国是一个典型的存在二元经济结构的国家,农村经济发展落后,有大量剩余劳动力需要转移。乡镇企业的建立为苏南农村创造了工业基础,乡镇企业的发展带动工业的发展,把农民从传统农业当中解放出来,向现代农业和工业转移,这样就给农民创造了大量提高收入的就业机会,在工业化实现的同时,农民也富裕起来了。

　　乡镇企业的发展达到一定规模后,通过对农业的投资进一步促进了农民收入的提高。无锡鼓励工商企业投资农业,大力发展现代高效农业,以工商企业为基础,"以工促农、以企带村",开拓"一村一企、一企一品"的工业带动农业的特色发展道路。例如红豆集团在红豆西服的生产中,用的是自主研发的原材料——红豆杉,这是一种稀缺的植物,为了满足生产经营的需要,红豆集团需要大量的土地来种植这种植物。由无锡锡山区政府牵头,红豆集团租种了农民 3 万亩土地,建立了中国红豆杉高科技产业园。租种农民的土地产权还是农民所有,红豆集团支付每亩 600 元的租金,而农民每年自己种地的收益只有每亩 200 多元。中国红豆杉高科技产业园是锡山区的八大现代农业开发区之一,这既使农业实现了规模经济和生态经济,又为转移农村剩余劳动力提供了途径。

　　农村的剩余劳动力转移出来后,苏南模式让农民集中起来居住,把农田集中起来经营,用工业化方式改造农业,加快推进农业产业化,提高农业的生产效率,提高了农民的农业收入;按照"适度集中集聚"的原则,统筹安排农村生产、生活、生态空间布局,创建康居示范村,引导农民集中居住,综合整治村庄环境。这样就通过农村工业化带动了农业现代化,农民向市民转化,农业向现代农业转变,农村向现代化新农村转化,既解决了农民的收入水平问题,又提高了农民的生活质量。

　　研究还显示,苏南模式所有制结构演变后,苏南的城乡收入差距与温州相比进一步缩小了。我们认为这与新苏南模式外向型、股份化,集体企业仍占有一定比重的所有制结构,以及温州合作化、个体私营经济为主的所有制结构有关。

　　从西方产权理论来看,在缺乏独立的产权的条件下,不会有自主决策权,也不会有真正的激励和约束,最终会导致一系列扭曲的经济行为,使资源无法得到有效配置。产权清晰是市场经济的内在要求，会带来企业效率的提高和创造财富的能力的提高。因此，产权清晰的所有制结构能够激励企业创造更多的财富。个体企业、私营企业和股份制企业同样是产权清晰的，与公有制经济相比，都更加有利于财富的创造，但是三者之间在财富分配上还是有不同的效应。武汉大学的程扬勇认为，随着我国非公有制经济的比重不断增长，居民的收入差距在拉大。

在市场经济下，我国奉行的分配原则是按劳分配与按生产要素分配相结合，在经济发展的较低阶段，资本相对稀缺，因此，按照要素贡献的大小分配，资本所有者获得的收入比重就较高，拉大了贫富差距；而股份制企业中含有的生产要素种类更多，吸收的技术和人力资本等新的生产要素多，资本供给者相对分散，因此在创造财富的同时，更加有利于分配的合理化，有利于缩小人们的收入差距。

另外，苏南城乡收入差距的缩小与政府的调控也是密不可分。而政府的调控必须有财力支持。乡镇企业在发展之初是乡镇政府主导的，许多都是由村级财政集资创建，苏南的乡镇村政府负责选择企业的领导人并享有剩余产品的索取权，可以将从企业索取的一部分收入用于社区建设、举办公益事业，可以按规定的标准调度企业的一部分收入用于支农建农，促进社区范围内工农业的协调发展、务工者与务农者的共同富裕。在新苏南模式中，为了明晰产权，集体资产经过拍卖和转让或以入股的形式进行了处理，政府手中有了财力可以进行合理的财政转移支付，更好地满足经济发展所必需的公共产品需求。

综合以上分析可以看出，与温州模式相比，苏南模式的所有制结构有更加有利于财富分配的效应，但也存在着不利的因素，主要体现在以下两方面：一是在短时期内，私营经济的发展还会是导致收入差距拉大的一个因素；二是苏南对外资经济的依赖很强，外资经济在带动苏南模式蓬勃发展的同时，不利于苏南的财富分配效应。这是新苏南模式进一步完善的一个重要趋向。

参考文献

[1] 白津夫. 中国改革 20 年经济理论前沿[M]. 济南:济南出版社,1999.

[2] 蔡孝箴. 城市经济学[M]. 南开:南开大学出版社,1998.

[3] 程扬勇. 我国所有制结构演变与居民收入差距的关联性分析[J]. 桂海论丛,2005
(04):10 - 13.

[4] 陈吉元. 乡镇企业模式研究[M]. 北京:中国社会科学出版社,1989.

[5] 陈秀山,张可云. 区域经济理论[M]. 北京:商务印书馆,2004.

[6] 陈郁. 所有权、控制权与激励——代理经济学文选[M]. 上海:上海三联书
店,1998.

[7] 崔大树,段学军. 江苏省乡镇企业的现状评价及发展途径[J]. 人文地理,1999
(04):68 - 72.

[8] 丁力. 对策思考:实现内、外源经济的协调发展[R]//广东省社会科学院. 2005 年
广东区域综合竞争力报告. 广州:广东省社会科学院,2006.

[9] 杜海燕. 中国农村工业化研究[M]. 北京:中国物价出版社,1992.

[10] 杜润生. 中国农村经济改革[M]. 北京:中国社会科学出版社,1985.

[11] 杜闻贞,张二震. 农村工业区与农村发展新阶段[M]. 南京:江苏人民出版
社,1992.

[12] 范从来. 论股份合作制改革的持股结构和股权设置[J]. 南京大学学报(哲学·
人文科学·社会科学版),1997(03):157 - 161.

[13] 范从来,龚勤,俞立. 江苏富民进程的实证分析及其推进策略[J]. 江苏社会科
学,2006(01):225 - 232.

[14] 范从来,路瑶,陶欣,等. 乡镇企业产权制度改革模式与股权结构的研究[J]. 经

济研究,2001(01):62-68.

[15] 发展研究所综合课题组.改革面临制度创新[M].上海:上海三联书店,1988.

[16] 费孝通.江村经济[M].南京:江苏人民出版社,1986.

[17] 冯兴元.市场化——地方模式的演进道路[J].中国农村观察,2001(01):2-11.

[18] 高波.工业化、城市化与经济发展[M].南京:南京大学出版社,1994.

[19] 高德正,洪银兴.苏南乡镇企业[M].南京:南京大学出版社,1996.

[20] 高德正,洪银兴.苏南乡镇企业发展历程、机制、效应、趋势[M].南京:南京大学
出版社,1996.

[21] 高建香.台州股份合作经济面临新的抉择[J].浙江经济,1998(07):42.

[22] 国家统计局.中国统计年鉴2005[M].北京:中国统计出版社,2005.

[23] 国家统计局城市社会经济调查司.中国城市统计年鉴2005[M].北京:中国统计
出版社,2006.

[24] 国家信息中心中经网论坛部.对苏南模式和温州模式的再审视——区域经济发
展模式比较研讨会综述[J].经济纵横,2001(07):58-62.

[25] 何康,王郁昭.中国农村改革十年[M].北京:中国人民大学出版社,1990.

[26] 洪银兴,陈宝敏."苏南模式"的新发展——兼与"温州模式"比较[J].宏观经济
研究,2001(07):29-34,52.

[27] 洪银兴,林金锭.发展经济学通论[M].南京:江苏人民出版社,1990.

[28] 黄群慧.控制权作为企业家的激励约束因素:理论分析及现实解释意义[J].经
济研究,2000(01):41-47.

[29] 江苏省统计局.江苏统计年鉴2005[M].北京:中国统计出版社,2005.

[30] 金晓斌.产权、制度变迁理论与乡镇企业发展[J].山西财经大学学报,1999
(01):20-24.

[31] 科斯,阿尔钦,诺斯,等.财产权利与制度变迁——产权学派与新制度学派论文
集[M].刘守英,胡庄君,陈剑波,等译.上海:上海三联书店,1991.

[32] 李太淼.所有制原理新辩及我国所有制改革趋势[J].中州学刊,2003(05):
20-26.

[33] 李玉潭.日美欧中小企业理论与政策[M].长春:吉林大学出版社,1992.

[34] 梁彤伟.乡镇企业产权制度改革分析[J].郑州纺织工学院学报,1999(03): 36-39.

[35] 林青松,威廉·伯德.中国农村工业:结构·发展与改革[M].北京:经济科学出版社,1989.

[36] 刘思华.可持续发展经济学[M].武汉:湖北人民出版社,1997.

[37] 刘再沃.区域经济理论与方法[M].北京:中国物价出版社,l996.

[38] 刘志彪.产权、市场与发展——乡镇企业制度的经济分析[M].南京:江苏人民出版社,1995.

[39] 莫远人,肖中铭,徐元明.江苏乡村工业成功之秘诀[M].南京:南京大学出版社,1986.

[40] 农村经济年度分析课题组.1992年中国农村经济发展年度报告兼析1993年发展趋势[M].北京:中国社会科学出版社,1993.

[41] 农业部政策体改法规司.中国农村:政策研究备忘录(3)[M].北京:改革出版社,1992.

[42] 覃成林,金学良,冯天才,等.区域经济空间组织原理[M].武汉:湖北教育出版社,1996.

[43] 阮学金,张军.乡镇企业的社区性格和空间集聚[J].地理学与国土研究,1999 (01):24-30.

[44] 塞缪尔·何保山,顾纪瑞,严英龙,等.江苏农村非农化发展研究[M].上海:上海人民出版社,1991.

[45] 沈立人.地方政府的经济职能和经济行为[M].上海:上海远东出版社,1998.

[46] 沈立人,徐元明.乡镇企业与国营企业比较研究[M].北京:中国经济出版社,1991.

[47] 施端宁,陈乃车.制度创新与区域经济发展——温州模式和苏南模式的比较分析[J].江西社会科学,2000(09):88-90.

[48] 谭秋成.从企业的性质看乡镇集体企业产权改革的方向[J].中国农村经济,

1998(03):13－20.

[49] 宋学宝."苏南模式"和"温州模式"的比较研究[J].改革,2001(03):61－65.

[50] 苏廷鳌,付伟.增长极理论与我国区域经济发展[J].内蒙古大学学报(人文社会科学版),1999(01):89－93.

[51] 王国刚.企业经济导论[M].南京:南京大学出版社,1989.

[52] 魏刚.高级管理层激励与上市公司经营绩效[J].经济研究,2000(03):32－39,64.

[53] 魏后凯.区域经济发展的新格局[M].昆明:云南人民出版社,1995.

[54] 温铁军.乡镇企业资产的来源及其改制中的相关原则[J].浙江社会科学,1998(03):39－42.

[55] 温州市统计局.温州统计年鉴2006[M].北京:中国统计出版社,2006.

[56] 无锡市统计局.无锡统计年鉴2006[M].北京:中国统计出版社,2006.

[57] 新望.苏州模式是当地老百姓的"悲剧"[J].财经文摘,2006(04):53－55.

[58] 杨继瑞.中国乡镇企业论[M].成都:四川大学出版社,1992.

[59] 杨瑞龙,杨其静.阶梯式的渐进制度变迁模型——再论地方政府在我国制度变迁中的作用[J].经济研究,2000(03):24－31.

[60] 姚洋,支兆华.政府角色定位与企业改制的成败[J].经济研究,2000(01):3－10.

[61] 张留征,杜志雄,李福荣.中国农村经济的未来格局[M].北京:中信出版社,1992.

[62] 张毅.中国乡镇企业:历史的必然[M].北京:法律出版社,1990.

[63] 张宗庆.知识经济与可持续发展[M].深圳:海天出版社,1999.

[64] 中国农村发展问题研究组.国民经济新成长阶段与农村发展[M].杭州:浙江人民出版社,1987.

[65] 中国社会科学院课题组."温州模式"的转型与发展——"以民引外,民外合璧"战略研究[J].中国工业经济,2006(06):51－59.

[66] 中国社会科学院经济研究所.中国乡镇企业的经济发展与经济体制[M].北京:

中国经济出版社,1987.

[67] 周海粟. 乡镇经济发展论[M]. 南京:南京大学出版社,1990.

[68] 周三多,刘济民等. 乡镇企业学[M]. 上海:上海人民出版社,1993.

[69] 朱通华. 论"苏南模式"[M]. 南京:江苏人民出版社,1987.

已经发表的相关成果目录

1. 范从来、李福生：“乡镇经济组织系统的重新构造”，《中国农村经济》，1988 年第 6 期；《新华文摘》1988 年第 8 期报刊文章篇目辑览。

2. 石恂如、贝政新、范从来：“分析内外部因素　推进技术进步——76 位专家对影响江苏乡镇企业技术进步因素的判断”，《苏州大学学报（哲学社会科学版）》，1992 年第 2 期。

3. 范从来：“价格行为与非价格行为：乡镇企业市场行为的选择”，《江苏经济探讨》，1994 年第 4 期。

4. 范从来：“工业化与农业资金积累研究”，《南京大学学报（哲学·人文科学·社会科学版）》，1994 年第 2 期。

5. 范从来：“股份合作制与乡镇企业产权关系的改革”，《中国经济问题》，1994 年第 3 期。

6. 范从来：“我国乡镇企业的市场行为及其优化”，《经济科学》，1994 年第 5 期。

7. 范从来：“乡镇企业市场行为优化的重要取向”，《中国乡镇企业》，1995 年第 5 期。

8. 范从来：“苏南乡镇企业产权制度的改革”，《苏南乡镇企业》，1997 年第 3 期。

9. 范从来：“苏南模式的发展与乡镇企业的产权改革”，《管理世界》，1995 年第 4 期；中国人民大学报刊复印资料《乡镇企业与农场管理》1995 年 09 期转载。

10. 范从来：“论股份合作制改革的持股结构和股权设置”，《南京大学学报（哲学·人文科学·社会科学版）》，1999 年第 3 期。

11. 范从来、陈超、刘金友：“论城乡经济的可持续发展战略”，《南京社会科学》，2000 年第 5 期。

12. 范从来、路瑶、陶欣、盛志雄、袁静："乡镇企业产权制度改革模式与股权结构的研究",《经济研究》,2001 年第 1 期;中国人民大学报刊复印资料《乡镇企业、民营经济》2001 年 04 期转载。

13. 范从来、孙覃玥："新苏南模式所有制结构的共同富裕效应",《南京大学学报(哲学·人文科学·社会科学版)》,2007 年第 2 期;《新华文摘》2007 年第 13 期转载。

14. 孙覃玥、斯考特·萨姆纳、范从来："论所有制结构的经济增长效应与收入分配效应——以苏南模式和温州模式为例的实证研究",《江海学刊》,2010 年第 4 期;中国人民大学报刊复印资料《社会主义经济理论与实践》2010 年第 10 期转载。

15. 范从来、赵永清："内源发展与外源发展:苏州模式和温州模式的比较",《阅江学刊》,2010 年第 6 期。

16. 周海粟主编,范从来、石恂如副主编:《乡镇经济发展论》,南京大学出版社1990 年版。

17. 李福生、范从来、石恂如、沈勇编著:《农村集体资金管理探索》,南京大学出版社 1991 年版。

18. 周三多、刘济民、王安岭、张寿正、范从来著:《乡镇企业学》,上海人民出版社1992 年版。

19. 范从来著:《乡镇企业发展论》,南京大学出版社 1994 年 10 月第 1 版;该书1997 年获江苏省人民政府第五次哲学社会科学优秀成果二等奖。

20. 刘志彪、陆建新、范从来主编:《产权、市场与发展——乡镇企业制度的经济分析》,江苏人民出版社 1995 年版。

21. 高德正、洪银兴主编,范从来、沈坤荣、高波、郑太白副主编:《苏南乡镇企业》,南京大学出版社 1996 年版。

22. 洪银兴、王荣主编:《改革开放三十年:苏州经验》,古吴轩出版社 2008 年版。

后　记

这本自选集汇编的是我从 1988 年开始的围绕苏南乡镇经济组织变革问题的研究成果。

在长达 32 年的研究过程中，我们共发表论文 15 篇，出版著作 8 本，中国人民大学报刊复印资料转载了 4 篇，《新华文摘》全文转载 1 篇，收录 1 篇，研究成果获得江苏省人民政府第五次哲学社会科学优秀成果二等奖。路瑶、陶欣、盛志雄、袁静、陈超、孙覃玥、赵永清、戴蕾、程子旭等同学先后参加了此项研究工作。

在我们的研究工作中，吴江市农村工作办公室支持我们对吴江各乡镇进行了几次大规模调查，其中最为成功的一次是 2000 年夏天，对吴江 55 家乡镇企业的产权改革进行的调查，研究成果《乡镇企业产权制度改革模式与股权结构的研究》发表在《经济研究》(2001 年第 1 期)上。成果发表后在学术界产生了一定的影响，截止到 2020 年 2 月 8 日，被引 92 次，下载量达到 1 136 次，这也是我目前所发表的乡镇经济方面论文中被引用率最高的一篇。

这本自选集的出版还要感谢我的恩师洪银兴老师。我的研究工作是在洪老师的直接指导下完成的。这次出版自选集的计划也是洪老师提出，南京大学经济学院院长安同良教授迅即启动，我的第一本自选集这才得以顺利出版。感谢洪银兴老师，感谢安同良老师，感谢南京大学经济学院。

对苏南乡镇经济组织变革问题的研究，虽然我力求有所创新，但由于学识和研究水平有限、掌握的资料有限，成果中还有很多不成熟或不完善之处。恳请各位专家、学者批评指正！

　　我的博士生孙德峰、余杰为我整理、校对了自选集的文稿,南京大学出版社沈清清、徐媛老师为书稿做了十分专业而细致的编校工作,在此表示深深的谢意!

2020 年 2 月 8 日

图书在版编目(CIP)数据

范从来自选集：苏南乡镇经济组织变革的研究 / 范
从来著. — 南京：南京大学出版社，2022.1
（南京大学经济学院教授文选）
ISBN 978-7-305-23430-9

Ⅰ. ①范… Ⅱ. ①范… Ⅲ. ①乡镇经济－经济组织－
体制改革－苏南地区－文集 Ⅳ. ①F299.275.3—53

中国版本图书馆 CIP 数据核字(2020)第 099631 号

出版发行　南京大学出版社
社　　址　南京市汉口路 22 号　　　　邮　编　210093
出 版 人　金鑫荣

丛 书 名　南京大学经济学院教授文选
书　　名　**范从来自选集：苏南乡镇经济组织变革的研究**
著　　者　范从来
责任编辑　沈清清

照　　排　南京南琳图文制作有限公司
印　　刷　苏州工业园区美柯乐制版印务有限责任公司
开　　本　787×960　1/16　印张 22.5　字数 369 千
版　　次　2022 年 1 月第 1 版　2022 年 1 月第 1 次印刷
ISBN 978-7-305-23430-9
定　　价　98.00 元

网址：http://www.njupco.com
官方微博：http://weibo.com/njupco
官方微信号：njupress
销售咨询热线：(025) 83594756